文中有话

钱文忠集

QIANWENZHONGJI

上海三联书店

目　　录

恩师季羡林——传奇的治学之路

季羡林，字希逋，又字齐奘，1911年8月6日出生于山东省清平县（现属临清市）。1930年他考入清华大学西洋文学系，1935年考取清华大学与德国的交换研究生，赴德国入哥廷根大学学习梵文、巴利文和吐火罗文等。1941年获哲学博士学位。他在德国期间的学术成就，奠定了其在国际东方学和印度学界的地位。1946年季羡林回国，后被聘为北京大学教授，创建东方语文系并任首任系主任。这是我国成立最早的东方语文系，培养了大量东方学专业人才，为国家的经济建设、对外宣传、外交工作作出了重要贡献，并在学术上取得了丰硕成果。

季羡林充满传奇色彩的学术人生，真实地记录了他布衣鸿儒的成长历程。

季老的传奇机遇

季老曾在他的一篇文章中提过，成功等于天资加勤奋加机遇。季老有一个做人的原则：假话全不说，真话不全说。但是这句话就完全是真话。我们经常听到的是，成功等于勤奋加天资，很少有人在里边加上机遇。季老这句话，充满了一种人生的，非常真实的机会。他告诉大家，天资加勤奋，比较会保证你的成功，但是并不能 100% 地保证你的成功。成功有必然，不努力是肯定不能成功的；但是成功里边也必须有一些偶然，偶然是什么呢？就是机遇。

机遇有很多层意思，那些在我们今天看来不可思议的东西，其实就是机遇。季老的人生道路是非常奇特的。今天回过头去看，的确充满了各种各样的偶然，季老一生也没有否认过机遇对他的重要性。但是他也在别的文章中提到过，机遇应该排在最后。当机遇来临的时候，你准备好了吗？这是最重要的问题。如果机遇来了，你没准备好，这个机遇对你就等于零，一点意义都没有。所以，在提到机遇的时候，我们千万不能忘记对勤奋的一种强调，因为季老本身也是一个极度勤奋的人。

用季老自己的话讲，他出生在中国最贫穷地区，一个最贫穷的县，一个最贫穷的乡，一个最贫穷的村里面一个最贫穷的家庭。这是季老的原话。所以应该说，他并没有像我们想象的那样出生在书香世家，有很好的教育机会。当然，我们现在知道，季老从小是非常机灵的。如果不说聪明的话，那他就是一个非常机灵的人。至于他有意识地勤奋学习，则是很后来的事情了。

说到机遇，在季老的童年甚至在他降生之前，的确有很多奇怪的机遇降临在季老的家里。比如季老的叔父曾中过一个头等奖的奖券，奖金多达几千大洋，这在当时可以说是一个天文数字。当时一个警察的月工资才四块大洋，毛泽东主席当年在北京大学图书馆工作的时候，月工资也只有六块大洋或八块大洋。所以季家一下中了大概五千大洋，是可以做很多事情的。

季老的家庭曾经十分贫穷。穷到什么地步呢？穷到只能到地上去捡掉下来的枣子吃。因为枣树不是他们家的，他们不能上去摘枣子，只能捡掉到地上的吃。可以说，季老的父亲和叔父已经穷到了在家乡无法立足的地步。所以，兄弟两个只有闯关东，这是当时山东人的一条生路。为此，他们做过很多城市里的苦工：如扛大包（在码头上当苦力）、做临时警察（可能像我们今天的辅警这样）等。如果不是季老的叔父拿仅剩下来的钱中了那五千大洋，可能这世界上根本就不会有季羡林先生，因为季老的父亲根本娶不起媳妇。正因为有了那笔钱，季老的父亲才回到老家，娶了季老的母亲，生下了季老。至于季老的叔父，则拿着另一部分钱到了济南。但是他的叔父没有儿子，这在当时是很大的事情，特别是在山东这种孔孟之风较甚的地方。所以，季老的叔父又把季老接到济南。这就是一种非常大的偶然。

放到季老身上来讲，改变他命运的，其实还有一些非常特殊的东西。我们可以看到，在季老的一生中，基本上每一个该赶上的关节点他都赶上了，一步都没有落下。而这一步没落的背后，都发生过非常奇特的事情。季老小时候很调皮，并不是一个好学生，以至于让老师觉得教不了他而让他转学。在济南读书的时候，他的叔父经常给他转学。在转学的过程中，就出现过非常有意思的事情。当时，老师考察学生的水准没有今天这样复杂的考试制度，只是在黑板上写几个字，让学生来认。比如老师写五个字，如果学生认出来三个字，就可以被认为是二年级的水平；如果只认识两个字，则被认为是一年级的水平。一次，季老跟几个亲戚一起去参加考试。因为季老比别人多认识一个“骡子”的“骡”字，所以就跳了一级。而季老之所以认识这个“骡”字，是他在乡村的时候不知道谁教给他的，可能是一位姓马的老先生。如果这一级没跳，那么后来的什么事情就都跟他无关了。因为像到德国留学等都是有年度限制的，就这一年有这个机会。

季老的传奇转变

我们知道，季老曾是一个调皮的孩子，但是后来却变成了一个懂事的少年。季老的传奇转变，应该说跟他遇到的好老师是有关系的。刚开始的时候，他碰到的一些老师是他不太满意的。比如有一个生物老师，这个老师居然不认识“玫瑰”，把“玫瑰”念成“九块”。因为繁体的“九块”和“玫瑰”是很像的，所以他经常讲这么一朵“九块”花如此的美丽。这样的老师，季老当然是不佩服他的。还有一个德文老师，他的德文不知道为什么会带有山东口音。比如我们把德文的“好”叫成英语的“good”，但是这个老师不知道为什么却一直把它念成“gooq”。这样的老师，季老当然也是不会佩服的。

到了高中阶段，季老碰到了很多好老师。当时的山东省立高级中学，就是现在的济南一中，汇聚了很多高水准的老师。这些老师的水准，已经超过了今天的大学教授。比如教过季老国文的胡也频先生，是左联五烈士之一，鲁迅先生曾专门写文章纪念过他。再比如董秋方先生，这也是在鲁迅全集里经常提到的人。在这些老师的鼓励下，季老开始喜欢写作，并开始非常努力地、有意识地走上了一条文字之路。还有一位比董秋方先生更早的王崑玉先生，也对季老的国文学习产生了重要影响。遗憾的是，季老好像始终没有碰到过好的数学老师，所以他的数学一直不好，兴趣一直没有被激发起来。

此外，还有一位王寿彭先生，即当时山东大学的校长兼山东大学附中（今天的济南一中）的校长。王寿彭先生是晚清的一个状元，是一位非常了不起的人物。他很重视对学生的奖励。如果哪个学生考了甲等第一名——大概相当于我们今天讲的年级组第一名，那么就可以得到他的一幅字。我们应该知道，当时要求得一幅状元的字是很难的事，所以这个奖励是很诱人的。碰巧，季老在高中时考了一次年级组第一名，这个状元很欣赏，于是马上兑现诺言，给季老写了一副对联，写在一个扇面上。这个东西季老现在还保存着，应该还在季老的藏品当中。就是从那个时候起，季老觉得自己不能丢脸，不能让这个老状元失望。所以，季老在高中阶段连续六个学期都是年级第一——甲等第一。

在今天看来，季老碰到的这些好老师都是教育家。当时济南有一个正谊中学，相当于现在的普通中学，就在济南的大明湖旁边，现在好像是济南的一个专科学校。那时人们都叫它“破正谊”，之所以形容它为“破”，是因为它集中了很多别的学校不收的学生。季老在初中的时候不是一个好学生，所以他不敢考济南一中这样的重点中学，而是考到了正谊中学。正谊中学的校长鞠思敏先生是一位伟大的爱国者和教育家，在他看来，把好学生教好并不算有本事，把一个大家都认为很难教的学生教好才是教育者的责任和本事。鞠思敏先生在日本占领济南期间拒不合作，最终饥贫交迫而死。在他去世的时候，济南万人空巷，群众都赶来为其送行。正因为季老碰到了很多这样的教师，所以才对他的人生产生了根本性的影响。

季老是一个有偏才的人，他的国文和英文都很好，但数学却很差。高考时，他的国文和英文都考得很顺利，但数学却只考了百分制中的四分。而当时的大学对偏才生敞开大门，对季老来说就是一个机遇。当时清华大学的作文题目是《梦游清华园》，这就很有意思了。如果你到过清华，那么你可以写实。但那时很多考生都来自全国各地，交通也没有今天这样方便，所以都没去过清华园。这样一来，就只能“梦游清华园”，施展自己的想象了。北京大学的国文考试题目非常滑稽，叫“何谓科学方法论？”。北大一直有民主科学的传统，所以这实际上像一个哲学题目。因为季老当时报考的是清华和北大两所大学，所以当然就要写两篇作文了。当时他的国文考试成绩是非常好的，这个答卷现在还应该保留在档案里，但是分数我们没有查到。

再说英语。英语这题目，今天讲起来，是非常有意思的。我们好像认为，今天的英语水准是很高的。毕竟中国已经跟世界有了那么多的交流：我们有那么多出去留学的机会，我们从小就学习英语，我们有那么多见外国朋友的机会。那么七十年前呢？季老考大学的时候，高考英语的难度是不可想象的。那个时候，清华和北大都是单独招生的，而清华大学的英文考题，说出来能把大家吓死。它是把李后主的一首词的前半阕翻译成英文，哪首词呢？《清平乐》：“别来春半，触目柔肠断。砌下落梅如雪乱，拂了一身还满。”

这首词，很多人可能连它的中文意思都不明白，而当年的清华大学却要求把它翻译成英文，其难度可想而知。但季老做到了，他全都翻译出来了。我们应该知道，在季老读书的时候，学校是不提供英语教学的，或者就象征性地搞一点。季老的英文是他的叔父专门花钱请老师教的。他读英文可以读到产生一种幻觉，觉得眼前有各种各样的鲜花，非常烂漫，非常美。但他居然能够把李后主的词翻译成英文，可以说英语水准已经很高了。那一代学者，比季老更早一代的学者，像胡适、傅斯年，季老认为他们的英语水准比他还高。所以我们就要反思，我们的英语教育是不是有问题？现在的孩子很小就开始学英语，在英语身上投注了巨大的精力和时间，我们都高度重视，但是很多人还是翻译不出这个“别来春半，触目柔肠断”。

因为国文和英语考得特别好，所以尽管数学只考了四分，清华和北大还是争相向季老敞开了大门。季老被北大和清华同时录取，这可以看做其学术人生的一个全新的起点。当时考大学是很难的，而且那个时候北大和清华也没有今天这么大的规模，应该每年也就招几百个学生。一般的人去考，都会报考很多大学。北京有很多大学，一般人都会垫底报考一个很差的学校。当时有一些当大官的人办的学校，只要交钱就可以进去。季老非常有意思，他只报了两个学校：北大和清华。在那届山东的考生当中，他是唯一一个被北大和清华两所高校同时录取的考生。所以，这件事情曾经在济南轰动一时。就说有这么一个孩子，居然同时考取了北大和清华。最后他选择了清华。因为当时的清华是一个比较洋派的学校，出国留学的机会很多，而季老正想到国外去，所以他选择了清华，并选择了西洋文学系。不过这也不是他的第一选择，他本来是想读数学系的。所以，我们看季老一生的道路，可以看到他很早就显现出与众不同的一种东西，他跟别人不一样，他的想法也不一样。

季老在清华大学读书的时候，成绩非常好。他到德国留学，应该也是一个机遇。如果他不认识那个“骡”字，就赶不上那一年了。当然，这也是他勤奋学习的结果。我们必须为不知道什么时候来临的机遇做好准备。当时，清华大学和德国有一个交换留学生的机会，就是说清华负担德国留学生在这边的费用，同样德国也会负担中国留学生在那边的费用，但德方要求留学生的成绩必须四年都是 A。季老读的是西洋文学系德语专业，而且四年的成绩全部是 A，完全符合条件。那时季老已经回到他的母校——

济南高中去教国文了。在当了一年的国文老师后，机遇来了。不过由于季老家的经济条件非常差，所以他的德国之行并不是很顺利。多亏了季老的妹夫——弭菊田先生（非常著名的画家）送来了五百大洋，才解了季老的燃眉之急，使季老最终到了德国。

在德国艰苦的求学路

季老在德国的学习环境和生活环境是很艰苦的。大家千万不要忘了，季老到德国的时候正好赶上第二次世界大战，是随时都可能被轰炸的。我们现在可能无法想象，一个人要在这种飞机轰炸的环境下读书，而且还没有东西吃。当时的德国已经被纳粹糟蹋得一塌糊涂，已经是穷兵黩武，到了竭泽而渔的时候。所以，季老曾经讲过，他在德国有一段时间没有饱的感觉，他的胃已经没有功能了。他好像在文章里写到过，他有一次一顿饭吃了大概十几斤土豆和一筐苹果，居然还没有饱的感觉。季老回到国内以后，赶上了六十年代初的三年自然灾害。别人都觉得饿，吃不饱，但他却没有这个感觉，一点都不觉得饿，因为他在德国饿惯了。

很多人到德国留学就是为了拿学位，所以会选择和中国相关的题目。毕竟汉语是我们的母语，做这方面的研究要容易得多。然而季老并没有投机取巧，他选择的学习科目跟中国没有一点儿关系。他的主科是印度学，辅科是英国语言文学和斯拉夫语言文学。一般人都会选一门汉学，但是他不选，所以说他是一个非常独特的人。很多人都知道季老学过的语言有十多种，但是没有人认真地数过，实际上恐怕十二种都不止。我知道季老掌握的语言有英语、德语、法语、俄语、梵文、巴利文、希腊文、拉丁文、阿拉伯文、塞尔维亚克罗地亚文。他学的都是这些非常古怪的东西，而国内没有人会。他知道这些东西不能让他回国后飞黄腾达，但他是带了一种理想去学习的。季老在出国前曾碰到过他清华的学长，还跟他住在一个招待所的房间里。那位学长当时已经是一个保险公司的老总，也是留德的学生，他劝季老出去学一点金融和保险，回来后和他一起干，但季老听都没听。所以说，季老是一个非常特立独行的人。

季老学吐火罗语言，也是一个机遇。在德国，季老主要学的是梵文和巴利文，这是非常难学的两种语言。季老说他是在拼命学，而来德国学这种专业的人是非常少的，甚至还出现过班里只有他一个学生的情况。一个教授只教一个学生，这绝对是很少见的。当时，指导季老梵文和巴利文的教授瓦尔德施米特是一位语言天才，会很多种语言，而战乱中的德国军队恰好需要人做翻译，所以瓦尔德施米特就被征召到军队里去了。在这种情况下，已经退休的西克教授被请回来指导季老，而这位西克教授就是破解吐火罗语的人。吐火罗语，在全世界只有中国的新疆有出土，别的地方是没有的。所以当西克看到一个来自中国的年轻学者在这里拼命学古典语言时，就决定要把自己的看家本领教给这个年轻人。他没有让季老选择过，但是季老看到西克就像看到自己的祖父一样，非常亲切。所以，季老说不出一个“不”字，尤其在看到这位老人家以学问为生命时，他更说不出一个“不”字。

在吐火罗语的解读领域里有两个很像的名字：一个是西克，还有一个是西格灵。这两位教授都是以学问为生命的。在盟军轰炸德国的时候，炸弹炸碎了玻璃窗，玻璃碎渣“啪啪啪”地掉在写字台上，一般人都逃掉了，可这两位教授却拿手把玻璃掸开，接着读吐火罗文。面对这样的人，季老说不出一个“不”字，他不愿意让老教授失望。而且老教授的吐火罗语，也找不到传人了。

学这种语言要有缘分的，季老学习吐火罗语，也是一种缘分。

季老的留学生活是我们今天不能想象的。在德国留学的十年，季老一直都待在一个叫哥廷根的小镇。那是一个只有几万人的小镇，小到不能给你提供很多娱乐的可能，小到不能给你提供很多选择。季老在那里的十年，从没有旅游过，只有一次去了柏林，还是去找另外一位吐火罗语的破解者——西格灵教授，去请教一个吐火罗文。剩下的时间，他都是在哥廷根度过的。他的书房一直都放着西克的照片，那是他专门花钱从照相馆买来的。这是对季老的一种敦促。

季老对老师是非常好的。二战的德国物资匮乏，已经没有什么供应了。在当时的报纸上，出现过这样一幅漫画：一个男士送自己心爱的女士一枚戒指，但是戒指上面不是钻石，而是一粒咖啡豆。由此可见，当时德国的物资已经匮乏到咖啡豆等同于钻石的地步了。毕竟钻石不能吃，咖啡豆至少还能闻闻它的香味。季老不知道多长时间不吃黄油，不吃奶油，不吃糖，不吃油，为的就是给西克烤一个蛋糕。在西克生日那天深夜，当季老捧着那个蛋糕，站在西克的房屋门前时，西克和他的老夫人激动得一句话也没说出来，因为他们知道这个蛋糕在战火纷飞的德国意味着什么。

在德国的十年中，季老留下了一个终生的病——失眠。因为在那个时候，德国跟当时的国民政府是没有外交关系的，只跟汪精卫政府有外交关系。所以，他与家人没有任何书信来往，完全不知道家人是怎么回事，家人也不知道季老是活着还是死了。就是在那个时候，他开始失眠。季老吃安眠药的量是惊人的，他要把三种效力很高的安眠药一下子吃下去，一直到老年都是这样。没有安眠药，他根本睡不了觉。这个病根就是留德十年落下的。

严谨的治学态度

季老的治学特点非常多，但基本可以归结成以下几个方面：第一，他在研究问题的时候，一定要对相关的资料尽可能地占有。他写了一本书，研究蔗糖的历史，就是《糖史》。他用了十年的时间才完成这部巨著，那时他已经是八九十岁的高龄了。在写作期间，他每天都步行到北京大学图书馆，风雨无阻，把《四库全书》翻了一遍。当然，他是快速阅读。季老不会用电脑，也不会检索，只要看见有提到糖的地方，就赶快抄下来，从而写成了这么一部惊世巨作。

第二，要尽量掌握第一手资料。这也是季老为什么要学那么多语言的原因。现在很多人都是用二手资料，比如说引一个英国学者的著作，我们看的多是汉译本；或者引一个西班牙学者的著作，去引用英译本；等等。这都是第二手资料了。季老强调，作为一个学者，最好使自己具备这样的能力：阅读第一手材料。季老一生都有这个遗憾。我们知道，季老学了十多种语言，但就是不会日语。这是因为在日本占领济南期间，他对日本军国主义深恶痛绝，所以年轻时就下定决心不学日语。这是爱国心使然。但后来他要求他的学生一定要学日语，原因就在于他没有办法看日文的第一手材料。这是季老晚年再三提起的。

第三个特点，季老说，没有新意就不要写文章。现在很多人的论文都是东抄抄，西抄抄，没有任何新意。季老的文献学术论文一定要有突破，即使这一点很小，但是也要道前人所未道，发前人之覆。没有突破，为了评职称什么的去凑文章，这是季老非常反对的。

第四，绝对不能抄袭，不能剽窃，而且不仅是不能抄袭，不能剽窃，还不能抹杀别人对你的一点点贡献。季老经常在书里引用一些年轻后生完备的文章，他都要仔细地注明。甚至还有别人写给他的信，并没有公开发表，但是信里有一个思想或者一个观点是季老觉得很重要的，被他引用到自己的学术论文里，他也会特别注明。如：据某某同志几月几日来信，怎么怎么讲，自己的这一点想法受到他的影响，表示感谢。像我们这些季老的弟子，为季老查一点资料本来是应该的，但他都不要我们查。季老要我们查资料，基本上是八九十岁以后的事了。比如有的下雪天、下雨天，我们不让他出去，他也觉得实在是腿脚不是很便利，就会让我们帮他查一些资料。他晚年有两篇非常重要的学术论文，一篇是论新疆的一个古代语言的语法现象，我就给他找了一点资料。他在后面认认真真地注明，现在在文集里还是这样："我的学生钱文忠帮我查找资料，没有他的帮助，我的这篇论文是写不出来的。"哪有那么严重？照样写得出来嘛！但是他就是觉得不能抹杀你。《再论佛与佛陀》是季老晚年解决四十年前遗留下来的一个学术难题的一篇重要论文，我和现在已经是著名历史学家但当年还是年轻学者的冗新江先生帮他找到了一些资料，季老在后面又认认真真地注明："我的学生钱文忠和小友冗新江帮我查找资料，没有他们的帮助，这篇论文是写不出来的。"这是一个大学者，是我们的老师啊！

第五方面，说来没有人相信，季老对待读者的来信，每一封都要亲力亲为。我追随季老那么多年，按说以他那么大的一个学者，而且当时还担任了那么多的学术职务，有那么多事情，让我替回一封信其实并不过分。但是季老从没有这样做过，有的时候我主动提出来，也都被他拒绝了。在编季老全集的时候，我们曾经想过要征集季老的书信，可这得多少量啊！有很多在今天看来很一般的读者，根本也不是学术界的，季老都会亲笔回信给他们，而且都是手写的呀！这些信在这些人手上都是至宝，所以我们准备在报上登一个启示，请手上有季老书信的人把复印件寄给我们，原件供大家终生保藏。我们可以把它们编到季老的书信集里，因为季老的书信集现在还没有编过。

季老的全集其实还不全，前六卷已经出版了，大家可以去看看，一共三十卷。当然，里边还不包括他的书信和日记，因为他的日记数量也很大。现在学术界有一些弄虚作假的不良风气，在季老所有的文章中，没有一篇与这种风气搭一点点边，一篇都没有。他全是一个字、一个字码出来的。季老经常说自己在“爬格子”，他真的是在方格稿纸上一字一字爬出来的。所以，季老留给我们的财富非常非常多。其中，有一个非常重要的财富，就是他极度严谨、极度负责任的学术研究态度。

季老的“大国学”观

季老去世以后，全国所有的媒体，数以千计的报道，都称季老为“国学大师”。但是我们知道，季老在生前是不常用这个头衔的，他常说自己连“国学小师”都不是。为什么季老会这么说呢？很多人认为这是季老的谦虚，一种伟大的谦虚。这是对的，季老是非常谦虚的人。但是也没有那么简单，因为季老对“国学”这个概念有自己的理解。传统的国学定义很清楚，就是以训诂、考据为主要手段，以儒家经典，特别是《十三经》为主要研究对象。在汉族文化里，儒家一脉的古典哲学，大概就是我们所讲的国学。季老一生是不以这个为自己的主要理念的，所以他确实不符合我们传统国学大师的概念。

季老一直在思考，中国到底应该有一个什么样的国学。中国发展到今天，我们当然有自己的国学。每个国家都有自己的国学：德国有自己的国学；美国有自己的国学；日本有自己的国学；中国也有自己的国学，但应该是一个“大国学”。我们都读过中国文学史，但其实就是汉族文学史；我们都学过中国哲学史，但其实就是汉族哲学史。这是怎么回事？难道我们五十六个民族，另外的五十五个民族就没有哲学和文学了吗？显然不是这样的。每个民族都有非常丰富的文化遗产和文化财富，所以季老就提出了“大国学”的概念。我们要拓展国学的范围，要把五十六个民族的优秀文化都放进来，使它们都成为“大国学”的研究对象。

在“大国学”里，季老特别重视藏族文化和几个少数民族共有的中国伊斯兰文化。一方面，它有非常重要的学术意义；另一方面，它也有非常重要的现实意义。这样一种思想提出来以后，大家还没有来得及好好去领会，好好去消化，季老就走了。北京大学中文系的陈平渊教授写文章说：季老的很多意见提出来以后，都是众说纷纭，争论不断，有人赞成也有人反对，而且有的时候有很多人反对，但是，也许季羡林先生的很多思想，要五十年以后我们才能真正理解。

我们现在是不是应该有一个“大国学”的概念，我们可以冷静地想一想。当我们讲中华人民共和国的时候，不是只有汉族一个民族，我们还有五十五个兄弟民族。这些兄弟民族，很多都有着非常悠久的历史、非常深厚的文化，而且有自己独特的信仰，难道我们能把它们都忽略掉吗？季老晚年主编了一部《中国佛教史》，但在季老去世前没来得及出版。当时九十岁高龄的季老亲自写了《龟兹佛教》，龟兹就是现在的库车。季老非常优秀的弟子段琴教授，写的是和田佛教。我们知道，今天的库车和新疆和田，都是伊斯兰文化非常浓郁的地方。所以，季老的很多事情，都是值得我们深思的。

季老走得很突然，当然也是高寿了，我们在悲痛之余也很欣慰。一个是得享高寿，第二是儿孙满堂，第三是毫不痛苦。按照中国汉族的传统来讲，这种离开人间的方法是要修来的，应该算是喜丧。但是我们还应该非常深刻地认识到，季老毕竟是一位学者，他的学术生涯如此漫长而又辉煌，其间留下了很多思想财富，我们后代应该好好去学习，好好去领会。在北京大学正式发布的《季羡林卜告》里面，就没有提到“国学大师”这个称号，而是用了“北京大学资深教授”一称。这是非常平和的，是非常好的。这样的一种称号也好，一种头衔也好，应该是季老非常愿意接受的。他确实是北京大学最资深的教授了，北京大学哪还有比他更资深的教授呢?

季老的“大国学”思想与他的留德经历有着密切的关系。他有一个世界眼，不像过去清朝的很多学生只认为汉族的学问最重要。当然，也有一些例外，比如研究蒙古的、研究满族的等。这样的人如钱大庆先生、晚清的沈正之先生，已经开始把眼光看向了世界。到了王国维先生、陈寅恪先生，则已经非常了不起了。季老是接着陈寅恪先生这个路子走过来的，像他提出的这个“大国学”，应该说是对中国一部现代学术史的某一种突破性的思想，或者带有某一种总结性的提高的思想，所以他是特别成功的。

“大国学”观给我们的启示

清华大学历史系的李学勤教授是非常重要的古史学者，也是研究经文和古文字的重要学者，曾经主持过国家的夏商周断代工程，是一位了不起的学者。他曾说季老的“大国学”观带给我们的最大启示，就是国家的历史发展要放在整个世界的背景下来看。这应该看做是中国顶尖学者对季老思想的一种反馈、一种反映和一种认知。

季老曾经说过：东西文化这两大体系之间的关系，是一个互相学习的关系。仅目前来看，统治世界的是西方文化，但是按照历史的眼光看，应该是三十年河东，三十年河西。这句话现在可以看做是季老留给我们的非常重要的遗言。什么叫三十年河东，三十年河西？季老的意思是：在过去比如十八世纪、十九世纪，或者二十世纪前半叶，的确是西方文化引领了全球文化。西方文化的很多价值观和理念，应该说对世界产生了主要的影响。这是事实，是我们谁都不能回避的。因为那个时候西方进入了它最强盛的一个阶段，它的工业文明、商业文明、城市文明等，都对全球产生了影响。非常幸运的是，季老因为年寿很高，所以看到了中国改革开放后三十年的崛起。1979 年，改革开放正式开始，当时的季老已经六十八岁了，已经可以算是一个古稀老人。但是他在古稀之后仍然和我们在一起，且有将近三十年的时间，所以他亲眼看到了中国的崛起。

季老的意思是：原来是西方文化主导世界，现在恐怕不行了。因为东方文化——包括中国文化在内的东方文化，也要开始发出自己的声音了，也要受到世界的尊重了，也要让世界人民来了解、认同了。季老是这个意思。他并没有说今天是我们东方文化的世界，西方文化将退出历史的舞台，东方文化可以统治世界。季老是没有这个意思的。他提出的是一种多元的概念，只不过原来的东方文化和中国文化，被西方文化给压到底下去了。

现在很多年轻人讲起西方头头是道，但讲起中国传统却两眼一瞪。这是事实。但是季老认为，现在我们的传统文化热了，我们的国学也热了，我们的文化意识开始高扬，那就应该形成一种互相竞争、互相学习、互相交往、共同提高的这么一个阶段。这是季羡林先生“三十年河东，三十年河西”的真正意思。季老一辈子做的是非常冷僻的学问，他这个学问全世界都没有几十个人懂的。所以，到晚年的时候他就非常注意自己的语言，尽量说大白话，说老百姓听得懂的话，说大家能够理解的话。他用了很多比喻，“三十年河东，三十年河西”，就是一种比喻。既然是比喻的话，它就不是一个非常精确的意思。这在季老的文章中写得很清楚。

恩师季羡林——学术之外的季羡林

2009 年 7 月 11 日，学界泰斗季羡林先生走完了他九十八载的人生历程，含笑西去。集古文字学家、历史学家、东方学家、思想家、翻译家、佛学家、作家于一身的季羡林大师，精通十二国语言，却永远一袭卡其布的中山装。他言有物，行有格。他贫贱不移，宠辱不惊。他淡然摘下外界冠以的“国学大师”、“学界泰斗”、“国宝”这三项称谓，甘愿找回一介布衣的本真面目。先生风风雨雨的近百年人生，是一个世纪以来中国知识分子精神历程的真实写照。他是我们这个时代毫无争议的大师。先生去世以后，各大媒体都拿出巨幅版面追忆离去的季羡林先生。除了他充满谜团的学术话题之外，季老作为一个普通人也留给我们很多。他的朴素、执著、纯洁、高尚，会使所有的人都从内心深处产生一种由衷的敬意。

孝顺的儿子

中国有一句古话，叫“百善孝为先”。在季老的散文中，我们能够感受到他对母亲那种深深的眷恋和愧疚之情。和季老比较亲近的人都知道，和母亲有关的话题是不能在他面前提起的。如果你在他面前忽然提起自己的母亲，他就会发愣，看起来好像没有反应，但其实内心深处却有一种非常凶猛的感受。如果我们碰到了一篇很好的写母亲的文章，也是不会轻易拿给他看的。有的时候，他甚至连妈妈、母亲这两个字都不能听。有那么两三次，有不熟悉的朋友突然对季老说："哎呀！先生啊，您写老太太的这篇文章真感人啊！"季老听后就很激动，眼泪都下来了。

季老六岁就离开了自己的母亲，到济南去投奔他的叔父。从那以后，他和母亲大概就见过一两面，如此而已。季老的母亲在老家的生活状况并不好，确切地说是非常差，所以季老当时立下一个志愿，就是尽快赡养自己的母亲。我们知道，季老在高中的学习成绩非常好，考了六个甲等第一。可在高中毕业的时候，他却一度想要放弃考大学的机会，还去考过邮政局，这又是为什么呢？原因就在于他想快点赚钱，好把母亲接到济南，让自己尽一尽孝心。在考进清华大学以后，他的日记中也比比都是这样的话，就是要尽快找到一份工作来赡养自己的母亲。遗憾的是，在大学一年级的时候，季老的母亲就去世了。季老是独子，在那个年代，独子是很少的，所以不难想象季老的母亲对儿子那种彻心彻肺的思念，是这种思念把老人家给拖垮了。

"树欲静而风不止，子欲养而亲不待"。这是季老经常喜欢引用的一句话。就是说树虽然想静下来，但是风不停，所以树还是在"哗啦哗啦"地晃；子女想孝顺双亲，但是双亲已经等不及了，已经走了。季老对母亲的这种爱是非常深沉的，所以我们一般不会去触及。至于他把对母亲的爱完全流露于笔端，则是他一个人在书房里一字一句地写下来的。我对季老是比较熟悉的，他的文字我们都读得很多，在他写母亲的字里行间，我们是可以看到他的泪花的。我相信，季老是一边流泪一边写的。在接受媒体采访时，很多人谈到季老的话题都会侃侃而谈，滔滔不绝，说季老是怎样跟他讲母亲的。我一听就知道这个人和季老不亲近，真正亲近的人都知道，这是一个不能提的话题。

季老的散文中有一段话，写得非常感人："很多年后，虽然我到过世界上的近三十个国家，看着美妙绝伦的月亮，但是想到的，还是故乡中，那个苇坑上，水塘边的那个小月亮。"从中，我们不难感受到季老对故乡、对母亲的那种浓浓的眷恋之情。季老在山东老家的房子是一座非常破的土坯房，房子后面就是一个大坑。今天滴水不见，是因为水已经完全干掉了，但当年是有水的。小时候，季老在里面游泳，跟一些小伙伴在里面玩耍，有的时候还会躲到里面吃东西。季老的母亲有时会把一些细粮藏起来，因为太珍贵了，她不想一顿都给自己的儿子吃掉。但小孩子嘴馋，而且季老小时候又很少有吃白面的机会，所以他就偷着吃。为了不让母亲发现，他就跳到池塘里吃。现在到季老的老家去，我们还可以看到这个池塘，不过已经没有芦苇了。季老小时候是非常调皮的，有的晚上，他会一边在池塘里游泳，一边看天上的月亮。这是一种故土之情。但是不要忘了，对季老来讲，他的母亲就在这个池塘边上，就在这个月亮底下。他可以把池塘写出来，把月亮写出来，但是却不能把他的母亲写出来。因为对他来讲，母亲的形象太珍贵也太沉重了。

季老在文章中曾明确写到："我是不该离开家乡的。"这难道是他在后悔自己的那段留学生涯吗？我们不能这样去看问题。他写过一篇非常著名的文章，名字叫做"赋得永久的悔"，是一位非常优秀的女编辑给他出的命题作文。在文章中，他写到自己内心深处有一个永久的悔恨，那就是离开了自己的母亲。但是这并不等于说他后悔自己后来的人生道路，也不等于说他后悔自己后来的求学道路。只是他跟母亲在一起的时间太少，以至于有一段时间他完全想不出母亲的样子了。我们知道，季老的母亲姓赵，连名字都没有，她这辈子走得最远的路就是回五里外的娘家。那个时候没有照片，连画像也没有，而季老又早早地离开了母亲，所以他想不起母亲的样子了，这让他感到十分恐慌。这是第一。第二，季老说："我把我所有的记忆搜罗了一遍，我在记忆当中从来没有任何印象，我妈妈笑过。"因为母亲生活得太艰辛了，从来没有笑过，所以当母亲不幸去世的时候，当儿子的那种复杂的心情是可以理解的。那个时候，季老还在清华大学读书，是他的叔父发电报告诉他的。季老得到消息马上就回去奔丧，但他还是没能见到母亲最后一面。因为等季老回去的时候，母亲已经被装在棺材里了。当时，季老几乎要在棺材上撞死。

2001 年，季老在九十大寿的时候回了一次老家，这也是他最后一次回老家。临清有一句话叫"文有季羡林，武有张治中"。可见临清的家乡父老对季老都是非常崇敬的。季老回到老家，第一件事就是到村庄外去祭拜他的祖父母和父母。两座墓其实只是两个很简单的土堆，立了两块非常简陋的石碑，但碑上是季老自己用毛笔写的"祖父母大人之墓"和"父母亲大人之墓"。在父母坟前，九十岁的季老跪下了，接着三叩首。当时围观的人全部惊呆了。已至耄耋之年的季老竟然还坚持对自己的母亲行如此大礼，着实让人惊叹，但也可以看出季老对母亲的感情之深。他生前也谈到过，就是走后要与自己的母亲葬在一起。季老有一个女儿，很多年前已经去世了。现在他只剩下一个儿子，他的儿子也会尊重季老的愿望，将季老的一部分骨灰送回山东临清，与他的母亲葬在一起。

爱国的学者

季老有一句非常有名的话，这句话也有人不理解过，他说：“我一生有两个母亲，实际上人的一生都有两个母亲，一个是生我养我的母亲，另外一个就是祖国母亲。”我们可以看到，他把爱国和爱自己的母亲这两种感情看做是几乎等同的。季老曾说过：“就算烧成灰，我季羡林也是爱国的。”他在德国留学十年以后，到瑞士停留了大概一年的时间，而他要做的第一件事情就是赶回自己的祖国。在英语里，祖国是 motherland，赶回祖国就是赶回自己母亲曾经生活过的故土。他无数次跟我们讲过“自古忠诚出孝子，自古没有孝子的忠诚”。他这种忠诚当然不是传统专制意义或封建意义上的忠诚，而是说忠于自己的民族，忠于自己的国家，忠于自己优秀的文化传统。在他的心目中，这两个母亲是他看得最重的，所以他会在那个时候回国。那个时候，国内是什么情况呢？

战乱纷纷，国民党政府腐败不堪，人民更是民不聊生，都生活在水深火热之中。就是在这样的情况下，他回来了，而且他还拒绝了去英国剑桥当教授的机会。留在自己国内，这是他老人家身上特别闪光的一点。我们看到的季老如此坚韧，如此执著，如此淡薄名利又可亲可敬。这一切的原动力，应该也跟他对祖国、对母亲、对故土的这种最质朴的情感有关。当年，季老获得“感动中国人物”荣誉称号，颁奖词说他把心留在了东方，这其实是一个很诗意的地方。有时我们仰望东方，是不是也能看到季老那双眼睛在为我们期许什么或指引着什么呢？的确，他就是把心留给了东方，留给了这个他挚爱的国家，留给了我们。因为他的一生中有很多选择，他完全可以不回来的，而且他回国的时候国内还那么乱，可他还是要回来，他说即使烧成灰他也是爱国的。

季老的观念是很有意思的。一方面，他认为年轻人应该走出去，要勇于向西方学习，要吃大苦，要花大力气；但如果你出了国就不再回来，那他在心理上就会对你有一种巨大的失望。季老的很多弟子都是留过学的，留学后回来了，他会很高兴。当然，他也不会夸你，但他会很高兴，他的心会很宽慰。也有一些弟子去了以后就杳无音信，再也不回来了。对于这样的弟子，季老就再也不会提了，好像他没有这个弟子一样。也有一两位在国外学问做得非常好也很聪明的人回来见季老，季老都是不见的，只叫人捎句话问他们什么时候回来。在他们那一代知识分子中，爱国是和他们的血脉融合在一起的。像钱学森先生，当年为了从美国回来也花费了非常大的力气。那一批人就是这样，都在国家最需要他们的时候回来，把自己的生命融入民族生命中，把整颗心都留在这片土地上。所以说，感动中国的颁奖词写得真的非常好。

在"文革"当中，季老被很多人迫害过，其中还包括他的很多学生。那些他非常喜爱和提携的学生，却在"文革"中翻了脸，他们甚至动手打季老，几乎将这个老师送到了鬼门关。大家可以去看季老的《牛棚杂忆》，里面讲得很清楚。但季老后来是很宽容大量的。有的学生到他那里请罪，他都说不要再提了，那时候还太年轻，我们都牺牲了很多时间，现在让我们好好地来做学问，来做一点研究工作。不过有一种人是季老绝对不能接受的，这在他的《牛棚杂忆》里也提到过。有些人口口声声说爱国，说响应党和国家的号召，但一有机会到国外，就再也不回来了。这种人是季老非常看不起的。当然，季老非常尊重别人的意愿，季老的孙辈也都在国外，但是你千万不要在季老面前言行不一致。那些在"文革"中迫害过他，且在当时口口声声高喊革命口号、为祖国而死口号的人，后来却做出了让人瞧不起的事情，对这些人，季老是绝不宽恕的。因为这种行为已经触及了他内心深处最不能碰的一点，那就是爱国。如果你触犯了这一点，他是永远也不会原谅你的。

慈善的长者

季老逝世以后，各界人士纷纷前来悼念。在悼念的人群中，除了党和国家领导人以及一些文史界的名人，更多的是一些普通人和学生。我们都知道，季老的这个学术领域其实离普通人蛮远的，但是怎么会有那么多人自发地来吊唁他呢？北京大学在第一时间决定把“百年讲坛”连夜布置成灵堂，而且向社会公众开放。这是非常让人感动的。灵堂每天的关闭时间是下午五点，但五点根本关闭不了，因为前来吊唁的人实在是太多了。

在吊唁的人群中，有很多是北大的学生，而且有些还是特地从外地赶回来的，因为当时已经放假了。这些学生可能并没见过季老，或者说已经很久没见到季老了，因为季老在医院里住了很多年。事实上，一直都有很多没见过季老的学生在默默地为他祝福。在季老还没有住院的时候，每到下雪天，他都会住在低层的公寓。有时候，季老早晨起来会忽然看到在白雪皑皑的地上写满了祝福的话，像“季老，祝您长寿！”“季老，我们爱您！”等。这些学生不愿意打扰季老，就在季老的窗下，悄悄地用树枝写下了这些祝福的话。北大的学生都有很多没见过季老，那么校外的就更不用说了。但在吊唁的人群中，我们仍然可以看到很多北大校外的人。

有一个从外地赶来的孩子，他拿着季老的书，说季老的书救了他的命。他说自己因为失恋曾一度想自杀，但看了季老的书后，他发现季老在面对任何困苦时都非常坦然，这让他一下子鼓起了重新生活的勇气。这样的例子有很多，还有很多人是季老帮助过的。有一个好像叫张群的人，跪在季老的灵前磕头。记者很惊讶，就问他是不是北大的学生，为什么要给季老磕头。他说他不是北大的学生，他是代表他的父亲来给季老磕头的。原来，他的父亲是北大的学生，1948 年去解放区的时候，是季老给了他父亲路费，所以他们一家人才得以安全到达解放区。季老去世的时候，他的父亲已经在病床上起不来了，所以就让他一定要第一时间赶到。

我们从中可以想到很多，他们应该是受到了季老的人格和道德的感染。我们知道，在国家遇到大事的时候，季老从来都是非常仁厚的。他讲过，即使烧成灰也是爱国的。在历次的大灾难中，季老都是捐款的，而且捐的数量非常大。其实除了他那些很珍贵的收藏以外，他并没有什么钱，但他还是会捐钱。像资助贫困的孩子读书、支持贫困的地区修路，这样的事非常多，但他从来不说。所以有很多受惠于他的人，知道季老走了，心里都非常难过。还有一个是季老日常的行为和他做事的方式，比如他的谦虚，他的朴素，他对人的和蔼以及处处为别人着想。在这个世界上，大家都在追逐名利，都在追逐和营造“大师”的头衔，但是季老不愿意当，他说自己还差得很，连“国学小师”都算不上。像这样的胸怀，在我们这个时代是非常少见的。但是每个人的内心都有一杆秤，每个人的内心都有一个梦想，每个人的内心也都有一个标准。我们都认同季老这样的人，才是我们标准的体现。

季老那么“热”其实是很奇怪的事情，因为他的专业没有几个人懂，在全世界都没有几个人懂。但是我们在季老身上也看到了很多久违的美好的东西，这些东西我们太久没有看到了，可这位老人的身上都有，所以我们会把他变成我们的一种寄托，一种美好的寄托。这样一来，季老就成为了一个象征。他不再仅仅是一个学者，也不再仅仅属于北大，而是成了一个象征，一个美好道德的象征，当然还有伟大的学术成就的象征。他属于我们这个民族，属于我们这个世界，我们懂不懂他的学问都不再重要，但是我们被他感动。所以季老曾经是感动中国的人物，他获得过这样的一个荣誉。

季老赢得了社会各界人士的尊重和敬爱，所以在悼念的人群中,我们可以看到各种各样的人。北大的广场从来没有那样安静过，从来没有那样井井有条过，大家都非常耐心地在那里等待，整个场面是非常感人的。有很多人是特地从外地赶过来悼念季老的，从这些人口中，我们知道了很多以前不知道的事。比如有人在最困难的时候收到了季老的一封信，有人在最困难的时候收到了季老的一笔汇款，等等。作为季老非常亲近的弟子，有很多事情连我都不知道。我们知道，任继愈先生也在这一天离开了人世。这两个山东老乡，两位好朋友，冥冥之中携手而去，实际上是引发了一场地震。这场地震没有房屋倒塌，没有人伤亡，但是对我们的文化界、学术界，对我们现在渴望真善美的心灵所造成的冲击，恐怕几年甚至更长的时间都难以消退。

季老的藏品

季老的藏品非常非常多，有些还是国宝级的。比如说苏东坡的《御书颂》就是苏东坡的原著，上面有乾隆皇帝的题跋；再比如说当年藏在故宫里的《三希堂》，上面有历代名人的题跋；等等。每个收藏家都有一个收藏的底线，季老收藏的最底线是齐白石。当然，徐悲鸿先生、张大千先生等人的艺术造诣，季老也是认可的。但收藏总要设一个限，不可能漫无目的地收，所以季老把底线设在了齐白石那里。在他的藏品中，齐白石的藏品是年代最晚的。他有一张齐白石用整张宣纸画的豹子，这是十分珍贵的。因为我们都知道齐白石擅长画虾，有谁见过齐白石画豹子呢？没有。像这样的精品季老还有一些，每一件拿出来都让人瞠目结舌。

作为一个学者，季老的收藏有一定的特殊性，这与那些做投资的人是不一样的。换句话说，季老的收藏是有目的的，而且有着非常明确的收藏体系。他收藏的几百幅古字画，几乎可以出版一本书，名字就叫做“中国美术史精品图录”。所以我们不用怀疑季老这些藏品的真伪，他不是买卖古董的商人。像齐白石先生的那幅豹子图，当时是通过吴作人先生收藏进来的，所以是不可能有问题的。而且在那个年代，这些字画也是不值钱的。当时，齐白石的一幅画只要几块钱。到二十世纪八十年代的时候，梁启超的一幅画也不过才两三百块钱。季老赶上的五十年代正是这些文物最便宜的时候,而季老不忍心看到它们流散,所以就拼命地收藏。除了字画，他还收藏了很多像古砚、古墨、田黄、田白等非常珍贵的文物。

我们知道，季老本人是非常节俭的。他对自己非常小气，小气得有点儿不近人情，甚至到了刻薄的地步。他的早餐就是一杯不讲究的茶加两片面包片。大家知道季老是怎么烤面包片的吗？就在煤气炉上烤。他的衣服永远都是一身布制服，我从没见他穿过西装。但季老的节俭并不是因为他很贫穷，恰恰相反，他的收入应该说是很高的。

在二十世纪五十年代，像季老这样的一级教授，每个月有三百多块钱的工资。再加上季老是学部委员，也就是我们所说的院士，又有一百块钱的津贴。另外，季老还是全国政协委员，也有一百块钱的津贴。这还不止。当年的季老非常勤奋，发表了很多文章，而以季老的身份，拿到每千字二三十块钱的稿费是不成问题的。所以,他每个月都有几百块钱的稿费收入。把这些加起来，季老每个月都有将近一千块钱的收入。我们或许对当时的一千块钱没有概念，举个例子吧！中国作协原来在王府井大街的那个大四合院，就是赵树理先生当初用五千块钱买下来的。也就是说，季老五个月的收入就可以买一个大四合院。所以说，季老是不缺钱的。

季老的收入不低，确切地说是很高，而且季老还非常节俭，但他却没什么钱，这又是怎么回事呢？原因就在于季老购买了大量的名人字画和珍贵文物。以季老的高收入去购买当时极为便宜的字画，可以想象其数量是非常可观的。像当时五幅齐白石的画，而且还带着老红木镜框，季老竟然只用了三十块钱就全都买下来了。像董其昌、文徵明、唐伯虎、八大山人等名人的字画，他都有很多。另外，季老还经常捐款，资助家乡和一些贫困的地区，甚至还资助自己身边的工作人员。所以，他是没什么钱的，有的只是大量的藏品。

在季老的藏品中，还有一些是他跟朋友们互赠的。季奶奶，也就是季老的夫人,她嫁给季老的时候带过来很多画。季老的妹夫，也就是季老叔父的女婿，山东弭派山水的代表人物——弭菊田先生也送给季老很多。还有一些季老的好友，像启功先生、欧阳中石先生、范曾先生，他们也赠给季老一些书画。像范曾先生，算是晚辈了，他每年看季老都要恭恭敬敬作一幅画，送给季老。我们知道，季老活了近百岁，所以这部分藏品的数量也是不小的。

此外,季老还藏有大量的名人信札。季老有一个非常怪的习惯，外界可能不太知道，那就是他从来不扔一张带字的纸。只要纸上有字，他就不会扔。比如说他在水费单的背面写了“已付”两个字，那么这张纸条就是不能扔的。所以，在他长达将近七十年的学术生涯中，积累下了大量的名人信札。这样的量实际上也不知道有多少，因为到后来一段时间也没有去整理。季老的这些藏品，一方面有着非常重要的学术价值、艺术价值、文物价值和文化价值，但是我们绝对不能否认，它们同时也有天文数字般的经济价值。一幅苏东坡的《御书颂》今天还有价吗？这已经是无价的了。所以说季老的藏品应该说是数量巨大，价值也同样巨大。

2009 年 2 月，有媒体爆出季羡林先生有一批非常珍贵的书信流失到北京的旧货市场上面，而经过季羡林先生独子季承先生的确认，上面的批注跟签名确实是季先生的。这里面好像还涉及一批流失的出版合同。此事一出，立即在社会上引起了热议。

季老流失的书信

作为季老的弟子，以我这样一个有点儿类似于当事人的身份来谈这件事情，并不一定很合适，但是恐怕还必须要谈。因为那两天各种媒体采访的电话已经把我打得晕头转向了。其实在此之前，已经发生了季老的书画流失事件。真可以说是一波未平，一波又起。

这批书信出来以后，可以说完全出乎大家的意料，而且大家都非常震惊。为什么震惊呢？第一，这是非常隐私的一些资料。第二，这批书信的真伪非常容易辨认，因为书信里相关的人绝大部分都还健在，比如汤一介教授、饶宗颐教授、袁行霈教授等。

据季承先生讲，这里还有新中国成立前的书信。一些私人的信件在主人不知道的情况下就这样大规模地流向旧货市场，这总归是一件很可怕的事情。

我本人也被牵扯进这件事情之中。2005 年的时候，张艺谋导演身边的工作人员表达了这样一个意愿，希望能把季老翻译的古代印度梵文的名作《沙恭达罗》搬上舞台，改编成一个由张艺谋导演执导的有中国文化特色的音乐剧，就像《阿依达》一样能够演出。季老当然欣然同意，但是因为这里边牵涉到很多梵文、汉文的文字性工作，所以季老也加上了我的名字，也委托我参与到这件事情之中。所以，季老就写了一封委托书。这件事情其实没几个人知道。因为第一，张艺谋先生是一位公众人物，大家都很关注，所以这种事情一般不对外宣布。第二，张艺谋先生后来就接管了非常重要的执导奥运会开幕式的工作，所以这件事情当时并没有推进。可现在连这封委托书都流散到市场上去了。所以在得知这件事情之后，我当时的第一判断是这件事情要假也很难。

这件事情能够引起广泛的哗然和关注，其实也是非常正常的。第一个层面，当然是因为季老巨大的影响力和广泛的知名度。虽然季老本人是非常谦虚的，从不承认自己是"国学大师"，也不认为自己是"学术泰斗"，他说自己就是一个普普通通的教了一辈子书的老师，但是我们毕竟无法否认或者说无法忽视季老在当代中国乃至当代世界的文化界的巨大影响力。一听到季老身上发生这样的事情，关注度自然会比常人高很多。第二个层面，季老的年龄也使大家对这件事情格外关注。因为季老已经是接近百岁高龄的老人了，如果像季老这样一个老人的财产安全都得不到保障的话，那么普通的老年人的财产是不是也得不到保护，也会遭到各种各样的手脚，也会流散呢？这两个方面就决定了大家的关注度会很高。还有第三个方面，就是处置方的不服众和草率。这三个因素混在一起，火上浇油，使大家对这件事情的关注度和评判热情越来越高。

这样一道题目出乎意料地摆在了中国的文化界、中国的传媒界乃至中国的最高学府之一的北京大学面前，那么怎样去妥善处理这件事情，怎样给大家一个大致都可以接受的说法，实际上就已经不再局限于季老个人，而是变成了大家都期待或者说都关注的问题。这是一个文化事件，而这个文化事件实际上在海外也引起了很大的关注。海外的很多华文媒体都在进行跟踪报道。在这样一种状态下，实际上就是要考验我们的诚信、我们的智慧以及我们处理这件事情的能力和程序。总而言之，我们都要共同回答这个问题。我们能不能透明地、公正地、妥善地处理这个问题，直接关系到我们的声誉。这实际上是对我们提出了一个新的要求。

在这几年里，我们的政府处理了很多突发性的公共危机。比如说像SARS、“三鹿奶粉”事件、“5 · 12”汶川大地震等，政府都进行了比较妥善的处置，也得到了人民群众的一致认可。但现在出现了一个文化界、学术界、传媒界的突发事件，这是一个我们从来没有遇到过的课题，那么我们怎样来应对，怎样来处理？最起码自新中国成立以来，在像季老这么重要的学者身上发生了这样的事情，很多人都是闻所未闻的，所以大家才会震惊，才会茫然。

这件事情其实跟北京大学没有什么关系，最起码没有逻辑上的关系。季老自二十世纪四十年代从德国返回祖国工作时起，就一直都是北京大学的教授，因为他是终生教授。可以说他把将近六十年或者六十多年的生命都交付给了这个学府。他为北京大学，为中国的学术界和文化界所作出的贡献是全世界公认的。“桃李满天下”在他身上不是一句泛泛而谈的话。给季老祝寿的时候，你会发现成百位外交部大使都是他的学生。所以在这样一位人物身上发生的事情，并不意味着它一定会跟北京大学相关。

对于书信流失事件，季老的态度仍然非常平和。他当然要求把这件事情调查清楚，但他依然觉得不要妄加揣测这件事情跟谁有关，因为这是非常重大的指控。可是像季老这样一位将近百岁的老人频频在媒体上曝光，不是因为其传奇的学问，而是因为这样一些琐事，这就是一种反常。因为这样一个事件而使一位百岁老人得不到某种安宁，简直就是一种罪过。

文化圣地的是是非非——从故宫文化面说起

一碗普普通通的面到底该卖多少钱？这和你买的地方有关。如果是在小区门口，它可能只要三块钱；如果是在闹市区的写字楼里，它可能要十块钱。那么，如果把它放在故宫里呢？它就要三十块钱。其实，从纯粹商品的角度来说，这碗三十块钱的面很可能和小区门口的那碗面是一样的。

2007年，一场“星巴克该不该迁出故宫”的争论引发了社会对于传统旅游区内文化产业发展的讨论。随后，故宫宣布将对现有经营网点进行整合，以后故宫内的经营主体都必须以故宫品牌为主。8月6日，位于故宫东长房的服务区正式投入使用。这个服务区位于神武门向东二百米处，占地一千四百平方米，集餐饮和购物于一体。据悉，服务区内的故宫餐厅也开始试营业，而其中一碗面条的定价竟高达三十元。故宫方面称，这是综合了文化、成本等因素来制定的。

故宫的文化面

这个服务区位于故宫的东长房，那么东长房以前又是做什么用的呢？东长房不是故宫里面的主要建筑，而是过去的配套建筑，或者说是附属建筑。在历史上，东长房的功能是改变过的。最早，它应该是看护城楼的卫士们过夜的地方。后来,它可能还做过厨房。因为我们可以看到，梁木上原来的彩绘现在都被烟熏黑了。不过这可能只是一般的厨房，只是给看护城楼的卫士们煮夜宵、吃东西的地方。如今，厨房还是那个厨房，但是它的经营模式和服务对象已经完全不一样了。

现在，最大的争议就在于一碗面为什么要卖三十块钱。其实，讨论这碗面的价格是没有意义的。为什么说没有意义呢？一碗面，在家门口卖三块钱，在写字楼卖十块钱，在故宫卖三十块钱，在机场卖八十块钱。怎么没有人说机场的面贵呢？如果拿到五星级酒店去卖，可能连八十块钱还不止。所以说，一碗面的价格实际上是要根据很多综合因素来讲的，比如说它的地段。我们知道，一碗面在淮海路也许卖三十块钱，但是在隔一条街的南昌路可能就卖十块钱。在北京，长安街的一碗面多少钱，海淀的一碗面又是多少钱？这是不一样的概念，要综合地段、房租等各种因素来考量。

我们要问的是：第一，故宫里能不能开饮食店？第二，故宫里为什么要开饮食店？关于“故宫里能不能开饮食店”的问题，过去是有争议的，但是我们这个争议也是很滑稽的。我们知道，故宫过去就有星巴克（一个喝咖啡的地方），也可以吃一点非常简单的面包什么的。当时哗然，引起轩然大波，还被评为2007年的

“十大文化事件”之一。确实，故宫是个文物，一般不能有明火，这是很简单的道理。像烤羊肉串、煎炒烹炸等操作，都是不允许的。所以，故宫当初选择星巴克，也是有它的考量的。第一，故宫的场租是星巴克能够承担得起的；第二，星巴克没有明火，对故宫的安全考量可能比较好一点。但是开设了这一家以后，社会哗然。我们有时候会把民族主义的情绪过分放大，所以星巴克最终在故宫没开成。

现在，故宫又开了一个面店，这其中可能也会有增收的考量。但是，今天的故宫不是十年、二十年前的故宫，今天的中国也不是十年、二十年前的中国。在改革开放初期，很多文化事业单位都奇缺经费，有的时候连工资都发不出来，更不要说维修费用了。今天的情况就完全不同了。国家给故宫博物院的拨款应该说是充足的，而且还有大量的门票收入，所以故宫应该不会为了一点房租而非要开几家店。故宫刚开始的出发点肯定是好的，想要为里面的游客提供一个符合中国人饮食习惯的选择。

很多朋友说三十块的面贵，那么发出这个声音的朋友是不是先去做一个市场的比较。马未都先生写了一篇文章，文中解释了故宫博物院三十块钱一碗面的理由，是很有道理的。我们不要非常单一地去看这个问题，而是应该具体问题具体分析。有人在网上发了一个帖子，说故宫一碗面卖三十块太贵了，然后大家就一拥而上，都说它贵。事实上，故宫并没有禁止你带别的饮食进去，也没有规定你在里边就必须吃面，这是第一。第二，它也是明码标价，给你一个选择的自由，而没有强迫消费。如果故宫有强迫性的消费，那么毫无疑问，板砖伺候。但如果它是给你选择，给你多增加一种服务，一种符合中国人饮食习惯的服务，那么我们就应该用一种善意的态度去看它。

对这个问题，故宫的发言人是有明确表态的，说这碗面的定价是综合了成本和文化方面的因素。其实，这完全是蛇足之言。什么叫综合了文化和成本方面的考虑？根本就是出于成本的考虑。现在有很多人特别喜欢把文化挂在嘴上，而实际上却根本不太知道文化是什么意思。什么叫里面有文化的成分？所谓文化的成分，不就是因为故宫是一个国家保护的文物性的建筑吗？事实上，是它的场地成本比较高，因为平时维护它、看护它的成本就比较高。所以说，这就是一个成本问题。这位发言人的话其实反而引发了大家更多的板砖。人家会问："文化多少钱一斤？"这难道是可以计量的吗？如果要这么说的话，那三十块钱一碗面还便宜了呢！所以这个话其实是没有必要的，这种解释并不是一种很妥当的解释。当然，这位发言人肯定有他的考虑，但这样说无疑就暗示着把文化给定价了，而文化恰恰是无价的，故宫博物院是无价的，所以显然是不妥的。

很多人可能会通过这个事件想到赵丽蓉以前演的一个小品，我们不妨来回顾一下：

巩：老人家，您请看，这是啥？宫廷玉液酒。

赵：那得卖多少钱一杯呀？

巩：一百八十块。

赵：这得卖一百八十块！那咋沾了"宫廷"俩字都涨价呢？

巩：再看这道菜。

赵：这是啥菜？

巩：群英荟萃。

赵：就这盘萝卜得卖五块钱吧？

巩：哪儿啊！八十。

赵：这卖八十？那得买多大一堆萝卜呀！

巩：我跟您说了嘛！这不能叫萝卜，这得叫群英荟萃。

故宫里的这碗面和这个小品里面所反映的情况其实是不太一样的。小品里的“这碗面”倒确实是“文化面”，因为它告诉你吃了以后有多么好，里面有什么配方，宫廷什么的。故宫有吗？所以说并不是一种情况。这个小品实际上是在揭示一种在社会上比较多见的欺诈行为，即假借文化的牌子来谋利的欺诈行为，与故宫面完全是两码事。

其实，现在针对故宫这碗面的争议，主要可以分成三个方面。首先，故宫是不是需要卖面；第二，故宫的一碗面到底该卖多少钱；另外一个，故宫的这碗面到底和故宫的文化有没有关联。从个人的角度来说，我是希望故宫卖面的，因为的确有这个需求。至于这碗面的定价，还是应该让市场的规律去定。如果三十块钱大家真的觉得贵，那这个店是开不下去的。如果关掉再开，能不能二十块钱一碗呢？如果二十块钱还是嫌贵，那能不能改成十块钱一碗呢？如果十块钱一碗卖到门口排长龙，那么明天就涨价。总归会有办法的。第三个是我们前面讨论过的问题。

把文化当万金油到处抹是很让人反感的。有些人碰到说不清楚的问题就归为文化问题，比如这个店的包子为什么没有那个店的包子好吃，就可以被某些人说成是文化问题。如此说好像是一下子把这个问题提高了层次，其实根本没有必要，具体问题具体分析是最好的。文化不是万金油，什么地方都可以用。我们现处在文化热的背景下，确实有一个滥用文化的问题。这是一个非常值得我们注意的地方。像故宫的这个发言人在发出这样的一个解释以后，就会面临一个巨大的难题，那就是必须做进一步的解释。而进一步解释的答案，或者说这个解释本身跟他所从事的、神圣的、无价的文化工作是相抵触的。

如何看待文化圣地的商业行为，我们的心态往往会像钟摆一样，从一个极端走向另一个极端。这不仅仅是一个平衡点的问题，它可能涉及到我们如何看待这些文化圣地的一个底线。

每逢“金九银十”的结婚旺季，一些历史悠久的名胜古迹就会迎来一批又一批拍摄婚纱照的新人们。然而在北京的一些历史名园里，我们却再也看不到穿着婚纱的新人们了。因为北京的颐和园、天坛、北海、景山等十一家市属公园已经禁止入内拍摄婚纱照了。我们先来了解一下。

出于保护世界文化遗产、文物古迹和公园景观的考虑，同时也为了维护公园正常的游览秩序，2009 年 8 月，北京市公园管理中心出台新规，禁止在十一家市属公园内进行商业婚纱摄影。其中，历史名园包括颐和园、天坛、北海、中山、景山、香山公园全面禁止拍摄婚纱照；市属综合类、专类公园包括北京植物园、玉渊潭、陶然亭等公园基本也以禁拍为主；全市其他公园如朝阳公园、人定湖公园、龙潭公园等区属公园在做好保护、加强管理的前提下，可自主决定是否允许拍摄。

历史名园禁止婚纱摄影

公园内婚纱摄影是近年来才兴起的新生事物，北京各大公园都存在此类现象。现在，北京全面禁止拍摄婚纱照的有颐和园、天坛、北海、中山、景山和香山公园。这六个公园不是一般的公园，而是北京人自我认同的公园。它们不是一般的游乐园或新兴的公园，而是凝聚了几代北京人记忆的公园，是文化象征的公园。外地人到北京去逛公园，北京人一般都会推荐这六个公园中的一个。所以说，这六个公园对北京人是有特殊意义的，是不可替代的。

这六个北京市属公园禁拍婚纱照，肯定会引起巨大的争议。为什么这么说呢？举个例子说，比如上海市规定不能到上海的标志性区域（如中山公园、长风公园等）拍摄婚纱照，上海人的反应也会很大的。因为这些地方对上海人也有着特殊的意义，很多人生活里的很多场景就发生在这里，比如有些夫妻可能就是在这里认识的。同样的道理，老北京人的很多生活场景就发生在六大公园，新北京人到了北京也会就近到六大公园去逛一逛。这些对北京人有着特殊意义的地方又怎么能和他们人生中如此重大的典礼和事件一刀隔绝呢？

婚纱照是人生命中最重要的一组照片，我们当然愿意选择一些风景优美，而且还有着特殊含义和概念的地方作为拍摄地。六大公园都是有文化含量的地方，又都有非常独特的景色，基本上都是古树参天、非常安静的地方。北京人不到这些地方去拍婚纱照，还能到哪里去拍呢？到长城。这也是个选择。但长城比较远，而且它是一个没遮没挡的地方。那么大家都到影楼里去拍吗？难道这活生生的六大公园都要变成死板的布景搬到影楼里去吗？这是没有道理的。但管理方也有自己的考虑，是出于对六大公园的保护。因为拍摄婚纱照会践踏绿地，而且会影响其他的游客。这是管理方给出的理由，但这个理由是不充分的。

第一，不拍婚纱照就不践踏绿地了吗？就现在而言，中国人的公民意识或者公德心还是有待于提高的。在公园里践踏绿地，这是常见的现象，我们到哪个公园去都可以看到。毫无疑问，这是不对的，是应该杜绝的，但是这跟拍婚纱照没有必然的联系。而且据我们了解到的数据，公园每年接待的游客数量和前来拍婚纱照的游客数量相差非常悬殊，只有极少的一部分游客在拍婚纱照。现在的问题是六大公园作为市属公园，而不是私人花园，究竟能不能或者说有没有权力对市民做出这样的拒绝呢？如果经过了北京市人大听证的程序，那没办法，那是一个非常严格的行政程序。可这仅仅是一个主管部门发布的禁令，并没有征求过大家的意见，更没有经过什么听证的程序。

如果仅仅是因为践踏绿地而拒绝拍婚纱照，那么主管部门完全可以单独划出一个区域，让大家在这个固定的区域里拍婚纱照，离草地远一点；或者也可以专门铺设一块草地，让新人们在上面摄影，将来再承担一点补草坪的费用。作为市属公园，主要还是对市民开放的。一个公共性的公园，怎么能够把一部分人排在外边呢？而且它确实也不太合理。因为我们都是买门票进来的，再说这个公园也是允许拍照的。也就是说，如果不穿婚纱，不拿那么高级的摄影器材，那就是可以拍照的，而且随便在哪儿都能拍。

如果故宫做这个规定，那倒是可以理解的。因为故宫里有些建筑和背景不适合强光照射，当然也不适合被闪光灯照射，所以故宫的很多地方都特别标明是不能拍照的。到这样的地方去拍婚纱照，肯定是不允许的，这个大家都能理解。可是公园怎么会有这样的规定呢？作为公园的管理者，当然是有管理责任的，但你完全可以提醒新人们不要践踏草坪，或者请新人们在指定的区域里拍摄婚纱照，怎么能把公众的这种权利就这样剥夺了呢？实在是毫无道理。那些新人们被阻挡在公园外时那种遗憾和无奈的心情，是完全可以理解的。

事实上，新人们愿意在如此浓厚的北京历史氛围里留下他们人生最重要的影像，应该是让公园感到高兴的事情。公园每个时代的形象，都随着婚纱摄影留在了新人的记忆当中，留在了这些新人子子孙孙的记忆当中，这是多么美好的一件事情。从某种意义上讲，公园的管理者应该巴不得新人们来拍婚纱照。因为新人们愿意来拍摄婚纱照说明这是一个最神圣、最美好的地方，是最值得留恋和纪念的地方。而且对于游人来讲，他们还为公园增添了一道风景，其实这些拍婚纱照的新人们就是一道城市里最美丽的风景线。

我们的管理部门，尤其是这种公共场所的管理部门，往往过于强调自己的管理责任，却忘了自己的服务的使命。公共公园主要就是为这个城市的市民或者说前来游览的人们提供一种服务的，所以这样的规定肯定是让人家难以接受的。其实，遇到了这样的问题，园方肯定也有自己的考量。可能我们毁坏的公共绿地和文物比较严重，他们一时急于想要找到一个制止这种行为的方式，所以才会做出这样的规定。如果园方的解释仅仅是践踏草地的话，那么人们便会有几种看法，第一，践踏草地无疑是百分之一百不对的，这个绝对没有什么好讲的。不过人们相信践踏草地的新人应该是少数。当然，他们会到草坪上去留影，但应该不会有意去践踏，而且也基本上是轻手轻脚地在那里拍照的。这是第二。

说到底，其实是要培养我们每一个人对自然、对公共环境、设施等的一种热爱，这就是管理者的责任，也是对管理者的要求。要提醒他们，要管理他们，如果发现他们太过分的话，比如他们在践踏草地，管理者是可以提出要求的，甚至可以叫他们退出草地。因为这块草地不是属于某一个新人的，也许还要有很多新人来拍，如果把它踩坏了，那别的新人还怎么拍呢？这个草地更不仅仅是属于新人的，也是属于我们的爷爷奶奶、爸爸妈妈和未来的子子孙孙的。这就是管理职能的体现。

2009 年 8 月，云南省发改委、财政厅下发了“大理古城和洱海资源保护费收费标准”的通知。通知中说，云南省准备对进入大理古城的游客征收每人每次三十元的古城维护费。那么，这笔三十块钱的费用当初是怎么算出来的？收上来的这批古城维护费又能在多大程度上用于大理古城的维护呢？

大理古城收费

大理古城的收费问题，我们要分几个角度来观察。第一，我们首先要看看周围的地区是不是收费。周庄、乌镇都是要收费的，而且收费还不低，都要高于三十块钱。这还不止，一张门票还不能一看到底，里面的小院落还要再收费。为什么大家对大理收三十块钱就感到不可接受呢？大家可以思考一下，不必汲汲地下断论。我们知道，大理是一个巨大的古建筑群，而且保存得非常完好。如果要收取三十块钱的古城维护费，就一定没有理由了吗？

第二，大理是以旅游收入作为它的主要收入的。无论有多少游客去，它的收入也不一定满足得了大理整个古城的维护需求。所以，它适当地收一些费，是不是就没有理由呢？第三，大家主要担心的问题并不是收取这三十块钱的古城维护费，而是收完了以后这三十块钱的去处。换句话说，大家或许并不在乎花这三十块钱，只是担心是否用到实处。如果说收取三十块钱是为了保护古迹，那么大家都会觉得是应该的。坦率地说，出去旅游的人经济条件都是相对比较好的，去大理、丽江花个几千块甚至上万块是很平常的事情，所以也不会在乎这三十块钱。大家担心的是，收取上来的古城维护费最终并没有用在古城的维护上。

所以说，在提问的时候，我们首先要把问题搞清楚。搞清楚问题有两种方法：第一种方法是比较，即跟我们周边的景区比较；第二种方法是根据逻辑，或者说根据经验。大家担心的是这种费用能不能切切实实地用到实处，那我们的问题就不应该是大理该不该收三十块钱的古城维护费，而是应该问凭什么收三十块钱？就是说为什么不收二十块钱，也不收五十块钱，而偏偏要收三十块钱？每人每次三十块钱，那么每年收到多少，有多少分别用到哪几个项目上面，是不是应该有一个公示呢？这是几个层面的问题，我们不能搞混。

现在，这三十块钱有一个明确的说法，叫做古城维护费。也就是说，这三十块钱必须全部用做古城的维护。如果我们去旅游的人是因为我们喜爱大理，或者说我们经常听到大家讲大理有多美、多特别，所以我们愿意去，那么让我们为保护大理或者为维护大理古城作一点贡献，每人拿出三十块钱，这应该不是一个问题。问题就在于什么叫全部用于维护大理古城。

我们可以参照一下丽江古城。丽江古城管理公司有一个资产评估报告：2007 年，丽江古城的维护费，包括门票等收入是 1.68 亿元。其中，五千万用在建设丽江机场，还有五百万用在大丽铁路（大理到丽江的铁路）的灯光工程项目。仅在这里，大家就质疑有三分之一的钱没有直接用到古城维护上面。当然，这也是可以讨论的。我们不能说建机场和保护古城完全没有关系。因为有了丽江机场，我们到丽江古城就更便捷，可以节约我们旅游观光的时间，可以让我们更便利地领略丽江古城的风光。同样，我们也不能说大丽铁路周围的照明工程跟保护丽江古迹完全没有关系。所以说，这实际上很难判断。这里需要的是古城管理方的公信力，大家是对公信力提出了质疑。

上面提到的是丽江的一笔账，大理的账我们还不知道。如果大理能在丽江的工作历史上吸取一些经验，把它做得更好，也就是把征收古城保护费的举动和建立古城保护管理机构的公信力结合起来，相互促进，那么大家最起码不会对这个古建筑维护单位的公信力有什么疑虑，也许有些人还会多捐一些。从本质上讲，问题就在于如何避免账目不清，如何避免可能存在的以保护古城为名义征收的专项费用被挪作他用。这其实也是大家最担忧的事情。

大家对丽江产生了质疑，但这个质疑其实还是可以讨论的。如果政府能做一个更好的说明，那么这种质疑就是可以避免的。比如可以把为什么用五千万造机场，造好机场对保护丽江古城和促进丽江的旅游业有哪些好处，大丽铁路沿线的灯光工程又为什么用了五百万等问题对大家都公示清楚。而不要事先不说，到时候只公布一个数字。

我们现在到大理和丽江的各个景点玩，也要支付价格不菲的门票。所以大家会质疑，我们这些门票钱还不够维护古城的吗？为什么还要单弄一个古城维护费呢？这个问题其实也是一样的。比如我们现在去周庄是要买门票的，接下来的每一个景点也是要付门票钱的；再比如说故宫博物院，进去是要买门票的，进去后参观珍宝馆、钟表馆还要再付钱。所以说，这是一个普遍的问题，我们不要把问题提错了。我们现在要求的或者说期望的是大理的有关部门能够建立一个公信机制，告诉大家这笔钱会得到有效的监督，会用到实处。相信这样的机制建立以后，大家就不会有什么质疑了。比如对故宫博物院，大家就没有质疑，没有人说我进去为什么要买门票，也没有人说我进去后为什么还要再买票。其实这是可以提问的，大家对这方面可能也是有一定质疑的。到一个景点先付了一笔费用，然后到每一个不同的小景点还要再付费用。这会不会成为一种示范效应，以后越来越多的景点都照这样一个路子去走？

大理肯定也是受到了一种示范效应的启发。“它”可能突然发现，大理古城作为一个整个的古城，为什么不能收费呢？为什么只能每个景点收费呢？当然，会存在有人质疑的情况。事实上，大理本身的每一条街道或者每一幢建筑都是非常有韵味的，只要走进了大理，就算不进任何一个景点，也是一种旅游的行为。以前，如果在大理穿城而过，或者住在这里的客栈，只要不到那几个指定的景点去，就是不用付费的。现在，情况不同了。既然大理的整个城都是古城，整个城都有旅游价值，那么你进来就得先买一张门票。也许他（们）是这么想的，也许他（们）是受到了故宫博物院或周庄等收费模式的影响。这方面我们可以不去揣测，我们应该关注的是，今后这种情况还会出现很多。因为很多地方都在强调可持续发展，强调绿色产业和旅游资源开发。既然旅游资源开发将来躲不了，那就是个收费方式和收费的问题。那么如何让这种收费收得合情合理，如何让大家心甘情愿地来付这个费，如何让大家不产生不必要的疑虑，这都是放在我们旅游业面前或者说这些旅游城市面前的一个大课题。

现在舆论的焦点在于质疑大理古城是否应该收取古

城维护费，但在质疑的同时，我们也有必要去深入了解一下大理文化到底有着怎样的辉煌。

提起大理，你最先想到的是什么？是《五朵金花》，是大理三塔，还是《天龙八部》里段誉的故乡？其实，这些只是大理历史文化中的一小部分，而它们围绕的中心都是大理古城。

辉煌的大理文化

说到大理古城，我们可能很自然地会想到《五朵金花》，想到蝴蝶泉，那大理文化到底有着怎样的一种特质呢？我们可以从三个纬度或者说三个层面来观察大理文化。

第一，大理文化的古老。我们知道，大理古城始建于1382年，也就是明朝洪武年间。在全中国的范围内，始建于明朝洪武年间而今天大致保存完整并且依然有人在里边过日常生活、依然活生生的城市是非常罕见的。因为中国历史上的战乱很多，很多古城早就被摧毁了，比如嘉定、松江、华亭等。华亭现在连找都找不到了，只有华亭宾馆我们还知道；松江我们也感觉不到，除了一个方塔，好像没有多少古迹；而嘉定除了一个孔庙，好像也不太多。但实际上它们都是古城，只是被战乱给摧毁了。包括苏州也是这样，被战乱破坏得很多。还有南京，作为原太平天国的首都，作为它的“天京”，后来被湘军攻破，攻破后也有很多变化。像大理古城这样原汁原味地保留了将近六百多年的历史风貌是很罕见的，这是它的特色之一，而且是非常重要的特色。

第二，大理文化的丰富多彩。如果横向地来看，大理文化是非常丰富多彩的。在松江、在嘉定，我们很难看到汉族以外的文化遗迹或文化传统，在南京和苏州同样很难看到。但在大理，却有很多少数民族居住在那里，不止一个少数民族。当然，那里居住的人数比较多的少数民族是白族。所以，我们可以看到一个迥异于汉族的文化景观。而且在白族人身上，我们又可以看到少数民族能歌善舞的文化特色。《五朵金花》是非常能够说明问题的。那里是歌舞之乡，非常的美，自然景色美，歌舞也美。

第三，在历史上，大理曾经是云南的经济、文化和政治中心。今天云南的政治文化中心当然是昆明，昆明作为云南的省会，其经济总量占了云南的六分之一。但是在历史上，云南的中心是大理，而且大理还是云南最早的文化发祥地。换句话说，如果我们说云南有着鲜明的地方文化特色，那么它在古代文化上主要就反映在大理文化上。此外，大理在历史上曾经单独立国。我们知道过去有南诏国、大理国这样的国，它原来是作为一个相对独立的、独立于中原王朝的地域政权存在的。所以，它有自己非常独特的社会面貌和社会结构，当然也有自己独特的文化特色。

综合这三个纬度或者说三个层面来考量，大理文化应该是我们中国文化的瑰宝，大理古城也是中华民族的一个宝贝。所以，它在这方面特别吸引人是有足够的理由的。很多人都知道，大理有个崇圣寺，崇圣寺三塔可以说是大理的标志。金庸先生在《天龙八部》里写到的“天龙寺”就是辉煌的崇圣寺，能够激发金庸先生创作灵感的地方，自然会有很多故事。

崇圣寺跟我们现在中原地区或者江南地区的宝塔是不一样的，那个宝塔本身就有着浓郁的南传佛教的特征，不像我们北传佛教的宝塔。它的特色很鲜明，而且如果按照中原地区的造塔方式是造不起来的。所以，关于这个三塔怎么造的，本身就是一个谜。我们知道，过去没有起重机，没有大吊臂，也没有今天那种非常高超的建筑手段，那么它是怎么造的呢？是垫一层土修一层塔。换句话说，先垫一层土把它修起来，然后再把这个土剥掉，把这个塔的初层垒上去，这样不就一直站在一个离地面比较高但是离修建的部分不太高的地方施工了吗？这样的建筑手段，就是堆土建塔，或者叫挖土陷塔。堆土建塔好理解，一层层垫，把这个工地垫上去，塔多高，工地就垫多高，到最后把土一挖，整个一座塔就现出来了。这实际上就是金字塔的造法。关于金字塔的造法，也有人说是用盐垒上去，等尼罗河水一泛滥，盐化掉了，塔就现出来了。所以说，古人有古人的智慧。当然，这个说法不一定可靠。

在建塔的时候，搭的桥长达十余里，因为它就是这样垒起来的。这是非常了不起的。在古籍中，关于崇圣寺三塔的修建，有很多记载。当时用的工匠为七百七十万，这是什么数字？基本上倾城而出了。不是全城，应该是倾全国之力了。当时的大理才有多少人，而且只有劳力才能去。所以恐怕不会是七百七十万人，而应该是七百七十万人次。而最妙的是，大理国王共二十二代，其中有九位国王都是在崇圣寺出家的，这就跟我们中原王朝的风格迥然不同了。在大理王国的历史上，看样子是有这个传统的。这个传统很像今天的泰国和东南亚，是南传佛教的传统。

在崇圣寺当和尚的九位国王中，其中第十五代国王是我们大家都知道的，那就是段正淳，也就是《天龙八部》中段誉的父亲。第十六代国王段正严，比照的就是段誉。金庸先生应该是从这里汲取了很多灵感的。所以说，金庸先生的这部小说，实际上也对大理在吸引人方面起了很多作用。大家想去看看段王爷的故乡在哪里，他出家的庙在哪里，那里到底有什么武功。而且大家可以看到，在金庸先生的小说里，段氏王朝的武功都是名门正派，所以那个地方还经常让人有一种感觉——有浪漫、有温馨，而且很正大的一种感觉。金庸先生的小说《天龙八部》实际上对大理的知名度起了非常重要的推广作用。

大理独特的历史文化给了金庸先生灵感，那么，大理这种独特的文化底蕴到底是什么呢？这其实是很妙的。第一，它不会给你太多的异国他乡的感觉。当然，它不是异国他乡，而是中国的一部分。像大理国、南诏国虽然立国，但无论如何也是和中原王朝比较紧密的，只能看做一个地方割据政权。所以，在那个地方你会感到很亲切。还有一点，我们今天去看，很多人以为看到的就是白族的民族风光，但实际上，白族保留了很多古代汉族的生活习惯和文化传统，所以我们在那里可以看到很多鲜明的汉族文化传统或者文化遗存。而另一方面，它毕竟又是在云南，在少数民族的聚居区，有着自己非常独特的文化背景和文化传播状况，所以难免给人一种时空迷幻的感觉。大多数时候，它不会给你异乡的感觉；但偶尔，它也会给你一点异乡的感觉。像这种既有非常独特的自然风光，又有非常独特的人文面貌，还有自己极其独特的历史的地方，实际上是蛮难找的。这个三美兼具的地方，当然具有非常高的旅游价值，也具有非常高的文化价值。

大理的旅游节拍并不是很快，很多人都愿意在那里住宿。大理现在有很多客栈，其实就是一户人家，空出几间房间，收拾得非常干净，有非常好的卫浴设备，供游人住宿。客房可能就在自己家的楼上，自己家里有一个人负责收钱，并为游客提供服务。他(们)希望你住下来，希望你成为大理这个文化氛围中的一员。在中国内地，像这样的旅游模式是不多见的。它对我们现在这种快餐式的旅游心态是一个很好的校正，这也是大理独特的魅力所在。

对上海人来说，龙华烈士陵园是大家再熟悉不过的地方了。我们小的时候都到那里扫过墓，那是一个非常庄严和肃穆的场合。可是前不久的一则媒体报道称，陵园调整了开园时间，这里就成了附近居民平时晨练和休闲的好去处，成了人们休闲娱乐的大花园。由此也引发了烈士陵园能不能变成普通公园的一些讨论。

烈士陵园是否适合公园化改造

在我们的记忆中，到龙华烈士陵园去举行一些活动，都是在一个非常特定的时间、作为一项爱国主义传统教育进行的。每一次到那里，我们都是怀着一种缅怀、崇敬的心情。当然，活动完以后，老师一般也会让小朋友在周围的草地上举行一些活动，甚至会在那边吃一些很简单的东西，像面包、饮料等。但是不会有过分的喧闹，因为大家都知道那里主要是陵园，而不是主要是公园。我们可以做一个比较，比如我们小时候不会像今天的小孩子有这么好的条件，我们过去的春游和秋游不会走得很远，一般只去长风公园和桂林公园。在我的记忆当中，我们在龙华烈士陵园里肯定不会像在长风公园和桂林公园里笑得那样欢畅。

我们知道，公园是有分类、有定位的。上海就有一些公园是专类公园，比如说野生动物园、上海动物园、上海植物园等。这些公园和普通公园在定位上是有区别的。龙华烈士陵园就是一个专类公园。事实上，我们把一个非常特定的场所叫做专类公园，这本身就是一种很无奈的分类。我更认为应该把陵园单列出来，而不应该把它放到分类公园这样一个类别里面。在这样的场合，比如我们正在举行非常庄重的仪式，而那边却传来了悠扬的笛声，这显然是对整个氛围的一种破坏。那么，我们该怎么去处理呢？这实际上是不好处理的一个问题，而且这种问题一旦出现，就会导致陵园庄重肃穆、礼仪性质的功能受到很大的挫伤。

如果不进行改造，那很多住在龙华烈士陵园周边的人可能也会有意见。因为附近没有大公园，他们没有休闲娱乐的去处，那该怎么办呢？这要分几个方面来看：第一个方面，龙华烈士陵园一直是对公众开放的，这次只不过是调整了开放的时间，使其作为公园这样一种功能的开放时间更长而已。大家过去也是去的，只不过它里边的区域划分得非常严格。现在，很多周围的居民觉得，他们没有一个像别的区域的居民有的那么好的公共休闲娱乐场所。所以，我们首先要坚持区域化的开放。龙华烈士陵园应该有一个区域是不随便开放的，而且应该有各种各样的警示牌，提示大家在接近这个区域的时候不能做什么，比如说不要喧哗，不要携带宠物入内等。这种区域性的开放，应该是能够满足周围居民的大部分需要的。

还有一方面实际上非常重要，那就是居民要不断地去反思自己的休闲形式，或者说去反思自己的休闲行为。国外一些地方的做法就很值得学习，比如说马来西亚。我们知道，在马来西亚的马六甲一带，华人的数量非常大。那里有一座三宝山，山里面也是一个陵园。当然，里面并不是我们今天这种概念的烈士，而是历代华人的先祖。从明末开始，就不断有华人来到南洋，并且留在那里没有回到自己的祖国。所以，陵园里还有很多明朝的墓碑。今天，马来西亚的很多人也会到那里去散步、慢跑、晨练，甚至还有一对对的恋人坐在那里，但是绝对没有喧哗。那里也从来都没有什么文艺活动。龙华烈士陵园属于上海，属于上海人民，当然也属于龙华的居民。那么，在这一带居住的居民，内心也应该比别的区域的居民更有一种强化的意识。就是我们到这里去休闲，但是我们的休闲方式要比别的区域的居民多加一点选择。

革命先烈流血牺牲换来了我们今天的幸福生活，那么我们在享受幸福生活的同时，就要给这些烈士们留下一定的位置。不论在城市的空间上，还是我们的心理空间上，都应该如此。这是我们享受了今天这种和平岁月的人应该有的一种心态和精神。如果在这样的场所里大呼小叫，甚至光着膀子，那只能说我们整个城市的文明程度还有待提高。这些衣冠不整的人、遛狗的人、打麻将的人，以及各种各样非常吵闹的娱乐形态的人，如果出现在没有经过严格区隔的烈士陵园里，那肯定是不合适的。还有一条新闻，说某地一个烈士陵园里的一个纪念碑，现在已经变成了一座示爱墙。这实在是让人难以接受。烈士的纪念碑是一个礼仪性的公共建筑物，对于这个建筑物，大家是有一种固定的情感寄托在那里的，我们不能轻易地、非常草率地去改变它的功能或形态。

也有人提到了公园的公益性，认为公园首先要体现的就是它的公益性。事实上，公益性是一个包容非常大的概念。我们不要简单地去理解公益性，因为为公众服务可以有很多种形态。比如龙华烈士陵园，它作为一个让公众去寄托自己对先烈的哀思的地方，难道它的功能就不属于为公众服务吗？像上海这样的都市，面临的最现实的问题就是区域有限，土地金贵但人口众多。在这种地方建设大规模的公园，跟别的城市比本身就是一件更不容易的事情，所以大家要有一种心理准备，说包容也好，说理解也好。我们要知道，把龙华烈士陵园的一部分开放出来，把它的开放时间延长，这都是在努力发掘它为公众休闲娱乐服务的空间和功能。

不过对于这样一个上海市的标志性建筑，我们也要给予充分的体谅和理解。

> 少林寺在传统文化的保护和发扬方面一直是很有意识的。这几年，少林寺的方丈释永信因为做出了种种不同寻常的举动而频频被媒体报道。尤其是此前传出的少林寺拟在香港建分寺的消息，更是在社会上引起了强烈反响。为什么他们在香港建分寺会引起那么大的反响？可能是因为这种做法跟传统中对少林寺和方丈的理解相差得太远了，大家觉得它太热闹了。

少林寺在香港建分寺

大家之所以会对这样的现象有那么多疑义，有那么多不同的看法，可能是因为两个误解。第一个误解，我们极端化地理解了传统佛教。我们都知道，佛教是讲情景、禅休的，但是别忘了，佛教更要利益众生。我们可以看到，静安寺这边有一副对联“愿祈佛手双垂下，摩得人心一样平”，那边又有一个对联叫“利益众生”，要为信众或者为天下的人带来尽量大的好处。佛教有禅休的一面，有非常寂静的一面，有出世的一面，但是也从来不拒绝为众生服务。

第一，中国传统的寺庙一般都是教育基地。寺庙里有学校，可以提高这一片的文化水平。第二，寺院一般都是集市，会提供一个场所，让大家互通有无、互相交往。第三，寺院还基本算得上艺术中心，因为它会用各种戏曲的形式来宣讲佛经，也就是我们说的“讲经”。第四，中国最早的典当业，其中有一支还是在寺庙发展起来的。比如你急于卖掉手里的柴去买米，但是却卖不掉，这时就可以到寺庙的“长生库”（我们今天的典当行）去把柴当掉。也就是说，你把这堆柴放到寺院去，寺院会给你钱，这样你就可以拿着钱去买米了。所以说，我们传统的寺院有出世的一面，也有入世的一面；有自我进修的一面，也有服务众生的一面。这是第一个我们没有意识到的。

第二个误解，我们对当代佛教也有一些误解。在当代佛教界，像释永信方丈这一批高僧，其实都是“人间佛教”的倡导者。什么叫“人间佛教”？就是要服务众生。现在的佛教界也非常强调服务的概念，要把佛教的理念、佛教的修行方法，包括佛教的慈悲心都回向众生。换句话说，要报答众生对佛教的护持和关爱，要服务众生，要提供各种各样的机会。我们发现现在的寺庙都投入了巨大的精力、财力和物力去做慈善事业，去关爱所有的人。而这些被关爱的人也许是佛教信徒，也许并不是佛教信徒，但是他们都是一样对待的。所以，在这样的大背景下，少林寺做这种规模比较大的、在我们看来是非常入世的运作来布置发展，实际上是顺理成章的事情，它并不违背佛教的精神。

> 网上有一个问卷调查，内容是“您支持少林寺4.2亿港元修建香港分寺吗”？结果是六千人表示支持，只有一千人持否定意见。也就是说，大多数人都支持少林寺在香港建分寺，这样的结果应该说是有些出人意料的。但再一看网站的标题，竟然是“八成网友力挺少林乐园对抗迪斯尼”。这应该就是另外一回事，是另外的问题了。

这其实又是两个层面的问题：第一个层面，现代社会，或者说现代的世界是全球化的世界，我们应该心胸开阔、姿态开放，用一种多元的心态去追求各种文化、各种形式的和谐共存，并使它们健康地相互竞争，健康地共同发展。所以，香港既然有迪斯尼，那么如果少林寺也到那里去开设一个“少林乐园”，在香港这样一个大的文化环境里多插一朵中国佛教的鲜花，这又为什么不好呢？另外一个层面，这样一个网络投票的结果，多少也反映出一点点民族主义，相对不那么开放、比较狭隘的心态，强调的是针锋相对，是一种斗争和对抗。这种心情是可以理解的，但其实是大可不必的。少林寺花4.2亿港元到香港建设“少林乐园”或者叫“少林文化园”，无论那里有没有迪斯尼，我们都应该感到欢喜，都应该为它祝福，或者说都应该随喜，都要去香港看一看。大家很高兴地去领略一下中国传统佛教文化当中一个非常重要的分支——嵩山少林文化，而不要有一种心态：本来大家是反对少林寺花4.2亿港元到香港去建分寺的，但一看这可以和香港迪斯尼乐园竞争，那就觉得很好，又表示支持，这是完全没有必要的。

有些人可能会有这样的担忧：少林寺在香港建了“少林乐园”，那么以后的孩子理解少林寺和佛学，会不会都不去少林寺参观，而是直接去“少林乐园”玩一把呢？这是一个非常重要的问题，我们可以从几个角度去考虑。第一，在香港营造的分寺毕竟是在少林寺的方丈释永信大师的直接指导下进行的，所以它应该会坚守少林的传统，而不会太山寨，也不大可能去山寨。第二，在这个建设以前，少林寺实际上还没有开始对外建设它的分支，那么那个时候打着少林武僧团和少林武术名义的难道就都是少林寺吗？这其实也刺激了释永信方丈要尽量保持原真状态去推广少林文化的决断。不然的话，满大街都是少林高僧，翻跟斗，然后舞两回大刀，根本没有少林文化的精髓。第三方面，我们上海的孩子，去河南嵩山的机会恐怕不会很多，相对来说还是到香港的多。孩子们生性好动，对未知充满了好奇，到香港的“少林乐园”初步接触了直接由嵩山少林寺指导的少林文化后，如果有兴趣，或者像佛家讲的有这个因缘，那就一定会到嵩山去。所以说，这实际上是一个门径，是一条捷径，你可以由此深入中国佛教文化的殿堂，这有什么不好呢？

跟少林寺一样，其实中国也有很多传统文化，非常优秀的文化，我们也需要去宣传，需要让更多的人去了解，但并不是都要通过这样一种商业营销的策略。因为每一种文化都有每一种文化的生命，每一种文化都有每一种文化的特色，大可不必采取同样的手段。但是就少林文化而言，采取这样一种推广模式，是恰当的，是没有什么可以指责的。至于有些文化实际上是不可能的，比如说它的传承非常精微，它需要一种极度的宁静，比如古筝、古琴，就不能这样传授和推广。再比如昆曲，我们会有剧场让更多的人来听，但是它在推广和传授的时候，非常强调面对面，直接师徒传授，这就不一定非要采取这样的形式。所以具体问题还要具体分析，而事实上不会存在一种放之四海而皆准、什么文化都可以用的推广模式，全世界都找不到，只能由这个文化本身来作选择。

考古发现——陵墓里的秘密

1974 年 3 月 29 日，西安临潼晏寨乡西杨村农民在打井时意外发现了几个碎陶人，但他万万没有想到，一个震惊世界的秘密由此被揭开了。经过考古专家的勘探和研究，俑坑中这些依照真人大小塑造的陶俑，其原型正是当年跟随秦始皇征战四方、统一六国的勇士。秦俑一号坑由此展现在世人面前，尽管它仅位于秦始皇陵墓东侧 1.5 千米处，但历史文献却对此没有任何记载。

1974 年，考古专家开始对秦俑一号坑进行发掘，发掘面积达两千平方米。经过六年的发掘，一千多件倒塌破碎的陶俑被陆续修复和复位，最终使一千多个携弓挎箭的士兵俑阵容整齐地重现在人们面前。军团阵容强大，世间绝无仅有。坑内的秦俑千人千面，栩栩如生。根据当时兵俑出土的排列密度，专家估计，一号坑内仍有大部分秦俑深藏在地下。

1985 年，考古专家对一号坑进行了第二次发掘。遗憾的是，由于当时技术设备还不完善，为更好地保护文物，第二次发掘只进行了一年就停止了。

在一号坑发掘的过程中，专家们还在附近陆续地发掘了二号坑和三号坑，但陶俑的数量和规模都明显小于一号坑。目前，秦始皇陵区内部已经发现了六百多处遗迹。在这些陪葬品中，兵马俑是最重要的组成部分。

二十多年后，秦俑博物馆再次对一号坑偏北部进行了发掘。这次起步挖掘面积为两百平方米，发掘工作将持续五年，总面积将达两千平方米左右。

究竟秦兵马俑的身上还隐藏着哪些未知的秘密呢？此次的“揭秘之旅”，让我们满怀期待。

二十年后再揭秦俑之谜

事实上，秦始皇兵马俑本身就是一个巨大的谜团。现在的秦始皇兵马俑馆虽然布置得井井有条，但这并不等于说我们就已经对它完全了解了。因为它到底是不是和秦始皇有关，也不是没有争论的。有些学者就认为它未必跟秦始皇有关，所以现在大家一般都叫秦兵马俑，而不再像过去那样叫秦始皇兵马俑。也就是说，这些兵马俑到底是谁的部下的体现，我们还不太确定。

当初，秦兵马俑的发掘就是一个偶然事件。当地的几个农民在打井的时候发现了一个彩绘的俑，然后大家进行了抢救性的发掘。经过这二十多年，我们做了很多研究，对出土的秦俑进行修整、拼合，并进行重新的归位判断。最起码在文献上或者考古学上，我们取得了很多成绩。但是千万别忘了，在地底下还有数量很大的兵马俑没有被发掘，而这一点实际上我们已经知道了。我们已经对一号坑、二号坑和三号坑都进行了发掘，所以我们非常清楚旁边还有。现在到兵马俑坑去参观，我们会发现有些俑是被完全发掘出来的，而有些俑还有一半是埋在土里的，没有被完全发掘出来。这简直太有吸引力了。不要说专业的考古工作者，就是我们这些在旁边看的人，也会被深深地吸引。谁不想在有生之年亲手把一尊尊兵马俑请出来呢？所以，我们对每一次考古发掘都是有期待的，除了那种突发性、抢救性的考古发掘。

时隔二十年的秦兵马俑的发掘显然已经不再是抢救性的发掘，而是经过了长期论证、长期准备以后的一次发掘。所以，我们当然会有很多期待。比如说我们现在看到的绝大多数或者说基本所有的兵马俑都是一种灰蒙蒙的状态，几乎看不到它的色彩。但如果再仔细观察，我们就会发现在兵马俑的身上其实还有一些残存的彩绘。在以前挖掘的时候，我们就已经发现秦兵马俑坑是经过火烧的。我们不是一直有火烧阿房宫的传说吗？也许是当时刘邦攻入咸阳的时候放了一把火，也可能是项羽攻入咸阳的时候放了一把火。当然，这都是大家的猜测。但总之是有过一场火的。这可能是导致秦俑色彩脱落的一个原因。另外一个，这些陶俑长时间埋于地下，而地下这个环境又是一直变化着的，所以也可能导致它的彩绘脱落。还有一个就是当年发掘的时候我们没有采取足够的保护手段，也没有足够的保护经验，所以导致秦俑接触空气后发生了氧化。像当年的红颜色基本上都含有铁质，比如硫化铁、氧化铁等，那么它在接触空气以后就会发生氧化，会变黑，这样就接近灰色。其实我们在前两次发掘的时候曾发现了蓝脸和绿脸的俑，只是当时没有足够的经验和手段，这个色彩没有能够保护下来。但经过二十多年，我们有经验了，也有条件了。所以，我们就有一大期待：我们是不是能够发掘出色彩斑斓的秦俑呢？比如原来的铠甲是什么颜色，原来的战袍是什么颜色，原来的战冠是什么颜色，原来的鞋子是什么颜色，原来的武器是什么颜色，等等。大家想看看当初秦朝人的色彩观到底是什么样的，他们用的是哪些色彩，打扮得有多漂亮。这是我们的一大期待。

第二大期待是对秦朝兵器的期待。我们现在看到的兵马俑几乎都是两手空空的，但却不是静止的。他们做着各种各样的动作，有跪射的动作，有持剑的动作……但只有动作，谁都不知道它们手里拿着或举着什么。因为当年的兵器应该都是木质的，或者上面加一个青铜的戈或者矛，所以都应该已经腐烂掉了。又或者它的兵器不在这个俑的手上了，所以现在发掘出来的俑都是空手做一个动作。这就让我们有所期待：这次发掘的时候，是不是能发掘出一个个拿着各种兵器的俑呢？那样我们就可以知道当初的秦朝人是怎样拿兵器的，进而推断出这个兵器是怎样使用的。

还有一大期待，就是对外国士兵俑的期待。为什么会有这样的期待呢？因为在前两次的发掘中，我们曾在兵马俑的墓葬中或者说在旁边的葬坑中发现了一具西亚的人骨，也就是今天的伊朗、伊拉克那一带的人。我们知道，在秦朝的时候，汉族这个观念应该说还没有形成。秦朝是西边的一个国家，强大起来以后灭了六国，并在公元前221年统一了中国。而西边正好是丝绸之路的交通要道，所以有从西亚来的人加入秦朝的军队也没什么奇怪的。这就让我们有所期待：这次发掘是不是能发掘出一个外国士兵俑呢？像唐朝的唐三彩里面就经常可以看到胡人俑，那么秦兵马俑里面是不是也会出现外国士兵俑呢？

我们现在挖掘出的兵马俑已经有几千具了，而据估计，在一号坑的周围，大概还会有六千具俑，数字非常大。这就让人感到很奇怪，秦朝那么大的一支军队埋在地下，为什么都是当兵的，没有当官的呢？难道这么大的一支军队不需要人指挥吗？我们知道，秦兵马俑是按照1∶1.2的比例制作的，完全是仿真的，只是比真人还略大一些。所以，它们的阵列也应该是秦朝当时的阵列。

既然是按照秦朝的兵法来布阵，那么为什么没有将领，没有一个很高的将军俑出来呢？而且军队里不见得都是武将，但是我们还没有发现文官俑。所以，我们又有一个期待。

其实，在刚开始几天的考古过程中，我们已经有了一些发现。比如我们发现两辆战车排得非常非常近，这就非常值得注意了。在河北省的井陉县，保留着一条中国最古老的驿道。那是一条用石板铺的路，是当年秦朝的一条国道，这在《史记》中也是有记载的。那么，我们凭什么认定这条路就是秦朝的国道呢？就凭在石板路上留下来的车轮轧出来的坑。秦朝不是有一个“车同轨，书同文，统一度量衡”吗？也就是说，只要测定马车车轮的轴距，我们就可以判断出它是不是秦朝的马车。所以说，秦兵马俑的出土和考古发现，其意义绝不仅仅在兵马俑本身。对于认识秦朝时中国的整体面貌，它会为我们提供珍贵的接近第一手的资料，这是非常重要的。此外，对于考古出土的年代，它也可以提供实物上的证据。

在进行第一次和第二次发掘的时候，谁都没有料到它的规模会那么大，好像没有一个底。即使到了今天，我们也不知道它的底在哪里。没有人知道它底下还有多少兵马俑，也没有人知道它的范围有多大。而且当时的保护手段跟不上。比如说兵马俑的身上可能穿着衣服，在铠甲的外面可能穿着一身布的制服。如果是将领的话，还可能穿着丝绸的袍子。这些在当时都是保存不下来的。所以，当时的发掘中途停止了。管理方决定就地建造秦兵马俑的博物馆，把兵马俑放在建筑物的中间，旁边有过道供大家参观。

现在，我们的这种技术手段应该说是跟上了。如果发现了彩绘俑，那么保护的概率就要比当年高很多很多倍。这二十多年，中国的考古技术和考古经验已经有了飞快的发展。所以，我们今天决定再次对秦兵马俑进行考古发掘，是有一个足够的理由的。而且还有一点，大家可能没有太在意，这一次的考古发掘工作是由秦兵马俑馆来承担的。秦兵马俑馆不像我们社科院的考古所或北京大学的考古系，他们是有考古资质的，而且是国家文物局认定的资质。国家文物局对这个认定是很严格的，只有有了这个资质，秦兵马俑的考古队伍才能进行独立的发掘。

与前两次发掘不同的是，这次考古发掘是有电视转播的。摄像机将考古现场完全展现在了全国观众面前，这实际上是给我们上了一堂非常生动的历史考古课。在很多人的印象中，考古都是非常神秘的。我们想象中的考古大多是这样的：现场有武警站岗，其他闲杂人等一律不许靠近，里面的考古人员则在一种与外界隔绝的状态下非常神秘地进行他们的考古工作。这是我们习惯的考古。但这一次完全不一样了，可以说是一次尝试。其实，这样的尝试之前也已经做了。比如说对老山汉墓的考古和大报恩寺出土佛寺遗塔，都是有电视转播的。所以说，电视媒体越来越起到一种传播和普及专业知识的作用，尤其是像考古学这种非常非常专业的，甚至可以说冷僻的知识。从这方面讲，这次发掘的意义也是非常重大的。它将会为研究中国古代史，或者说研究秦朝的历史在不知不觉中培养很多人才。因为很多孩子可能会看这个转播，那么其中就可能有人产生了兴趣，从而立志成为考古学家，将来去发掘更多的文化遗址。对考古系的学生来说，这其实就是一个活生生的教学片，而且是非常珍贵的现场教学片。事实上，他们从事一线田野考古的机会并不多，国家管理得也非常严。所以，这次转播就显得弥足珍贵了。

在考古现场，我们可以看到，一号坑拉了一根非常非常直的皮尺纵贯，与地面贴得很近。为什么会有这根东西呢？它实际上是一根水平线。我们知道，考古的地层是很重要的。如果没有东西束缚，考古现场又很大，那么挖着挖着就可能不在一个水平线上了，这是要出大问题的。因为历史遗迹都是一层一层的，越往上离现在越近。比如说南京路是现代的，但是如果往下挖，就可能挖到明朝了。所以，发掘的时候都是一层一层地挖，把一层清掉再清下面一层。而为了让挖掘保持在一个水平线上，我们在考古现场就需要拉一根这样的皮尺。

考古工作者在整个考古过程中都是小心翼翼的，就好像在家里的一个玻璃器皿上掸灰一样。比如说有个俑出土的时候，有个肩膀已经露出来了，但那里的土十分干燥，那么如何把这个俑从这板结的土里面取出来而又不伤害它一丝一毫，这是非常吸引人的。这其实也是在普及民众考古学知识，让我们大家都参与到这个让我们觉得很专业、很神秘的考古事业中来。北京曾经有过这样的地方：就是模仿一个考古现场，在这里埋一个坛子，在那里埋一块瓦片。当然，这些坛子和瓦片都是新的。然后由父母带着孩子去挖掘，挖出来后再拍照做记录。这也是在培养孩子的考古兴趣。但还有什么能比秦兵马俑发掘的现场直播更有效、更吸引人呢?

这次发掘对外界的开放程度可以说是空前的。在现场，我们可以看到，整个过道上密密麻麻的人都在看着底下一二十个考古专业人员清理兵马俑的现场。它没有把现场的观众隔绝，没有找各种理由不接待或限制接待，依然是完全对外开放。秦俑博物馆已经申明，这第三次挖掘将会持续五年，而期间参观兵马俑的游客们能够同时浏览到考古现场的情况。这就让大家活生生地融入了我们的历史当中。对每个人来说，这都是一种梦幻的感觉。我们参与了发现的过程，我们是发现队伍的一分子，亲眼看到了一具俑是怎样出土的,亲眼看到一辆马车是怎样出土的。我们会惊叹,原来秦朝的马车这么大,秦朝的俑这么威武。这会让我们由衷地产生一种历史的自豪感。

对秦兵马俑博物馆的这一决定,我们要举双手赞成,而且要以一种最大的热情去赞扬。因为有一种巨大的责任在里面。我们知道,这些参观博物馆的观众,他们的素质是参差不齐的。我们经常会碰到一些情况,比如博物馆里是不许照相的,但结果还是闪光灯不断;有些地方是不能靠近的,但结果还是有鼻子凑上去,手恨不得也要摸摸;等等。那么,秦兵马俑博物馆有这样的一种决心和信心,说明他们对现场的掌控能力已经有了足够的把握。但即使这样,秦兵马俑博物馆的领导和工作人员也无疑给自己压了一副天大的担子。不过,从另一方面讲,我们所有的考古工作都应该服务于我们的历史,都应该让我们的子孙后代尽量活生生地去感受古老的历史。所以,开放是一个最好的办法。秦兵马俑博物馆走出了这一步,而这种以开放的状态进行考古的模式,希望也能够在全国有条件的地方慢慢推广开来。

我们对这次发掘有很多期待。比如说对将军俑的期待,这种期待是可能实现的。但即使这次发掘没有挖出将军俑,也不能说里面就没有将军俑。因为还有很大一片没有挖。从某种意义上讲,考古是一门注定会带有遗憾的学问。因为无论我们的发掘进行得多么完善,都不可能恢复它刚刚入葬时的原貌,所以这种缺憾是注定的。但在发掘的过程中,也随时都会有新的发现,而且什么样的发现都不奇怪。只是有时我们需要有耐心,不能指望某个时间一定会出土什么东西。考古的时间表是没有人能排的,就像将军俑,也许大家等一年都等不到,或者两年都等不到,但也许第五年的时候就一下出来好几个。我们凭什么认为每个将军都必须带着自己的部下？也许当年下葬的时候，那些将军都在一起开会呢！那么出土的就是一堆将军俑了。当然，事实究竟是不是这样，现在谁都不知道。而这也正是吸引我们的地方。因为我们的胃口一直被吊着，我们一直都有一种期待。

对秦兵马俑的考古，应该说在比较长的一段时间内会一直处在进行当中。虽然我们现在已经知道了它的大体范围，但没有人知道里面究竟有多少东西。可能再过十年、三十年，甚至五十年，我们都无法让秦兵马俑全部重现天日。当然，我们是很期待那一天的。但在那一天到来之前，我们对它的期待将会一直持续下去。

为了再现两千年前秦军气吞山河的磅礴气势，秦俑的设计者除了追求单个陶俑的形体高大，还精心设计了一个由八千余件作品组成的俑群，构成了一组规模庞大的军阵体系。秦俑的整体风格浑厚、健美、洗练。如果仔细观察，陶俑中人物的脸型、发型、体态、神韵都有差异；陶马也是有的双耳竖立，有的张嘴嘶鸣，有的闭嘴静立，十分生动逼真。站在成千上万的兵马俑前，相信每一个参观者都会惊叹于它庞大的规模。由此我们也可以想象，当年秦帝国雄霸天下的气势。

秦俑：帝国的背影

当时的秦国有五百多万人口，其中有一百万是军队。我们今天看到的这些兵马俑，其实只是九牛一毛。那么，当时的秦国是用什么方法来管理如此庞大的军队的呢？历史最真实的面貌，我们已经没有办法文化复原。但是根据史籍的记载，秦国本身的法律是非常严格的。自商鞅变法以后，秦国就走上了一条非常独特的发展道路。以军功来说，在先秦的时候，官位都是世袭的，普通百姓想要改变自己的社会地位几乎是不可能的。但在商鞅变法以后，情况就完全不同了。官位不再世袭，而是以军功来论。比如说斩一个首级可以授一个什么样的爵位，然后再一级一级地向上升，共有一二十级这样的军功。所以，为了改变自己的社会地位和生活环境，每个人都会争先恐后地去立战功。

另外，秦国有一条强有力的法律，那就是禁止私斗。也就是说，秦朝的人是不能打群架的，为了报私仇去杀人也是不被允许的。但是它鼓励臣民去攻占,就是为了自己的国家跟别的国家去斗，跟当时的六国去斗。而且它的管理阶层划分得十分清楚，像我们今天的军队有司令、军长、师长、旅长、团长等，它当时不这样叫，但是也分得非常清楚。我们知道，当时的秦朝在西边，所以它的民风非常彪悍，而且它拉战车的战马也十分强壮，包括它的军队训练都是非常有力的。再加上秦国当时有一百万的军队，可以说除了老人和小孩之外，基本是全民皆兵了，当然几乎都是男性。在攻打楚国的时候，秦国派出了六十万大军，相当于今天的十个集团军甚至更多,这个数字即使在今天也是非常大的。所以说，我们虽然没有办法完全复原秦国对军队的管理模式，但也可以知道它一定是非常强有力的，而且是令行禁止的。

我们知道，当时的秦军可以说是所向披靡的。有人说，当时秦军的军事水平已经超过同时期的罗马军队。这其实只是后人的一种揣测，因为这两个军队没打过仗，所以水平孰高孰低也无从评判。但秦朝在欧亚大陆的东方崛起的时候，也的确是西方的罗马帝国纵横天下的时候，应该说它们都是非常强大的。虽然它们几乎同时活跃在历史的舞台上，但因为彼此没有任何直接交战的记录，所以我们也就无法判断哪一个更强一些。

让很多人不解的是，秦军这么强大的一支虎狼之师，为什么在秦始皇死后短短的三年时间就土崩瓦解了呢？这其实是一个很大的问题。我们知道，秦始皇在统一六国的时候主要使用的是战争手段，这就对当时的社会造成了很大的伤害。在战争中有很多人死去，而且连年的征战也严重影响了生产。这是一方面。

第二方面，秦朝的严刑酷法是人民很难忍受的。当时的人民经常要去服劳役，比如说修长城、修国道等，而且经常要赶很远的路去报到。如果不能按时报到，就要被砍头。像陈胜吴广起义里就提到了“失期则斩”，这是当时真实情况的写照。可以这样说，当时是完全没有人性化的符号的。这就使得社会上民怨沸腾。

第三方面，在秦始皇统一中国以前，整个中国一直处于一种分裂的状态，当时的人民也都习惯了这种状态。公元前 221 年，秦始皇统一了中国，结束了这种分裂的局面，这是中国在历史上第一次走向统一。然而这种大一统的思想观念却一时难以被当时的人民所接受，或者说人民还需要一定的时间去适应。当时还有这样的口号：“楚虽三户，亡秦必楚。”意思是楚国哪怕只剩下三户人家，最后灭掉秦国的也一定是楚国。而事实上也确实是这样，因为项羽就是楚国人。正因为大家都有这样的心理状态，所以在秦始皇死后，当时的楚国、韩国、赵国、魏国和燕国又纷纷复辟了。就连陈胜、吴广这样的农民起义者，一旦声势大了，也要自己封王。这样左封一个王，右封一个王，秦朝的统治怎么能够持久？更何况秦始皇还后继无人，他的继承者完全没有他那样的雄才大略。所以说，在秦始皇死后，秦朝会很快衰败也不是很奇怪的事情。与此相似的还有隋朝，它也是短短几十年就灭亡了。

有的时候，历史会告诉我们一些真理，就是在任何时候都必须把人民放在第一位。只有人民的生活富足、安定了，人民的基本需要都得到满足了，这个国家才是真正的强大，才能够长治久安。如果把人民压制得很厉害，或者把民间的力量几乎竭泽而渔地全部调动起来，那么或许会在短时间内取得巨大的成就和辉煌，但是是不可能长久的。就像秦始皇那样，一扫六国，统一天下，可以说占尽了威风，但是终究维持不住国家的运转。正所谓“得道者多助，失道者寡助”。作为国家的统治者，你要得道，要得到老百姓的拥护，你不能失道。秦始皇到最后显然忽视了这一点，他觉得自己是千古一帝，人民已经在他的眼里慢慢淡出去了，所以他的政权自然很快就土崩瓦解了。

当然，秦始皇的雄才大略是不可否认的。秦朝出现这样一个非常特殊的历史人物，他以他的魅力也好，手腕也好，牢牢地控制住了这个庞大的军队和这个疆域非常辽阔的国家。但遗憾的是，他没有为自己的身后做任何战略性的部署。我们知道，秦始皇晚年痴迷于求仙问药，一心想找到神仙，寻求长生不老之药。他从没想过自己会死，自然也不会想到他的身后事。在他死后，各种制度还没有完全稳固下来，所以是肯定支撑不住的。打个比方，秦始皇可能就像一个司令部的头脑，他的强大军团则像是非常强健的四肢。一旦头脑不在了，那么即使再强大的四肢，也同样会土崩瓦解。秦始皇走了，他的帝国也很快跟随他走了。

这次秦兵马俑的发掘，其实只是秦始皇陵考古的一部分。有专家表示，秦陵考古的最大亮点并不在兵马俑，而是在秦陵的周边。秦始皇陵一直是非常神秘的，那么它究竟神秘到什么地步，我们可以举例说明。比如说电影界对秦始皇陵是非常关注的，有很多影片都是围绕秦始皇陵展开的，如《古今大战秦俑情》等。能够引起电影界如此关注的陵墓，大概也就只有秦始皇陵和埃及法老的墓。事实上，秦始皇陵一直都是一个谜，没有人知道真相，包括历史的记载也都是第二手资料，不是第一手的。因为秦始皇在营建完自己的陵墓以后，为了防止有人泄露秘密，就把当时所有参与营建的士兵和工匠全都封死在墓道里了。也就是说，陵墓里究竟有什么，外人是无从知晓的，因为知晓的人已经全部死去了。

关于秦始皇陵，《史记》中是有一些记载的。里面提到了秦始皇陵上有苍穹，下有江海。上有苍穹是说上面有“星星”，而所谓的“星星”都是用七宝镶嵌而成的；下有“江海”则是用水银来铺设的。另外还说里面有多高多大，并堆满了珠宝和珍宝。这些其实都是后人的道听途说或是揣测。秦始皇陵里面究竟什么样子，也只有等到揭开它的那一天我们才会知道。根据历史的记载，秦始皇可能还躺在里面。我们知道，秦始皇是在夏天突然去世的，所以尸体已经腐烂了。当时秘不发丧，为了掩盖尸体的臭味，在运尸体的时候还拉了两车鲍鱼。这就是说，我们不可能看到秦始皇的一具干尸，也别指望它会泡在水里完全没有坏掉。但他的陵墓里应该会有很多宝贵的遗存，这是我们可以期待的。因为秦始皇一直相信自己死后也会像神仙一样生活，所以他一定会有很多陪葬。

对秦始皇陵，大家都有很多期待，但千万别想着我们挖完兵马俑就来挖秦陵，这是很可怕的。事实上，挖掘秦始皇陵的念头已经动了几十年了，但每一次都是快要决定的时候又犹豫了。从表面上看，这是一种犹豫和迟疑，但实际上却是一种高度的历史责任感。每一次都是以一种最谨慎的态度，把它暂时停了下来。因为这个东西埋在里面可能没有毁坏，因为它是封闭的。但如果挖出来而又没有有效的保护手段的话，那么也许这个东西就毁在我们这一代人手上了。所以，大家应该少安勿躁。相信随着科学的进步和考古这门学问的不断发展，我们终有一天会有足够的把握去打开秦始皇陵，进而把里面的历史秘密全部揭示出来。但在我们还没有这个把握之前，还是应该好好地保存它。

在2009年行将结束的时候，中原大地河南安阳的一项考古发掘，震惊了全中国。一时间，无论是在电视，还是在报纸和网络上，这条消息都占据了非常显要的位置，各种报道数以百计。除了专业的考古和历史工作者以外，很多人也热烈地发表了数以千计的意见。近年来，地不爱宝，新的考古发现真可谓是层出不穷。然而，这次考古发掘所引起的关注程度，还是非常罕见的。那么，这究竟是一项什么样的考古发现？为什么会吸引了如此多人的注意呢？

发现曹操陵

我们知道，重大的考古发现往往都有一定的偶然性，或者说都有一些出人意料的神奇故事。比如甲骨文、敦煌莫高窟、秦始皇兵马俑，至少在传说中都是有偶然性的。从现有的报道来看，这次的发掘也是有偶然性的。

疑似“曹操墓”的所在地，原来是一个窑场的取土点，挖掘了五六米深，后来被废弃，就有村民在此种上了庄稼。2005年底，一个村民在此浇地时发现有一个地方的水一直向下流，经查看才发现那里有一个洞，进而推测下面可能是古墓。过春节的时候，有人发现该墓已经被盗，而且陆续被盗得很严重。当地派出所先后抓了五批盗墓贼，共三十八人。2008年，安阳县安丰乡派出所从盗墓贼手中缴获了三块墓内的画像石，画像石上部有“主簿车”、

“咸阳令”、“纪梁”、“侍郎”等字样，其下部为水陆攻战的场面图。从画像石的铭文来看，墓葬的规格相当高，应该为汉魏时期的高级贵族墓葬。但当时还没有想到这座墓和曹操有关。当地的考古部门进行的是抢救性发掘。

这座大墓曾多次被盗，里面的文物情况已经是无从知晓。至于有多少文物流失，那就更是没有头绪的事了。从表面上看，墓的平面为“甲”字形，坐西向东，带有斜坡墓道，是一座双室砖墓。整座墓规模宏大，结构复杂，主要由墓道前后室和四个侧室构成。斜坡墓道长 39.5 米，宽 9.8 米，最深处距离地表大概是 15 米。墓平面略呈梯形，东边宽 22 米，西边宽 19.5 米，东西长 18 米，大墓占地面积七百四十多平方米。

从现在的情况来看，此墓虽然多次被盗，但仍幸存着一些重要的随葬品，共出土器物两百多件，包括金、银、铜、铁、玉、石、漆、陶、云母等多种质地。器内主要有铜带钩、铁甲、铁剑、玉珠、水晶珠、玛瑙珠、石龟、石壁、石枕、刻名石牌等。最重要的随葬物品极为珍贵，共有八件，分别刻有“魏武王常所用格虎大戟”、“魏武王常所用格虎大刀”等铭文。在追缴该墓被盗出土的一件石枕上，也刻有“魏武王常所用慰项石”的铭文。这些出土的文字材料为研究确定墓主身份提供了重要的、最直接的历史依据。在墓室清理中发现了人头骨、肢骨等部分遗骨，专家初步鉴定为一男两女三个个体。其中，墓主人为男性，专家认定年龄在六十岁左右，与曹操终年六十六岁吻合。很多专家就此认为，那应该是曹操的遗骨。

有关专家对这些考古发现进行了多次论证，根据墓葬形制、结构及随葬品的时代特征，认为这座大墓年代为东汉晚期，结合文献记载，判定该墓的墓主人为我国历史上著名的政治家、军事家、文学家魏武王曹操，大墓即文献中记载的高陵。具体地说，有以下六条理由：

首先，这座墓葬规模巨大，总长度近六十米，砖券墓室的形制和结构与已知的汉魏王侯级墓葬类似，与曹操的魏王身份相称。而且该墓未发现封土，也与文献记载曹操寿陵“因高为基，不封不树”的情况相符合。

其次，墓葬出土的器物、画像石等遗物具有汉魏特征，年代相符。

第三，墓葬位置与文献记载、出土鲁潜墓志等材料的记载完全一致。据《三国志·魏书·武帝纪》等文献记载，曹操于建安二十五年（公元 220 年）正月病逝于洛阳，二月，灵柩运回邺城，葬在了高陵，高陵在“西门豹祠西原上”。调查资料显示，当时的西门豹祠在今天的漳河大桥南行一公里处，地属安阳县安丰乡。这座大墓就在西门豹祠以西。1998 年，西高穴村西出土的后赵建武十一年（公元 345 年）大仆卿驸马都尉鲁潜墓志，也明确记载了魏武帝陵的具体位置就在这里。

第四，文献还明确记载，曹操主张薄葬，他临终前留下《遗令》——“殓以时服”、“无藏金玉珍宝”，也在这座墓葬中得到了印证。墓葬虽规模不小，但墓内装饰简单，未见壁画，尽显朴实。兵器、石枕等有文字可证皆为曹操平时“常所用”之器，看似精美的一些玉器等装饰品也应是曹操日常佩带之物。

第五，最为确切的证据就是刻有“魏武王”铭文的石牌和石枕，证明墓主就是魏武王曹操。据文献记载，曹操生前先封为“魏公”，后进爵为“魏王”，死后谥号为“武王”，其子曹丕称帝后追尊为“武皇帝”，史称“魏武帝”。出土的石牌、石枕刻铭称“魏武王”，正是曹操下葬时的称谓。

第六，墓室中发现的男性遗骨，专家鉴定年龄在六十岁左右，与曹操终年六十六岁吻合，应为曹操遗骨。

以上六条理由，似乎足可以证明此墓的真正主人就是在中国妇孺皆知的曹操。但我们还是听到了很多质疑声，其中就有人提到了“七十二疑冢”的故事。说曹操生前得罪的人太多，为了不让后人发现他的葬身之地，挖墓报复，他就故意摆下迷魂阵，建了七十二座墓。其实，早就有专家明确指出，所谓的曹操“七十二疑冢”，不过是民间以讹传讹的结果，根本不足采信。这种说法大概是到宋朝的时候才出现的，那显然已经离曹操生活的年代很远了。北宋王安石的《将次相州》中有“青山如浪入漳州，铜雀台西八九丘”的诗句，这可能是最早言及曹操疑冢的。南宋大诗人范成大则在诗作《七十二冢》中明确提到了曹操“七十二疑冢”。后代文人罗贯中、蒲松龄等在其小说、笔记中对此加以渲染，使“七十二疑冢”得以广泛流传，并且也使疑冢位置逐渐有了邺城、许昌、亳州、漳河河底等多种民间传说，但实际上都是子虚乌有的事。例如，近代较为流行的曹操“七十二疑冢”所指的今磁县北朝墓群，经考古发掘证明为北朝东魏、北齐时期的帝王及皇族的墓群，与曹操无任何关系。

“七十二疑冢”的说法虽然不能作为辩驳依据，但对于一个这么重大的学术文化问题，我们也确实需要格外地谨慎。我们知道，这座墓葬已经被盗掘了很多次。至于究竟有多少次，现在已经没有办法确定了。但可以确定的是，墓葬的原貌已经不复存在了。而且有证据表明，最早的盗掘可能是对曹操抱有深仇大恨的。证据之一是墓中的遗骨，特别是那具可能是曹操的遗骨遭到过相当严重的击打破坏，我们现在看到的仅仅是残存。证据之二，墓中凡是刻有“魏武王”字样的石碑都被击碎了，而其他的则相当完整。这是在古代就发生了的事情。那么就近期而言，这座墓也多次被盗掘，有一件石牌和很重要的枕头“慰项石”就是追缴回来的。当然，有好几件是按照科学发掘的流程发掘出来的。另外还有一点很重要，那就是墓中还有一老一少两具女性的遗骨，这就很难和史书上记载的曹操生平的事迹比对了。所以说，质疑的人也不是完全没有理由的。

北京大学考古文博学院的教授齐东方表示：根据多年来掌握的发掘资料，在安阳这个地区，这种类型的墓葬在同一时期是非常少见的。以它的规模之大，其墓主人的身份地位也应该是很高的。再根据墓葬的地点和时代特征，将其墓主人锁定在曹操身上，这是完全说得通的。另外，据可靠的历史文献记载，曹操当时是死在洛阳的，这与发现这座墓的地点也是吻合的。至于有文献记载他葬在邺城，也就是现在的河北临漳，其实只要一看地图就明白了，因为现在的河南安阳的南部与临漳是非常非常近的。还有一点，在随葬品中有圭，还有很多带字的石牌。在那个时候，像圭这样的东西只有身份很高的人才能用，一般人是不能用的。再加上石牌上也有“魏武王”这样的字眼，这就对墓主人身份的确定又增加了一条有力的证据。齐东方教授的意见，可以说是非常稳妥的一个专业意见。

俗话说：“内行看门道，外行看热闹。”其实，考古发现是否重要，主要并不在于它出土了多少价值连城的金银宝贝，否则有些远古的考古发掘就没有什么意义可言了。更重要的是，我们通过考古发掘可以领受到多少古代的文化信息。穿越了如此悠久的时空传达下来的文化信息，每一点每一滴都是无价的，都是极为宝贵的。以这次曹操陵的发掘来说，它首先印证了文献中对曹操高陵的位置、曹操的嗜好以及他所倡导的薄葬制度等有关的记载。千百年来，这些问题扑朔迷离，异说种种，并由此产生了对曹操的许多怀疑和曲解。而曹操高陵的认定就解决了很多的历史悬案。其次，曹操高陵的发现让我们获得了更多的历史信息，为曹操及汉魏历史的研究开启了一个新的篇章。此外，高陵的发掘成果为汉魏考古树立了标准的年代标尺，相关领域的研究必将获得新的突破。曹操是中国历史上著名的政治家、军事家、文学家，其墓葬及有关遗存的保护展示也必将受到社会的广泛关注。

曹操墓传达出来的文化信息，也有着一定的现实意义。伴着曹操墓室的“见光”，他的薄葬思想也一同浮出水面。通过挖掘发现，贵为帝王的曹操墓室竟然很“寒酸”，其中更多的不是金银玉器，而是石刻和铭牌，很多礼器都是用石头代替的。解开曹操随葬品的“寒酸”之谜并不难，大概可以归纳为几个原因。

我们知道，曹操不是一个儒生，他的思想更接近于道家和法家的结合体，所以他不赞成厚葬制度。曹操生前一直提倡薄葬制度，是中国历史上第一位提出“薄葬”的帝王。但是，曹操之所以倡导薄葬，并且自己身体力行，还有其他的原因。

一是他早年参与过盗墓活动，目睹过不少坟墓被盗后尸骨狼藉。曹操盗墓在中国盗墓史上是有名的。为了保证盗墓有组织、高效率，曹操在自己的军中成立了类似“盗墓办公室”的机构。这是中国盗墓史上第一个，也是唯一一个军方盗墓机构。“盗墓办公室”的人员都被授予相应的不同职务：总指挥叫“发丘中郎将”，发掘队长叫“摸金校尉”。曹操盗墓的目的很单纯，就是为了盗到黄货、白货什么的，为自己的部队提供财源，是名副其实的“寻宝派”盗墓之王，而且是天王级的人物。曹操这一盗墓动机，代表了绝大多数盗墓者。传说后来有些地区的盗墓贼把“曹天王”奉为行业神供奉了起来，在行盗前会给他上炷香，保佑平安多发财。不管怎么说，曹操亲眼目睹过太多的厚葬的坟墓被盗，主人尸骨狼藉。

所以，他怎么还会不薄葬呢？

二是与他一直提倡的节俭生活有关。曹操十年只盖一条被子，安葬时就是穿着当时的衣服入殓的，衣服上还打着补丁，连陵址都选在“瘠薄之地”。有历史记载，曹操去世后不久，还有人见过他的遗物，里面有他生前常用的梳妆用具，都是很普通很一般的东西，根本谈不上贵重。

他的薄葬思想，在今天就有着极强的现实指导意义。时下，随着物质的丰裕和人们生活水平的提高，当亲人离世时，一些人开始追求奢华厚葬，修筑豪华墓穴，大兴土木，铺张浪费，死人与活人争地现象还很普遍。加之殡葬行业的垄断地位和畸高收费，简直让人有“死不起”之感。正因如此，建议当地在重视曹操墓葬开发利用的同时，别“买椟还珠”，忽视或丢掉了曹操的薄葬思想。曹操墓室的开发具有经济、旅游和研究等价值，而曹操的薄葬思想则对整个社会具有更广泛意义的普适性。

乾陵的武则天墓，是中国保存得最完整的帝王陵墓。据考察估算，它的藏宝量达到了五百多吨，有段时间，关于乾陵该不该挖掘的讨论也在网上炒得沸沸扬扬。几年前，在我国享有很高声誉的、具有国际影响力的经济学家张五常先生就在他的博客上提出要挖秦始皇陵，当时是招来了一片骂声。时隔几年，他又提出要挖乾陵，但这次大家的意见倒向了另一边，大多数人都表示支持。这是不是意味着乾陵的挖掘时机已经成熟了呢？

乾陵该不该挖

我们应该知道，公众的一些意见不一定是很稳定的，所以我们没有办法去做一种非常清晰的分析和比较。还有一点，秦始皇陵和武则天陵是不能画等号的。公众对挖秦始皇陵和挖武则天陵会出现截然相反的两种态度，可能是我们的一种历史态度在发生一些非常微妙的作用。在大家的印象中，秦始皇是统一中国的第一代皇帝，他开创了中国的大一统局面。对于这样的一位皇帝，大家都觉得最好不要轻易去碰。而武则天是中国历史上唯一一位正式登基的女皇帝，历史上对她的评价主要是负面的，因为女性做皇帝是违背中国传统的。所以，大家对她的敬意本来就没有那么高。再加上民间有关武则天的各种传说也是贬斥的部分居多，比如说她任用酷吏，说她私生活混乱，等等。同时大家还有一种参照，就是慈禧太后的墓在军阀混战时期曾经被军阀用爆破的方式盗掘过，当时她墓中的很多珍宝也都流散过。所以，大家觉得挖一挖武则天墓大概是可以接受的。

另外一个层面，可能在张五常先生几年前提出要去挖掘秦始皇陵的时候，一直到几年以后他提议去挖掘乾陵的时候，大家大概觉得我们的科学技术发展很快，那么我们的考古技术应该也是随之进展的，所以到今天我们应该有足够的把握和技术手段去挖一挖了。这也导致了对挖武则天陵赞成的意见居多。

张五常先生在他的博客中说到，秦始皇陵的价值可能不如武则天的墓，因为武则天是一代才女，很有艺术品位，她的陪葬物品肯定都是很高端的。这实际上是一个外行话，是没有足够的史实依据的。秦始皇作为千古一帝，其陵墓中的陪葬品应该是非常多的，而且史籍中对秦始皇陵的描写也是动人心魄的。比如说有苍穹、银河等。很多文艺作品也将秦始皇陵里面的结构描述得非常神奇、壮丽。至于武则天的艺术品味，在史籍中确实可以得到印证。但这并不等于说她的墓葬中就一定会有很多艺术珍品。就目前而言，我们没有足够的证据来证明秦始皇陵里藏着什么或武则天陵里藏着什么，一切都只是我们的揣测。更何况秦始皇的年代比武则天早了将近一千年，其陵墓里的东西无论是艺术价值，还是文物价值和史料价值，都应该更高一些。所以说，把张教授的话放到考古学或历史学的专业背景下，就略显外行。

事实上，对于乾陵的期待和猜测已经持续很久了，很多人都想在有生之年看一看里面究竟有什么。相关的猜测很多。但是我们不能仅凭这种推测去挖掘，这是很可怕的。

不可否认的是，我国的考古已经有了一个日新月异的发展，这主要有几个原因。第一，国家在这方面的投入很大。我们国家高度重视考古，高度重视这种地下出土实物对研究中国传统历史文化的重要性，所以国家才会持续大规模地投入。第二，由于这三十年中国的经济建设、城市建设、交通建设飞速发展，所以经常要进行一些抢救性的发掘，比如举世瞩目的三峡工程，动工前就进行了大规模的文物普查和文物发掘。复旦大学就曾经派出过考古专业的学者带着一些受过训练的学生，参加到人类历史上史无前例的文物普查和这种抢救性发掘的工作当中。所以在这样的背景下，我们考古学方面的经验的确积累了很多，我们的考古手段也的确得到了高频率、高强度的检验，但是我们没有把握好。

比如在发掘古代的墓葬时，一幅画在刚出土的时候还色彩绚丽，非常夺目，漂亮得不得了，但很快就暗淡下去了。这是因为古人是用矿物质来做颜料的，不像今天用化工的颜料，所以一到氧气中就会快速地暗淡。我们现在能做的往往只是在刚挖出来的时候马上用高清晰的相机摄影，然后赶快把原件保存起来。但是即使这样，这个原件的保存状态还是难以令人满意的。我们现在也经常出土很多竹简，竹简上面的字有用墨写的，也有用漆写的。这些字在刚出土的时候是非常清晰的，但是马上就会受到氧化的影响或外部环境的影响。因此我们只能把它泡在水里或密封在有机玻璃的容器里面，我们现在还没有别的办法。所以说，现在去发掘大规模的帝王陵墓，那么后面的保护技术和保存技术能不能跟上，这是谁都不敢说的事情。

在这些方面，我们已经有过比较惨痛的教训。北京的十三陵过去曾有过这种探视性的发掘，但发掘之后却引发了大家的种种反思。因为在发掘中确实发现了一些非常珍贵的东西，但由于技术手段得不到保障，再加上后期的考古手段也跟不上去，所以实际上造成了很多很多的遗憾。这也就是为什么后来一直没有人敢下决断去挖掘大规模的帝王陵墓的主要原因。事实上，我们很早就锁定了秦始皇陵和武则天陵的位置，也知道那里面一定会有大量的陪葬品，只要发掘就一定会有惊天动地的发现，但是没有人能够轻率地或者敢于下决断去挖掘。

现在有很多人反映，说我们对古王陵的发掘太过于被动。因为我们通常都不是主动发掘，除非是抢救性发掘。比如有两个马王堆，当时是过了很久才批下来说可以去挖了，但打开的时候却发现墓已经被盗空了。这样的情况实际上出现得非常非常多。国家和政府虽然一而再、再而三地加大打击力度，但是盗墓现象应该说还是比较严重的。现在，我们的文物部门、考古部门都必须面对这样的情况。也就是说，如果我们不去挖，那就可能被盗掉。但我们也不能因此就草率地去挖掘如此大规模的帝王陵。我们所能做的最妥帖的方法应该是加强看护和管理，杜绝盗掘现象，等待考古学技术的发展。等到我们有相当的把握以后，再去进行规划好了的科学的发掘，也为时不晚。

我们应该知道，在考古发掘上，我们是不能试错的。很多东西我们做了一次，发现做得不好或不尽如人意，我们叫试错了。试错了我们可以再改进，可是考古发掘不会给你这样的机会。一旦出现遗憾，那不是终生的遗憾，而是再也无法弥补的遗憾。所以说，对于这些大规模的帝王陵墓，我们必须采取一个中间态。一方面，我们不能很消极，任凭其风吹雨淋，任何人都可以随意接近，这个态度是不可取的。另外一方面，我们也不能躁进，不能在没有把握的情况下就动手去挖掘，这也是不可取的。我们现在要做的就是加强对它的看护、管理和研究。我们的发掘规模是在一步一步增大的，那么等到经验积累到一定阶段，等到学术界、考古界达成共识，等到我们有相当的把握可以去进行积极的、有计划的发掘的时候，我们就可以展开行动了。

人们对于乾陵有那么多的猜测和期待，有人推测它是唯一一座还没有被盗过的大的古代帝王墓。为什么会有这样的推测呢？因为在乾陵的表面，我们看不到任何明显的盗洞。我们知道，盗墓者要进入墓室，首先必须在墓的表面打一个洞，这个洞就是盗洞。也就是说，如果在墓的表面发现了盗洞，那就说明已经有人对它动过手了。但是乾陵没有，至少我们现在没有看到。不过这也很难说，因为乾陵到现在已经一千多年了，如果在古代有人盗过的话，它的盗洞可能已经被后人填没了，这样我们也是看不到盗洞的。除了看盗洞，我们现在只能通过外围的一些技术手段进行探测。在探测的时候，我们发现里面的墓室结构还是比较完整的，应该说没有受到大规模的扰乱和盗掘。但是我们并没有 100%

学术上的依据说乾陵一定就没人进去过，所以说只能是推测。

一般人看待考古发掘，往往会有一种探宝和寻宝的心态。比如我们看到一个考古发现，第一反应通常都是里面出了什么宝贝。现在很多老百姓赞成挖掘乾陵，主要也是因为张五常先生的种种猜测，如里面堆满了五百吨珍宝。大家是带着一种探宝的心态去发掘的，这不是一个最科学的态度，对考古专业工作来讲也是大忌。考古发掘是要尽量如实地按照原来的状态，重新展现一个文化的遗址。如果我们在里面发掘出很多珍贵的东西，那当然是一件最好的事情。不过这个东西到底是不是珍贵，跟我们一般没有受过专业训练的人的认识是有区别的。比如我们在考古发现中曾出土过半个蚕茧，这在今天来说算宝吗？在一般人眼里肯定不算，但是在考古上，它的价值却比一颗夜明珠、一件惊天动地的书画作品或一件美玉的价值还要高。所以说，我们不能以一种看热闹或挖宝的心态去看待乾陵的发掘问题，而是应该用一种学术的眼光和发展的眼光来看待。

中华民族的海洋之路——辉煌与侮辱

7月11日，是中国法定的“航海日”。对于这个节日，很多人可能不是那么熟悉，但是对“郑和下西洋”这段历史，作为一个中国人，相信都一定有所耳闻。一个国家的兴盛几乎与航海事业密不可分。六百多年前的7月11日，郑和率领船队浩浩荡荡地驶出江苏太仓，开始了七下西洋的壮举。这是中华民族历史上辉煌的一页。但到了晚清，一场甲午战争不仅带给我们巨大的屈辱，而且还让中国的海上力量建设和海洋意识停滞了两百年。

今天，我们用“航海日”这样一个特殊的节日来纪念和回顾这些辉煌与屈辱，也是希望让更多的人了解中国的海洋文化，增强海权意识。

我们有必要设置一个“航海日”

“郑和下西洋”是中华民族航海历史上非常辉煌的一页，设定这样一个“航海日”是非常有意义的。发现美洲大陆，以葡萄牙、西班牙为代表的新一轮航海力量的崛起，都要比“郑和下西洋”晚，所以，郑和七下西洋是人类航海史上的壮举，也是中国航海史上的一个高峰。选择这样一个极具代表性的日子作为我们国家的法定纪念日，自有它的特殊意义。我曾经到过东南亚，当地的朋友问我希望看一些什么地方，我说我对那些赌场和高楼大厦一概没兴趣，只请他带我去看一看郑和的遗迹。后来，我专门去了马来西亚，去了马六甲，去看了郑和留下的所有遗迹，比如当年郑和的船队停泊过的港口、郑和井、三宝山等。像郑和这样一个人物，以及他所代表的中国海洋探索的文化传统，或者说中国的海洋文明，至今依然活在全世界人民的心中。因为在今天的马来西亚、印度尼西亚以及东南亚的一些国家，郑和这个名字依然非常响亮。而且在某种意义上，我们不得不承认，郑和在东南亚一些国家所享有的关注度也许比在我们中国还要高。所以说，我们设置一个国家“航海日”，是完全必要、完全应该的事情。

一百一十五年前的9月17日，中日甲午海战在中国的黄海海域打响。这场惊天动地的海战，加速了清政府的衰亡，它甚至改变了中国的命运。当时亚洲最强大的舰队——北洋水师，竟然在战争中惨败。这当然与当年清政府的腐败有着密不可分的关联。

1894年9月，日本不宣而战，发动了蓄谋已久的对华侵略战争。清政府的北洋舰队在黄海海域遭到日军袭击，邓世昌指挥“致远”舰奋勇作战。后在日舰围攻下，“致远”舰多处受伤并燃起大火。“追上‘吉野’，一定要打沉它！”邓世昌毅然下令。他开足马力，直冲敌舰“吉野”号，决心与敌人同归于尽。不料日舰一发炮弹击中了“致远”舰的鱼雷发射管，引起了爆炸，“致远”舰在海上沉没。邓世昌坠落海中后，其随从以救生圈相救，但被他拒绝。

邓世昌与全舰官兵二百五十余人一同壮烈殉国。

中日甲午战争

北洋水师是当时亚洲最庞大的舰队，是一支拥有相当实力的舰队。在这个舰队中，有非常优秀的中国第一代海军将领，有一些非常了不起的英雄和爱国主义者。邓世昌在其中的职位不是最高的，但是他应该说是牺牲得最壮烈的。在黄海海战中，他所率领的“致远”舰、他的战斗精神、他的战斗技术，不仅得到了中国方面的赞赏，而且也受到了包括他的对手——日本方面的尊敬。久而久之，邓世昌就几乎成了北洋水师里忠勇将士的一个最好的代表，所以我们一直记得他。

邓世昌应该是中国第一代海军将领。他是一个什么样的人呢？第一，他这个人非常有意思。就海军而言，闽粤的特别多，也就是福建和广东籍贯的人比较多。邓世昌就是一个广东人。我们知道，在北洋水师里面，有一批都是留学生，有留英的，也有少数留德的。但邓世昌并没有留过学，所以在这样一些将领当中，他就比较特别。第二，邓世昌曾经两次远赴重洋把中国订购的军舰接回来，这就可以证明他过硬的军事技术和独立指挥远洋航行的能力在当时的海军将领中是公认的，否则也不会派他去。第三，他是一个非常廉洁的人。当时的北洋舰队规定，只有达到某一级的军官，才允许在岸上住。实际上在邓世昌这一级的将领，大多都在岸上拥有自己的房产，但他却一直严格遵守这条纪律，始终住在舰上，没有在岸上置办产业。第四，他是一个带兵极其严厉而且治兵有方的将领。他对士兵经常有鞭打的行为，甚至还曾有过把水兵鞭打致死的记载。但是舰上的水兵却非常爱戴他，因为他大公无私，而且身上有一股正气。有一张非常珍贵的照片：邓世昌和一些水兵站在“致远”舰的甲板上，他穿着军官服，水兵都围坐在他的身边。一看他就是大家心里非常佩服的舰长。所以说，邓世昌是那一代海军将领中的一个佼佼者。

在甲午海战中，由于我们的旗舰一开始就遭到了攻击，指挥塔的舰桥也在非常偶然的情况下塌掉了，所以我们的海军将领丁汝昌一下子就受伤了，而且帅旗也被打掉了，那个时候都是靠旗子来指挥的。邓世昌就是在这个时候接替了旗舰指挥，这当然是非常危险的，无异于引火烧身。因为在海战的时候，如果你只是编队里的一艘军舰，那是不大显眼的，但要是挂起了帅旗，那人家日本人肯定是要把你先击沉的。实际上，在海战开始后不久，邓世昌就起到了一个中枢的作用，因为他毅然地接过了指挥权。

邓世昌作战非常骁勇，他的“致远”舰也是北洋水师的主力舰，把日本人打得焦头烂额。当北洋舰队的败局已经无法扭转的时候，邓世昌仍然想挽回。他想把日军的主力战舰撞沉，与敌军同归于尽。电影里把“吉野”舰演成旗舰，这是电影的艺术加工，实际上“吉野”是日军中最快速、战斗力最强悍、最主要的一艘军舰，并不是旗舰。当时的军舰在舰首的舰底下都有一个很尖的撞角，是用钢铁做的，撞在对方军舰的侧面可以撞一个大口。那时候的海战是有冲撞战术的，就是我用撞角撞破你的舰身，然后再迅速后退，这样你就沉了。这种战术曾在一次意大利海战中被采用过，并被证明是有效的，但是非常危险，几乎要同归于尽。这样的战术实际上极大地振奋了中国人的志气，振奋了北洋水师将士的士气，打击了日本人的嚣张气焰。

邓世昌完全履行了作为海军舰长“人在舰在，舰沉人亡”的高度荣誉感。像泰坦尼克号（它当然不是军舰）沉没的时候，它的老船长也是与船共沉，这是一种荣誉，而不是一种责任。实际上，邓世昌在最后是拒绝救援的。当时别人把救生圈抛给他，都被他推开了。他在船上养了两条非常喜爱的狼狗，它们一只咬住他的一只胳膊，拼命地想把邓世昌托起来，但他却把爱犬的头强按了下去。在邓世昌战死后，光绪皇帝亲笔赋诗赞扬这位忠勇的将领。但是有一段时间，我们的历史教科书上却把这一章给抹掉了。其实当时的清政府是给了邓世昌非常崇高的荣誉的，也给了他极高的评价。毫无疑问，这是邓世昌应得的。在他的家乡广东，以邓世昌命名的学校、街道有很多。1996 年，中国人民解放军海军也把新式远洋综合训练舰命名为“世昌”舰，以此来纪念邓世昌。这是一个虽败犹荣、虽死犹生的民族英雄。

提起民族英雄邓世昌，就不能不提当年的洋务运动和邓世昌所在的北洋水师。而说起北洋水师的惨败，就不得不提它当年曾经有过的辉煌。

1866 年，清政府创办了第一所海军军官学校，即福州马尾船政学堂，邓世昌就是第一届学员。1875 年，北洋大臣李鸿章创设北洋水师。之后的十年间，李鸿章费银几百万两，为北洋海军购置各种类型的战船，包括大型铁甲舰、巡洋舰和鱼雷艇等五十六艘战舰、一百二十门大炮和四千名官兵。舰队的主力由定远、镇远、济远、致远等十七艘外国军舰组成，定远号和镇远号更是世界一等的两艘铁甲舰。这甚至还引起了日本全国持续多年的恐惧。1888 年末，北洋水师正式宣告成立。从此，近代中国正式拥有了一支在当时堪称世界第六、亚洲第一的海军舰队。而之后舰队经费却大幅减少，到 1894 年甲午战争爆发的时候，北洋舰队已多年未置新舰。

曾经辉煌的北洋水师

我们知道，在清朝末期，一些主要的大规模冲突或大规模战争都是以清政府惨败而告终的，结果就是割地赔款、丧失主权、出卖主权。这种情况引起一些有识之士的担忧和愤慨，所以在清朝末期就开始出现一种改革的运动。这种改革刚开始叫做“自改革”，就是自己主动改革，后来慢慢演变到“师夷长技以制夷”的阶段。我学习你的技术，然后再来克制你。当时把外国叫“夷”。再后来又发展到洋务运动。

那个时候，中国已经意识到不能再闭关锁国，不能再没有制海权和属于自己的海军力量。所以，中国必须走出去。首先，起码要在自己的沿海疆域设置一个防护带，并且要有在海上跟列强一争短长的能力。在这种情况下，北洋舰队迅速建成了，其建设速度在全世界都算快的，主要方式就是购买。北洋水师当时定造的军舰，应该说在世界上都是很先进的。如果不是一流的，那也是1.5流的。当时买的军舰的舰型、炮的配备，包括里边比如锅炉等的配备、装甲的设置都是代表比较新的一种水准的。因为当时的清政府，包括一些改革或者洋务运动的主要人物心情很迫切，所以还出现了跟别的国家抢购的情况。有一艘军舰，别的国家订购了，清政府就加钱。如果那个国家的财政出问题了，晚付两个月的钱，那么清政府就过去先把钱付了，把这艘军舰给拿过来。可以说清政府也好，全国人民也好，都对这支舰队寄予了厚望，都认为它会为自己带来自豪感。所以这支舰队后来的失败，对大家的打击是很大的。

当时的北洋舰队和日本的舰队，比起来互有短长。也就是说，日本的舰队并不见得占多大优势。北洋舰队的优点有：第一，吨位大。比如那个时候我们拥有远东第一、第二的两艘巨舰定远和镇远，其排水量都在七千八千吨，六千七千吨。第二，装甲比较厚。当时的舰船并不是所有部分都有装甲，但是比如露出水面的部分和比较容易遭受攻击的部分都是有装甲的。日本舰队的装甲厚度平均为一百毫米，而中国有的装甲可以达到两百毫米。第三，舰炮的口径大，经常有305的巨炮，甚至更大。那么大的炮弹，人是搬不动的，都是靠机器送到炮膛里去的。日本方面也有它的优点。第一，航速快。如果以每小时来计算，日本舰队的平均航速大概要比北洋水师快三海里到四海里。我们知道，在海战当中，只要速度快一点点，就会占很大的优势。第二，速射炮多。北洋舰队的炮虽然口径大，但是打完一炮以后还要整理，因此发射的速度就快不起来。而日本的舰炮口径比较小，因此速度也比较快，它也许可以"咚咚咚"地打。

军舰的本身互有长短，双方的将领也是水平相当，甚至日本的还要比中国的稍逊一筹。双方的将领都是在欧洲留学的，有的还是同学，甚至是同班同学，而且日本的这些指挥官学习成绩还不如中国的指挥官。所以在这场仗刚打响的时候，仅从战争的技术上是很难判断谁输谁赢的。当然，我们知道战斗的结果是北洋舰队吃了比较大的亏，但日本舰队也不见得讨了多大的便宜，很多军舰都被打的回去大修。不过我们千万别忘了北洋舰队背后是日渐腐朽的清政府，而日本舰队背后则是一个蒸蒸日上的政府。日本民族在明治维新以后开始奋发向上，当时它的口号是"脱亚入欧"，即脱离亚洲，加入欧洲的行列。所以中日双方主要的实力差距并不在军舰上，不在指挥上，而是在舰队背后的国家和政治制度上。

甲午海战的两个关键人物

说起甲午海战，有两个人不得不提，那就是慈禧太后和李鸿章。当年刚开始建设北洋水师的时候，慈禧太后是支持的。我们应该知道，在清朝办事，如果慈禧太后不支持，那么这件事大概是办不成的。但慈禧太后这个人，总是以个人的好恶为标尺，把个人的利益、个人的享受置于国家和民族之上。她后来大修颐和园、给自己做寿，尽情地享受，甚至不惜挪用军费。很多人可能不知道，邓世昌在海战中想要撞沉的“吉野”舰，本来是中国政府订的，而且已经付了定金。但就是因为慈禧太后挪用了海军的军费，使得中国政府没有办法付清后面的船款，所以才使这艘军舰落入了日军手中。而就是这艘军舰，在海战中对北洋舰队造成了巨大的冲击，使北洋舰队吃了很多亏。

在电影《甲午风云》中，将李鸿章塑造成了一个见了洋人就吓得要死的近乎卖国贼的形象，这对李鸿章是不公平的。事实上，关于李鸿章在甲午海战应该承担的责任，目前还尚在研究之中。电影并没有真实地反映出李鸿章那种复杂的心态和他所承担责任的复杂性。李鸿章是有作战意识的。他一直强调要多买军舰，多训练官兵，就是准备与日本开战。应该说他是有这个意识的，而且也是朝着这个方向努力的。为什么后人一直认为李鸿章是卖国的呢？这主要是针对李鸿章的一个主张，即尽量避免和日本作战。李鸿章为什么会有这样的主张呢？在他看来，北洋水师虽然表面上很厉害，但实际上却是外强中干。李鸿章的意见不是完全没有道理的。因为在没有准备好的情况下，在对自己的军队完全没有把握的情况下，就孤注一掷，那么我们这个民族是要吃大亏的。我们应该努力争取时间，应该去准备，好好准备一场大战。

中日甲午战争是一百多年前爆发的一场战争，这场战争基本上改变了中国的命运。因为在这场战争中，中国输给了日本。我们知道，在历史上，日本一直都在学习中国的先进文化。所以在当时的历史状态下，中国是把日本看做小弟弟的。当然，这种观念放在今天肯定是不对的。对中国来说，输给英国也好，输给八国联军也好，那是另外一回事。但输给日本，却是从来也没想过的。当时，中国的海洋力量应该说并不弱小，因为已经有有识之士意识到了要向西方学习。随着清朝末年进行的维新和变革，海军建设也被提到了一个非常高的地位，或者说被提上了日程。清政府投入了很大的力量，包括资金和人才力量去建设海军。当时，中国拥有几支海军，除了在甲午海战中失败的北洋舰队，还有南洋舰队。中国的海军力量在全世界是排在前十名的，换句话说，当时中国的海军力量在世界海军力量的排位不逊于今天中国人民解放军海军在世界海军格局当中所占的地位。只是当时的政治真是太腐败了。

甲午战争的失败告诉我们，仅仅有一些先进的装备和技术是不够的，仅仅有一些毕业于欧美的海军将领也是不够的，我们国家的政治体制要清理，我们的国家要强大。这是它带给我们的最大教训。我们优秀的海军将领率领着北洋舰队当时非常先进的战舰和日本进行了一场海战，但是这场海战失败了，而且几乎损失了我们当时非常主要的海军力量，也损失了我们非常主要的海军将领和海军人才。几乎与此同时，福州还爆发了一场中法海战。而在中法海战当中，我们的海洋舰队基本全军覆没，这也损失了我们非常重要的第一批海军将领。很多朋友可能不知道，在这两场海战牺牲的爱国将领中，有中国的第一批留学生。中国第一位出国留学的学生大概是十九世纪六十年代的容闳（毕业于美国耶鲁大学），他学成回国以后，通过曾国藩、李鸿章奏请清朝政府，派出了很多幼童到美国去留学。这些幼童中，最小的十二岁，最大的也只有十六岁，当时计划在美国留学十五年。在这批留学生里，诞生了后来北洋政府的国务总理，诞生了中国非常著名的工程师詹天佑，还有八位非常出色的海军将领。而这八位海军将领，在两次海战中全部壮烈殉国了。中国的海洋力量遭受重挫，这使得当时已经非常腐败的清政府变得更加裹足不前。清政府失去了信心，所以干脆只守陆地，将海洋全部放给列强，从而使得中国向海洋的探求停滞不前。这是一方面。

另外一方面，甲午战争的失败也让中华民族不得不高度重视海洋力量。我们终于认识到，我们必须拥有强大的海军和强大的海洋力量，只有这样才能御敌于国门之外。因为当时的外来入侵者主要是通过舰队来进攻中国的港口的，然后再深入中国的陆地。所以说，这场战争带来的结果是非常复杂的。我们不能简单地说它导致了中国海洋事业的停滞，这样说有欠公平。实际上，后来是由于中国独特的历史进程阻碍了海军的建设。比如清朝灭亡以后袁世凯登台，袁世凯以后又是混战连天的北洋军阀，所以中国不可能集中一个国家的力量来建设自己的海军和海防。至于真正的海防建设和海军建设，则要到 1949 年中华人民共和国成立以后。那时我们的政府是高度重视的，而且也取得了巨大的成功。

中国是有海洋文明的

日本是一个岛国，日本文化的特色主要就是海洋文化的特色，而且日本在走向现代化的过程中是向西方学习的。所以，他首先意识到，自己如果要保卫日本列岛，要向外扩张，就必须拥有强大的海军。这一点他们认识的比较早，也比较清晰。但要说中国在文化传统中一贯没有海洋文明的传统，那也是一种误解。因为在殷墟的考古中，我们已经发现了很多非常有趣的情况。比如我们在那里发现了大量的贝壳，当时的贝壳是用来做钱的，而且我们今天的“财”字也是用“贝”字做偏旁的。再说贫穷的“贫”字，何为“贫”，分“贝”为“贫”，也就是把财产分散了为“贫”。这是在汉语之中保留下来的特点。我们知道，殷墟在中国内陆，其中出土的很多贝壳都是来自南洋的。如果不是通过海洋渠道，这些贝壳又是怎么来的呢？再比如说殷墟中还发现了很多黑人的人骨，这些黑人也是来自于南洋群岛的。如果不是通过海洋渠道，这些黑人又是怎么来的呢？这就可以证明，我们国家是有海洋文明的，而且是很早就有。

为什么会有这样的误解呢？一方面与甲午战争失败所导致的海洋文明停滞有关，另一方面也与清朝的闭关锁国政策有关。清政府曾勒令中国沿海居民内迁多少公里，顺治年间还曾颁发过禁海令，就是片板都不许下海。清政府闭关锁国了二三百年，这就使我们形成了一个强烈的记忆，好像中国人见到海洋都会躲得远远的，从而误以为我们遥远的古代也没有什么非常了不起的航海技术。这就是数典忘祖。在广州考古时发现的清朝船坞和遗迹，说明当时已经能建造很大的船，且能够用于近海航行。还有我国古代发明的指南针和针经，指南针是辨别方向的，针经是专门用于航海的航海图。所以，我们不能说中国的传统中只有黄土的文明，没有海洋的文明。但不得不承认的是，在距离今天几百年前，在历史当中并不算长的一个历史时期，我们主动从海洋后退，撤离了蓝色文明，这也导致了我们中华民族在最近这几百年一种非常坎坷的甚至可以说非常悲惨的命运。

我们应该拥有自己的海权

海权是主权的一部分。中国有着非常长的海岸线，这在小学学地理的时候我们就知道。可大家知道我们中国的南疆在哪里吗？在曾母暗沙。曾母暗沙的纬度是北纬4度，已经接近赤道了。换句话说，我们中华人民共和国宣示的主权范围，最南已经到了离赤道很近的北纬4度。那么在整个中国的南洋，也就是中国的南部海域，又有多少岛屿呢？我们小时候有一首唱西沙群岛的歌："西沙啊西沙，美丽的西沙……"非常动听的一首歌。那里就是我们的疆域所在，是我们的国土。我们高度重视自己的海权，为了保护我们的海权，我们去建设我们的海洋事业，这是天经地义的事情。在改革开放的三十年里，我们的国力有了大幅的提高，我们国家的力量强大了，我们民族的自信心增强了，所以我们当然要加强在海洋事业方面的建设和投入，这是完全可以理解的事情。

有人说有一个开放的海权观念，要比拥有十支航母编队还要重要。这么说也没错。什么叫一个开放的海权观念？这要从一个非常专业的角度去分析，但航空母舰是必要的。现在联合国的五大常任理事国，大概只有中国没有航空母舰。凭什么？美国可以有十二个航空母舰战斗群，凭什么中国就不能有一个？凭什么当我们中国人民解放军的高级将领对外义正词严地宣布说我们中国不能没有航空母舰的时候，就说中国危险？凭什么美国有航空母舰不是危险，我们中国有航空母舰就是危险？这都是非常可笑的事情。我们要拥有航空母舰主要是维护我们的主权，守卫我们的边疆，为开发我们的海洋疆域提供一种保护，或者说提供一种服务。有没有航空母舰是我们自己决定的事情，要不要航空母舰是中国自己主权范围内的事情，别人没有权利插嘴。

我们的政府也已经正式对外公告，我们要建设自己的航空母舰，这实际上是中国几代人的梦想。刚开始建国的时候，中国人民解放军海军刚成立的时候，我们只有一些国民党政府遗留下来的吨位非常小的舰只，有一些甚至是非常破烂的、已经有几十年船龄的舰只。随着中国的历史进程不断向前推进，我们的海军日益强大，但是强大到今天，我们还是没有航空母舰。中国的海域实在太辽阔，我们需要一些保护。原来由于中国的国力不够强，也由于种种历史原因，导致我们的海洋疆域或者说一些岛屿一直被别的国家非法侵占着，所以我们今天当然要解决这个问题。至于怎么解决，大家可以通过外交途径讨论，但是这和我们是不是要拥有航空母舰是两回事。

中国南海上空风云骤起。2009 年 2 月 17 日，菲律宾立法侵占中国黄岩岛和南沙群岛部分岛礁。3 月 5 日，马来西亚总理巴达维登陆南沙群岛的弹丸礁和光星仔礁“宣示主权”，中国提出的“搁置争议、共同开发”原则遇到挑战。这期间，美国、日本、印度等出于各自的战略目的，积极扩大在南海地区的影响力，染指南海。3 月 8 日，美国海军“无暇”号监测船擅闯南海中国专属经济区，遭到五艘中国渔船拦截。这被视为自 2001 年中美军机在南海相撞事件之后，两国间发生的最严重的南海事件。

南海问题，真可谓中国人心头上的痛。

让国人心痛的南海问题

南海的很多岛屿其实距离我们非常遥远，即使坐飞机也要三四个小时才能到达，这与北部中国的岛屿有着明显的不同。北部中国的主要岛屿都离我们的大陆地区很近，所以没有人敢觊觎。比如说舟山群岛、崇明岛，谁敢动它们的脑筋？没人敢。因为就在我们自己家门口，我们看在那儿，谁也别想来打这个歪主意。但是南洋这个范围相当大，牵涉的地域非常辽阔，所以看起来就没那么容易。

两千多年前，中国人首先发现了南洋的一些主要群岛，而当时在南洋根本不存在什么像样的主权国家，所以它们一直都是在中国的有效控制之下的。这是历史的事实。在本质上，这就是一个主权问题，而主权问题是不能讨论的。这是邓小平老人家生前一再说的。在讨论香港问题的时候，他就说过这句话。毫无疑问，这是没有争论余地的。这个岛有没有用、是不是能居住人、有什么经济价值，这些都跟别人没关系，因为这是我的主权。就好比我家里摆着一个没有用的东西，放在你家里会有些用处，但它也不等于是你家的，它还是我家的。所以说，主权问题是不能讨论的，是我们的就是我们的，不是我们的我们也不要，但是是我们的我们必须保卫，我们不能让祖先留下来的疆域丧失在我们这代人手里，这是一个很简单的主权问题。

为什么有那么多周围的国家都来强占这些岛屿呢？因为这里边有着非常重大的经济利益。我们知道，这些岛屿也许牵涉到很多能源问题。比如有些岛屿周围有油田，有天然气；有些岛屿有非常厚的鸟粪的有机肥的储积；等等。这些都是非常珍贵的自然资源。这是它的经济价值。另一方面，我国的南沙群岛守护着太平洋进入印度洋的交通要道，是具有战略地位的，所以各国强占它也是有战略意义的。实际上大概在三十多年前，就不断有周围的一些国家强占中国的岛屿，比如当时的南越政府（今天的越南）就强占了中国南沙群岛中的一部分，直到今天，越南也是强占我们岛屿最多的一个国家。1974 年的西沙自卫反击战中，中国人民解放军海军和当时南越的海军进行了一次战斗，结果以我们的胜利告终。当时收复了几个群岛，但是因为疆域太大，我们的海军建设也没有得到像今天这样高的重视，当然我们的海军也没有像今天这么强大，所以我们一撤离，他们就又来了，因为就在人家家门口。菲律宾和我们有着源远流长的友好关系，但是出于自己的国家利益和民族利益，也占据了我们南沙群岛当中的九个大岛，这也是一个很大的数字。还有马来西亚，从 1983 年到 1986 年就侵占了十个岛屿。

南海问题固然是一个让我们非常痛心的问题，谁能够看到自己的国土被人侵占而不感到痛心呢？但是这又是一个非常复杂的问题。一方面，因为我们的有些事情被别人利用了。比如我们祖国大陆和台湾地区这种特殊的历史格局，海峡两岸到今天还没有走向统一，就被别人利用了，这是中华民族的伤心事。如果两岸统一了，我估计就没人敢动这些脑筋。或者动脑筋的时候，腿要抖得更厉害，而不是像现在这样连腿都不抖。另一方面，我们一直是带着一种善意来解决这个问题的，因为我们的政府一直高度重视和越南、菲律宾、马来西亚和印度尼西亚这些国家的传统友谊，我们不想为了这样的几个岛屿去大动干戈，我们希望通过和平的方式进行谈判，得到双方共同的一种认识，以此来保护属于我们的疆域。所以，这个问题延续的时间其实蛮长了。当然，当时中国的国力还没有强大到这个地步，我们确实没有那么大的力量去保护如此遥远的疆土。但今天的中华人民共和国不是当初了，我们当然要收回这些属于我们的岛屿。

对南海问题，我国政府提出了“搁置争议，共同开发”的八字方针，释放出了最大的善意。中华民族是一个爱好和平的民族，我们不会说有我们现在强大的海军就一定要武力解决，我们没有这样的想法，但是这些占据我们岛屿的国家却经常攻击中国的渔船。我们的渔民到那边去打鱼，经常被攻击，还有的渔民被绑架，渔船被扣留。我们知道，海里的鱼打上来以后，为了保证它不变质，就要拿到岛上去晒一晒，晒干了再运回来。这牵涉到中国渔民的生计。但是他们到南海打鱼却没有地方晒，一晒就被驱赶。那是我们自己的岛屿呀！你占了还能驱赶我吗？如果大家都能认同我们的八字方针，那么对中国也好，对中华民族也好，对这些美丽的南洋群岛也好，对这些所谓的新八国联军也好，应该都是一个很好的机遇，也应该都是一种福音。大家坐下来好好谈，共同地开发，共同地享有这个南海的资源，这已经是我们国家博大胸怀的一种体现。

不过对于我们的善意，对方似乎并不领情，依然在那边挑事，我们的报纸也不停地报道发生在南洋群岛中的一些事情。也许那个地方离我们太遥远，所以我们好像不太关注。其实，中国政府已经正式宣布成立行政机构来管辖南洋群岛，而且这个行政机构已经在海南挂牌了。所以说，我们需要一定的时间去解决南海问题，当然这个时间不能是无限制地拖下去。因为中华民族的感情不能受到损害，凭什么他们占领了我们的地方还这样理直气壮，这是不对的。

传统文化的传承——传统文化如何与时俱进

随着电脑和网络的发展，纸和笔的用处似乎越来越小了。再加上环境等因素的综合考虑，它们也没有存在的理由了。这就意味着纸质媒介在将来的某一天可能会完全被网络媒介取代。而文房四宝这种凝聚了中国文化色彩、寄托了历代中国文人情怀的工具，也在逐渐成为收藏和鉴赏的艺术品而存在。2009 年，我国把文房四宝中的宣纸和徽墨制造技艺提交申报了联合国教科文组织的人类非物质文化遗产代表作品名录，但是这却引来了一些社会争议。

文房四宝是笔、墨、纸、砚的雅称，也是构成中国传统文化不可缺少的一部分。文房四宝在我国的多个地区拥有著名的品牌，其中，尤以湖笔、徽墨、宣纸、端砚、歙砚等最为著名。

近年来，中国文房四宝协会一直致力于将“四宝”捆绑进行联合申遗，但由于部分具有代表性的省份更想单独申报而屡遭挫折。国家非物质文化遗产保护中心相关专家表示，文房四宝是中国传统的一种使用方法，由于纸和墨的制造技艺不同，所以并不能作为一个整体申报世界非物质文化遗产。其他类似琴棋书画、四大发明等传统文化项目都不该捆绑申遗。

文房四宝退出实际使用的舞台

文房四宝确实离我们比较远了，但是听说它要申遗了，很多人还是会有一种紧张感。难道文房四宝真的要消失了吗？真的到这个地步了吗？如果文房四宝真的成为了遗产，那对我们实在是一个巨大的损失。当然，笔、墨、纸、砚，这四样东西在现代生活中确实已经不再占据一个很重要的地位。而随着书写工具的改进，它们大概也只能无奈地退出实际使用的历史舞台。

当一样东西在使用层面被另外一样东西大幅度超过的时候，那么它基本上就注定要退出实际使用这个历史舞台。实际上，毛笔真正被逼出历史舞台是在电脑出现以后，而钢笔、铅笔、圆珠笔等都没有能够完全把毛笔逼出历史舞台。在鲁迅先生所处的年代，很多人都是用钢笔的，但是也没有废弃毛笔。比如出门的时候用钢笔，回家用毛笔，都是毛笔和钢笔共存的。当时的钢笔无论是在使用的便利性还是在它能够产生出来的书写的美感方面，还不足以完全替代毛笔，所以毛笔依然和钢笔共存是很简单的道理。鲁迅先生就主要用毛笔，而且他的毛笔还是“金不换”，是很便宜的一种笔。他说用这个笔大小由之，写起来很方便，一会儿可以笔画粗一点，一会儿可以笔画细一点，而钢笔就做不到。陈寅恪先生的一生也是主要用毛笔的，他甚至在写英文的时候也用毛笔。

钢笔最大的好处是很便利，灌完墨水以后就可以随身携带。但其实二十世纪四五十年代以前，钢笔的质量都是比较差的，而且还经常漏水。直到PARK笔的出现，才解决了钢笔漏墨水的问题。二战结束以后，日本向美国递交了降书，在签署这个投降协议的时候，美国的麦克阿瑟将军用的就是一支PARK51型钢笔。这种笔当时被称为最安全的笔，因为它不漏水。但即便如此，毛笔也不甘于淡出历史的舞台。有学者就说了，钢笔要灌墨水才能使用，如果到了一个找不到墨水的地方，那钢笔还有什么用？毛笔就不存在这样的问题，只要带一小块墨就可以走遍天下了。所以说，无论是钢笔还是圆珠笔，只要还是笔的形态，毛笔就会依然存在。实际上，一直到六七十年代，还是有很多老先生使用毛笔的。

现在，电脑出来了，这就不一样了。因为电脑实在太便利了，它里边储存的字体已经很多了，我们可以随便选择。在这种情况下，毛笔只能退出历史的舞台。事实上，不仅毛笔，钢笔、圆珠笔和铅笔都要被逼出去了。需要强调的是，它们退出的只是实际使用的历史舞台，那么在退出这个舞台以后，它们还会有别的舞台。毛笔带给我们的是一种特殊的美感，是一种历史感和继承感。我们的祖先就是用毛笔写字的，而且古时候的毛笔是无可替代的。到今天为止，虽然我们有硬笔书法的概念，但实际上我们还是认为比较正宗的书法应该是用毛笔在宣纸上写出来的。而且比较正宗的墨汁应该还是自己在砚台上磨出来的，而不是在外面买的。现在比较讲究的还是倒一些墨汁，再加一点水，再拿一块墨来磨一下。说一千道一万，这是符合我们的审美传统和审美兴趣的，所以它不应该退出我们的艺术舞台，或者说不应该退出我们的审美领域。这是中国文化的特色。

文房四宝不仅仅是几个工具，其中凝聚了太多东西。比如砚台就有很多讲究。我们都知道有四大名砚，但实际上这四大名砚历代是有变化的。今天，一般人都比较喜欢端砚。端砚的石质确实很美，而且还有一些非常好的刻功。如果上面有一个非常有名的文人的题款，那就身价百倍。歙砚也是一种非常著名的砚台。在安徽歙县，现在依然有一些非常棒的砚雕家，比如方剑成先生、潘小萌女士等。像这样一些东西，看看都会让人产生一种震撼，都会让人感觉到它很美。哪怕它不是一个书写工具，仅是一个艺术珍品，也是值得珍藏的。

古人的墨有很多功能。在墨上有各种各样的模子，上面有很多非常美妙的图案，有的还有题字。也有一些文人墨客专门定制的墨，个人色彩非常浓郁。非常讲究的墨还有药用功效，比如小孩子流鼻血的时候，往往长辈就会把一些碎墨塞到他的鼻孔里，因为墨里有冰片。老一辈的人在写毛笔字的时候，写着写着就会去吮那个笔尖。我们都感到墨很脏，但老一辈的人却认为墨汁是很养人的，他们会用嘴去吮。所以在写完文章以后，他们的嘴都是黑的。

纸也是有讲究的。有人可能会说复印纸多好，又白又平整，但宣纸是四大发明之一，是传统造纸术达到顶峰的一个产品。很多古籍能够保存下来，正是因为它们使用了宣纸。而民国的书很难保存，也是因为纸的问题。民国时的书用的都是类似于今天的报纸这样的纸，非常容易变脆。我们可以回家去看看那些旧书，哪怕是七八十年代的书，都已经变脆了，可能一翻就断了。所以说，宣纸也有它不可替代的一面。至于宣纸被逼出历史舞台，这里面其实有很多无奈。因为现在很多原料已经十分珍贵了，比如青檀皮，就是青檀树的皮，原来是做上等宣纸必备的原料，但是现在已经不太多了。我们也无奈地看到，日本做的手工纸和韩国做的手工纸实际上不仅不亚于我们中国的产品，恐怕还有后来居上的味道。

毛笔也是这样。现在的人都不喜欢用毛笔了，大家都觉得用毛笔很麻烦，用完了还要洗。但是别忘了，毛笔不是那么简单的一样东西，我们中国汉字的独特韵味用别的笔是不可能制造出来的。所以说，我们现在对毛笔依然有一种审美的需要。比如我们把孩子的胎毛理下来以后，父母往往会去定做一支胎毛笔，没听说有谁去定胎毛钢笔的。我们中国人还是认为毛笔象征着这个孩子将来比较喜欢学习，将来会有一个美好的前途。这里寄托的是一种审美的情趣，或者说是我们民族的一种心理寄托，而并不仅仅着重于它的实用性。从实用的角度讲，我们今天确实不再需要它了，所以它要退出这个舞台了。但是从审美的角度来讲，我们应该百倍地去呵护，比以往更珍惜才对，不能就这样看着它淡出历史的舞台。

我们中国比较著名的砚台都被日本人收藏走了，现在中国市场的名砚台还没有日本市场的多。我们在市场上买到的比较好的毛笔多是日本制造的，也有很多日本的毛笔品牌到中国来制作，把中国当成了生产厂家。这应该说是一个比较无奈和悲哀的事实，更是我们的耻辱，确实是我们对不起先人。在上海的花园饭店底下的卖品部里，我们居然可以买到日本品牌的毛笔，制作得非常精良，但实际上是在中国制造的。为什么？因为日本人提供了一种新的理念，而且保存了很多我们现在已经看不到的毛笔的样式，比如唐朝毛笔的样式，那种笔头非常短、非常胖的样式。像这样的毛笔，我们可以在花园饭店买到，但是已经贴上了日本的品牌。所以从这一点来讲，这确实是我们中华民族子孙后代的耻辱。

现在文房四宝去申遗，也是希望普及大家的文化认同感。如果问现在的孩子文房四宝是什么，可能很多孩子都数不全。如果通过申遗这样一个活动，通过媒体的一些宣传，使文房四宝得到比过去更多的关注，那么最起码对文房四宝或者它相关的知识会有一个普及的效果。如果做到这一点，这个活动本身就已经有意义了。

我们现在经常看到的是，申遗的时候轰轰烈烈，申遗以后就无声无息。如果申遗没有成功，就更没人去管了。其实这跟申遗不申遗并没有什么必然的联系，即使它不列在联合国非物质文化遗产的名录里，它也是我们宝贵的文化遗产。它毕竟是中国的物质文化遗产，或者说是中国的文化遗产，我们中国人首先要尽心尽力地保护它。

我本人现在仍然有用毛笔书写的习惯。比如说一些读书笔记，或者一些简单的记事性的日记，我还是用毛笔在写。包括有时候我和朋友的一些书信，也还是会用毛笔。这对于我来讲，完全是一种个人的爱好了。它也确实没有什么实际的功能。但是也许那个朋友和我都比较愿意用传统书信方式往来，那么我们会寄一寄信什么的，这实际上已经不再是传统意义上的书信了，这在某种意义上已经变成了相当奢侈的一件事情。首先要拿宣纸，然后要磨好墨，再拿出毛笔来写，写好以后还要通过邮局寄给他，对方收到信还要几天,不像 E-mail 点一下鼠标对方就收到了。所以说，这已经是一个人内心的某种心理需要，而不是实际的需要了。可是在这个过程当中，还是挺美好的，我也觉得很享受。比如当夜深人静的时候，你可以写几个毛笔字。我有的时候就抄抄书，就是拿一本古书抄一段。这会让你觉得自己的心很干净，而且还可以解除一些疲劳。所以说,这也是一个调整身心、修身养性的过程。

国人都公认书法是国粹，但现在由于升学的压力，书法课在各个中小学被其他的课程挤压得几乎已经没有了生存空间。而在大学课堂里，书法的遭遇也实在尴尬。课时少，师资配备弱，教室空间狭小，只好屈居于公共选修课之列。再看书法课的教学内容，“书法课”等同于“写字课”，难以真正提高学生的书法艺术审美。而学生的选课目的也不过是练字，为的是对择业更加有利。

渐行渐远的书法

现在的中小学并不是完全没有书法课了，只是比重可能比较小了，没有以前普及了。现在的书法课还会有描红，而且老师依然用非常传统的方法批改。如果某个字写得好，老师就会在这个字的右上角画一个圆圈。这个圆圈，过去讲究用朱砂，现在都用红墨水了。至于在大学里开书法课，则完全是一种偏艺术类的选修课。就是说如果你有时间也有兴趣，就可以去上一上。这是一种很无奈的现状，让人的心里有一点凄凉。

在中国的传统中，字有一个外号叫“掌中宝”，或者叫“见面宝”。那个时候，大家都比较讲究，在拜会未曾谋面的人之前，通常要写一封信。信的内容包括写信人的自我介绍、来访事由、来访时间等。那么对方一看这个人的字写得好，马上就会对这个人有一个好印象。而且在我们中国的文化里面，书品和人品是密切地联系在一起的。古人认为，从一个人的书里或字里，可以看出这个人的人品。这是非常有道理的，但是有些观点现在一般不再被接受了。比如赵孟頫的字非常漂亮，但是因为他后来在元朝当了官，我们就说他的字有媚骨，使得他的字在书法界很长时间都抬不起头来。像这样的观点，当然不会再被接受了。但是如果书法淡出去以后，我们以字看人的传统也将不复存在，“皮之不存，毛将焉附？”这在某种意义上确实是一个损失。

现在的很多孩子都存在一个问题，就是字写出来很歪，而且都不知道怎么写的，都一样难看，就像一只被拍死在墙上的蚊子。而且现在的孩子握笔也不讲究，往往是捏着一支笔，前面露出个笔尖在那里写字。以前握笔都有严格的规矩，一般要握到一寸，而且钢笔、圆珠笔、铅笔和毛笔的握法都是不一样的。我们现在应该重视写字了，不然字写得太差的话，确实是一个问题。我们总不能做什么事都用电脑打字吧！现在也确实有些人离不开电脑，离开电脑就无法书写。比如送给朋友的红包，他们不用笔在红包上写字，而是用电脑打出一个纸条来，然后贴在红包上。没办法，他们自己也觉得自己的字拿不出手。还有一个问题，就是很多字他们根本就不知道是怎么写的。这就值得我们高度警惕了。

在小学里开设一定量的书法课是很值得提倡的。其一，它可以让孩子把字写得好一点。其二，写字对孩子的坐姿是有好处的，因为写毛笔字一定要悬腕、悬肘，否则这毛笔就没法写字了。所以，在写毛笔字的时候，人的架子很端正，自然有助于养成良好的坐姿。其三，书法对孩子的性格磨炼有好处。写书法的人一般会比较内敛，不太容易急躁，总给人一种比较文雅的气息。所以说，让孩子们练练毛笔字是只有好处没有坏处的，这个课程量应该增加。

我们很欣慰地看到，上海市的中小学都已经对课程计划做了调整，都相应地增加了书法课。但与此同时，我们还有一点担忧，因为据说书法也要考级了。如果将来的孩子都为了考级去练字，那其实是大可不必的。你完全可以就是随便写写，当然能够写好最好，但是只要坚持不懈地去写，对你的字、你的体态和你的性格就都是有好处的。我们千万不要又给孩子加一个负担，更不要拿这个去比较。我们千万要把握好这个度，不要过了。其实我们练毛笔字并不是为了培养书法家，而是一种国民教育。我们中华民族用毛笔作为我们主要的书写工具毕竟已经用了两千多年，我们没有理由让它在我们这一代完全消失。

以前，毛笔是一个书写工具，但是现在乃至以后，它恐怕大部分会作为一种中国特色的传统艺术形式而存在。如果我们要指望它完全实用，比如说传达信息或书写文件，那是不大可能了。但是它应该是我们传统的中华艺术宝库里的一个组成部分，它叫书法艺术，而这个艺术大概不会消亡。只要我们还在使用汉字，就一定还会欣赏书法。面对一幅精彩的书法作品，我们还会赞它的不易。我们需要有这样一个文化环境，培养我们对书写的兴趣和对鉴赏书法艺术作品的兴趣，最终培养起我们对汉字的热爱，由之热爱我们的传统文化，进而热爱我们的民族。这其实也是我们的政府、企业、社会以及个人共同合力来做的一件事情。

前几年，上海的一个杂志就展开过一个讨论，叫“也许我们要迎来一个无书信年代”，就是说这样一个年代已经不会爱书信了。现在确实如此，除了E-mail以外，我们已经很少收到信了，收到的一般都是银行信用卡的结账单、水电煤的支付单、订阅单或者一些连扔都嫌烦的广告。这是很值得我们深思的一个问题。现在的艺术品拍卖市场也可以反映出这个问题。原来都是拍卖名人书札，那都是用毛笔在宣纸或者各种笺纸上写的，可现在圆珠笔写的信和钢笔写的信都已经在拍卖了，而且往往根据写信人或收信人名望的高低会拍出不同的价格。为什么会出现这种状况？因为我们的信实在太少了，传统的书信确实已经从我们的生活中渐行渐远。但是我们对它毕竟还有一种热爱，不然也不会有那么多人到拍卖会上花那么高的价钱去拍一封钢笔的书信或者圆珠笔的书信。

在中国文化里，书写还是有它的环境的。因为中国文化相对比较含蓄，比如说我们现在都愿意发短信，但是外国人通常直接就打电话了。我们有的时候不妨把短信搬到纸上来，用小小的一条宣纸，如果用毛笔更好，然后寄给自己的朋友，这也是一件非常有意思的事情。

第一次上学时，你可能是牵着爸爸妈妈的手走进小学校园的，除此之外，你还能记起哪些小学入学时的情景呢？你可能会说那是多少年前的事了，怎么可能记得呢？不过如今南京和杭州的部分刚入学的小学生们，却可能终生记得这一幕。因为和大多数人不一样的是，他们经历了一场庄严、隆重而又别开生面的入学礼。

开学第一天，各地小学都举行了自己的入学礼。南京夫子庙小学依照惯例在夫子庙大成殿举行了“开笔礼”。一年级新生齐颂《论语》，学写“人”字，并让老师在额头点上朱砂。前身为清朝紫阳书院的杭州紫阳小学也举行了类似的“入泮礼”。小学新生穿的是清代学士服，手捧黄色书卷，大声诵读学校新编的《入学三字经》。有人为这样别开生面的入学礼仪叫好，但也有人认为这些复古的入学礼是没有必要的形式。

复古式的入学礼

走进小学可能也是人生一个非常重要的开始，但是可能大多数人都没有经历过庄重的入学典礼。看到这样一个入学礼，大家都会觉得很复古。但实际上，古代可能并没有这种统一的入学礼。

古代有各种各样的开门仪式，但由于传统被阻隔了很久，所以我们并不是很了解古人入学礼的真谛所在。现代人是参照了很多电视剧的方式或者是参照了很多我们的想象，设计出这样的入学礼，应该说主要是古今杂糅。

南京的入学礼被称为“开笔破蒙”，其间又是学写“人”字，又是点朱砂，这是什么意思呢？孩子在写第一个字的时候，比较讲究的人家往往会让家里的长辈把着孩子的手写，但这个写的字不一定是“人”字。当然，有些人会写“人”，因为在中国的传统文化中，接受教育主要是学做人。但也有的人会写“天”，因为敬天法祖天最上。开笔有很多仪式，一般人家就拿一支一般的毛笔，讲究的人家则会去求一支状元用过的毛笔，有时候也会求进士用过的、举人用过的或秀才用过的毛笔。还有一些民间的习俗，比如有一些特殊的庙会甚至观音也有这种功能，那么求一支在那里开过光的笔回来，就能够增长孩子的智慧。点朱砂原来应该是婴幼儿地域性的习惯，一般好像不用在读书典礼上。

杭州的入学礼被称为“入泮礼”，学生读的是《紫阳入泮三字经》，这个“入泮”该怎么理解呢？在《诗经·鲁颂》里，有一首叫“泮水”的诗。后代的学校也都延续了这种形式，都会有这种半圆形的水池。在明清时期，每当科举过后，中了秀才的学子都要入学去拜见，这个叫“入泮”，或者叫“游泮”。这个更高雅一点。而且在当时有一个非常重要的礼仪叫“重游泮水”，就是中秀才以后六十年才有资格重游泮水，这是非常难得的。因为第一你的寿命要足够长，第二你还要中秀才，所以这是一个非常大的荣誉，是非常尊贵的一种待遇。那么杭州的这个入学礼其实并不是一种复古，而且可能带有更多的戏剧色彩。

我们看到，这些小学生都穿着清代的大学士服，这在古代是根本不可能出现的情况。清朝是中国历史上争议比较多的一个朝代，但学士在当时是一个很高的官衔，这是可以确定的。中国古代的学生并没有统一的服装，一般来讲就是换一件干干净净的长衫，尤其到学宫里都是要换长衫的，表示一种尊重。所以，让刚读书的孩子穿学士服，那是根本不可能的。不过自南宋以来，很多地方确实有开门读《三字经》的习俗，但不是统一的。比如读书人的家庭，往往开门读的是《孝经》。更为滑稽的是学生们手里拿的居然是卷轴，因为卷轴是中国古代非常古老的一种书籍装帧方式。我国很早就出现了翻册装，就像我们今天的线装书这样，所以入门读的一定是线装书，根本不会有卷轴。这样的设计，就会有很多表演的色彩。

我们现在好像已经认识到，礼仪在某种程度上是非常重要的。我们当然不可能学习西方的礼仪，所以只能到中国的传统文化当中去找。但是由于我们对传统文化的不了解或误解，就导致了这些非驴非马的学习内容的出现。这个形式本身是对的，但是对于内容，我们还是应该非常仔细地斟酌，以一种非常慎重的态度来安排。

入学礼是非常重要的，是应该提倡的，也是我们应该关注的，问题就在于怎么来举行这个入学礼。我们进入校园的第一天，也是人生非常重要的一刻，让孩子牢牢记住这一天，使这一天成为他们人生中的一个记忆点，这当然是好事。但是千万不要把这个变成孩子的一次表演色彩过浓的集体活动，而是应该关注它的内容。我们国家的有关部门应该征求各方专家的意见，仔细地考察中国传统的一些开门仪式，然后充分考虑到现代教育的特点，拟定一个统一规定的入学礼，然后在全国各地、在同一天举行这样的仪式。没有仪式是非常可怕的事情，现在的孩子不太讲规矩，不太懂礼貌，这都是有直接关联的。懂一些礼仪总归是好的。

一场仪式在人的成长过程中真的非常重要。回顾我们的成长历程，我们会经历很多仪式，比如说入队、入团、入党等。还有像成为一名护士或成为一名军人，也都要经历一个非常庄严的仪式。这样的仪式其实就是在崇尚荣誉。现代人的社会荣誉感不够强，我们甚至把荣誉看做一种微不足道的东西。比如入队、入团、入党的仪式，现在是和平时期，举起拳头宣个誓很容易。但在战争年代，尤其在白色恐怖时期，举行这样的仪式是很危险的。但即使有风险，这样的仪式也从没有停止过。因为就在那一刻，他们会意识到自己被改变了或者自己要多承担很多东西。比如要保守党的秘密，要永不叛党。所以这是非常神圣的东西。包括护士的授帽仪式，就是由护士长或者别人将护士帽授给新护士，也是很神圣的。如果是军人的授衔仪式，那会非常隆重。比如现在解放军军官的帽子上都有一根银色的带子，但是到了将领就会改成金黄色的。那么等到授衔的时候，是肩章和带子一起授的，这是非常隆重的。但是这些曾经非常神圣的仪式，我们现在都不太讲究了。

我们应该知道，人类很多共同的认识、共同的敬意或共同的记忆都是靠一些非常神圣而又隆重并且一再重复的仪式维持下来的。如果把这些东西都忘记了、砸烂了，那么其背后的东西还能站得住吗？还能存下来吗？显然不会。我们的国旗班为什么每天都要刻苦训练，为什么还要踢着正步、阵容整齐地走向旗杆？现在都是电动升旗，按一下电钮不就什么都解决了，为什么还要如此正式、还要按照严格的天文时间来升旗降旗呢？还有北京的交通那么忙，为什么长安街还要封路为国旗班让路呢？因为这是一个隆重而又神圣的仪式，任何人都不能亵渎和敷衍它。仪式并不是繁文缛节，也不是表面文章，我们要把仪式和表面文章区分开来。

杭州和南京小学校园里的复古入学礼，吸引了许多媒体的关注，但是按照中国的传统，我们社会生活的各个层面其实都与各种形式的礼仪密不可分，而礼仪也在客观上维系着我们这个社会共同的价值观。仪式对于一个人来讲之所以重要，主要是我们能够通过仪式感受到一种心灵的净化和感召。

中国自古就是一个礼仪之邦，而礼是儒家思想中极为重要的组成部分，它在我们的历史文化和社会生活中有着极为重要的价值。那么礼在我们生活中到底有着什么样的意义，现在我们生活中的礼又在多大程度上保留了古代的传统呢？

中国古代礼的范围极其宽泛，从饮食起居、舆服宫室，到宗教祭祀、国家制度，古人都笼统地称之为礼。各种礼仪基本上可分为政治与生活两大类。政治类包括祭天地、宗庙之祭、祭先师先圣等；生活类则包括生、冠、婚、丧等人生礼仪。在礼仪的建立与实施过程中，孕育出了中国的宗法制。而《仪礼》、《礼记》、《周礼》这“三礼”的出现则标志着礼仪发展的成熟阶段，同时也意味着礼仪与传统中国的社会生活已经密不可分。

传统礼仪的价值

我们中国的传统礼仪内容十分丰富，可能说上三天三夜都说不完。不能否认的是，我们现在确实已经认识到了传统文化的重要性，也确实希望把传统文化传承下去。但就拿这次杭州和南京的小学生入学礼来说，虽然用了一种复古的形式，却更像是一场“秀”。而实际上，我们不能简单地把礼仪等同于“秀”。当然，礼仪有“秀”的成分。因为礼仪本来就在倡导一种东西，如果不“秀”，又怎么能焕发出一些感召力传播开去呢？这次入学礼之所以有争议，可能是因为它“秀”的部分太大了。

中国传统的仪式比今天要严格得多。比如考试的仪式。过去的考官是非常厉害的，都是朝廷派来的钦差，他们到达各个地方以后，当地的主管必须迎接。接下来，考官会马上进入他的公馆，然后举行一个封门的仪式。什么是封门仪式？就是用封条把门封起来，表示绝对跟外界阻隔，以防有作弊的行为。考生在进入考场后有搜检的仪式，有进入每一个棚的仪式，有点名的仪式、保人的仪式等，这都是非常重要的。包括题名都是有仪式的。过去讲究的题名是圆形题的，前三名都是最后写的。今天公布名次也是这样，第九名、第八名、第七名……没有先说第一名的。在公布前三甲的时候，都有非常隆重的仪式，要披红挂彩，要粘花等。这种仪式实际是要倡导一种观念，即知识改变命运。

在传统的礼仪中，只有秀才的娘子可以穿红裙子和红色的绣花鞋。有些人可能非常富有，那么他们可以做善事，人们可以称他们为大善人，但是他们的娘子就是不能穿红裙子和红色的绣花鞋。这就是一种“秀”，其目的就在于让人知道知识的可贵。有财富可以造很大的院子，可以行善，但是知识有知识的价值，两者是不能比较的。又比如我们过去讲光大门楣，可能在今天实现起来比较困难，因为今天的房子门框就这么大，怎么光大呢？光大就违反物业条例。但古人如果中了秀才，就可以把门框拆掉，再将门框垫高三寸。所以，大家一看某户人家的门框比别人家的高，就知道有读书人。这也是“秀”，但它是有价值的。所以说，我们在制订今天的礼仪时，应该参考传统中的“秀”，从中汲取一定的养分。

熟悉《红楼梦》的朋友一定都记得，在元妃省亲的时候，贾家所有人都来参拜元妃。父母竟然要对自己的女儿行君臣之礼，这其实是封建价值观的一个体现。我们应该认识到，传统文化热绝对不等于传统文化都是好的。在传统文化中，还是有很多糟粕的，这些都是我们今天不能再固守的东西。比如清朝的大臣在皇帝面前是不可以坐的，必须都跪在那里。如果皇帝体恤某位大臣年事已高，顶多也就是赏赐一个垫子，让他跪在垫子上，绝对没有赐座的。所以清代的这些老臣都会在上朝前把护膝换上，还有很多老臣在家里拼命练磕头，因为他们怕在皇帝面前失仪。像这种礼仪在今天显然已经没有必要了。所以，对于传统礼仪，我们一方面要继承其中有道理的部分，另一方面也要放弃其中不合理、不人性的东西。

我们当然不能用封建社会的价值观来要求现在的年轻人，但现在的年轻人确实是越来越不守规矩了。比如很多年轻人就不懂得长幼有序的道理。古人在这方面是很注重的。比如走路的时候，要让长辈走在前面，然后小辈跟在长辈的侧后方。真正讲究的话，小辈还不能踩到长辈的影子。今天就完全不一样了。孩子跑在前面，腿脚不便的爷爷奶奶跟在后面。既有失礼仪，对老人家也很危险。古时如果父母叫孩子，孩子就应该马上回答。可现在的孩子哪管这些，无论父母怎么叫，他们只管打自己的游戏，根本不予理会。还有古时的小辈都要替长辈跑腿儿，比如长辈要找某个人，那么小辈就要代为去找，如果没找到，小辈也要马上回来向长辈禀告，看长辈还有什么其他的安排。像这样的规矩都是很好的。

当然，这种规矩到今天也不可能不改变。所以说，有些东西要继承，有些东西要改变，但是“讲礼貌、讲礼仪、守规矩”的精神应该继承下来。

作为礼仪之邦的后人，我们有责任把一些优秀的传统礼仪进行发扬、继承和传播。“入此乡行此礼”，每一种文化、每一个民族都会孕育出独特的礼仪。这种礼仪的形成，实际上是民族凝聚力的象征，或者说是一种民族共同认识的象征。这不是一件很简单的事情。像入学礼就是这样一种仪式，如果我们能把这个礼仪非常好地恢复起来，使其既符合我们传统的尊师重道、尊重教育的精神，又符合今天的社会实际，那毫无疑问会得到大家的认可。

前不久，第四届中国昆剧艺术节在苏州举行。全国七大昆剧院团齐聚姑苏城，《西厢记》、《桃花扇》、《长生殿》、《牡丹亭》等经典昆剧名作接踵上演。但是一台《西厢记》的演出却引起了一片争议。

这次演出的《西厢记》在“酬简”一折中，张生把崔莺莺的衣服一件件脱下，然后二人拉出一张绘有巨大红牡丹的白布，用舞蹈的形式表现云雨缠绵，如此大尺度的表演在昆剧史上堪称首次。近年来的戏曲舞台上，类似这样以搏出位的演出并不少见。在新编越剧《道观琴缘》中，也有“吻戏”上演。让人疑惑的是，这样的尝试对于传统戏曲的发扬究竟意义何在。

昆曲舞台上演“巫山会”

在昆曲《西厢记》的演出中竟然出现了类似现代某些电视剧或电影里的床戏，这实在是让人无法接受。因为在我们的脑海中，对昆曲还是有一个大致的印象的，或者说我们大家都认同了它的一种定位。但假如在不违反昆曲艺术的表演程式和戏剧风格的情况下，用一种比较抽象的或符合我们中国传统戏剧表演传统的方式来进行一些类似这种场景的特定表演，也未必是不可以接受的。实际上在中国传统的戏剧中，有很多并不像我们今天想得那么干净。它一直用一种独特的形式来表现一些情感的纠葛，甚至表演某些在当时的人看来就已经有色情含义的场景。像昆曲，它有一些台词本身就挺肉麻的。

现在的问题主要在于《西厢记》是不是一定要用这个场景。如果没有这个场景人物就表现不出来，整个故事就不能演绎得很完美，或者说大家的情感就得不到最透彻的展示，那么或许可以进行一种非常有节制的、非常尊重本剧种艺术传统的安排。但是如果去掉这个场景根本不影响整个《西厢记》，或者说这一段的存在只是为了吸引眼球，只是为了吸引对传统戏曲还没有入门以及知识不够的年轻观众，那就是不能接受的。而且对于这样的刻意安排，我们大家都应该感到一种揪心的疼痛和担忧。因为如果这样下去的话，我们的传统戏剧可能会面临一种非常危险的局面。

在此之前，越剧的《道观琴缘》就曾上演了一出“吻戏”。这也是不能接受的，因为它根本不符合中国传统戏剧美学的要求。中国传统戏剧最重要的一个特点就是含蓄，即使有些词句很露骨，但是大多使用的是双关语,使用的是一种仿生的手段。很多年以前,胡适先生在北大当教授的时候，曾经有一个聚会。在这个聚会里有很多都是北大的名教授，大家都喜欢收藏字画和文画。大家知道，中国传统的很多著名画家都是画春宫图的。碰巧，有一位教授就收藏到了一幅春宫图，并且在聚会上非常得意地给大家展示。胡适先生看了，轻轻地合上了这个册页。接着，他向大家描述了自己见过的一幅更高级、更美妙的春宫图。那幅春宫图是这样的：一张床，床上的帘子已经掩了下来；在床边的踏脚上放着两双鞋，一双是男鞋，一双是三寸金莲的绣花女鞋；而在这个帐子旁边有一只猫，举起一只爪子撩开一角。胡适先生讲的就是中国的传统。中国的传统就是以这种方式来处理类似于床戏、吻戏这样的场景的。所以如果中国的越剧突然出现两个人抱着在那儿吻，也许是非常深情的吻，但给人的感觉肯定是啃。因为不是不接吻就没有办法表现两个年轻人的深情。像《红楼梦》就把宝黛的感情表达得淋漓尽致，可是有吻戏、有床戏吗？根本没有。

我们千万不要为了迎合、为了媚俗去做一些事情，而一定要考虑到本剧种的传统和表演程式。与时俱进并不是说这个时代要什么,我们就要有什么;也不是说这个时代别人有的,我们也要有;更不是说别人做三分,我们就做四分。与时俱进就好比青春版的《牡丹亭》，当然大家对它也有很多争议，但绝不是像某些欧美电影或一些国内电影里的暴露场面。在戏曲里加入一个肉的展示，只能让人恶心。所以说文化是有差异的，像我们中国戏曲文化就是因为它的内敛和含蓄才有了一种独特的美。

在西方歌剧舞台上，是存在这种带有性暗示意味或直接表示性爱场面的一些场景的。比如像理查·斯特劳斯的《莎乐美》里，就有一段跳七纱舞的场面，这其实就是一个完整的脱衣舞的过程。但是这样的情况在西方的歌剧里也不是通例。在西方的歌剧里，当然有表现爱情的，有些唱词也很露骨或者有性暗示。但是在歌剧舞台上，直接表现出脱衣舞的整个过程却是一个特例。我们也不能据此判断西方的歌剧舞台就一定有这个。其实我们不用去管别人有没有，别人还没有昆剧呢！我们自己的戏剧已经非常博大精深了，已经足够让后人去继承、去发扬、去发掘、去推演了。所以，我们没有必要生搬硬套，没有必要非以最现代的方式插入一段现代银幕上经常出现的场景，以此来展示自己的与时俱进。这样只会适得其反，只会招致人的反感。

为什么这样的情况时有发生呢？一方面，恐怕是出于对本剧种的珍爱。比如昆曲有一段时间几乎已经成了“戏剧活化石”了，年轻人不喜欢，市场上也卖不出票，一场昆剧往往只有三五个人在欣赏。所以，他们出于对自己剧种的珍爱，希望剧种得到市场和票房的认可，希望把观众再吸引到昆剧表演的剧场里。这是一种负责而善意的想法，在某种意义上，我们都应该认同这样一种想法。但是另外一方面，可能也是过多的或者说无法承担的经济压力。在巨大的经济压力下，他们只能选择对市场让步，对经济妥协。那么妥协让步到极点，就是被市场和经济完全俘虏。还有一种情况是等而下之，就是对自己所从事的那个剧种已经失去了信心，自己也已经没有本事来表现心目中想要表现的东西了。外国一些一流的艺术家都认识到，中国的传统戏剧最大的一个特点就是几乎没有道具，完全是通过歌舞，以一种非常优雅、非常有韵味的方式传递出来的。所以现在很多人虽然还在演昆剧，但是对这个剧种的信心却在慢慢衰退。

事实上，让一个剧种红起来，让它的观众越来越多，市场越来越好，并不是没有先例可寻的。一出戏救活一个剧种的事情就发生在昆剧界，这句话是周恩来总理讲的。当时的剧目是《十五贯》,像这样成功的剧目,是长演不衰的。前一段青春版的《牡丹亭》也已经证明了昆曲是不乏观众的。只要它的戏好，只要它的方方面面能传达出一种独一无二的美感，那它就依然会有观众，而且会有大量的年轻观众。所以我们不要把问题看错了，否则对症下药的结果就会适得其反。最可怕的是饮鸩止渴。口渴了拿起毒酒都喝，可能在两秒钟之内是不渴了，但是到第三秒钟就死翘翘了。这是我们绝对要避免的。

在流行音乐、大众娱乐消费盛行的今天，戏曲对于不少年轻人来说可能真的有点疏离的感觉了。尽管如此，还是有很多人不遗余力地推广民族戏曲。昆曲自2001年被联合国教科文组织评为第一批“人类口头和非物质遗产的代表作”以来，已经获得了越来越多的关注。

作为中国最古老的戏曲样式，曾一度乏人问津的昆曲近年来开始复苏。由作家白先勇制作的青春版《牡丹亭》在大学校园引发了争相观看的热潮；上海昆剧团和苏州昆剧院相继推出的《长生殿》，既有国宝级大师的加盟，又有精美戏服舞美等卖点；而话剧导演田沁鑫执导的《1699桃花扇》则把昆曲的低龄演出做到了极致，扮演李香君的演员与角色同样是十六岁。这些大制作动辄几百万的投资，都有名人加入，强调的是原汁原味的曲词和现代感的视觉包装，形成了一定影响的同时也引发了一些争议。

昆曲的传承与保护

昆曲的整个节奏是比较慢的，比京剧还要慢一点。从表面上看，它好像与现代社会的快节奏不太符合。但是也许正是因为现代社会的节奏太快，使得人特别容易疲劳，所以就特别愿意有一种比较舒缓的节奏来调整自己，去欣赏生活中由于太匆忙而被忽略的美。现在最快的交通工具是飞机，但是却有越来越多的人在假期的时候选择火车，选择自驾游，选择骑自行车，有比较长假期的人还会选择游轮。为什么？就是因为大家需要一种缓慢，需要一种从容，需要有足够的时间去欣赏，而不再是急匆匆地走马观花。这个例子虽然跟戏剧没什么关系，但却可以充分说明问题。所以如果我们把昆曲或者说传统戏曲发扬好的话，它不仅不会被彻底驱赶出人们的视野，反而还会成为人们需要的一种东西。在这种情况下，我们不能因为现代的节奏快了就对昆曲没有信心，认为它好像完全不是现代社会的一个剧种。这是不对的。

现在，昆曲也开始走大制作的路线，投资大，演员阵容强大，而且强调的是原汁原味的曲词和现代感的视觉包装。有些人觉得将昆曲现代化有些不妥，但实际上，我们可能不得不这么去做，而且这么做也没有损坏昆曲。还有很重要的一点，就是这么做更符合当代的需要。传统的戏剧一般都信奉“酒香不怕巷子深”的道理，认为只要活儿好就一定有观众，只要有角儿就一定有票房。那么到了现代，我们确实是应该走出去了，而不要再把自己的脚步人为地束缚住。就像昆曲进校园，很多没接触过昆曲的年轻人通过昆曲演员的表演和讲解可能会忽然发现昆曲的美和内涵，这就是一件很有意义的事。

传统的戏剧还不太讲究外表的光鲜。原来有句话叫“宁愿穿破不愿穿错”，就是说穿一件破戏袍不要紧，但如果穿错了戏袍，那麻烦就大了。因为演员是凭借浑身的活儿来吸引观众的，而不是凭借身上的戏服来吸引观众的。传统戏剧到了极致是闭眼睛的，北京话叫“听戏”，没有叫“看戏”的。因为看戏是看马戏，不是看戏剧。既然是听戏，那么穿什么也就不重要了。当然，梅兰芳先生是个特例。他的戏服都是富丽堂皇、非常漂亮的，有些是用金线绣的，上面镶嵌的都是真的珍珠，这在今天已经做不到了。在现代社会，我们完全可以让外表光鲜一些。比如把每一个角色的戏服都做好看一点，然后再做一些宣传，把海报印得美一点等。

记得那是在1984年的冬天，甘肃有一个非常著名的剧目叫“丝路花雨”，当时的甘肃省艺校也排演了一个类似的节目，并到北大演出。可在演出那天，竟然停电了，所以音乐和灯光都没有了。更为不幸的是，为他们运送表演服装的车在途中抛锚了。这些演员还都穿着运动服和练功服，连戏服都没有。就在很多人都以为演出演不成的时候，这所艺术学校的校长告诉演员们就这样表演，听他的口令，并由他来讲解。就是在这样的情况下，这场演出取得了巨大的成功。而且我们应该知道，八十年代的大学生距离传统可能要比现在远，因为那个时候文化大革命结束没多久，不像现在的孩子已经经历了相当一段时间的传统文化复兴和对自己文化自信心的确立。但他们还是接受了这样的演出形式，接受了这种传统的东西。有的时候，一个本真的东西反而更能吸引人。但是如果在那一天有灯光，相信效果会更好。所以我们不应该排斥一些非常有效的传播、推广和弘扬传统戏剧的方式，走到校园里去，走到社区里去，大量通过电视媒体进行宣传，或者有一些大制作，甚至拍一些戏曲电影，都是值得提倡的。

有些人可能会担心这种视觉化的包装影响昆曲一些原汁原味的东西。比如这出《西厢记》里的服装都设计成了唐朝的风格，而昆曲的服装应该是明代的风格，这是不是就很不妥呢？这样的担心不是没有道理的。穿错衣服确实会对昆曲的原汁原味有一点影响，但是这种影响不一定会致命。比如在清朝的戏剧舞台上就全都是明朝的衣冠，据说还有“十祥十不祥”的说法。所以这个应该不太重要。如果能够用一些更美的东西去演绎，只要是剧情的需要，只要是符合这个剧种的传统，只要不突破它的程式和规矩，那就是可以接受的。在这方面我们上海有非常成功的例子，就是翁思再先生执笔写的京剧《大唐贵妃》。它的服装就是专门设计的，而有些服装也和传统京剧舞台上的不太一样，但是大家的反应非常好，在这方面的批评几乎没有。所以说，有些方面还是应该与时俱进的，没有必要再穿着一些很破、很陈旧也不合身的戏服上去演出了。

有人说昆曲其实是一种博物馆艺术，因为它已经达到了很高的高度，我们已经很难再去突破了。但是我们不能说传统艺术都是没有创新的，因为如果那样的话，就只有在戏剧诞生的第一时刻会有一些剧目，后面新的剧目就都没有了。这显然是不对的。传统绝对不意味着不能有新戏，新戏也不一定意味着非要跟传统对着干。我们完全可以用传统的题材再排一出新戏，这有什么不可以？我们不要把传统和现代、高雅和低俗、新和旧截然对立起来，实际上这当中并没有一道鸿沟。这是一种延续的关系，但是最好以一种渐变的方式延续，就像一个人或一棵树的自然长成。切忌用一种切断传统、截然革命的方式，这用在艺术上是非常可怕的，会让艺术变得没有源头活水。戏曲艺术应该争取最长时间、最频繁地活跃在舞台上，而不能以高雅艺术自居，以进博物馆为光荣，这会变成一个很滑稽的概念。

谈到传统戏剧的发展，我个人认为还是应该有政府扶持的。日本的歌舞伎就是最好的例子。如果没有政府的扶持，歌舞伎恐怕早就销声匿迹了。正是因为日本政府无微不至的扶持，歌舞伎才有了今天的发展局面。这种扶持是全面的，绝对不是仅仅保证剧团饿不死，一年排两出戏就行。它包括对小学生的普及教育，对观众进入歌舞伎表演现场的知识培训等。这些都是政府无偿提供的。对于这种传统的戏剧，政府应该承担起责任，应该尽量不要让它在没有完全恢复元气之前去经受非常激烈的市场经济的风吹雨打。比如一朵小花,如果让它迎着暴风雨而上，那它很快就会夭折了，这不是爱它；如果真爱它，就在暴风雨来临的时候把它拿到房间里来，如果它非要看风雨，也只能在有小雨的时候让它去淋一会儿就再收回来。再比如一朵花由于非常突然的变化受到了损伤，比如有病虫害或被人为地砍伤了，那么经过抢救，它已经有恢复的迹象了。在这个时候，我们是把它扔到路边还是让它在温室里好好养护一段时间，等它比较健壮了，又恢复自己的繁殖能力了再让它回归大自然呢？答案是很明显的。

在恢复元气阶段，政府的扶持是至关重要的。我们不能把一切都交给市场。市场是非常有效的，它能够带来很多好处，也有非常强大的考验功能和鉴别功能，但是市场从来都不是万能的，有些事情就不能靠市场。我们国家经过了三十年的发展，今天已经有这个力量去做这件事情了。不像在改革开放初期，我们百废待举，整个国家到处都是洞，到处都要补，那么和国际名声距离比较远或不那么直接的东西，就只能无奈地暂时放一放，这在当时是没有办法的事。但是今天我们已经拥有足够的国力了，我们在文化方面的投资也很大，再加大一点点也是完全可以的。我们如此强大的国家难道连扶持一个剧种都扶持不起吗？

对待传统艺术，我们要有历史的责任心，就是始终要有一种恐惧，要有一种害怕的意识。人不能大无畏，大无畏是很可怕的。尤其在对待传统艺术方面，大无畏是要命的。千万不要有大不了就到博物馆去的思想，这简直就是蛮干。我们要有一种恐惧，要有一种呵护，更要随时警惕，还要经常让自己思考这么一个问题，就是昆曲会不会在我们这一代手上灭绝。如果不想让它灭绝，那就要尽我们最大的努力让它生存下来，并让它发展起来、成长起来。这是最简单的一个道理。

很多人可能已经注意到了，现在网上有很多关于家谱的网站。比如说姓阎的，在网上粗粗看一看，就有山西太原的、山东的、贵阳的好几个。最近，有一群80后的年轻人非常热衷于在网上修家谱。传统文化在这样一种独特的方式当中进行传承和延续，其实也是一个很不错的主意，既传统又现代。

80后网上修家谱

这当然是一个很好的事情。因为在相当长的一段时间里，家谱这个概念已经从我们的记忆中淡去了。重新修家谱是最近十来年的事情，而且首先是在经济发达的沿海地区。但是过去的家谱都是有规则的，比如三十年一续，因为它不可能随时补。一般来说，经过三十年，家里往往会有一些老人走了，又会有一些小辈诞生，所以是三十年续一次家谱。但是我们中国的家谱近乎 90% 以上都是在二十世纪三十年代续的最后一次。因为二十世纪四十年代抗战了，接着又有国内战争，到了 1949 年以后，我们关于家谱的观念有了天翻地覆的变化，我们将其等同于封建、落后的一些东西。在这样一种情况下，90% 的中国家谱出现了将近七十年的断层。在这个过程中，出现了整整两三代人，这就给家谱的接续带来了困难。

家谱的第一要义是接续，行辈清晰、一代一代非常清楚，这是最重要的。如何接呢？比如“阎”这个姓氏的人散在全国各地，怎么去弄呢？现在有一个非常现代化的信息征集和信息沟通的手段——网络，全国各地乃至世界各地的同一姓氏都可以找得到。当然，过去还是有讲究的。以“阎”为例，是太原的“阎”还是贵阳的“阎”？同一姓氏、同一郡望的人都可以在网站上登录自己的资料。有很多人通过这样的网站找到了自己未曾谋面的亲人。这种传统和现实相结合的方式是非常值得欢迎的，而且非常有效，非常具有操作价值。

中国古代非常注重家族的延续，族中亲友关系的亲疏和长幼有序也是中国的传统。家谱的诞生其实非常早，它的滥觞也非常早，源远流长。特别是到了魏晋或者汉朝晚期以后，中国慢慢形成一种谱牒之学，家谱成了一个专门的学问。那个时候有很多规矩，现代人已经不知道了。比如现在的孩子可以直呼父母的姓名，但在过去是绝对不允许的。长辈的名字过去叫名讳，也就是不能出口的。这种家谱越编越仔细，而且对人的行为形成了一种约束。唐朝非常讲究门法，讲究家族的观念，如果不巧一个人的祖父、父亲或曾祖父中有一个人的名字当中有一个“进”字，那么这个人就一辈子都不得考进士，因为要避讳。而且后来严重到不光要避进士的“进”，连同音字都得避讳。这是家族之中家谱的一种严格的约束力。

另外，家谱还有别的功能。比如它会牢牢记住自己家族的演变和自己家族在全国的分布，那么慢慢就起到了一种联络宗亲、相互辅助沟通交流的作用。而且它会对家族里的每一个人提出一种无形的要求，就是不能给祖宗丢脸，不能让祖先蒙羞，而是应该光大门楣。为什么讲光大门楣？因为过去的秀才比同村人的门楣要高，举人还要高，进士就更是不得了了。这种观念往往会对家族成员形成一种约束、引导和要求。所以家谱是中国文化非常典型的一种现象。在某种意义上，中国的文化传统延续了那么久，它实际是根柱子，起到了一种支撑的作用。每一个家族都守着自己的家训，守着自己的家族精神，记着自己家族的故事。每个家族都有每个家族的历史，每个家族都把自己的历史记得非常清晰，那么合起来自然就是一部中华民族的大家族史。

现在的孩子大多都知道爷爷奶奶的名字，因为他们的爷爷奶奶年龄不会很大。但要问他们的曾祖父和曾祖母的名字，恐怕就没几个知道的了。家谱文化出现了六七十年的断裂，实际上已经导致了很多引人关注的现象。过去，哪有不知道自己曾祖父名字的？参加考试的时候，都要填上三代以上的名字，而且名和字都是分开的，功名、官衔都得一一填清楚。所以在中国古代，一个读书人不知道自己的曾祖父和高祖叫什么名字，这是非常不可思议的事情。但是在今天，这好像变成了非常好理解的事情，而且已经成了很正常的现象。这也就说明我们的家族文化出现了一段令人窒息的空白。

近几年，全球华人都在推进修家谱的运动，为什么会有那么多人不约而同地加入到这个行列中来呢？因为中国的强大。经过几十年的发展，我们的国家在世界上已经拥有了一个非常让人尊敬的地位，我们的经济、社会、文化都得到了长足发展，特别是传统文化开始复兴，出现了传统文化热。在这种情况下，中国人浸润在血液中的这种家族观念，这种对祖先的慎终追远的文化意识开始复苏。所以，世界各地的华人几乎是不约而同地开始续修家谱、联络宗亲、寻根问祖、举办家族聚会。而且有一个非常有趣的情况，就是越是经济发达的地区越热。在中国内地，最早的家谱热出现在浙江。在比较早的一个发展阶段，最引人注目的是温州人。

这股热最早出现的时候是非常简单的。手抄、复印、用订书机装订几份，分寄给各个孩子，有的甚至在国外留学的也会收到一份。如果讲究一点的话，里边还会附上几张拍得很不专业的照片。照片中可能是一座老宅，也可能是一口老井，等等。现在的家谱印刷就很讲究了，都是精装的。还有更讲究的，就是用比较传统的印刷方法，用宣纸、线装、绫缎来做封面、做函套。这样一股家谱热的兴起，实际上和中国整个社会和国家的发展是互为表里的。如果这个国家很弱小，在国际社会上丝毫不受尊敬，那么全世界的华人，乃至生活在我们国内的同胞也不一定会有那么大的热情。比如现在一个姓李的中国人到了国外，他的英文姓就是Li。可是在中国还很弱小的时候，这个Li就会被拼成Lee，因为在英美本来就有这个姓的；还有的被拼成Leigh，发音也是Li。像这样的拼写就根本看不出任何东方色彩，而是一个完完全全的英美的姓。所以在今天这样一个传统文化复兴的大背景下，家谱文化开始引起大家的关注，也引来了大家的投入。很多家族、很多人都在续谱、印刷家谱方面投入了很大的力量。

现在的人小家庭的观念特别强，这也是由于非常特殊的历史原因造成的。比如在我小的时候，户口本里配各种各样的票证，而票证都是根据家里的人口发的，过年了买一斤猪肉、半斤油，买几盒火柴、买烟、买几尺布都是有规定的。在这种情况下，怎么可能存在一个大家族的观念呢？那个时候，经济不发达，大家生活都很拮据、很困难，照顾好自己最亲的小家庭就不容易了，很难再去承担更多的责任。所以，大家只能要求独善其身，各自解决各自的问题。现在不同了，现在我们有能力来担负比照顾一个家庭更多的责任。那么在这样的情况下，就又出现了一种从小家庭走向大家庭的趋势。那时从上海到西安去看一个亲友，可以说是相当大的工程。时间、金钱、交通，还得换粮票。到西安要换全国粮票，不能把上海的粮票拿过去用，这是很难的事情。今天别说去西安了，就是去国外，也是一件非常简单的事情。有了诸多便利，自然就会把大家凝聚到一起。慢慢地，比如以修补家谱、宗亲会等为主要凝聚手段的现象出现了，一个家族就会越来越大。比如原来我们就是一个直系，像自己的爷爷、曾祖父。现在不是了，现在还有各个分支，这样家族就会越来越大。

家族越来越大，对整个社会是好的。为什么这么说呢？因为可以守望相助。就是当家族里一个人碰到困难的时候，其他人都可以伸出援手，那么这个人的困难就在家族的范围内解决了，也就不会给社会增添负担了。尤其是现在的独生子女，随着父母的渐渐老去，就更需要守望相助。现在嫡亲的兄弟越来越少，就要讲叔伯兄弟、姨表这样的亲戚，这本身是一件非常好的事情。拿我的家族举例子，我们有一个钱氏宗亲会，有一个特设的办事机构，总部设在上海。我们有网站，也用网站在续谱。我们以前的家谱已经正式出版了，像在我们宗亲会里，就有一个奖学金。大家捐钱来帮助一些家族里有困难的孩子，让他们不会因为贫困而辍学。

这些孩子的问题在我们家族内得到了解决，那么国家提供的奖学金就可以让给其他孩子。这是很好的一件事。

更重要的是，家族观念非常有利于强调家族成员的荣誉感和责任感。原来做一件错事、一件坏事或一件丑事只要自己担当就行了，但有了家族以后就完全不一样了，因为不仅自己要付出代价，承担责任，而且还会让整个家族的亲戚蒙羞。所以，它会对每个家族成员多一种约束、多一种要求。另一方面，家族里面一些好的或者非常成功的前辈和同辈会随时作为一个榜样，在你面前鞭策你、鼓励你、催你上进、催你奋发。所以在当代社会，这种非常传统的家族形式或者家族观念开始复苏应该是一件好事，最起码它正面的意义要远远大于它也许会产生的一些负面的东西。

有人说家族观念会让我们变得更狭隘，这其实都是一些无谓的担心。怎么会狭隘呢？在中国的大陆地区，我们的家谱有过六七十年的断层，我们现在去复兴家族的文化，去复兴家族的概念，首先就是扩大，怎么会是狭隘呢？比如现在的独生子女没有兄弟姐妹，恐怕连舅舅叔叔都少了，那么跟他们讲一个家族观念，这本身就是开阔，就是让他们多一些哥哥弟弟，多一些姐姐妹妹，多一些叔叔阿姨，多一些舅舅舅妈，怎么会是狭隘呢？这种说法是站不住的，这个担心也是完全没有必要的。

虽然有一个大断层，可能会让我们在修家谱的过程中碰到一些问题，但家谱本身也不是那么难编。因为家谱主要是排序，是一个网状结构，这对于现在受过教育的 80 后的孩子是没有任何难处的。问题倒是也有一个，就是我们用网络来续家谱，这虽然充分反映了在现代社会对传统的一种尊重，或者在某种意义上的回归，但我们现代人在编这个家谱的时候是不是应该有一点新的考虑，或者有一点新的角度呢？

家谱也是属于传统文化的一部分，它肯定有精华也有糟粕，我们也应该有继承、有摒弃。应该继承的是中国传统慎终追远、血浓于水的家族责任。但是中国传统的家谱几乎无一例外都有一个毛病——隐恶扬善，就是家谱里记的都是非常光辉的人物，都是非常荣耀的事情。然而那么长的历史，哪个家族里没出过几个坏蛋，哪个家族里没出过几个犯过法的人，可这样的坏人在家谱里就都看不到。这是一种惩罚，把这样的人踢出了家谱。那么整个家谱就好像都是模范人物，都是经验没有教训了。这是我们要摒弃的。当然，要让一个人在自己的家谱里记载一个不好的人物，这是一个非常艰难的抉择。但是是不是可以在家谱里比如给后人提供教义和成功上进经验的同时，也尽量保留一些带有劝诫作用，甚至带有某种警示作用的内容呢？如果这些 80 后的孩子们用这种网络手段，用一种完全新的概念或比传统更理性的概念来编写新时代家谱的话，那么他们也许会作出让我们刮目相看的贡献，而且是前人没有作过的贡献。

我们传统的家谱还有一个非常大的问题，就是性别意识，或者说性别歧视。一般来说，女孩子不会被记录到家谱里。因为女孩子要嫁到夫家，那就算夫家的人，不算这一支的人，所以这个家谱往往不记女孩子，好像这个女孩子没生过一样。在新时代，我们应该一视同仁。还有一个家谱的传承问题。过去的家谱因为都是木刻本，到了民国年间才有石印本和排印本，但往往印得也都不多，所以一般都传给男孩，而且往往只传长房长孙。但现在很多家庭都是独生子女，而且女孩子居多，那么在这种情况下，这种传统当然就要改变了。新时期的家族观念必须冲破性别意识，如果还陷在传统的重男轻女的性别意识的泥坑里的话，恐怕中国的很多家族按照过去的观念早就没了。因为如果家里是一个独生女儿的话，那么这一支在家谱里就没了。所以，对待男孩和女孩要完全一样才对。

这些 80 后的孩子虽然网络技术很高，但是他们也会在编家谱的时候碰到一些网络上解决不了的问题。特别是一些比较遥远的历史，网络上就不一定查得到。要解决这样的问题，其实可以去上海图书馆。上海图书馆的特色之一就是家谱收藏，在全中国的图书馆中，上海图书馆收藏的家谱数量是最多的。所以有的时候，不妨把网上编谱和到上海图书馆查阅这些老的家谱结合起来，那么这个编谱的工作可能就会进行得更顺利一点。

文物保护之路——从圆明园兽首说起

2009年2月底，法国佳士得拍卖行放出消息，要在巴黎举办的“伊夫·圣罗兰与皮埃尔·贝杰珍藏”专场中拍卖当年八国联军从中国抢去的圆明园兽首。在2月26日的拍卖会上，十二兽首中的鼠首和兔首以底价九百万欧元亮相，最后以一千四百万欧元成交。而当时佳士得公司暂未透露买家的真实身份。3月2日，中华抢救流失海外文物专项基金副总干事牛宪峰在于北京召开的新闻发布会上说，中华抢救流失海外文物专项基金收藏顾问蔡铭超参与了此次拍卖，并成为了最后竞拍者。但由于尚未付款，且仍在付款期限内，因此拍卖能否最终成交尚属未知。蔡铭超称：“我不会付款。在当时那样的情况下，每一个中国人都会站出来，我只是尽到了自己的责任。”这件事情，在国内引起非常大的反响，而且一直余波不断。其实，之前已经有专家指出，这两件文物，虽然存在一段屈辱的历史，但是并不算是国宝，那为什么在这一次拍卖会上，能够拍到这么高的价钱，并且引起这么大的关注呢？

圆明园兽首是理应追回的“国宝”

这个问题，背后有几层背景，我们都必须去考虑。第一，一件文物究竟是不是国宝，实际上并没有一个非常严丝合缝的，或者说非常固定的标准。因为对一件文物，我们当然首先要考虑它的工艺价值、艺术价值、技术含量，但是在很大程度上，我们还要注意到，它是不是凝聚了创造它的一段历史或者心血。如果一件文物凝聚了这个民族一段伤心史的话，那么它的价值就会得到很大的提升，往往会被等同于国宝。就拿这些兽首来说，虽然它们原来是放在室外的铜器，也许从铜质类艺术品的角度看，它们称不上有多么精细；我们不知道它们是哪些大师铸造的，也不知道它们究竟是不是出自清朝的内务府。但是它们凝聚了一段全中国人民都知道，都难以忘怀的，一段屈辱的历史。它们就像兵马俑，兵马俑是陶土制的，但是谁能认为它不是国宝呢？再比如长城，是由无数块砖组成，这个砖都是泥土所铸，你能认为它不是国宝吗？所以我认为圆明园的这些兽首应该可以得到一个“国宝”身份的认同。

第二，圆明园兽首在海外不断被高价拍卖的事情，已经延续了相当长的时间，而最早出现的并不是这次的这两个兽首！我们中国的保利集团，包括香港的爱国人士何鸿燊先生，都是花巨款把它们购回来的。这样的一种价格的攀升，实际上加剧了我们中华民族，我们中国人的一种心理情绪。因为这些东西原来是我们的，是在一段非常悲惨的历史当中，是在我们每个中国人都刻骨铭心的历史当中被掠夺走的，或者在某种至今说不清道不明的情况下流散出去的。而现在是种什么情况，是把我家的东西，再卖给我们，再让我们自己买回来，而且价格还在不断攀升。所以很多人都在猜测，如果它们手里还有别的兽首，那么最后放出来的会是什么？应该就是龙首，因为龙对中华民族是有象征意义和图腾意义的。

第三，这次拍卖牵涉到中国和法国，而当时这两个国家、两个民族或者两种文化之间发生了很多碰撞性的问题，在这样的背景下，这件事情当然就更容易引起大家的关注。

蔡铭超的亮相，应该说是非常具有戏剧性的，而且他的那番话一出来，就引起了媒体、网民的一阵热烈讨论，讨论主要集中在法律、诚信和可能产生的后果上。其实当有报道说有一个神秘买家，以一千多万欧元的价钱，把这两个兽首拍下的时候，我就有一种感觉，这个事情很有可能是我们中国人做的，或者最起码是同情我们中国人的朋友做的。后来蔡铭超先生露面，而且公开发表了那样一段讲话，证明事实的确如此。这件事情其实有很多值得我们深思的地方。

首先，从情绪上或者从感情上讲，我们必须对蔡先生的举动表示支持，但是支持并不等于大家都认同蔡先生的做法或者都认定他的做法是唯一有效的做法。从我个人来讲，我非常钦佩蔡先生的这个举动，但是蔡先生的举动本身也给我们出了一道追讨流散文物的考题。因为我们知道蔡先生本人就是资深的拍卖业从业人员，也是文物收藏界相当有地位和影响的人物。他这样做，实际上应该说是挑战了文物拍卖界或者文物收藏界一个普遍被接受的准则。这也是大家对他有质疑的一个方面。

第二，如果再进一步看，我们这一次是通过法律途径，包括有很多自愿者组成的律师团。我们首先通过法律途径去追讨流散的文物，按照法国的法律规定，这些自愿组成的律师团，只能在法国递交拍卖的禁止令，但是法国的大圣法院已经做出了裁决。如果在平常状态下，一般认定的行为准则，既然已经诉诸法律了，而法律也判决了，那就只能执行或者只能接受这个事实。但是蔡铭超先生异军突起，用了一种谁都没有想到的方式——高价拍卖，但是拒不付款。这实际上导致了这一场文物拍卖的流拍，或者暂时性的流拍。当然蔡先生有自己的理由，他的理由是：我拍下的这个东西进不了中国海关，所以我拒绝付款。问题是，谁来证明这个东西进不了中国海关呢？既然我们整个民族，我们所有中国人都热切地盼望要追回这个文物，而且这个文物又被拍卖下来了，又怎么会进不了中国海关呢？有中国海关的申明吗？有中国权威部门的说明吗？所以他这个说法，遭到了很多质疑。当然，质疑并不能代表抹杀或者否定蔡先生作为一个中国人为追讨这两件文物所做出的种种努力。而且我们也必须体验到蔡先生为这两件文物，为这个举动，付出了相当大的代价。因为他是一个文物收藏界、文物拍卖界的重量级从业人员，他经常要到国际市场上去拍卖文物，有属于中国的，也有不属于中国的，这是他一直在做的事情。而这一次为了两件国宝，他不惜以自己的信誉为代价。从这一点来讲，我们对蔡先生就应该有更多的同情和理解，或者说我们更应该支持他。

追讨流散文物是一个艰巨又漫长的过程

追讨流散文物，特别是像中国这样在近代历史上饱受屈辱的民族，虽然经过三十年改革开放之后，我们的国家已经在世界崛起，但作为一个大国，我们民族的重新复兴，仍然是一条非常漫长而艰巨的道路。我们不能认为今天的中国非常强大，就能够顺理成章、非常轻易地去追讨回、去索要回、去拿回曾经属于我们的东西。事情没那么简单，这里边牵涉到非常复杂的历史、文化、国际法的因素。相信圆明园兽首事件已经让我们看到了追讨流散文物的艰巨性，这是一条漫长的道路，我们必须有足够的心理准备。

其实，圆明园兽首只是我国流失在海外的文物的一个缩影，这些流失的文物，大多是在中国近代被西方列强和所谓的探险家以武力、欺盗等非法手段掠夺走的。实际上我们中国流散在世界各地的文物，它的总数，要远远超出迄今为止珍藏在中国的数量。这里面是一段非常复杂的历史，圆明园有八国联军的掠夺，也有很多探险家采取欺盗的手段骗取中国的文物。敦煌文物就是最好的例子，最早的行骗者是斯坦因以及伯希和。斯坦因是匈牙利人，晚年加入英国籍。伯希和是著名的法国汉学家，是非常了不起的学者，但是在敦煌文物上，他扮演的却并不是和他的学者身份相符的角色。他们通过一个没有什么文物意识的、贪婪的王道士，仅用几百两银子就把敦煌文物的精华席卷而去。过去，我们并没有像现在这样严格的文物法规，也并不是每个人都是爱国主义者，不是人人都能意识到这些文物是国宝或者在未来必将是国宝。在新中国成立前，有个著名的古董商人卢芹斋，他大规模地把中国的文物作为出口商品卖出去，现在国外有很多艺术馆、基金会、博物馆的藏品，就是从他的“卢吴公司”买的。现在我们说的这批文物，不是通过买卖，而是被掠夺走的，它们的数量同样非常巨大。圆明园的这些兽首，实际上充当了一种代表性的国宝，代表着被掠夺走的文物。而现在它的复杂性或者说曲折性还在于，我们很难按照法律的要求给出非常确凿的证据，证明它是被掠夺走的，而不是流散出去的，这是我们面临的一个非常大的难题。

其实单从这次圆明园追讨兽首的过程当中，就已经暴露出很多问题，那么今后这条路我们应该怎么走下去，应该怎么样去追讨这些外流文物呢？我们必须把它当做一个全民族都关注的巨大的文化工程、文化事业来做。追讨的路一定是漫长的，一定是不会顺利的，我们能追回多少件，就是多少件，不能指望把这数以千万的文物在很短的时间里都追讨回来，这不现实，也不可能实现。但是我们应该有全民的关注，全民都必须协调，相互配合。像圆明园兽首这件事情，我们可以非常明显地看到，相关的部门各有各的考虑，缺乏协调，缺乏沟通，包括像蔡先生，他最后采取的这个非常手段，从当时的各种报道来看，律师团、文物局都不知道，当然佳士得更不知道，因为是匿名电话拍下来的。那么这样的一种举动，在将来追讨文物的过程当中，是不是能够有所改善，而不要由于相互之间的配合引发很多问题。

其实类似的问题，印度、埃及等一些文明古国也都遇到过，而它们的处理方式和结果可能跟我们也不太一样，那么这方面是不是也有一些借鉴作用呢？这里边的问题就比较复杂了。第一，埃及、印度、中国和两河流域，是古代文明的诞生地，埃及和印度也一直在追讨自己被掠走的或者被非法运出境的文物。我们关注的是它们成功的部分，实际上它们也有大量的追讨过程是失败的，就是说我们不能认为埃及或者印度已经成功地把它们流失的文物全都要回来了，这不是事实。我们看到的多是关于它们努力成功的报道，但其实它们失败的例子要多得多。第二，实际上它们比较著名的几次归还，比如归还给埃及、印度的文物是法国政府所拥有的，就是这些文物是被归在法国政府的国家财产之内的，那么法国政府就可以通过一定的法律程序把它们归还给印度或者埃及。而圆明园兽首的情况则不太一样，因为铜首是在私人收藏的范围之内的。

不过，有一点我们也要看到，随着中国的国力不断增强，对我们今后去追讨那些外流文物会更有利。我们更不能忘了，经过中国有关部门、爱国人士以及文物收藏家们的努力，已经有一部分文物陆续回到了它们的故乡，回到了我们的博物馆里，回到了我们的艺术馆里。当然这个数量还太小，比起我们流失的，真的是冰山一角都不到。现在我们把腰杆挺直了，我们就更有底气去追回那些外流文物。

追讨外流文物引起的反思

索回那些外流文物定会是一场旷日持久的战争。说到这里，我们也要看到自己做得还不够的地方。就拿这次兽首拍卖诉讼来说，律师团组团以后竟找不到原告。按理说原告是很现成的，那就是圆明园管理处，可结果是爱新觉罗宗亲团作为原告站了出来。我们先不去考虑我们之外的事情，而是应该先考虑好在追讨文物的过程当中我们自己怎么办，是不是有值得反思的地方。在这一事件当中，应该说圆明园管理处是最荒唐的一个单位！

大家都觉得圆明园管理处理所应当做原告。因为不管怎么说，现在行使圆明园遗址管理权力的是它，它是对圆明园遗址或者流散的文物负有直接责任的单位。我们的国家或民族，要管理、保护圆明园遗址，要尽量恢复，当然是按照它的原貌恢复，而不是造新的假古董。国家把这样的重任交付给管理处，难道当个原告还有什么顾忌吗？这是非常荒唐的事情。你到底有什么道理回避这个责任，是怕失败吗？可我们谁都知道，即使失败了也不可能有人怪罪你，因为谁都会尊重你付出的努力。我们都知道这不是一件简单的事，你圆明园管理处也未必能够影响远在千里之外的那场法国拍卖。但是你必须有行动，必须做些什么事情，而不是以这种回避的态度躲在后面。而在这种情况下，爱新觉罗宗亲会站了出来，来充当这个原告，这毫无疑问是不合适的，为什么不合适呢？因为虽然爱新觉罗家族曾经是清朝的皇族，但是爱新觉罗家族和清朝的那段历史我们已经翻过去了，而且和他们之间的关系，我们早该理清楚了，在溥仪时就已经理清楚了。今天他们站出来，实际上是名不正而言不顺，师已出而未具名。当然他们非常值得我们尊敬，因为他们毕竟站出来了。但是这种无奈之举本身，就让法国的某些人看到了我们内部的不妥帖和缝隙。

举个例子，拿我们家来讲，我们有钱氏宗亲会，那么假如杭州钱王祠里有珍贵文物被盗到国外，难道应该由我们宗亲会出来追讨吗？难道我们能主张这是我们家族的文物吗？错了，当然不是，这是中华民族全民族的文物。圆明园管理处是受中华民族的委托来行使管理权的一个单位，你理所当然应该责无旁贷地站出来，去追讨这些文物，哪怕有一丝可能，你就要付出百倍的努力。所以说圆明园管理处这次的举动令国人不满是天经地义的。

现在诉讼结束了，拍卖也结束了，但是圆明园管理处仍然没有一个明确的说法，一直保持沉默，所以大家才会纷纷猜测。圆明园管理处可能有几个顾虑：第一，如果失败怎么办？这种顾虑其实很可笑，是要面子的想法，可是别忘了，如果不站出来，不要说面子了，什么都没有，它怎么不顾忌这一点？第二，或许是顾虑着四十万的律师费，这就更可笑了，因为我们知道律师团是自愿组成的，好像从来没有说过收费的问题，就算不是完全无偿的，那么对这件事情来讲，四十万的费用也是小到不能再小的支出了，圆明园管理处没钱吗？圆明园管理处是不是经济很拮据，是不是国家没有给它足够的拨款呢？不是吧！因为我们都知道，圆明园管理处在某些地方是非常大手笔的，比如湖底防渗漏工程。因为北京的地下水位不断降低，所以圆明园的水面经常会降低，而且有的时候还会干掉，那么圆明园管理处就考虑要保留圆明园原来的景观，要留住它的水，这当然是值得赞赏的，但是其采取的办法却让人大跌眼镜，什么办法呢？就是在湖底铺一层塑料薄膜，然后把水灌进来，好像这样水就不会渗漏了，但实际上根本不是，水依然会渗漏。这是有前车之鉴的。和圆明园一墙之隔的北京大学朗润园，就做过类似的工程，而且已经被证明是无效的。现在的朗润园，一滴水都没有。就算它短时间内起过作用，但是它把潺潺的源头活水变成了一潭死水，也会马上滋生出异味，滋生出别的东西。而圆明园的这一项工程就花费了一亿五千万。为什么那个时候不犹豫？而现在那项工程的结果已经不尽如人意了，却依然没有人出来反思，也没有退缩。为什么在这四十万律师费面前就要退缩？这是很多人对圆明园管理处很难理解或者很难体谅的一方面。第三，就算你不站出来，就算你有顾虑，那么你的态度呢？你最起码应该说明，这两个兽首原来是在管理处管理的遗址——大水法遗址那里的。今天它不在了，你就应该站出来，向全世界说明，它确实是应该回到圆明园的，但是它没有讲这个话。那么请问谁能够原谅它呢？而它的这些所谓的借口，是没有丝毫说服力的。所以在当时，大家对它也是存在很多非议的。

保护文物是现代人应尽的职责

说到这里，又引申出另外一个问题，很多地方都有类似圆明园一亿五千万湖底防渗漏的所谓保护工程，比如中国文化标志城、秦始皇求仙处等都是大手笔，动辄几十亿、几百亿、上千亿的投资，没有任何人皱一下眉头。但是如果要保护一件文物，且这件文物经过风雨的侵蚀，已经垂垂欲倒，别说多少亿，哪怕几十万的投资都很难筹到。这是为什么？可能有几个原因：第一个原因，保护文物是一个漫长的过程，也许不是几年可以完成的，甚至不是十年或几十年可以完成的，那么对于这一届政府来讲，这个政绩算谁的呢？第二方面，保护文物的基本法则是拯救如旧，不能像建一个新的文化区那样弄得金碧辉煌、美轮美奂，一下就能惊动人的视听。文物保护不是在表面上，一下就能给人带来某种成就感的工程。第三个原因，是我们根深蒂固的观念造成的。什么观念？文化搭台，经济唱戏。多少年来我们一直在讲这个话，且经常见于报章等媒体，政府官员也都在讲，好像这是理所当然，从来没有人置疑。但是请问它真的是对的吗？这个话隐含着一种逻辑：文化搭台，经济唱戏，那么文化是什么？文化是手段，是服务于经济的！在这个舞台上面唱歌跳舞，在上面得到掌声、得到鲜花的主角是经济！难道文化只有被利用的价值吗？文化本身就没有价值吗？就是这种根深蒂固的对文化遗产的观念，导致现在造假古董、造这种大的文化景区毫不吝惜，而对于保护真文物却难得要命，这实在是种非常奇怪的现象。

现在是应该引起有关部门去深思和关注这个问题了。与其花大价钱去造这些假古董，不如我们脚踏实地地保护好我们的真文物，保护好中华上下五千年传承下来的东西。现在的人勇于创造，想这一代人要给后人留下点什么。这是无可非议的，是值得尊敬和肯定的。这是好的。但是还有一个问题不知道人们想过没有，有多少祖先留下来的东西毁在我们这一代手里呢？祖先留下来的东西，在我手里，能力争做到完整无缺地再传给下一代，这才是我们应尽的职责。

文物是非常珍贵的财富，文物保护单位更是一座城市重要的历史文化资源，这已经是大家的共识了，然而很多地方的文物保护却做得相对不够。以上海为例，上海是高度重视文化软实力建设的城市，但或许是因为百密必有一疏的原因，却对一些重要文物的保护不尽如人意，比如徐光启故居。对此有一篇让人很揪心的报道，标题是“徐光启故居成无人保护单位，屋里开起馒头店”。报道中写道，摄影爱好者孙小姐慕名来到被誉为“上海明清老城厢文化范本”的乔家路，当寻觅到徐光启故居门前时，却被周围的大量菜摊、肉摊、水果摊“倒足胃口”。孙小姐大为不解：“徐光启故居明明是市级文物保护单位，为什么弄得如此难堪？”

徐光启故居现状

这样的标题已经说明了事情的严重性，必须引起有关部门的高度重视了。

据史料记载，徐光启故居建于明嘉靖四十一年，距今已有四百余年的历史了，这在上海是非常罕见的。从乔家路 228 号到 244 号，就是现存的徐光启故居。但如今，这栋朱红色木墙的二层小楼看起来却陈旧而单薄，除了门口一块刻着“徐光启故居”字样的石牌外，丝毫看不出这里曾是徐光启的府邸。从记者的现场调查来看，如今的徐光启故居里，仍然有许多居民住在里面，但是随着人们对生活质量要求的提高，不少居民在小楼的木质外墙上安装了许多空调的外机，二楼的一户居民还把原来的木质窗户改成了白色的塑钢材质，使整栋小楼看起来很不协调。在小楼门前竖立的石碑上，刻写着“明徐光启故居”和“上海市文物保管委员会”的字样，时间是1983年11月8日，但是由于油漆的剥落，字迹已经模糊不清。在小楼周围重重包围着的，是大量菜摊、肉摊和水果摊等。而最让人吃惊的是，故居里的236号竟然是一家馒头店，门口蒸炉、液化气瓶、电子秤一应俱全。这些设施看起来都很陈旧，可以看出这家小店由来已久。而在包子铺的招牌上，写的却是某干洗店的名字，想来在此之前，已有在这里开店的“前辈”了。

这种情况是和上海这座城市对自己的期许不相符的。在历史上，这里说的不仅是上海历史，甚至也不仅是中国历史，因为在整个世界历史上，徐光启都是一个极其重要的人物。任何一座城市拥有了他，都会感到骄傲和自豪。可是，也许现在并没有多少人了解徐光启了。不少人也就是隐约知道，上海的徐家汇和徐光启有关系。当然，也知道他是一个很有学问的大官。

徐光启（1562年—1633年）字子先，号玄扈，教名保禄，汉族，南直隶松江府上海县（今上海市）人，天主教徒，并且被称为“圣教三柱石”之首。他是中国明末的科学家、农学家、政治家，是中西文化交流的先驱之一。万历三十二年（1604年）进士。通天文、历算，习火器。入天主教，与意大利人利玛窦研讨学问。四十年，充历书纂修官，与传教士熊三拔共制天、地盘等观象仪。次年遭讦，称病去职，屯耕于天津。四十七年，明军败于萨尔浒，疏请自效，擢河南道御史，练兵通州。熹宗即位，以志不得展，借病归。天启元年（1621年）复职，力请铸红夷炮御敌，后忤魏忠贤革职。崇祯元年(1628年)召还，奉敕督领历清军。三年，疏陈垦田、水利、救荒、盐法等拯时急务，擢礼部尚书，奉旨与传教士龙华民、邓玉函、罗雅各等修正历法。五年，以礼部尚书兼殿阁大学士入参机务。崇祯六年(1633年)卒于北京。赠少保，谥文定。著有《徐氏庖言》、《诗经六帖》，编著《农政全书》、《崇祯历书》，译《几何原本》、《泰西水法》等。

徐光启其人其事

徐光启小时候进学堂读书，就很留心观察周围的农事，对农业生产有着浓厚的兴趣。青少年时代的徐光启，聪敏好学，活泼矫健，当时人们说他“章句、帖括、声律、书法均臻佳妙”。他喜欢雪天登城，在龙华寺读书时喜登塔顶，“与鹊争处，俯而喜”。万历九年(1581年)中秀才，“便以天下为已任。为文钩深抉奇，意义自畅”，他曾说“文宜得气之先，造理之极，方足炳辉千古”。这是由神童到才子的形象转变。二十岁考中秀才以后，他在家乡和广东、广西教书，白天给学生上课，晚上广泛阅读古代的农书，钻研农业生产技术。由于农业生产同天文历法、水利工程的关系非常密切，而天文历法、水利工程又离不开数学，所以他又进一步博览古代的天文历法、水利和数学著作。连年自然灾害，再加上他参加举人考试又屡试不中，因此在这期间，他备受艰辛。当然他后来当了很大的官，但要特别强调的是，他为官非常清廉，《明史》曾有“盖棺之日，囊无余赀”的记载。

徐光启是按照传统路数科举出身的，他怎么会和科学，特别是西方科学结缘呢？很多朋友一定很好奇。说来还真是奇特的缘分。大约是在万历二十一年(1593年)，徐光启受聘去韶州任教，两年后又转移至浔州。徐光启在韶州见到了传教士郭居静(L.Catfino)。这是徐光启与传教士的第一次接触。在郭居静那儿，他第一次见到了一幅世界地图，知道了在中国之外竟有那么大的一个世界；又第一次听说地球是圆的，有个叫麦哲伦的西洋人乘船绕地球环行了一周；还第一次听说意大利科学家伽利略制造了天文望远镜，能清楚地观测天上星体的运行。所有这些，对他来说都是闻所未闻的新鲜事。从此，他又开始接触西方近代的自然科学，这样他的知识就更加丰富了。明朝末年，后金政权不时对明朝发动进攻，整个社会动荡不安。徐光启富于爱国的热忱，他希望能够利用科学技术帮助国家富强起来，使天下的黎民过上“丰衣食，绝饥寒”的安定富裕的生活。

万历二十五年(1597年)，徐光启由广西入京应试，本已落选，但却被主考官焦竑(1540年—1620年)于落第卷中检出并拔置为第一名。现在看来，徐、焦二人都主张文章学问应该“益于德，利于行，济于事”，或许在“经世致用”思想上的一致，徐光启才被焦竑赏识并被拔置第一的。但不久焦竑被弹劾罢官，转年徐光启参加会试也未能考中进士，他便又回到家乡课馆教书。徐光启听说到中国来传教的耶稣会会长利玛窦精通西洋的自然科学，就到处打听他的下落，想当面向他请教。1600年，他得到了利玛窦正在南京传教的消息，于是专程前往南京拜访。

利玛窦是意大利人，原名叫玛提欧·利奇(Matteo Ricci，1552年—1610年)。他从小勤奋好学，对数学、物理学、天文学、医学都很有造诣，而且擅长制作钟表、日晷，善于绘制地图和雕刻。三十岁从神学院毕业后，利玛窦就被耶稣会派到中国来传教。他为了便于同中国人交往，就刻苦学习中国的语言、文字和古代文化，并换上中国的服装，按照中国的礼节和风俗习惯进行活动，还为自己取了利玛窦这样一个中国名字。徐光启见到利玛窦，对他表示了自己的仰慕之情，并希望向他学习西方的自然科学。利玛窦看徐光启是个读书人，也想向其学习中国古代的文化典籍，并发展他为天主教徒，于是就同他交谈起来。他们从天文谈到地理，又谈到中国和西方的数学。临别的时候，利玛窦虽然对徐光启学习西方自然科学的请求未置可否，但却送给他两本宣传天主教的小册子。一本是《马可福音》，讲的是耶稣的故事；另一本是《天主实义》，是利玛窦用中文写的解释天主教义的书。万历三十一年(1603 年)，经过三年的考虑，徐光启在南京接受洗礼，全家加入了天主教。

徐光启的成就以及保护徐光启故居的意义

徐光启的主要成就，简单地说有几个方面。第一，天文历法方面。徐光启在天文学上的成就主要是主持历法的修订和《崇祯历书》的编译。

中国古代历法的准确程度是比较高的。但是到了明末，却明显地呈现出落后的状态。一方面是由于西欧的天文学此时有了飞速的进步，另一方面则是明王朝长期执行不准私习天文、严禁民间研制历法政策的结果。沈德符的《万历野获编》中所说的“国初学天文有历禁，习历者遣戍，造历者殊死”，指的就是此事。明代施行的《大统历》，实际上就是元代《授时历》的继续，日久天长，已严重不准。徐光启以西法推算的历法最为精密。礼部奏请开设历局，以徐光启督修历法，使得改历工作终于走上正轨，但后来清军侵入中原，改历工作在明代实际并未完成。

当时协助徐光启进行修改历法的中国人有李之藻（1565 年—1630 年）、李天经（1579 年—1659 年）等，外国传教士有龙华民（N. Longobardi）、庞迪峨（D. Pantoja）、熊三拔（S. de Ursis）、阳玛诺（E. Diaz）、艾儒略（J. A1eni）、邓玉函（J. Terrenze）、汤若望（J. A. S.von Bell）等。

徐光启在天文历法方面的成就，主要集中于《崇祯历书》的编译和为改革历法所写的各种疏奏之中。在天文历法上，徐光启介绍了古代托勒玫旧地心说和以当代第谷的新地心说为代表的欧洲天文知识，会通当时的中西历法，主持编译了《崇祯历书》。在历书中，他引进了圆形地球的概念，明晰地介绍了地球经度和纬度的概念。他为中国天文界引进了星等的概念；根据第谷星表和中国传统星表，提供了第一个全天性星图，成为清代星表的基础；在计算方法上，徐光启引进了球面和平面三角学的准确公式，并首先做了视差、蒙气差和时差的订正。

第二，数学方面。学过数学的人都知道有一门分科叫做“几何学”，然而却不一定知道“几何”这个名称是怎么来的。在我国古代，这门数学分科并不叫“几何”，而是叫做“形学”。“几何”二字，在中文里也本不是一个数学专有名词，而是个虚词，意思是“多少”。比如三国时曹操那首著名的《短歌行》，就有这么两句：“对酒当歌，人生几何？”这里的“几何”就是多少的意思。那么，是谁首先把“几何”一词作为数学的专业名词来使用，并用它来称呼这门数学分科的呢？就是徐光启。

徐光启在数学方面的成就，概括地说，有三个方面：即论述了中国数学在明代落后的原因；论述了数学应用的广泛性；与意大利传教士利玛窦一起翻译并出版了“几何原本”。徐光启详细论述了数学应用的广泛性。他一共提出了十个方面（“度数旁通十事”）：

(1) 天文历法；(2) 水利工程；(3) 音律；(4) 兵器兵法及军事工程；(5) 会计理财；(6) 各种建筑工程；(7) 机械制造；(8) 舆地测量；(9) 医药；(10) 制造钟漏等计时器。可以说徐光启把数学应用的广泛性讲述得十分完备。在三百余年前，徐光启就能达到如此的认识，实属难能可贵。徐光启还曾建议开展这些方面的分科研究。如果每个学科都设置相应的机构，那将形成一个相当可观的“科学院”。

徐光启在数学方面的最大贡献当推《几何原本》的翻译。《几何原本》是古希腊数学家欧几里得在总结前人成果的基础上于公元前三世纪编成的。这部世界古代的数学名著，以严密的逻辑推理形式，由公理、公设、定义出发，用一系列定理的方式，把初等几何学知识整理成一个完备的体系。徐光启说：“此书有四不必：不必疑、不必揣、不必试、不必改；有四不可得：欲脱之不可得，欲驳之不可得，欲减之不可得，欲前后更置之不可得。”

1606 年，徐光启请求利玛窦传授西方的科学知识，利玛窦爽快地答应了。他用公元前三世纪左右希腊数学家欧几里得的著作《原本》做教材，向徐光启讲授西方的数学理论。利玛窦每两天讲授一次，徐光启总是准时到达。经过一段时间的学习，徐光启完全弄懂了欧几里得这部著作的内容，深深地为它的基本理论和逻辑推理所折服，认为这些正是我国古代数学的不足之处。于是，徐光启建议利玛窦同他合作，一起把它译成中文。开始，利玛窦对这个建议颇感犹豫，因为欧几里得的这部著作是用拉丁文写的。拉丁文和中文语法不同，词汇也很不一样，书里的许多数学专业名词在中文里都没有相应的现成词汇，要译得准确、流畅而又通俗易懂，是很不容易的。之前曾有一个姓蒋的举人同利玛窦合作试译过，就是因为这个缘故才不得不半途而废。但徐光启认为只要肯下功夫，总是可以译成的。在他的一再劝说下，利玛窦也就同意了。

从1606年冬天起，徐光启就开始了紧张的翻译工作。先由利玛窦用中文逐字逐句地口头翻译，再由徐光启草录下来。译完一段，徐光启再字斟句酌地做一番推敲修改，然后由利玛窦对照原著进行核对。遇到译得不妥当的地方，利玛窦就把原著再仔细地讲述一遍，让徐光启重新修改，如此反复。徐光启非常认真，常常是到了深夜，利玛窦休息了，他还独自坐在灯下加工、修改译稿。有时为了确定一个译名，他不断地琢磨、推敲，不知不觉就忙到天亮。译文里的“平行线”、“三角形”、“对角”、“直角”、“锐角”、“钝角”、“相似”等中文的名词术语，都是经过他呕心沥血的反复推敲才确定下来的。

1607年春天，徐光启和利玛窦译出了这部著作的前六卷。徐光启想一鼓作气，接着往下译，争取在年内译完后九卷，但利玛窦却主张先将前六卷刻印出版，看看反应再说。付印之前，徐光启又独自一人将译稿加工、润色了三遍，尽可能把译文改得准确。然后他又同利玛窦一起，共同敲定书名。这部著作的拉丁文原名叫“欧几里得原本”，如果直译成中文，不大像是一部数学著作。如果按照它的内容，译成“形学原本”，又显得太陈旧了。利玛窦说，中文里的“形学”，英文叫做“Geo”，它的原意是希腊的土地测量的意思，能不能在中文的词汇里找个同它发音相似、意思也相近的词呢？徐光启查考了十几个词组，都不理想。后来他想起了“几何”一词，觉得它与“Geo”音近意切，建议把书名译成《几何原本》，利玛窦感到很满意。1607年，《几何原本》前六卷正式出版，马上引起巨大的反响，成了明末从事数学工作的人的一部必读书，对发展我国的近代数学起了很大的作用。

第三，农学方面。徐光启出身农家，自幼即对农事极为关心。

他的家乡地处东南沿海，水灾和风灾频繁，这使他很早就对救灾救荒感兴趣，并且讲究排灌水利建设。步入仕途之后，又利用在家守制、赋闲等各种时间，在北京、天津和上海等地设置试验田，亲自进行各种农业技术实验。

徐光启一生关于农学方面的著作甚多，计有《农政全书》（大约完成于1525—1528年间，死后经陈子龙改编，于1639年出版）、《甘薯疏》（1608年）、《农遗杂疏》（1612年，现传本已残）、《农书草稿》（又名“北耕录”）、《泰西水法》（与熊三拔共译，1612年），等等。徐光启对农书的著述与他对天文历法的著述相比，从卷帙来看，数量虽不那样多，但花费时间之长、用功之勤，实皆有过之而无不及。

《农政全书》主要包括农政思想和农业技术两大方面，而农政思想约占全书一半以上的篇幅。徐光启的农政思想主要表现在两个方面：其一，用垦荒和开发水利的方法来力图发展北方的农业生产。我国自魏晋以来，全国的政治中心常在北方，而粮食的供给、农业的中心又常在南方，每年需耗资亿万来进行漕运，实现南粮北调。时至明末，漕运已成为政府财政较大的隐患之一。徐光启主张发展北方农业生产来解决这一问题（垦荒、水利、移民等）。与此同时，在《农政全书》中，徐光启也用了四卷的篇幅来讲述东南（尤指太湖）地区的水利、淤淀和湖垦。他还对棉花在东南地区的种植、推广进行了不少研究。其二，备荒、救荒等荒政，是徐光启农政思想的又一重要内容。他提出了“预弭为上，有备为中，赈济为下”的以预防为主（即指“浚河筑堤、宽民力、祛民害”）的方针。

在农业技术方面，徐光启破除了中国古代农学中的“唯风土论”思想。“风”指的气候条件，“土”指土壤等地理条件，“唯风土论”

主张：作物宜于在某地种植与否，一切决定于风土，而且一经判定则永世不变。徐光启举出不少例证，说明通过试验可以使过去被判为不适宜的作物得到推广种植。徐光启的有风土论但不唯风土论的思想，推进了农业技术的发展。他进一步提高了南方的旱作技术，例如种麦避水湿与蚕豆轮作等增产技术。他还指出了棉、豆、油菜等旱作技术的改进意见，特别是对长江三角洲地区棉田耕作管理技术，提出了“精拣核(选种)、早下种、深根短干、稀稞肥壅”的十四字诀。

第四，军事方面。徐光启幼年时期，其家乡一带屡遭倭寇蹂躏，因而从早年起即关心兵事。徐光启尤其注重对士兵的选练，他提出了“选需实选,练需实练”的主张。万历四十八年(1620年)二月开始，徐光启受命在通州、昌平等地督练新军。在此期间他撰写了《选练百字诀》、《选练条格》、《练艺条格》、《束伍条格》、《形名条格》(列阵方法)、《火攻要略》(火炮要略)、《制火药法》等。这些“条格”，实际上乃是徐光启撰写的各种条令和法典，也是我国近代较早的一批条令和法典,体现了徐光启“实选”、“实练”的责实精神。

除此之外，徐光启还特别注重制器，非常关心武器的制造，尤其是火炮的制造。管状火器本是中国的发明创造，但时至明代末年，制造火器的技术已逐渐落后。由于边防的需要，当时的明朝政府急需引进火炮制造技术。为此，徐光启曾多方建议，不断上疏。徐光启还对火器在实践中的运用，对火器与城市防御，火器与攻城，火器与步、骑兵种的配合等各个方面都有所探求。徐光启可以称得上是中国军事技术史上提出火炮在战争中应用理论的第一个人。

对于这样一位人物的故居，我们有什么理由不好好地爱惜和保护呢？尤其像上海这样一座国际化的大都市，无时无刻不在寻找机会向世界展示自己，那么本身就是中外文化交流象征的徐光启，毫无疑问是值得我们缅怀、纪念、展示的。对徐光启，上海难道不应该怀有一份特殊的感恩之情吗？

中国的传统节日——被遗忘的传统风俗

现在，节日和假日已经没有什么分别了，所以我们一般都叫节假日。每逢节日来临之际，很多人都会提前安排好出游计划，旅行社也安排了多种旅游线路，节日即假日成了一种普遍的认同。到了一个节日，除了一些传统，如吃点粽子、吃块月饼等，剩下的内容基本都是走亲访友、到处旅游。这就是大多数人的过节方式，而那些传统节日的传统风俗，俨然已经成为一种回忆，被人们渐渐遗忘了。

端午节

当今社会其实是出现了一种“假日荒”，就是说只要是节假日，我们首先想到的就是休闲、放松、娱乐、走亲访友。当然，有一些特殊的节日会吃一些特殊的东西，但是我们却忘了假日和节日是应该有所区别的。比如星期六和星期天，那是我们的例行假日。当然在西方的宗教传统中，它有着特殊的文化含义。但是传到中国以后，我们采取了公例。所以它对于我们这种没有基督信仰的大多数人来说，就是一个假日而已，我们应该休息一下。但是端午节呢？中秋节呢？国庆节呢？它们是节日，而不仅仅是假日，它们的背后都是有含义的。比如国庆节是我们伟大祖国的生日，这个一般比较好理解，但是我们往往会忽略掉。另外的一些节日，比如像端午、清明、中秋、春节，这些都是传统文化含义非常深厚的节日，但是又有多少人还记得呢？

我们可以把节日人群分成两类：一类人是出门的，另一类人是不出门的。到了端午节，你也可以出去旅游，也可以出去购物或走亲访友。但是我们不能忘了它跟星期六、星期天是有区别的，否则它为什么要叫端午节呢？为什么我们不叫它特别假日呢？因为它里面是有文化含义的，而这个文化含义对我们中华民族是很重要的，而且已经流传了几千年了。我们国家新增加的三个法定节假日，实际上都是节日。在这一天，我们可以休假，但是不是除了休假以外还能多做一点什么呢？比如去探究一下节日背后的传统文化含义，唤起我们慎终追远的一种心情，在放松身心的同时给自己上一堂传统文化课，这样是不是会更有意义呢？所以说，我们不要把节日与假日完全混同，而是应该把节日的价值和意义发掘出来，最好把每一个节假日都过得非常有文化品位和文化含量。

事实上，从节日的文化内涵上讲，我们已经把端午节遗忘了。现在，很多年轻的朋友都不知道端午节的来历，有些人甚至连它是农历的五月初五都不知道。那么五月初五是什么日子呢？按照中国的传统观念，五月初五是天气最热的一天，那天中午的阳光最炙热，各种毒物都会出来活动。所以说，这一天实际上是一个毒日，并不是一个好日子。过去甚至还有这样的说法，说一个孩子如果生于五月初五，那就是天大的坏事，男害父，女害母。这是古籍的原话，自汉朝起就有这样的说法。

现在提起端午节，一般人都知道要吃粽子。但如果再接着往下问为什么要吃粽子，估计就有很多人不知道了。当然，也有很多人知道是为了纪念伟大的爱国主义诗人屈原，但仅仅如此吗？还有没有别的意义呢？问到这里，可能绝大多数人都不知道了。事实上，端午节的起源非常复杂。中华民族是一家的一个活生生的例子就是端午节。早在春秋以前，端午节的雏形就已经形成了。越王勾践当年是通过划龙舟来操练水兵的，这也是端午节的一个起源。此外，有的地方用这一天来纪念伍子胥投江；浙江有一个地方用这一天来纪念曹娥投江；北方还有些地方为了纪念介子推把寒食节跟这个混在一起了。也就是说，端午节的源头有很多，就像每一个地方流淌着的小河，最后汇入江河，汇入到我们中华民族大家庭的一个节庆文化传统当中。所以说，我们一般都认为端午节是为了纪念屈原，但事实上远远不止于此。而到了今天，我们最多也就是缅怀一下屈原，其他的全都丢掉了。这样一个丰富多彩、五彩斑斓的节日，我们现在对它的纪念已经很单薄了，我们对它的文化含义的理解也已经很单薄了。

我们中华民族的传统文化博大精深，而且很多都非常有意思。就拿前边我们已提到的端午节要吃粽子来说，原来粽子是不是在端午节五月初五这一天吃呢？最初，粽子不是五月初五吃的，而是在夏至那一天吃的。咸蛋才应该是端午节吃的。端午节要吃咸蛋，而且一定要让小孩子在没起床的时候吃。每到端午节的时候，妈妈都会早早起床，把咸蛋煮好，然后趁孩子还在被窝里的时候就剥掉皮给孩子吃。这倒没有什么特殊的说法，反正是有这个风俗的。

在台湾，粽子还和高考紧紧相连。台湾一年一度的大考就在端午节之后，而考生在这个时候吃粽子有“保你高中”之意，所以台湾的妈妈、奶奶和外婆都会包粽子给考生吃。我们大陆是没有这样的说法的。

在浙江奉化，端午节曾被叫做药材节。每到这一天，大家都会去采药。因为这一天采来的药药效最高，采完后还要送给长辈和各种各样的朋友。对于这段历史，现在的奉化人可能大多都不知道了。在东北地区，端午节还曾有一个比较怪的风俗。过去，每到端午节，东北人都一定会去抓蛤蟆，用它来制作一种叫做“墨蛙”的东西。怎样制作呢？把蛤蟆的嘴绷开，然后在里面放一块墨，使蛤蟆因为口干舌燥而死。这只干死的蛤蟆就叫做“墨蛙”。墨蛙在晾干后可以用来治疗浮肿病，而且在端午节这一天制作的墨蛙是最有疗效的。当然，这个方子现在已经很少用了。东北地区的很多朋友恐怕都忘了。

其实，端午节的很多观念现在都已经丢失了。比如端午节要用菖蒲，因为菖蒲的样子像一把剑，而剑在道教中有辟邪的意思。我们原来用桃木做剑辟邪。佩戴香囊驱虫、避瘟。喝雄黄酒解毒，有时还给孩子的额头上点一点雄黄，使孩子百毒不侵。另外，端午节还有一个非常重要的文化含义，叫避“五毒”。至于这“五毒”究竟是什么，现在大概很少有人知道。一般认为，“五毒”是指蛇、蜈蚣、蝎子、蜥蜴和蛤蟆这五种动物。也有的地方认为有蜘蛛，各地的说法不太一样。但总之是五种毒得不得了的动物，绝不是有些人想的砒霜什么的。还有一种说法，说出来非常滑稽。这“五毒”包括黄瓜、蛋黄、黄鱼、黄鳝和黄蛤，居然都是用黄色来判断的。在现代人看来，这五样东西应该都是好东西，尤其像野生的黄鳝、黄蛤，平时是很难吃到的。但是古人把这五样东西看成“五毒”，那么用什么东西去解这个“五毒”呢？要用五瑞，就是五样非常好的东西，那么这五样非常好的东西又是什么呢？是菖蒲、艾草、石榴花、蒜头和舢板。

与古人相比，我们现在的端午节已经很简单了。挂一些菖蒲，菖蒲现在也不大好找了，城市里挂的人也不多了；艾草倒是有很多人知道，但真要去找也未必能找到；雄黄酒已经很少有人喝了，要找到雄黄就不太容易。香囊倒是有人挂，但如此来过端午节，我们现代人是不是太快餐、太简单化了，不像古人那么精致，那么有厚重感。如果我们能把端午节的文化含量稍微地发掘一点，对它的文化含义能够多体认一点，就能增进很多知识，最起码对现在的孩子是有帮助的。现在的孩子能分得清蜈蚣和蜘蛛吗？能分得清黄蛤和黄鳝吗？现在我们吃的鳝鱼，很多孩子恐怕都没有见过整条的，他们能分得清鳝鱼和蛇吗？有多少孩子认识菖蒲，有多少孩子认识艾草，又有多少孩子认识石榴花？恐怕大家认识的就是蒜头了吧！所以，这不仅可以增加我们的文化知识，而且也可以增加我们的生活知识。

国家在这一天放假，也是有它的用心在里面的。我们要体认这个用心。国家凭什么定端午？我们的民间节日多了，为什么不定别的呢？它有它的考量的。比如我们现在讲到端午节的活动，很多人就知道划龙舟，好像端午节只有一件事情是划龙舟。那么为什么要划龙舟呢？现在比较普遍的一种说法是为了打捞屈原的遗体，打捞不到就投粽子，好保住屈原的遗体。但前面也说了，这种说法在历史上还不是最早的。在端午期间，原来是有很多游戏的，绝不仅仅是划龙舟一种，只是很多我们已经忘记了。

有一个射柳的游戏：把柳树枝剪下来，再将树枝的皮剥掉，然后插在地里，游戏者骑着马向柳枝射箭，要把柳枝统统射断。如果只射到一半没有射断，那就要受罚了。如果完全没有射到，那么游戏者一般就会很难为情。这个风俗是过去北方的契丹族的风俗，当然现在已经失传了。还有一个类似于今天打马球这样的游戏：大家骑着马，每人拿着一根棍子打球。当时的马球不完全等于今天的马球，但其实是差不多的。还有一个活动，女孩子肯定不知道，但我这个年龄的男人应该都知道。我们小时候没什么玩的，就经常会到马路边捡两片树叶，把树叶后面的那个梗摘下来，把树叶揭掉，两个孩子再斗，看谁来安排谁，叫做斗草。这个斗还有一些作弊的，为了把自己这个东西弄得坚韧一点，我们就回去煮，煮完以后就怎么拉也拉不断了，因为它的纤维坚固了。

斗草的习俗，我们小的时候还有，但这一二十年就丧失掉了，多可惜。斗草其实还有不同的流派，有文斗和武斗。前面讲的是武斗。文斗是什么呢？抓一把猜几根，或者猜单数双数，那么大家就赌来赌去。像苏州地区还有非常高雅的，叫“端午景”。现在恐怕知道的人不多了，只有非常老的老人知道。我们知道，苏州的园林和盆景是世界一流的，所以到了端午这一节就要盆贡。就是选择一种非常漂亮的、适合端午节的贡花做成一个一个的小盆景，然后贡出来让亲朋好友观赏。这实际上就有一些斗的意思，看谁家的最好，叫“端午景”。

这些端午节的习俗，现在都已经没有了。我们现在过端午节，吃个粽子就算不错的了，很多人甚至连粽子都不吃。买一张车票到外地玩去了，又把这个当假日了。因为我们平时也能买到粽子，到浙江嘉善的高速公路上就能买到，旁边有专门的、非常好的供应点。但是我们失去了多少，我们实际上已经没有那么多的传统文化可以让我们挥霍了，所以我们丢不起了。有时，我会在节日来临时去回顾它的文化传统。但每一次回顾，我都会有一些黯然神伤，因为我们丢失了很多东西。

其实，我们是可以做一些事情的。比如学校办一场斗草大赛。现在的孩子不是不能接近自然吗？不是没有什么运动和游戏吗？那么为什么不能举办一场斗草大赛呢？大家应该知道，这个斗草是不会损害自然的。因为我们用的都是飘落下来的树叶，而不会爬到树上去采。把掉在马路边的树叶捡起来，还可以美化城市。而且这也是不会伤及身体的。有时我们可以鼓励一些孩子小小地狡猾一下，可以激发他们用什么办法把这个弄得更牢，不妨让他们有一点可爱的小作弊。或者也可以带孩子到植物园去找找菖蒲、认认艾草，这都是非常有意义的。但如果仅仅把这个节日完全混同于假日，那真是一个莫大的遗憾。

再比如原来就是我们端午节一项百姓娱乐活动的马球，它现在是一项全世界的高尚运动。作为这项高尚运动的原产地，我们如何让它展现出中国的特色，这是值得我们思考的问题。既然是端午节的习俗，而且现在我们国家的业余马球队已经成立了，那么我们为什么不能在端午节展开一次全国性的业余马球大赛呢？如果我们能够真正地好好研究每一个节日背后的文化含量，那么每一个节日我们都会忙得来不及过，因为它的内容实在是太多了。而不像今天这样确实没事可干，你说端午节让我们干什么？出去买两个粽子算不错了，或者再买两个香囊送给家人，然后呢？没事做。所以大家就去旅游或走亲访友了。如果我们把端午节的很多活动都恢复了，那就会有很多事情可以做。

一个传统节日，我们如何在今天把它过出新意来，这也是一个值得探讨的问题。实际上，我们可以在端午节里发掘出很多现代的意义和价值。有些人不是把端午节叫做卫生节吗？那么我们何不把它当成一个强调培养卫生习惯的特殊的传统节日呢？我们不一定非要在端午节吃粽子，也不太可能每个人都去划龙舟。我们可以通过这个节日加强我们的卫生和保健观念，使其形成一个富有中国传统文化特色的全民卫生节。比如说挂上菖蒲和艾草，可以遮挡一些蚊子和苍蝇。再比如说雄黄酒，强调的也是一种对自己身体的关注和保护。像我们在抗击SARS的时候，就养成了一个洗手的卫生习惯。那么我们能不能在端午节把一些东西固定下来，然后通过这个节日把它宣传出去，形成一种固定的习惯，这就很有价值。

每年农历的七月初七是传说中牛郎织女相会的日子，民间把这个节日称为七夕节。对于鲜花店、婚纱摄影店和珠宝首饰店等生产浪漫的商家来说，七夕绝对是个好日子。而七夕节的节日气氛最为浓郁的地方也是都市里的花店、餐厅、歌厅、影院等商业场所。如今，它又换了一个更有号召力的名字，叫做“中国的情人节”。在“中国情人节”的号召下，一场以浪漫为名义的温情商战每年都会在这个节日里换汤不换药地进行着。说句实在话，要不是看了商家这些琳琅满目的广告，很多人可能真想不起来哪天是七夕节。像清明、端午和中秋已经放假了，大家能够意识到这是我们的传统佳节。但是像腊八、冬至、重阳、七夕这些节日，好像如果不是商家的提醒，我们就想不起来。这是我们太健忘了，还是这些节日在今天已经没有什么价值了呢？

七　夕

我们对传统节日的遗忘是很多原因造成的。前面已经提到了，我们现在把节日和假日混为一谈了。对很多人来说，节日跟假日是一样的，可以不上班，随意地逛街，玩游戏，想睡到几点就睡到几点。但实际上，节日和假日是有区别的。节日当然也是假日的一种，但有些不一定放假。比如七夕就是不放假的，但是它往往比假日更有传统气息和文化内涵。

我们现在之所以淡忘，原因之一是我们所有的传统节日几乎都是和阴历（农历）相关的，比如七月初七。但我们往往只记得今天是公历的几月几日，星期几。如果不是有人刻意提醒，很少有人会记得阴历的日期。我们中国的传统节日都是农业社会的产物，现在显然已经离开农业社会很远很远了，大城市更是如此。所以，大城市对传统节日的感觉不会像农村那样强烈。比如说过春节，农村的气氛就要更浓烈一些。这是我们都知道的。

另外，在中国的历史进程中，特别是在近几十年以来，我们曾一度把七夕、腊八、冬至、中秋等节日一股脑地放在所谓的封建迷信里，将其视做腐朽、陈旧和过时，好像我们唯恐避之不及。像我小的时候，春节还是过的，但是像七夕这种节日通常都是没人过的。大家都是该上班上班，没人会提醒你。现在我们之所以又对它逐渐有些记忆了，也要分三个层次来看。

第一个层次，改革开放以来，我们的经济发展让我们重新确立了对民族文化的自信心，也让我们产生了一种对传统文化的新的观感。这是改革开放的重大功德。第二个层面，我们的社会现在多元化了，市场经济非常繁荣，而商业是无孔不入的，商家会抓住每一个机会让你心甘情愿地从口袋里把钱掏出来。那么七夕当然是一个日子，中秋也是一个日子。中秋我们都要买月饼，七夕我们可以买鲜花、首饰等。相对来说，腊八好像就不大容易掏出钱来，因为一锅粥的附加值再怎么着也不会太大。第三个层面，我们现在的团聚太少，尤其是家族之间的团聚太少，所以人们会利用每一个借口把大家聚到一起。当然，像七夕节这种聚也许不是家族的聚，而是有情人的聚。但是大家都需要聚，因为我们平常都是各忙各的。

有了这三个层面的因素，相信七夕节在最近几年会越来越被我们记起。所以这不仅仅是一个商业运营。事实上，在这个背后，还有一些让我们觉得很奇怪的东西。比如说七夕节明明是我们中国传统的节日，但现在却叫“中国的情人节”。类似的，上海被称为“东方巴黎”，苏州被称做“中国的威尼斯”，包括《梁祝》也被称为中国的《罗密欧和朱丽叶》。这好像已经成为了一种惯例。如果西方没有情人节，可能我们这个七夕节还不知道怎么解释了。从某种意义上说，这是我们过去那段惨痛的历史造成的一种自我矮化，是我们把自己放矮了。

过去，中国落后、贫穷、封闭。所以在改革开放初期的时候，大家一下觉得跟世界的差距太大了。在那个阶段，曾有过一种比较流行的观念，用白话讲叫“月亮也是美国的圆”。当然，这种话我们都不同意。当时还有一种话叫“欧风美雨”。也就是说，我们曾经一度把现代化等同于欧美化或西化。那么在这样的背景下，我们当然就会高攀。比如《梁祝》，我们要体现它的价值，要让它跟世界同等，因为我们原来放得很矮，所以就要硬把它拔起来。但是为什么不把《罗密欧与朱丽叶》叫做西方的《梁祝》呢？我们不这么叫。相反，我们把《梁祝》叫成中国的《罗密欧与朱丽叶》。七夕节也是这样。我们原来有一种矮化，好像觉得我们的一切要跟世界看齐，我们迫不及待地、心甘情愿地投进欧美文化的怀抱，扑到它的氛围里去。这是曾经一度有的心态，但是这几年改变了。

改革开放初期，大街上哪有穿唐装的，都是穿着不合身的西装满大街走。现在不一样了，唐装出来了，设计得非常好，用料很讲究，很昂贵，也很得体。现在连正式场合都有很多人穿唐装了。比如我们国家的领导人在开重要的国际会议时，有时会送每一个外国元首一套唐装。这是我们的民族自信心和文化自豪感，我们充分认识到我们有自己的特色，中国终究是中国。我们开放，我们多元化，我们渴望和世界其他国家平等地交流，我们也非常愿意学习西方先进国家的文化，但是我们有自己的本位文化，有自己的传统，有属于自己的骄傲和荣光。这是一个最好的状态。不过我们现在还没有完全摆脱大概二十年前的那种自我矮化的心态，但是已经在逐渐摆脱。

十几年前，大家都过情人节，没有人过“中国的情人节”。现在，我们起码可以想到中国还有一个“情人节”。那么我们或许可以乐观地预见，也许再过五年或者十年，我们就会叫“中国的乞巧节”，而不再叫“中国的情人节”，只不过对外国朋友可能会这么解释一下，如此而已。所以说这是一个可喜的现象。虽然可喜，但七夕节本来的面目也已经变得有点模糊不清了。我们现在记住的更多的是这个节日，是它的商业面孔，至于七夕节原来是什么样子，有哪些节日风俗，恐怕很少有人记得。

一年一度的七夕节，您可能会和爱人一起去看场电影、听场演唱会，或者在家里看电视节目。但相信所有的内容都离不开“爱情”这个主题，那么这是不是七夕的真正含义呢？这个节日到底有什么样的风俗和文化内涵呢？

七夕，原名为乞巧节。相传，每年农历七月初七的夜晚是天上的织女和牛郎相会之时。因为织女是一个美丽聪明、心灵手巧的仙女，凡间的妇女便在这一天晚上向她乞求智慧和巧艺，当然也少不了向她求赐美满的姻缘。传统意义上的七夕节民间活动主要是乞巧，最普遍的方式是对月穿针。如果线从针鼻儿穿过，就叫做巧。2006 年 5 月 20 日，七夕节被国务院列入第一批国家非物质文化遗产名录。

七夕节被称为乞巧节是从汉朝开始的，但牛郎织女的故事早在《诗经》里面就有。神话故事是一个民族的精神寄托，它的形成必然要经历一个演变的过程。过去，七夕节曾有过很多名字，如乞巧节、少女节、女儿节等。实际上，这个节日起源于农业社会的一种星辰崇拜。因为银河里面有一颗牛郎星和一颗织女星，由于天文的原因，这两颗星每年都有一次相会。古人很早就观察到这个情况，而且古人的心很细，想象力也很丰富，所以就慢慢地把人间的一种愿望投射到天上。什么愿望呢？就是希望有情人终成眷属，都可以跟自己所爱的人相会。

在《诗经 · 小雅 · 大东》里，已经有诗歌向我们讲述了牛郎织女的故事。但七夕节演变成一个节日，则是汉朝以后的事了。其中有两个非常关键的时期：一个是汉朝，一个是宋朝。汉朝一直有个传说，说汉武帝曾经五次去看西王母，而且每次都是在七夕这一天。渐渐的，人们就给皇帝编了一点浪漫的故事。皇帝为什么千里迢迢地去看西王母呢？当然，还没有人敢明确地说西王母就是汉武帝的女朋友。但是从汉朝开始，就已经变成一个爱情故事了，而且这个爱情故事还比较悲、比较缠绵、比较无奈。在《古诗十九首》里，就专门出现了这种带有非常缠绵的爱情色彩的诗篇来描述牛郎织女。“河汉清且浅，相去复几许？盈盈一水间，脉脉不得语。”这是非常有名的。“脉脉无语”就是从这儿得来的。我们现在经常讲“感情深，一口闷”。古人没那么无聊，他们是情到深处，默默无语。这个典故就是从这儿来的。

到宋朝以后，七夕节成了一个非常重要的节日。我们可以用一首非常简单但非常著名的宋词来展示这样一个场景：“纤云弄巧，飞星传恨，银汉迢迢暗度。金风玉露一相逢，便胜却人间无数。柔情似水，佳期如梦，忍顾鹊桥归路。两情若是久长时，又岂在朝朝暮暮。”所以我们不必说它是“中国的情人节”，因为它本身就是情人节。把它说成是“中国的情人节”，其实是把它的含义说窄了。

在我们中国的古代文化传统中，七夕节的含义是非常丰富的。它有一条线是情人节的线，另外还有一条线是非常重要的，叫知识线。因为它叫乞巧节，孩子们能够在这一天从老天那儿取得某种技巧。比如女孩子的手会很巧、孩子读书会更好等。像我这个年纪的人小时候都玩过七巧板，而且中央电视台以前还有一档非常有名的电视栏目就叫“七巧板”，这个七巧板就是七夕节的产物。

在宝岛台湾，七夕节有一个非常怪的含义。在这一天，有一个祭拜七娘的仪式。七娘是送子的，是生育神，就像送子观音一样。我们知道，观音是从西方来的，是从印度来的，过去叫西天。到中国后就汉化成了观音，也有送子观音、送子娘娘的称呼。在我们中国的传统当中，也有送子的，其中有一个就叫七娘，而且就是在七夕这天祭拜的。但现在的中国内地，已经很少有这种传统了。在山东的胶东半岛，过去有这样一个习俗：姐妹要在七夕这一天结拜，而且必须是七个姐妹。

宋元的时候，七夕已经成了一个全民的节日，其内容简直是包罗万象，有各种各样的民俗活动。那一天专门有一个乞巧市，可以说应有尽有，特别热闹，特别繁忙，而且当天晚上是要守夜的。传说孩子们静静地听，可以听到牛郎织女说话。当时还有送彩线的习俗，但一般是女孩子之间送，这个送彩线是有说法的。传说，月老用彩线把一对有情人的脚腕扎住，为的是成就一段美好姻缘。所以，女孩子之间互送彩线是为了表达一种良好的祝愿，希望对方早点找到一个好婆家，有一段如意的姻缘。还有一个非常有意思的习俗，就是女孩子在这一天要化妆，而且有些化妆在别的时间是不大有的。比如用花草染指甲，这是非常非常美的东西，但是我们现在都不太知道了。过去，在乞巧节这一天一定会上演一些固定的剧目，比如说《天河配》、昆曲的《长生殿》等。这也是非常重要的。

今天，我们实际上应该更多地去回味七夕的文化内涵。我们不能再如此简单地过七夕，好像买朵鲜花、买个首饰、拍个婚纱就算过七夕了。如果真的就这么点的话，这个节日也不会流传两千年了。我们现在还在说着牛郎织女的故事，但是为什么这些习俗就没能传承下来呢？可能是因为我们的生活环境改变了，整个社会形态改变了，我们已经没有了古人那种天人合一的感觉。我们生活在现代化的都市里，生活在一个由于科技进步而带来的人造空间里，怎么会有天人合一的感觉呢？说一点比较扫兴的话，我们现在生活的都市，连空气质量都很让人头疼，抬头连星星都看不到，就更别说听它说话了。所以，我们对自然界的感觉、对天人合一的感受、对人和自然之间和谐互动的感受，不一定有古人敏感。

也许是我们太忙了，有很多活动、很多工作和很多应酬，不像古人有很多悠闲的时间，可以从那么遥远的星空中折射一些东西到自己的心灵深处，然后再代代相传。所以说，我们对这种节日的气氛淡、感受淡，其实也是很无奈的一种状况，而且这种情况恐怕很难改变。我们现在会想起这个节日，是因为它有两千年的历史。我们今天会比过去的一二十年更重视它，是因为我们民族的文化在复兴。其实，我们还应该有意识地去倡导它。我们的政府把它列入非物质文化遗产，这就是一个非常好的举动。

很多人都知道，日本人也是过七夕的，而且他们对七夕的风俗保存得还是不错的。日本这个民族很有意思，它很善于向外来的民族学习，而且是有选择的学习。在隋唐的时候，日本可以说是全盘汉化，全盘地学习中国的文化，七夕节就是在这个时候传入日本的。但是有两样东西是它没有汲取的，一个是情人节的概念，一个是知识性比较强的内涵。日本的七夕节实际上还是乞巧节、女儿节的含意比较多，主要是希望女孩子能够聪明、心灵手巧、学习进步。日本人会供奉织女星来保佑家里的女孩子，他们把织女星看成是天上的神灵。如果在七夕节到东京的迪斯尼，我们会发现被打扮成牛郎和织女的米老鼠，这种结合是很好的。所以说，日本的七夕节跟我们的七夕节既有相同的一面，又有不同的一面。它已经有了比较鲜明的日本文化的色彩。

从某种意义上说，我们能够记住传统节日，往往是因为它有一套仪式或者是要吃点什么、做点什么。如果这些东西丢了，好像节日的载体就不存在了。事实上，任何一样东西的传承都是需要形式的。比如端午节，我们为什么一直还记着？因为我们要吃粽子。它一方面是一个饮食习惯，另外一方面也是端午节的一种形式。再比如说中秋节，我们都牢牢记得中秋节的时候要吃月饼。所以有的时候，我们保护一个节日也好，保护一个文化遗产也好，都应该重视它的表现形式。在这个时候，多讲一点形式主义是没有坏处的。但是可能我们的这个形式还没有完全找到。如果能够找到这样一种形式，能继续把它传承下去，那么对于传承我们民族的这些节日应该是非常好的。至少不必再强调什么“中国的情人节”，直接说七夕节就完了。所以说，现在的一些商家和媒体是在做一件好事，但是这个好事现在还没有完全做好，我们还在不断摸索的过程当中。相信假以时日，它的传统色彩一定会越来越复兴。中国人之所以为中国人，就是因为有着一种文化的认同，它也是我们这个民族的凝聚力和向心力之所在。从这个意义上来说，如果我们把七夕通俗化为“中国的情人节”，可能会让我们捡了芝麻却丢了西瓜。

农历九月初九是中国的传统节日重阳节，是一个杂糅了多种民俗为一体的汉族传统节日。早在战国时期，重阳节就已经形成了。到了唐代，它被正式定为民间节日，并一直沿袭至今。按照传统，庆祝重阳节的方式有出游赏景、登高远眺、观赏菊花、遍插茱萸、吃重阳糕、饮菊花酒等。唐诗宋词中也有不少贺重阳、咏菊花的诗词佳作。1989 年，我国把每年的农历九月九日定为老人节。2006 年 5 月 20 日，重阳节被列入第一批国家级非物质文化遗产名录。但在今天，大多数人却对这个节日没有什么感觉，可能也就是想到了去看看老人或吃块糕吧。在传统文化的价值日益受到关注和重视的今天，重阳节和它所固有的文化内涵不该成为一个被淡忘的角落。岁岁重阳，今又重阳。我们的问题是，重阳节这个非物质文化遗产对于今天的我们来说到底还有多大的现实意义呢？

重阳节

我们可以先从名字对重阳节进行解读。重阳，也就是两个阳，为什么是两个阳呢？因为重阳节是九月初九，而九在我们中国的文化传统当中是最大的阳数，所以九九不就是重阳吗？经过一个漫长的历史发展过程，这一天已经有各种各样的民俗，并杂糅在一起形成一个非常独特的节日。在这一天，我们可以观察到、体会到或者说回忆起很多民俗。而在每一种民俗后面，都有一种非常独特的文化。此外，它还有一个非常重要的特殊意义，那就是我们的政府把它和敬老的概念结合在一起，将其列为一个固定的、具有特殊含义的节日。

重阳节最早起源于战国时期，但一直到唐朝才正式成为一个民间的节日。那么最早的重阳节是什么样子的，后来又发生了什么样的变化呢？跟很多民俗节日一样，重阳节的起源实际上是说不清楚的，它有一个漫长的演变发展过程。在最早的时候，重阳节应该是庆祝丰收的。到了九月初九，人们的农活基本上都忙完了，大家就聚在一起吃点东西、喝点酒，感谢老天又赐给人们丰收。后来，它又经过慢慢的演变，就变得越来越复杂了。

我们知道，在中国历史上，有三位非常厉害的女性人物，她们是吕后、武则天和慈禧太后。吕后也就是汉高祖刘邦的皇后，她曾经把刘邦非常宠爱的戚夫人残害致死。当时，戚夫人有一个侍女叫做贾佩兰。在戚夫人死后，这个侍女也被驱逐出宫。流落民间后，贾佩兰嫁给了一个叫做段儒的陕西扶风人。在跟丈夫闲谈的时候，贾佩兰提到宫中有一个非常奇怪的风俗，就是每到九月初九的时候都要“佩茱萸，食蓬饵，饮菊花酒”，说这样可以辟邪延寿。也就是说，是戚夫人的侍女把宫中过重阳节的一些习俗带到了民间。渐渐的，这些习俗开始在民间流行起来，而重阳节也从最开始的欢庆丰收又附加了一个辟邪延寿的功能。

除了宫廷里的习俗以外，我们传统的农业社会也有一个习俗。中华民族是一个非常勤劳的民族，最起码我们的祖先是非常勤劳的。我们的祖先非常讲究眼中有活儿，就是眼睛里都要看到很多可以做的事情，而且不可以虚度一日。到了九月初九，秋收已经完成了，田里面也没活儿可干了，这时该干什么呢？现在很多人可能不知道，其实秋收以后还有个小秋收。小秋收干什么呢？到山上去采一些草药和各种各样的山珍。到山上采的这些东西往往在古人的心目中是可以延年益寿的，比如灵芝、蘑菇等。所以说，在我们传统的农业社会，重阳节也有一种长寿的内涵。

此外，重阳节还有一个祭奠酒神的传统，这个传统大概从三国的时候就开始了。我们都知道贵州的茅台酒是中国的国酒，但很多人不知道的是，在贵州茅台酒的产地，是有重阳节祭酒神这一习俗的。由此可见，重阳节里的东西是被一点一点加进去的。后来，因为要到山上去采药和山珍，又要赏菊花，所以就慢慢有了登高的意识。到唐朝的时候，重阳节的这些内涵已经基本都有了，而且也形成了一个比较固定的民间节日。当然，随着历史的演变，后来还有各种各样的发展。而且每个地方过重阳节的方式也都不尽相同。

我们现在说起重阳节，人们最熟悉的应该就是王维的那首《九月九日忆山东兄弟》："遥知兄弟登高处，遍插茱萸少一人。"那么登高和茱萸是怎么和重阳节挂起钩来的呢？因为茱萸是一个比较特殊的东西，现在很多城市里的朋友可能都不知道茱萸是什么，其实它是一种可以做中药的果实。茱萸的主要产地在江浙一带，所以它还有一个名字叫吴茱萸，也叫越椒。它是一种常绿的小乔木，大概一米多高，最高可以长到一丈多高。在初夏的时候，它会开出绿白色的小花，结下一些像椒子一样的果实。果实在嫩的时候是黄色的，秋后成熟以后就会变成非常好看的紫红色。这个果实可以止痛，可以温中理气。而且非常重要的是，茱萸叶可以治霍乱。我们应该知道，在古代，霍乱是很要命的。另外，茱萸的根还可以杀虫。《本草纲目》讲，它“气味辛辣芳香，性温热，可以治寒祛毒”。所以古人就把这种结上紫红色果实的茱萸插起来，既可以辟邪，又可以祛毒，还可以防霍乱。而茱萸往往是长在山上或丘陵上的，所以又把登高结合在一起了。

我们说过，重阳节有希望大家长寿的意思，所以我们很自然地就会把它和老人结合在一起。现在，我们把重阳节定义为老人节，其实也是对重阳节文化内涵的一种新的拓展。虽说重阳节在它的发展过程中曾有过辟邪的功能，但现代社会已经不太看中这一点了，我们高度重视的是它敬老的伦理内涵。因此，我们规定了一个敬老节，这在中国历史上还是第一次。所以说，重阳节从最早的辟邪祈福，到后来的登高赏菊，再到如今的尊老敬老，其本身的文化内涵也在发生着改变。

江陵端午祭是旨在继承和发扬端午节传统文化习俗而举行的庆典活动，1967年被指定为韩国第13号重要无形文化遗产和重要无形文物，2005年11月24日被世界教科文组织指定为人类口头和无形遗产。江陵端午祭以大关岭祭神为始拉开帷幕，活动期间将会举行各种巫法和祭祀典礼，并会举行跳绳、假面制作等传统游戏和体验活动以及精彩的巫术表演、假面舞、农乐表演等。

韩国江陵端午祭久负盛名，每年的端午祭期间，来自韩国和世界各地的观光者达百万人之多。

相对来说，我们的很多传统风俗现在是越来越淡了。我们中国人有仪式，但是缺乏仪式感。会不会某一天，重阳节这个非物质文化遗产又被日本和韩国给抢先注册了呢？

我们可以看到，我国把重阳节列为第一批非物质文化遗产的时间仅比韩国江陵端午祭申遗成功晚半年。从中不难看出，我们已经开始高度重视文化软实力的建设了。那么文化软实力靠什么来建设呢？其实相当一部分资源就来自于传统文化，当然也包括积累了很久的、内容非常丰富的民俗文化。而民俗文化有一个集中的体现，那就是我们的传统节日。在这方面，我们发现韩国比我们先行一步，它已经把端午祭向联合国申报，并且取得了成功。这当然会引起我们这些传统文化的研究者、保护者以及政府有关部门的重视。所以，我们也很快把重阳节列为我们国家的非物质文化遗产。

韩国的端午节是从中国传过去的，这一点韩国人自己也不否认。但是韩国的江陵端午祭确实是办出了韩国人自己的特色，那是一个属于大家的节日。可是要说到重阳节，却好像只是我们每个人自己的事。这种差异应该说是历史形成的，它本身并不能反映出很复杂的问题。其实，我们现在也不能说重阳节就是我们自己的事情，至少我们还是会走亲访友，还是会回家的，就像中秋节回家一样。中秋节回家是为了团圆，重阳节回家则是为了探望老人。所以说，它只不过不再像古代那样能够成为一个村落或一个家族的一个非常庞大的活动。至于韩国，它对自己传统文化的保存程度确实要比我们做得好。我们现在还没有能够像它那样可以经常维持一个如此大的规模，也没有能够像韩国那样得到全社会的关注。

我们的传统节日往往是和一些固定的仪式联系在一起的。我们中国人有仪式，但是缺乏仪式感。我们的仪式往往是走过场，我们并不认为这个仪式很神圣，也不会把自己的感情投注到里面，所以我们缺乏了仪式感。反过来，我们又会走人另外一种误区：我们会有形式主义，但是又会忽视形式。像国庆大阅兵是一个国家的仪式，在阅兵以后，很多人都对仪式有了新的认识。有些朋友说他们特别感动，看得几乎要流泪。仪式有它的重要价值和意义，国庆大阅兵告诉我们的就是这个道理。所以，我们应该把每一个节日的仪式固定下来，而不要随便遗忘和混淆。在这一方面，韩国和日本确实比我们做得好。

现在的重阳节已经基本没有什么仪式了，就连吃糕的人都不多了。实际上，糕有着非常好的寓意。为什么重阳节的糕特别重要？因为“糕”与“高”同音，而古人又相信百事皆高的说法，所以在重阳登高的时候吃一点糕饼之类的东西，就会显得格外有意义。关于重阳糕的做法，在《燕京岁时记》中有这样的记载：“重阳糕有两种：其一以糖面为之，中夹细果，两层三层不同，乃糕之美者；其一蒸饼之上，星星然缀于枣栗，乃糕之次者也。每届重阳，市肆间预为制造以供用。”可见过去做糕是很讲究的。此外，还有一些仪式，比如做糕的第一块片糕要在家里小孩子的额头上贴一下再下锅蒸，有希望孩子将来节节高的寓意。现在不知道还有没有人做这样的事情，但在我小的时候，我的奶奶就做过。比如考试成绩好了，奶奶就会给点钱作为奖励。现在给孩子钱一般都是直接给，讲究点儿的也就是用信封包一下。但那时候是一定要塞在云片糕里的，包括考上大学送的礼金也要塞在糕里面。这也是重阳节的一个遗风，但是现在没有了。其实，我们应该把这些仪式保存下来，因为它有一种良好的祝愿和一种温馨在里面。

以前，重阳节还有放风筝的习惯。重阳节秋高气爽，正是放风筝的好时候。我们应该知道，到明清以后，风筝成为我国一个非常重要的手工业品。而且我们做得非常好，当时已经成为了一个非常巨大的产业。而今天，韩国还保留着放风筝的习俗，再看看我们的重阳节还有多少放风筝的，有也是很少一部分。可以说，绝大部分地方都已经没有这个风俗了。像日本和韩国都是有重阳节的，而且它们也都非常注重对这种文化传统的保护。说到这里，很多人可能又会耿耿于怀地想到端午。大家会想，重阳节这个非物质文化遗产会不会某一天也被日本和韩国抢先给注册了呢？应该说现在不太容易了。

今天，我们对非物质文化遗产的重视程度跟前几年已经不可同日而语了。我们现在大概不大会让日本和韩国再钻这个空子了。其实，日本和韩国的重阳节都有自己的特色。如果它注册韩国版的重阳节或日本版的重阳节，我们就没有必要太在意。但是如果它要说重阳节就是它的，那就不妥当了。现在韩国的重阳节，一方面保留了原来中国重阳节的一些风俗，比如说放风筝；另一方面，它也发展出了自己的一些东西，比如说一种叫做花煎的游戏。日本的重阳节也是如此。一方面，它延续了中国赏菊的传统，只是变成了祭菊，就是祭拜各种名贵的菊花；另一方面，它也发展出了自己的一些东西，比如要在重阳节吃茄子和栗子饭。

重阳节的很多仪式，我们现在都已经淡忘了，即使要恢复也不知道该怎样恢复。我们都知道端午吃粽子，除此之外很多民俗都没了，包括赛龙舟也有很多地方没有了。还有中秋节吃月饼，即使不吃也得买来馈赠亲友。这其实都是一种仪式。我们一定要在每一个节假日都找到这么一两种最重要的形式，然后争取把它固定下来。这就需要一些民俗文化专家去研究、去发掘、去恢复，然后久而久之，大家就会形成一个共同的习惯。所以说，该过一个什么样的重阳节，这不仅仅是一个文化类的话题，更重要的，它也是一个现实的社会问题，而且跟我们每一个人都有着密不可分的关联。重新思考这一问题，可能关系到我们这个民族到底会有一个什么样的明天。

清明节是二十四个节气中非常重要的一个节日。每到阳历的4月5日左右，就到了一年一度的清明节。清明节是一个祭祀祖先的节日，有祭祖和扫墓的习俗。2006年5月20日，清明节经国务院批准被正式列入第一批国家级非物质文化遗产名录。而且这一节日也已被列入了国假。

清明节

清明节有着非常悠久的历史，其主要的文化内涵是追怀先人，使我们永不忘记自己是从哪里来的，永不忘记自己的祖先是谁。实际上，清明节和我们中国的文化传统密切相关。我们尊重历史、尊重传统，我们有一种非常悠久而且深厚的历史感。所以，在如此漫长的历史时期，和别的民族相比，我们对自己的先辈有一种非常特殊的甚至要更浓厚的怀念之情，这是清明节最重要的内涵。

现在的年轻人可能更喜欢过圣诞节、情人节这样一些西方的节日，而对于传统的中国的民族节日，反倒不是那么了解。我们国家把传统节日作为法定假日，其实也是一个非常有效的方式，让当今的青年来重视这些民族节日。

节日是有特定文化内涵和特定传统积淀的日子，所以往往会成为一个民族凝聚力和向心力的体现或象征。那么，我们现在如何去过传统的节假日呢？其实我们已经在逐渐改变了。我们不可能完全按照过去的样子来过这个节日。比如清明节，我们不可能像过去那样去祭扫祖坟。因为现在提倡火葬、塔葬或树葬，甚至海葬，也就是说，我们也许根本就无墓可扫，那么我们该以什么方式来表达我们的哀思呢？其实方式也很多，比如用鲜花祭奠或者网上祭奠等。

我们要继承的是传统节日的精神，而并不一定要执著于它的一些形式。随着历史的改变，有些传统节日的形式已经不可能再守了，但是它的意义我们不能摒弃。正是由于这些节日，我们普天下的中华儿女才会认为我们是一个大家庭。因为在那一天，分散在世界各地的中华儿女都会不约而同地从内心深处涌起一股情绪。在那一天，我们会做同样的事情，这是非常重要的。我们应该继承传统节日的文化内涵，去唤醒我们的文化记忆，去激扬我们民族的一种情绪或情感。

近些年，我们开始祭祀孔子。但在过去的二十多年里，我们都把这个“祭孔活动”选在孔子的诞生日举行。而“2009年曲阜春季祭孔大典”却选择在清明节举行，而且将祭祀地选在了孔子的出生地尼山，意在追根溯源，缅怀先师。实际上，如果孔子在天上知道选择在尼山祭祀他的话，恐怕老夫子不会高兴的。因为这牵涉到孔子诞生的一段故事。而关于孔子的诞生，历来就有不同的说法。其实，在哪里祭祀并不重要，但是这种祭祀的仪式在这几年日渐受到重视，日渐恢复，而且在曲阜是尽量按照古礼来进行祭祀的，这就特别好。因为它能够告诉我们，我们的文化传统当中有哪些祭祀或者祭奠先人的方式。

丝绸之路——连接中西方文明的纽带

丝绸之路，指的是西汉时期的张骞和东汉时期的班超出使西域所开辟的以长安、洛阳为起点，经甘肃、新疆到中亚、西亚，并联结地中海各国的陆上通道。因为由这条路西运的货物中以丝绸制品的影响最大，所以得名。

说起丝绸之路，很多人可能马上就会联想到“大漠孤烟直，长河落日圆”的画面。但是要问起在我国境内这条路沿线都有什么文化遗迹，在这些遗迹背后又有什么样的故事，可能就没有几个人说得清了。有关丝绸之路“申遗”的话题曾一度引起人们的普遍关注。

在丝绸之路申遗的过程中，不断有国家要求加入进来，印度、叙利亚、阿富汗、土耳其、日本、韩国、蒙古、尼泊尔、意大利等国家都对此表现出了很高的热情。早在1988年，联合国教科文组织就提出了丝绸之路的研究命题，启动了整体性研究项目。此后，便有人要将它整体或部分申报世界遗产。在联合国教科文组织的推动下，中国与哈萨克斯坦、吉尔吉斯斯坦、塔吉克斯坦、乌兹别克斯坦及土库曼斯坦五国决定跨国联合申报世界文化遗产。

丝绸之路的价值

以往的申遗通常都是各个地方往联合国报的，但是丝绸之路的申遗却是联合国教科文组织发起的。为什么会产生这样一种倒追的现象呢？这应该说是由丝绸之路的特殊性决定的。因为丝绸之路是一条贯通欧亚的国际性大通道，所以它的申遗也必须是一个国际化乃至于全球化的举动。这样一来，国与国之间的考虑可能就会比较复杂,很难说让哪个国家出来作为第一申报人。实际上，教科文组织出来牵头是再正常不过的现象了。丝绸之路申遗其实也帮了我们一个忙，那就是让我们再次好好地掂量一下丝绸之路的价值。

我们知道，关于丝绸之路的起点，西安和洛阳这两个城市一直都争得非常起劲，包括在学术界也有争议。为什么会有这样两种说法呢？这实际上也是一个比较简单的问题，主要看我们是怎样去认定丝绸之路的。现在，关于丝绸之路有几种说法。一种说法认为它是在张骞出使西域后形成的，如果是这样的话，那么起点就应该是当时的国都长安，也就是现在的西安。当然，当时的洛阳也是中国非常重要的城市。但相对来说，西安的国际知名度更高，所以国际通行的看法是丝绸之路起自西安。

丝绸之路申遗，应该说是毫无悬念的。但它是跨国申请，这就非常可贵了。因为这条线路太过漫长，一般认为西起长安，往东一直到地中海沿岸。所以，这样一种跨国的合作，实际上充分体现了一种精神，那就是共同珍爱全人类文化遗产的精神。而丝绸之路的联合申遗，恰恰就彰显出这种精神。面对人类非常宝贵的文化遗产和文化财富，我们子孙后代都要共同来珍惜。像这样的联合申遗，实际上我们还有一项，那就是大运河的联合申遗，也就是大运河沿线的城市联合申遗，只不过是扬州作为牵头单位。这种精神是非常好的。我们应该把文化保护事业日渐全民化，吸引越来越多的人参加。

在丝绸之路上，很多城市的背后都有非常动人的故事。“葡萄美酒夜光杯，欲饮琵琶马上催。”这两句诗大家一定非常熟悉。它说的就是葡萄酒的故乡——丝绸之路上的重镇武威。为什么武威会成为丝绸之路的必经之地呢？因为它是通过河西走廊的交通要道。在丝绸之路的西端，很早就有用葡萄酿酒的传统。甚至在中国境内的新疆等地，到今天也还是盛产葡萄。所以我们必须很动态地去理解这两句诗：我端着武威的夜光杯，里边斟上了西边来的美酒，有一个人骑着骏马，正好想往东走，他在马上用同样从西方传来的乐器——琵琶呼唤我。这是一个非常悠远的画卷，是很有意境的。夜光杯是武威的主要特产，葡萄酒虽然不是武威的特产，但武威是一个集散地，很多葡萄酒都是从这里开始集散的。不过当时如此重要的一个地方，现在很多朋友都已经不知道了。

丝绸之路的十字路口——龟兹

说到新疆，我们可能都知道那一带的人能歌善舞。事实上，他们的这一传统可以说是源远流长了。其中，尤其值得一提的是龟兹的古乐和歌舞。龟兹，也就是今天的库车县。它是古代丝绸之路的一个十字路口，同时也是当时佛教文化的传播中心。

在现代人看来，龟兹不过是一个小城，但在古代，它却是一个重镇，在历史上占有非常重要的位置。古龟兹文化极其丰富多彩，比如玄奘就记载了当地的一个很奇怪的风俗。我们都喜欢孩子的脑袋圆圆的，但龟兹人不，他们喜欢扁扁的脑袋。在孩子生下来后，他们就会用两块夹板夹住孩子的脑袋，把它夹扁。在当地的考古发掘中，我们也发现了很多遗体，头真的是扁的。

龟兹当地的语言是吐火罗语，这也是一门极度神秘的语言。这种语言应该是偏欧洲那边的语言，但是居然会在东方出现，这就给人一种神秘感。另外，龟兹也是小乘佛教的一个重要的传播中心，我们现在还可以看到很多佛教文化的遗迹。其中，最重要的就是龟兹的音乐。北周、北齐的宫廷音乐，很多都是龟兹乐。到了隋朝，龟兹乐得到了进一步发展，后来又被唐朝所接受，一直流传到今天。过去的很多民乐恐怕也是由龟兹传过来的。我们现在用的很多乐器都跟龟兹有着非常大的关联。比如很多乐器都带一个“胡”字，像二胡、京胡等。还有琵琶，我们都知道是西方的乐器，它也是经由龟兹传进来的。实际上，现在很多我们熟悉的旋律里都有龟兹乐的背景。所以说，龟兹的音乐一直都是非常有名的。

2009年3月，新疆斥资六千万，保护古龟兹三大千佛洞，即克孜尔千佛洞、库木吐拉千佛洞和森木塞姆千佛洞。其实，这三大千佛洞的保护是整个丝绸之路申遗工作的一部分。有消息说，丝绸之路申遗是跨国申报行动，中国已经确定四十八处景点作为联合申遗的候选地。其中新疆有十二处申遗候选地。所以这些洞窟的保护工作可以说是拉开了申遗工作的序幕。

新疆斥资千万保护龟兹古洞

有人把古龟兹千佛洞称为“第二敦煌”。从字面上看，这似乎是给了龟兹千佛洞一个很高的评价。毕竟敦煌是一个举世闻名的文化宝藏。但实际上，这恐怕是有一点委屈了龟兹千佛洞。龟兹的千佛洞和敦煌，应该说各有千秋。

这三个千佛洞有几大特点：第一，它的壁画面积很大，残存到今天的总面积在一万平方米以上，这是一个非常惊人的数字。而且这三大千佛洞的洞窟总数达到了五百多座，这也是一个不小的数字。其中，现在排名第一的克孜尔千佛洞，就有二百三十六座洞窟，其壁画面积达到了一万平方米左右。我们知道，克孜尔千佛洞得到国家的重视并不仅仅是因为丝绸之路的联合申遗，早在 1961 年，它就被国家确定为全国重点文物保护单位。库木吐拉千佛洞的壁画面积也很大，而且大概有一百一十二座洞窟保存着。还有森木塞姆千佛洞，同样是非常了不起的艺术瑰宝。

第二，它的年代非常久远，久远到什么地步呢？拿克孜尔石窟来讲，它从东汉就开始建造了。我们知道，佛教大概是在两汉之际传入中国的，而真正在中国大范围的普及，据史籍记载也是在东汉。换句话说，它始建于佛教的开端，并从东汉一直延续到宋朝，跨度非常大，有将近一千年的历史。库木吐拉和森木塞姆也都是从晋代就开始营建了，所以都非常古老。此外，它里面还有很多具备自己特色的艺术形态和壁画。所以说，把它称为“第二敦煌”，在某种意义上是委屈了龟兹千佛洞。当然，从另一个角度来看，这样的说法也是比较恰当的，因为它有助于提高龟兹千佛洞在国际上的认同度和影响力。

敦煌壁画和龟兹千佛洞里的壁画都是佛教壁画，所以从题材的角度来讲，它们的区别不是很大。比如在敦煌有飞天，在龟兹千佛洞也有；在龟兹千佛洞里面有天龙八部，在敦煌也有。在这两处千佛洞里面，都有大量的经编故事。过去要宣传佛教，常常会借助各种图画或壁画一幅幅地来讲解佛经。美国就有一个叫做梅维恒的教授专门研究过，他曾经写了一本书叫“绘画与表演”，其研究结果是非常惊人的。在他看来，这样的形式其实就是电影的最早形态。当时有一种说法，说一些修行的人会围绕着壁画飞速地跑，那不就像在放电影吗？因为那个时候没有电影播放机，所以没有办法让壁画动，但是可以让人动。这样一来，一幅一幅就像连环画一样，把整个佛经给电影化了。

抛开相同的一面，龟兹千佛洞也有它非常独特的色彩。比如它大量地用土红色去勾勒壁画中佛像的轮廓，这就是比较特别的一点。它大量地采用非常艳丽的颜色来绘画，所以进去后你会感觉非常亮丽，色彩的对比度很强。这可能与它的名字有关，“克孜尔”在当地语里就是红色的意思。还有一点非常有意思，在龟兹壁画中，还有现在非常时髦的烟熏妆，而且这在当时还是非常典型的画法。在龟兹千佛洞，特别是在森木塞姆千佛洞里，有大量这样的壁画，就是把里面的佛、菩萨、供养人的眼眶非常浓重地勾勒出来，远远一看就是今天的烟熏妆。所以说，现在时髦的东西，应该都能在古代的传统中找到雏形。

在一般人的印象中，新疆的大多数人应该是信仰伊斯兰教的，但实际上，伊斯兰教是后来才传入新疆地区的。在此之前，这里曾流行过各种各样的宗教。其中，佛教是最主要的。所以，我们可以看到三大千佛洞的下限都在宋代。其实也就是从那个时候开始，伊斯兰文化才大规模地传入新疆。如此一来，佛教寺庙就不会再有人投入大量的人力和物力去开凿、去绘制、去保护、去发展了。

在龟兹这样一个让人迷醉的活历史上，鸠摩罗什是首屈一指的人物。如果没有这个人，佛教在中国的传播可能就会是另外一番景象了。

鸠摩罗什出生于公元343年，他在人间活了七十岁，在当时已经是一个古昔老人了。我们现在都把鸠摩罗什视做龟兹人，但实际上，他的父亲却是印度人。鸠摩罗什这个名字是梵文的音译，梵文应该叫Kumārajīva。“鸠摩罗”的意思是孩子、儿童，“什”是长寿。所以他的汉文名字叫童寿，意思是这个孩子将来长寿，是非常吉祥的。他的父亲叫鸠摩罗炎，出生在印度一个非常高贵的家庭。鸠摩罗炎的学问非常好，在印度的名声也很大，当时他是可以做国相的，但是他却放弃了相位，选择了出家。出家以后，他就被龟兹国千里迢迢地从印度请到龟兹来做国师。作为国师，鸠摩罗炎在龟兹非常受尊崇。但是非常有意思的是，龟兹王逼迫鸠摩罗炎娶了他的妹妹，并生下了鸠摩罗什。因此，如果按照佛教的戒律来讲，我们很难说鸠摩罗炎是一个僧人。虽然他是一个出家人，但是后来却结婚生子了。

鸠摩罗什是一个充满了神话色彩的传奇人物。他最主要的特点是非常擅长语言，对几十种外语都很精通。后来，民间就有很多传说，包括佛教史上也有过非常认真的记载，说鸠摩罗什的母亲在怀上鸠摩罗什的时候，突然会讲三十多种外语，但是鸠摩罗什一生下来，就又只会一种语言了。除了龟兹语，她把别的语言都忘了，因为被鸠摩罗什带走了。

鸠摩罗什的经历是跌宕起伏的。他很小就随着母亲一起出家了，并跟着母亲一起到过罽宾，也就是今天的克什米尔。大概在他十岁的时候，他的母亲去了印度，从此就再也没回来。而鸠摩罗什则自己回到龟兹，在这里进行学习。当时的龟兹是丝绸之路上一个经济和文化重镇，各种学派都非常盛行，尤其是佛教学派。在这样的成长环境下，鸠摩罗什成为了一个学富五车的人，特别是他的佛学造诣非常高深。后来，他的名声又传到了关内，也就是我们所说的中原地区。当时，中原地区的很多帝王也比较信仰佛教，所以就特别想把他请来，但是龟兹不放。因为他的母亲是龟兹王的妹妹，而鸠摩罗什应该也是龟兹的王室成员，所以不愿意放。

在历史上，为了抢夺鸠摩罗什，甚至还爆发过战争。起初是前秦派兵攻打龟兹，目的当然是为了把鸠摩罗什抢来。我们知道，前秦只是中国历史上的一个小朝廷，寿命不是很长，也不是特别强大，但还是把龟兹攻打下来了。龟兹战败，只好把鸠摩罗什交出来。当时派去攻打龟兹的大将叫吕光，他本身是不信佛的，所以他又干了一件非常要命的事。他逼迫当时已经出家的鸠摩罗什跟龟兹王室的一个女孩结婚。当然，吕光这一次没能得逞。不过后来在后秦君主姚兴的威逼下（不成亲就不让他翻译佛经），鸠摩罗什还是成了亲，而且是娶了十位美女。我们现在都说他是一代高僧，但实际上他是有家眷的，在某种意义上跟佛教的戒律也是不吻合的。不仅如此，这个吕光还经常戏弄鸠摩罗什，让他骑着非常不好的牛和劣马。不过在回长安的路途中，吕光见识到了鸠摩罗什的厉害，于是开始崇敬他，并建立了自己的后凉政权。后来，吕光病故，后秦又派兵攻打后凉，其目标还是鸠摩罗什。结果，后凉大败。这样经过几番战争，才把这位高僧迎请到了长安。

鸠摩罗什到长安的时候，已经是五十八岁的高龄了。但就是在长安的这十几年里，鸠摩罗什缔造了一段辉煌。他把很多佛教的最新理论，特别是般若的经典和钵罗若的学说带到了内地，同时还翻译了大量的佛经。我们知道，鸠摩罗什和真谛、玄奘、义净并称为中国古代的四大翻译家。而且在国际上与全世界的翻译史上，鸠摩罗什都有着非常突出的地位。我们把他的翻译叫旧译，玄奘的翻译叫新译。但是大家可别以为我们现在流行的佛经都是玄奘的新译。实际上，到现在为止，最最通行的版本很多都是鸠摩罗什译的，而并不是玄奘译的。因为玄奘翻译的大多是理论著作，非常艰深，也非常枯燥，而鸠摩罗什翻译的大量佛经则是脍炙人口的，比如他翻译的《心经》、《维摩诘经》等。在唐朝的时候，《维摩诘经》是很多士大夫都学的。因为维摩诘菩萨是中国传统读书人的偶像，谁都想成为他那样的人，所以他的经典流传得非常广。

此外，鸠摩罗什还是一个非常重要的教育家，当时就有“鸠摩罗什门下三千士”的说法。像孔子门下三千人，杰出者七十二人。鸠摩罗什的门下也有杰出人士、四俊八杰什么的。所以说，如果没有这位龟兹之子，龟兹的文化史就会黯淡很多，而且中华民族的文化史也会有一个巨大的缺憾。

很多朋友可能会有这样的疑问：龟兹那些千佛洞的壁画上会不会有鸠摩罗什的故事呢？这其实是不太容易辨认的。因为过去绘制佛教壁画是不会留下名字的，也不会明说里面画的是什么。换句话说，我们绝不可能看到一幅名叫“鸠摩罗什结婚”的画。而且那时的很多画家都是不署名的，因为过去还没有版权意识。在佛教绘画中，有署名都是非常怪的。比如有一个署名是铁达斯，就是我们现在非常流行的铁达斯表。一看这就是一个欧洲来的画师，但是在这边留下了自己的传世精品。

对我们这些生活在大都市的人来说，如果能到龟兹去，那将不仅是一次旅行，从某种意义上说，那更是一种精神和心灵的净化，或者说是一次朝圣之旅。当然，这个朝圣之旅并没有太强的宗教意味，而是去朝一个古代艺术宝库之圣，去朝一个古代非常辉煌的文化之圣。其实说到这一点，很多人可能会有一些担心。因为现在已经申遗了，挂上了遗产这样一个金字招牌，往往名声大振，那么去旅游的人就会更多。而且这种开发性保护有的时候往往就意味着一种破坏，谁能保证古龟兹千佛洞就不会遭遇这样一种痛苦呢？这样的担忧是完全有道理也是完全有必要的，它反映了我们在文化遗产保护方面的心态已经成熟。

事实上，保护和开发永远是一对矛盾。最好的保护莫过于完全封闭，一点儿也不让人看，但是这种保护对我们现代人有什么教育意义，又有什么好处呢？我们是不会接受这样的保护方式的。现在的龟兹三大千佛洞的确急需保护。比如非常有名的佛寺遗址苏巴什，鸠摩罗什很有可能在这个寺庙里长期生活过，它的现状就很让人担忧。因为它现在就在公路旁边，而不是像我们想的在沙漠戈壁深处。我们现在投入大量的资金保护它，不是去造假古董，也不是去造新古董，而是切切实实地去保护急需保护的文化财产。像龟兹千佛洞这样的洞窟保护，我们是有很多经验的。敦煌就被我们保护得相当好。现在到敦煌去，我们会发现不是每个洞窟都开放的，洞窟里一般也是不许使用闪光灯的。而且往往洞窟外会有一个有机玻璃门将游客和壁画隔开，不会让人的热量直接接触壁画。这些经验我们都可以引用到对龟兹千佛洞的保护上。我个人认为，对龟兹千佛洞的保护，第一非常必要；第二越快越好；第三不必过度担忧。因为我们已经有足够的经验，也已经有足够的教训，相信进行龟兹千佛洞保护的专业团队是不会让我们失望的。

新疆重镇——和田

说起新疆这一带，很多人还会想到和田。我们都知道和田玉是非常有名的，但很多人可能不知道，和田曾经是古丝绸之路南道的一个交通枢纽，有的学者还把它称做西域的一颗东方明珠。为什么会有这样一种说法呢？因为和田太重要了。我们现在看到的和田是一个非常繁荣的城市，生活着维吾尔族、汉族和很多其他的少数民族。在古代，它也是一个很多民族聚居的地方，有自己非常明显的地方特点。和田曾经有自己的语言，叫做和田语。而且和田还是中国丝绸制造秘密外泄的重要地点，这个可能很多人都不知道。

我们知道，在丝绸之路上，丝绸曾经是最重要的出口货物。当时，丝绸是很贵的，比黄金还要贵，是称分量卖的。而且只有中国掌握着丝绸的核心秘密，欧洲人想都想不明白。和田作为丝绸之路上一个非常重要的中转站，有着独特的地理优势。和田国王为了得到我们汉族地区的纺丝和养蚕的秘密，就想到了一条妙计。他派人向汉朝的皇帝求婚，汉朝皇帝也想与其交好，就答应将一位公主嫁给他。于是，这位国王就写了一封信，派使臣交给汉朝公主。信中先是大肆赞扬了公主的美丽，然后转而说和田什么都有，就是没有丝绸，所以公主过来就没有漂亮的衣服穿了。公主为了自己到和田有漂亮的衣服穿，就将蚕和茧藏在自己的帽子里带出了关。因为当时的汉朝是明令禁止蚕和茧出关的，所以在每个关口都检查得很仔细。公主一行出关的时候，当然也要例行检查，但谁敢动公主的帽子呢？就这样，中国制作丝绸的秘密就散布出去了，给中国造成了很大的损失。当然，对于这样的说法，目前学术界还存在争议。

此外，和田还有一点跟中国文明的关系非常大。我们知道，中国是地球上唯一一个有玉文化的民族，我们对玉有一种特殊的崇拜。和田玉可以说是久负盛名了，在历史上赫赫有名的和氏璧就是和田玉。在和田玉中，有三种最为著名。其中最珍贵的叫籽料，像鹅卵石一样一块块地在过去的孔雀河里及和田河里浸泡了上亿年，非常温润。有一种名字非常浪漫，叫山流水。为什么叫山流水呢？因为它是玉石矿在地震的作用下崩裂到河里，被埋在河道里，然后又被河流冲刷了几亿年才形成的。还有一种叫山料，就是山上的料。这三种都是美玉。

早在周朝的时候，我们中国的平原地区就知道和田出美玉。所以说，和田玉一直是我们中华民族高度重视的，并给予高度评价的珍贵宝藏。我们中华民族讲“君子比德于玉”，就是说君子的品德应该像玉一样。但是最好的玉是和田玉，这就充分反映出我们各个民族文化之间相互赞赏、相互歌颂的一种非常好的景象。所以说，和田这个重镇实际上跟我们整个民族的文化和文化意识都是密切关联的。

丝绸之路沿线的文化遗迹数不胜数，但是它的申遗之所以吸引了世界那么多国家的目光，不仅仅是因为它是一条中西方交通的重要通道，更重要的是，它还承担了经济文化传播的使命，架起了中西方文明沟通的桥梁。

古代中国是一个崇玉尚玉之国，我们的先民很早就赋予了玉器以神秘、道德等含义，使其富有特殊的使命。中国玉器经过了漫长的玉石共存的发展过程，到了新石器时代便彻底与石器分离，进入了一个新的领域，开启了中国玉文化的先河。先民们最早的用玉动机，是基于玉石本身美丽无比的材质。在原始美感的驱使下，将其制成装饰物，佩挂在身上。约在距今五千年左右，玉器便超脱出原始的美感和由此产生的装饰意义，走上了与原始宗教、图腾崇拜等相结合的道路。人们相信玉具有特殊的法力，可以沟通天上神祖和地上先民，并凭借玉器来呼唤神灵求得保护，祭祀天地。

由于玉的神秘和儒家赋予它的种种道德观念，春秋战国时期，玉器在贵族阶层中已成为一种不可缺少的珍贵物品。《礼记·玉藻》称："古之君子必佩玉……君子无故，玉不去身，君子比德于玉焉。"玉已成为君子的化身和代表。更为离奇的是，人们还相信玉能够辟邪、消灾，甚至替主人挡灾、治病。

和田玉的历史沿革

和田古称于阗，自古就是玉的故乡，是中国玉石的重要产地。于阗的玉石一直是中华民族的瑰宝，是中国的国石。

在于阗地区，有一个关于于阗玉的神话传说：

相传，古代于阗国的玉河畔，居住着技艺绝伦的老石匠和他的徒弟。在六十岁生日那天，老石匠在玉河中拾到一块很大的羊脂玉，精心琢成一个漂亮的玉美人。看着自己雕出来的玉美人，老石匠情不自禁地说："我要是有这样一个孩子该多好啊！"话刚说完，玉美人竟然真的变成了一个活泼可爱的姑娘，认老石匠做父亲。老石匠非常高兴，给这个女儿取名为塔什古丽。

后来，老石匠去世了，塔什古丽与父亲的徒弟小石匠相依为命，渐渐产生了爱情。可是，当地有一个恶霸，无意中见到了塔什古丽，立即对美貌的塔什古丽生起淫欲。他趁小石匠外出，抢走了塔什古丽，并逼迫塔什古丽成亲。塔什古丽坚决不从。恶霸强占不成，恼羞成怒，就用刀去砍塔什古丽。一刀下去，塔什古丽身上迸出耀眼的火花，点燃了恶霸的家。恶霸和他的帮凶在大火中被烧死了。塔什古丽则化成一股白烟，向玉石的故乡昆仑山飞去。一路上，她的身体里撒下了许多小石子，化为后人找玉的矿苗。

当地人在讲起这个传说时，还会以一句谚语做总结："宁做高山上的白玉，勿做巴依堂上的地毯。"由此可见，于阗玉在人们的心中是高贵、纯洁的象征。

于阗玉，古称"昆山之玉"、"塞山之玉"或"钟山之玉"，清称"回部玉"，维吾尔族称"哈什"。它的出产地是号称"群玉之山"、"万山之祖"的昆仑山。《千字文》中也有"金生丽水，玉石昆仑"之说。于阗玉就夹生在海拔三千五百米至五千米高的昆仑山山岩中，经长期风化剥解为大小不等的碎块。每年五至八月份，昆仑山上的雪水融化以及下雨产生的流水，就会将这些碎料冲刷入河水之中。经过河水的冲刷以及河底砂石的磨砺，这些玉石就会被打磨成上等的于阗玉。

于阗玉是玉中上品，按类型可分为硬玉和软玉两种，以前者更为名贵。《游宦纪闻》说，于阗国出产的玉可分作五色，白如脂肪，黄如蒸粟，黑如点漆，红如鸡冠或胭脂。

于阗玉有七千多年的开发利用历史。早在新石器时代之前，昆仑山下的原始人就发现了于阗玉，制成生产用具及装饰物品。

自殷商时代起，于阗玉大举东进，成为宫廷权贵用玉主体，统治者视其为宝物，商代已形成规模开发。在殷墟的"妇好"墓中出土的七百多件玉饰随葬品中，绝大多数都出自于阗。

自秦始皇开始，中国实行皇帝制，一直到清代。于阗玉是名副其实的帝王玉，皇宫的玉器多是于阗玉制成，特别是象征皇权的玉玺多是用玉制作的，而且绝大多数都是于阗玉。

到了隋唐时期，于阗仍然以玉产地著称于世。据《新唐书·西域传》记载，唐德宗继位后曾派使者到于阗国求玉，得到了一个玉枕、一个玉圭、五个玉佩、三百个玉带挎以及其他玉器。公元823年，唐人韦端符曾亲眼见到了名将李靖后裔珍藏的于阗玉带。这条玉带，是李靖平定萧铣后，唐高祖赐予的。玉带镶嵌着十三块玉，七块方形，六块菱形，每块玉附缀一环，用来佩带物饰。

公元940年，后晋的高居海出使于阗，描述了于阗采玉的情形。他说："于阗境内有一条玉河，流至牛头山后，分成白玉河、绿玉河、乌玉河三条支流。虽然发源于同一条河流，但是各条支流中出产的宝玉颜色却与支流的名字一样。每年五六月份，河水暴涨，玉石就从昆仑山顺流而下。每年出产玉石的多少，就由这时水势的大小决定。到了七八月份，河水水势减缓，人们就可以到河里采玉了。因为河里玉石太多，采集过程并不艰难。当地人把采玉叫做捞玉，可见当时于阗玉的开采多么容易。当时于阗国国法规定，玉石的采集要由官府首先进行。如果官府没有去采玉，任何人都不许到河边去。因为玉石资源丰富，于阗国里的大小器物以及衣服上的某些零件都常常是用于阗玉做的。现在中国的玉，大多都是从于阗来的。"

高居海的记载，比较全面地描述了于阗玉石的分布、采集季节、采集方式等。从他的记述可以看出，当时，玉石采集是于阗国的重要产业，由官方垄断。只有官方组织采集之后，才允许个人采集。

直到宋代，朝廷使用的礼器及乘舆服御，仍然多是于阗玉。

于阗是我国西部边陲一块蕴金藏玉、宜农宜牧的热土。清代的褚延璋曾有一首律诗描写这一地区："毗沙府号古于阗，葱岭千盘积翠连。大乘西来留法显，重源东下问张骞。渔人秋采河边玉，战马春耕陇上田。今日六城歌舞地，唐家风雨汉家烟。"

在张骞通西域以前，中原史书中还没有于阗这个名字出现。“于阗”一名最早见于《史记·大宛列传》：“其北则康居，西则大月氏，西南则大夏，东北则乌孙，东则扜罙、于阗。”此后，《汉书》、《后汉书》、《魏书》、《梁书》、《周书》、《隋书》、《旧唐书》、《新唐书》、《旧五代史》、《新五代史》、《宋本》等正史都记载了于阗古国，《法显传》、《洛阳伽蓝记》、《续高僧传》也对于阗做了记述。于阗在各种古书中还曾被称为五端、兀丹、斡端、忽炭、扩端，鄂端等，到清代时就成了和阗。1959年，“阗”字简化为“田”字，和阗就成了和田。

有人认为，“于阗”这个名字是“地乳”的意思。这种观点来源于玄奘的《大唐西域记》和吐蕃文献《于阗国授记》、《于阗教法史》等。在《大唐西域记》中，玄奘说“瞿萨旦那”就是地乳的意思。这个说法来源于古于阗国的一个传说：

相传，印度阿育王的太子遭到阿育王妃的陷害，双目被人挖出。阿育王迁怒于身边的大臣，就把他们全族驱逐到雪山以北。这些人在于阗西边自行推举酋长，尊立为王，与东边族人形成对立的局面。

后来东西双方发生战争，东方取胜。为了收拢西方的民众，他们就在于阗建国。然而，当时的国王年老无子，担心断绝后嗣，就到寺庙里向毗沙门天的神像祈祷，乞求神佛赐给他一个孩子。他虔诚的祈祷感动了毗沙门天神。神像额头裂开，现出一个婴儿。国王兴高采烈地捧着毗沙门天神赐予的孩子回到宫中，国人都来庆贺。

谁知道，这个神佛赐予的孩子不吃人奶。国王担心孩子养不活，又到神庙中祈求养育之法。这时，神像前的地面突然鼓起来，形状就像妇女的乳房。孩子立即上前吸吮。就这样，靠着地上的乳房，孩子逐渐长大了。他的智慧和勇敢超过了先人，国内风范教化传播开来。东方皇太子的继位者因吃地乳长大,因此也被取名为地乳,国家也因此以地乳为名。

当然，这只是个传说。相似的传说在藏文史料《于阗国授记》中也有记载:达摩阿输迦王治世第十三年,于阗国王后生了个儿子。占卜者一番卜算，禀告国王说这个孩子长大后会杀害父亲，夺走王位。国王又惊又怒，下令扔掉这个孩子。于阗王后怕不扔掉孩子丈夫会动手将孩子杀掉，只好从命。奇怪的是，就在王子被抛弃的地方，地上生出一只乳房。王子得到大地乳汁的养育，才活了下来。因此,这个王子被叫做“瞿萨旦那”,就是“地乳”之义。

“瞿萨旦那”这个词的读音，与梵文“Kusetana”非常相似，而在梵文中，“Ku”就是“地”,“Setana”就是指妇女的乳房，合起来也正是“地乳”的意思。

追寻于阗的真正起源，据说是公元前三世纪，东土移民一万多人来到于阗河下游。不久，阿育王的宰辅耶舍也率领七千人越过大雪山，北上来到这里。经过争执，他们最后联合在一起，建立了于阗国。

而清代的汉文文献则认为，“于阗”的意思是“汉人”。有关的文字记载最早见于椿园的《西域闻见录》一书。椿园在这部书的《新疆纪略 · 和阗》一节中提出了自己的观点，他认为当时的和阗就是古代的于阗，而回族人把汉人叫做“赫探”。东汉曾在西域建立都护府，派任尚率领部分汉军驻扎在那里。后来，这些汉人就被遗留在那里，于阗人就是这些汉人的后裔，所以回族人将他们的国家称做赫探城。和阗应该就是赫探的音译。后来的清朝方志及史籍都沿袭了这种说法。但这种说法明显是经不起推敲的，因为在东汉的任尚担任西域都护之前，西汉的《史记》中早已经记载了于阗这个名字。

另有人认为，于阗是“花园”的意思。汉文古籍《翻梵语》一书，将于阗译为“优地耶那”，并在后面解释说，这个名字的意思是“后堂”。“优地耶那”就是梵语的“Udyana”，真正的含意是“遐意的果园”或“花园”。有人因此认为，于阗其实就是花园，是于阗人对自己的绿洲之国的称呼。但“优地耶那”只见于《翻梵语》一书，未见于其他记载。因此这个说法难以让人信服。

外国学者对其含义也非常感兴趣，提出了许多自己的看法。外国学者瓦特在其所写的《玄奘旅行记》一书中，认为玄奘所说的“瞿萨旦那”，实际上应该是“Godan”或“Gotnan”这样的词的演变。他提出，“Godan”或“Gotnan”最先在突厥语中出现，后来又出现在印度方言里，含义是“放牛的牧场”或“放牛的地方”。同时，《于阗国悬记》记载：早在迦叶佛之时，佛法就盛行于此地。后来，人民渐渐怠惰而不信佛法，使得诸龙大怒，把全国各地化为湖水，直到佛陀出世，来到此地，命令舍利弗及多闻天让湖水枯竭，现出陆地。佛陀入灭后，称呼这里为“Liyul”，并预言未来这里将会陆续建设城市。吐蕃语中，“Liyul”意为“Li之国”。而“Li”就是牦牛，于阗就应该是“牛之国”的意思。一些中国学者很赞同这种说法，认为玄奘所记载的“瞿萨旦那”的原型不应该是“Kusetana”，而只有两个梵语复合词：Gosetana和Gostan。这两个词都没有“地乳”的意思，第一个词的意思是“牛地”，第二个词的意思是“牛乳”。 两个词中的“Go”就是牛的意思，“setana”是地的意思，“stan”是乳的意思。学者们认为，玄奘舍弃这两个复合词的前一部分“Go”，将两词的后一部分拼凑在一起，完全是为了附和“地乳所育，因为国号”的荒诞传说。因此，他们认为“瞿萨旦那”的含义是“牛地”。于阗当地的一些维吾尔人也称，“瞿萨旦那”是突厥语中的“Kotan”，意为“牲畜圈”。但是，法国汉学家伯希和对这种说法表示了反对。他认为所谓的突厥语形式是虚构的，"Go"与"Setana"组合在一起仍然是"地乳"的意思。

俄国的布锡尔博士则认为，"于阗"是"玉城"的意思。日本的白鸟库吉非常赞成这种说法，还做了进一步的论证。他的解释是，"于阗"一词为吐蕃语。西藏语言中，"玉石"一词为"gyu"，而在古代"于"的读音是"khu"或"gu"。所以，他认为"于"是玉石的意思。西藏语中城邑、村落称为"tong"，与"阗"读音很相近。因此，"于阗"的含义应该是玉城、玉都，而于阗地区自古盛产美玉，这种说法也比较能让人相信。

除此之外，还有更有趣的说法。法国学者列维也提出了自己的看法。他认为，玄奘所说的"瞿萨旦那"一词中的"瞿"，应该按汉族人的发音习惯还原成"qu"，而不应该还原成"ko"或"ku"。在印度语中，"qustan"的含意是葡萄。所以，列维称，于阗是葡萄的意思。

直到现在，除了"于阗意为汉人"这个说法明显不正确，其他说法都看上去有理有据，让人难以选择。因此，直到现在，"于阗"这个词到底是什么意思，仍然是一个谜。

现在外国人用的丝绸和瓷器都是从中国传过去的，我们现在经常吃的一些水果蔬菜则是从西方传过来的。丝绸之路就是这样一条连接中西方文明的纽带。有了它，我们现在的生活才如此丰富多彩。丝绸之路给我们今天还带来一些什么影响呢？

丝绸之路穿越两千年的时空，横跨亚欧十五国，全长八千多公里，在中国境内有四千四百多公里。它建立了亚欧非不同文明、不同民族之间的联系与往来，成为东西方物质和文化交流的大通道。

当初，中国使节出使西域乃至更远的国家时，往往将丝绸作为表示两国友好的首选礼物，而各国元首及贵族也曾一度以穿着中国丝绸、使用中国瓷器为富有荣耀的象征。同时，指南针、印刷术、造纸术和火药也通过丝绸之路传入西方，大大加快了人类文明的进程。而葡萄、核桃、胡萝卜、胡椒、胡豆、菠菜、黄瓜、石榴等的传入，则为东亚人的日常饮食增添了更多的选择。西域特产的葡萄酒，经过历史的发展也融入到中国传统的酒文化当中。其他稀有动物和鸟类、植物、皮货、药材、香料、珠宝、首饰也传到了中国。

中西文化的双行道

丝绸之路，顾名思义，就是以丝绸作为主要的传播物。那么为什么会选择丝绸作为交流的媒介呢？因为这是当时的西方最需要的，而且正好也是中国唯一的特产。我们知道，丝绸的分量比较轻，但价值比较大，这符合长途运输这个经济活动的所有要件。在当时，丝绸可以说完全赢得了西方消费者的心。他们发现，丝绸不仅手感光滑，而且穿起来特别能彰显人的身材。当时西方人的肤色和发型，确实需要丝绸来衬托。一时间，丝绸成了西方人梦寐以求的东西。但当时的丝绸绝对是个奢侈品，因为它要经过长途运输，一站一站中转，到了西方已经是天价了。所以，刚开始的时候，只有王公贵族才能穿得上中国的丝绸。

当然，西方也不是没作过贡献。一方面，他们非常喜欢中国的丝绸；但另一方面，他们又觉得中国丝绸的颜色不太符合西方人的审美观。所以，他们就将丝绸染成了紫色。至于是怎么染的，当时的中国人不知道。当然，现在我们知道是用地中海里的一种牡蛎染的。更妙的是埃及人。他们买来中国的成品丝绸，然后成批拆掉，拆成一根根的丝，再用自己的工艺重新返工。这样做出来的丝绸，就有埃及特色了。

关于丝绸之路这个名字，是德国一个叫做李希霍芬的地理学家提出来的。他当初用了一个德文 SILK，就是英文的 SILK，所以就是丝绸之路。

在丝绸之路上，除了丝绸，其实还有很多传播物。比如我们平常吃的很多东西都是从西方传过来的，现在带“胡”字的基本上都是，像胡萝卜、胡瓜、胡椒等。同时，我们也有吃的东西传出去，比如桃和杏。西方原来是没有桃和杏的，就是经由丝绸之路，由中国先传到伊朗，再由伊朗传到欧洲的。再比如说肉桂，也是由中国传入西方的。我们都知道肉桂是一种香料，但当时的西方人不知道。他们也想不明白这是什么东西，只是看着像一块树皮。所以，在西方的语言中，肉桂就叫做树皮。

当时传遍世界的，包括我们最重要的茶叶。茶叶最早传到欧洲的时候，欧洲人也是不会吃的。他们根本就不知道茶叶是用来泡水喝的，而是把它当成了炒菜。他们把茶叶加一点黄油，再加一点盐炒着吃。后来，他们才慢慢学会了喝茶，但还是保留了煮茶的习惯。

我们日常吃的蔬菜，现在大概有一百六十多种，其中原产的和从外面引入的大约各占了一半。很难想象，如果没有丝绸之路，我们的餐桌上会少了多少可口的美味佳肴。我们现在用得最多的香菜，也叫芫荽，就是从西方传过来的。像这种传来传去的东西实在是太多了，数也数不清。

除了这些丰富的食品药材之外，我国古代的四大发明也是通过丝绸之路传到西方的。用马克思的话讲，中国的四大发明改变了人类历史的进程，最起码中国的火药轰开了封建主的堡垒，为西方资本主义的发展打开了通道。我们的火药都是通过丝绸之路传过去的。

在唐朝，曾发生过一次非常有名的战争——怛罗斯之战。这场战争发生在中亚一带，当时的唐朝也派人参战了。率领唐朝军队的将领是一个叫高仙芝的高丽人，也就是今天朝鲜半岛的人。我们知道，唐朝是一个世界帝国，有很多民族的人都在朝中为官，高仙芝就是其中一个。遗憾的是，高仙芝这一仗战败了。这是唐朝打的为数不多的几场败仗之一。当时是败给了大食国，也就是今天的阿拉伯。战败后，有很多唐朝的俘虏被带到了欧洲，而且一直被带到了埃及的亚历山大港。在这些俘虏中，就有很多造纸工。他们利用当地的东西造出了纸，从而使欧洲得到了彻底的改变。在此之前，欧洲都是用羊皮纸的。我们应该知道，羊皮纸是非常昂贵的，一般人根本买不起。在当时的欧洲，只要有十本书就算是藏书家了。埃及过去还有一种纸草书，就是将一种芦苇类的植物压平，然后将字写在上面。这样的书虽然造价不高，但不适合长期保存。纸的出现彻底解决了他们的问题，对其文化的传承和传播起到了不可忽视的作用。

印刷术也是彻底改变欧洲的技术。在印刷术传入欧洲以前，欧洲人都是用手抄书的。大概在公元十五世纪，印刷术传到了欧洲。当时，第一部印的书就是《圣经》，是在德国印的，我们叫它古腾堡《圣经》。这在欧洲的历史上是一件大事，给整个欧洲带来了很大的改变。当时，《圣经》是一个非常重要的知识来源，所以欧洲人民都是通过教士或神甫去掌握知识的。而《圣经》一印行，不就意味着每个人都可以拥有它了吗？

至于指南针，就更不需要多讲了。当然我们也千万不要忘记，鲁迅先生说过一些非常深刻的话，四大发明是中国发明的骄傲，也是中国文化的骄傲，但是我们后人没有好好利用它。我们把炸药用来做爆竹，而人家却发展出了现代的热兵器。结果，西方开始慢慢地向全世界轰炸。

总之，丝绸之路是中西文化的一条双行道。中国送出去的和西方给我们带来的其实远远不是这些看得见摸得着的东西可以涵盖得了的，而比这些实物更重要的是，这条丝绸之路给我们展示了一个真实版的大同世界。那就是不同种类的文化是完全可以更好地互相融合、互相促进的。这就是在文明冲突不断加剧的今天，不同的国家需要联合起来，一起为丝绸之路申遗的价值所在。

消失的楼兰——穿梭于历史和现实中的古国

楼兰，这是一个被记载在史书里的名字，一个在传说中被提及的名字。它是西域三十六国之一，是中国古代西部的一个小国。它西南通且末、精绝、拘弥、于阗，北通车师，西北通焉耆，东当白龙堆，通敦煌，扼丝绸之路的要冲。

楼兰，有记载可查的历史共有八百多年。这个神秘的国度，曾经是人们生息繁衍的乐园。它身边有烟波浩渺的罗布泊，门前环绕着清澈的河流，人们沐浴着大自然的恩赐，在碧波上泛舟捕鱼，在茂密的胡杨林里狩猎……

“鄯善国，本名楼兰，王治扜泥城，去阳关千六百里，去长安六千一百里。户千五百七十，口万四千一百，胜兵二千九百十二人。辅国侯、却胡侯、鄯善都尉、击车师都尉、左右且渠、击车师君各一人，译长二人。西北去都护治所千七百八十五里，至墨山国千三百六十五里，西北至车师千八百九十里。地沙卤，少田，寄田仰谷旁国。国出玉，多葭（jiā）苇、柽柳、胡桐、白草。民随率牧逐水草，有驴马，多橐（tuó）它。能作兵，与婼（ruò）羌同。”

活在历史与传说中的神秘国度

“楼兰”这一名称,最早见于西汉司马迁著的《史记》。根据《史记》的记载，大约在公元前三世纪时，楼兰人建立了自己的国家。当时的楼兰受月氏的统治。公元前177年至公元前176年，匈奴打败了月氏，楼兰又被匈奴所管辖。据《汉书 · 西域传》记载，楼兰在西汉时是西域一个著名的“城郭之国”,有一万四千多居民，士兵将近三千人。

这是一个神秘的古国。在汉朝以前，中原人根本不知道它的存在。第一个闯进楼兰历史中的汉人，恐怕就是张骞。在张骞奉命出使西域之前，汉朝对西域的认识是十分有限的，对楼兰的了解也都是道听途说。在人们的印象里，西域是一个游荡着匈奴人的荒凉土地，是个有去无还、有死无生的地方。一心想要建立功业的张骞没有被传说中的恐怖氛围吓倒,他毅然上路,走出了阳关。出关后，他首先来到了美丽的塔里木绿洲，那就是楼兰。

张骞发现，楼兰人有深深的眼窝，大眼睛，低颧骨，高鼻梁，相貌与汉人大不一样。他们说着如同鸟儿鸣叫一般古怪难懂的语言，用芦苇秆、胡杨红柳作为写字用的笔，写出的文字就像蝌蚪一样，无法识别。数年之后，张骞返回中原，将所闻所见报告给汉武帝。汉武帝非常重视这个处于天之一隅却位置重要的楼兰。而楼兰这个袖珍的城邦国家，也从此进入了史册。

那时的楼兰国，有时充当匈奴的耳目，有时归附于汉朝政府，周旋在汉和匈奴两大势力之间，巧妙地维持着它的政治生命。由于楼兰处在汉与西域各国的交通要冲，汉政府不能越过这一地区去打匈奴，而匈奴如果不假借楼兰的力量，也无从威胁汉王朝。

因此，汉和匈奴这两大集团对楼兰都尽力实施怀柔政策。为表示降服，楼兰将王子送到汉王朝作为人质，同时也向匈奴送去了一个王子，以表示在匈奴和汉王朝之间严守中立。

公元前92年，楼兰王逝世。此时，汉朝的实力已超过匈奴。因此，楼兰遣使请求汉朝皇帝将在汉朝做人质的王子送回来继承王位。此举有讨好汉朝的意思。然而，在汉朝做人质的楼兰王子已经因为触犯了汉朝法律被施以宫刑，若回到楼兰，难保不会因怨恨而归附匈奴。所以，汉朝无论如何也不答应楼兰人的请求。不知内情的楼兰人只好回去另择王子继承王位，并且又选了两个王子分别到汉朝和匈奴做人质，当时送到匈奴去的王子叫做安归。新即位的楼兰王没过多久就去世了，趁这个机会，匈奴把安归送回去并扶上了王位。

在先王遗孀——一位来自匈奴的女人的挑拨下，新楼兰王安归与汉朝渐行渐远，转而亲附匈奴。楼兰的国境接近玉门关，汉朝的使者经常通过这个关门前往西域各国，每次都要经过楼兰境内一个名叫白龙堆的沙漠。这个沙漠的气候非常恶劣，经常刮起阵阵狂风，将流沙裹挟到空中，形状如龙如蛇，行人常常会因为迷失方向而走失。于是，汉朝廷不断命令楼兰王国给这些使者提供向导和饮用水。但这些汉朝使者屡次虐待向导，并且向楼兰提出了许多苛刻的要求。楼兰人在愤怒之下杀掉了这些汉使。汉朝和楼兰之间的关系也因此而恶化。当时的消息是很不灵通的。楼兰悄悄杀掉了几个汉使，但远在中原的西汉王朝并不知道。然而，安归的弟弟尉屠耆一直亲附汉朝。在国内政策变为仇汉亲匈的情况下，他逃到了汉朝，并将国内的形势如实上奏。

西汉大将军霍光得知后，并不发动大军，只在向汉武帝做了汇报后派傅介子去刺杀楼兰王。傅介子同一百多名将士携带着金帛，扬言奉皇帝谕旨，要给西域的各国国王赏赐。他们很快就到了楼兰国，但安归却不愿意接见傅介子。傅介子并不着急，带着随从大摇大摆地离开了楼兰国都，到了楼兰的西部边界，然后让负责接待的官吏捎话给楼兰王：“我们汉朝使臣拿着黄金、绸缎赏赐西域诸国，楼兰王不来接受，那么我就去西面的国家了，你可不要后悔！”说着，把带着的金帛拿出来给那些人看。安归很快就得到了报告，对所谓的赏赐起了贪念，立即主动跑去面见傅介子。

傅介子在帐外设宴款待，同安归坐在一起饮酒，并把所带的黄金、绸缎摆出来给他看。安归目眩神迷，畅怀痛饮，不一会儿便喝醉了。傅介子对安归说：“天子此次派我来，有几句话让我转达给陛下，请您跟我入帐内详谈，这些话只能让您一个人听到。”醉醺醺的安归糊里糊涂地就跟着傅介子走入帐内。这时，有两名藏在帐中的壮士持刀从安归身后刺入。刀尖穿胸而出，一代楼兰王未吭一声便倒地而死。跟着安归来的官吏都吓得四散奔逃，场面一片混乱。

傅介子拦住楼兰官吏，对他们说：“楼兰国杀大汉使臣，背叛汉朝，犯下十恶不赦的大罪。天子派我来诛杀楼兰王。现在应该立安归的弟弟尉屠耆当国王。尉屠耆跟着汉军的大队人马就要来了，你们谁敢妄动？谁要图谋不轨，大汉军队就立即灭掉楼兰，到时候玉石俱焚，别怪我没告诉你们！”傅介子以区区百人，竟敢在楼兰国谈笑间取国王首级，干净利落得如拾草芥，其过人的胆略和高超的智谋已经让楼兰畏服，又听说大汉军队就要到了，楼兰臣民生怕惹来杀身之祸，便立即请回尉屠耆，立为国王。西汉朝廷命楼兰改名为鄯善，重重赏赐了尉屠耆，并应尉屠耆的请求，派遣汉军到楼兰，以震慑匈奴。

匈奴战败，汉朝兴起，丝绸之路畅通无阻，亲附汉朝的楼兰得到了好处。楼兰是古代丝绸之路西出阳关后的第一站。当年，这条交通线上，“使者相望于道”，交通之繁忙，城市经济之繁荣，盛极一时。繁荣的商业为楼兰带来了巨大的利润，使楼兰人过上了富足的生活。中原的商品和工艺也借由丝绸之路传入楼兰，给楼兰带来了发达的物质文明和精神文明。楼兰此时已经成了西域的乐土，沙漠里的天堂。

日月穿梭，时光飞逝。汉朝的时代消逝了，楼兰这个名字也渐渐淡出了史书的叙述。后人眼望茫茫沙漠，根本找不到楼兰古国存在的痕迹。史书中描绘的楼兰真的存在吗？它在哪里呢？

无心插柳柳成荫——楼兰惊现

新疆的沙漠地带，是史书中记载的众多西域国家曾经定居的地方。千百年后，茫茫沙漠仍在，传说中的国度却已荡然无存。在中国人尚未对这片沙漠发生兴趣的时候，西方人的考古热情却空前高涨起来。

在经历了一个个考察队伍打着考古旗号行强盗之实的掠夺之后，二十世纪初的某一个阳春三月，塔克拉玛干大沙漠中又出现了一支步履蹒跚的探险队伍。

为了考察罗布泊的游移问题，一路上，这支来自瑞典的科学考察队伍马不停蹄地寻找着那片神奇的罗布泊荒原。

一天，天色渐晚，探险队伍决定停下宿营，明天再进发。可就在这个时候，他们发现身边丢失了一件至关重要的东西——用来挖水的铁铲。在茫茫的沙海之中，这是一个性命攸关的宝贝，没有铁铲就意味着没有水，就意味着面临生存危机。铁铲一定是丢在了前一夜的宿营地，领队斯文·赫定立即让熟悉地形的向导去寻找。

向导是新疆当地的维吾尔族人，名叫奥尔德克。本已疲倦的他沿着原路返回，顺利地找到了铁铲。正在他准备返回的时候，沙漠里突然刮起了沙尘暴，狂风呼啸而来，卷夹着滚滚沙尘，遮蔽了天日，天地间一片昏黑。无处藏身的奥尔德克被风吹裹着不知跑了多远。风沙终于停下来的时候，他慢慢睁开眼，突然发现眼前竟像变魔术一样出现了一个梦幻般的奇迹！就在他眼前，荒无人烟的废墟，灰色的城墙，沧桑的古城，长长的街市，参差不齐的房屋，高耸的泥塔，荒废的烽火台……一座城市横亘在沙漠上。奥尔德克被眼前的景象惊呆了。他开始时还以为遇到了海市蜃楼，但这种天气是不可能有海市蜃楼出现的。他又以为自己在做梦，但掐了掐胳膊，疼的，这不是梦！

奥尔德克走进建筑废墟。忽然，脚下踩到了什么，险些将他绊倒。他低头一看，原来是两块布满尘土的雕花木板，周围还散布着一些锈迹斑斑的古币。考察队伍还等着用铁铲挖井，自己一个人也难料会遇到什么危险，奥尔德克拣了几个古币，拿着木板开始寻找返回的路。

很快，奥尔德克找到了队伍。他向队友讲述了自己刚刚经历的一切。斯文·赫定从奥尔德克手中接过那几片木雕残片和古币一看，突然兴奋异常地惊叫起来。他一眼就看出这些残木片上的雕饰具有明显的希腊化的艺术风格。因此，他断定这片人烟罕至的大沙漠里一定埋藏着一个古老的文明。赫定打开考察日记，龙飞凤舞地写下这样一段话："这些残木片上精巧的蜗卷文和草叶文雕刻看得我都有些眼花缭乱了，这果然是一片神奇的土地！"

赫定已经兴奋难耐，很想第二天一早就动身去寻找那个古城。但队伍只剩下两天的水了，而古城还不知道具体在哪个方向。经过一番权衡和思考之后，赫定决定先回去，做好充分准备后再来寻找这座神秘的古城！

这一天，就是公元1900年的3月29日，一个身份不明的古城第一次在近代被发现了。这片按照描述明显已经荒废多年的古城究竟是什么地方？它究竟是在什么年代出现的，又为什么会被湮没在滚滚的沙尘之中，落得如此萧索的结局？带着疑问，1901年3月，也就是在时隔一年之后，赫定在奥尔德克的引导下再次回到了塔克拉玛干沙漠，目标直指那座废墟上的古城。但是事情并不那么顺利，虽然他们都知道古城就在这片大沙漠里，但是莽莽沙漠一望无际、浩瀚如海，既没有固定的标记，也难以估算距离。要在沙漠中寻找仅仅因为机缘巧合而见过一次的古城遗迹，实在是难上加难。在苦苦寻找却毫无线索的情况下，赫定及其队友打算放弃了。

然而，命运总是喜欢开玩笑，就在他们决心放弃的时候，奇迹出现了。在穿越一片低矮的雅丹地貌区域时，早已累得步履蹒跚的骆驼蓦地停下了沉重的脚步，一个庞然大物挡住了队伍的去路。赫定抬眼一看，灰色的城墙，沧桑的古城，长长的街市，参差不齐的房屋，高耸的泥塔……赫然出现在眼前。这不就是他梦寐以求的那片废墟嘛！

赫定兴奋地跑到一座高高的泥塔下边，仰头定睛一看，原来是一座巨大的佛塔！这佛塔约有十米高，在它的脚下，一座气势磅礴的古老城市分布在一道早已干涸的运河两岸。此刻，古城是如此的安静真切，就像城里的居民都已经进入了梦乡。仿佛只要有人一声咳嗽，这里就又会恢复车水马龙、人来人往的热闹景象。贩夫走卒穿梭其间，喊着叫卖的调调，小孩的打闹声，夫妻的斗嘴声……而沉睡的人们并不知道，此时此刻有一群异域的探险者正带着满心的好奇，踏入了他们这个神奇的国度。

恢弘的佛塔，貌似车轮刚被修好的马车，木门半掩的房舍，半陷在沙土中的破碗，板子参差不齐的木桶……一切都是如此真实。

赫定首先调查了奥尔德克发现木雕残片的那个废墟，发掘了其中的佛塔以及周围的三个殿堂，发现了中亚希腊化艺术风格的木雕建筑构件、木雕塔刹、刻有带翼兽的木雕板、莲花纹木雕板、金刚像木浮雕、小陶碗、五铢钱以及一封佉（qū）卢文书信。这所寺院不是孤立的，而是一个大寺院群中的一所。赫定在这个佛寺遗址附近接连发现了三座寺院遗迹，并发掘出更多的文物。赫定探险队还在这片废墟东南一线发现了许多烽火台，它们构成一条戍守古代东西交通要道的烽燧线，一直向东延伸，直到罗布泊西岸一座被风沙半没的古城。

1901 年 3 月 4 日至 10 日，斯文 · 赫定在古城内十三个地点大肆发掘，获取了大批汉魏古钱、一枚罗马钱币、一枚于阗钱币、各类精美的丝织品和颇具中亚希腊化艺术风格的雕花建筑构件。其中一件带有木雕小佛像的佛殿建筑饰件十分精美，迄今仍是中国境内发现的最早的佛像艺术品。最重要的文物当属那些魏晋木简残纸。魏晋书法真迹流传至今者寥寥无几，被历代收藏家视为珍宝，而赫定在遗迹里一次发掘所获就达一百五十余件。英国的斯坦因和日本的橘瑞超又在赫定发掘的同一地点挖出数百件文书，包括现藏日本的“李柏文书”。二十世纪七十年代，新疆考古研究所考察队在这里再次发现魏晋木简残纸，这已是外国探险队的劫后之余。

那么，这座埋藏着如此之多文物的古城究竟叫什么名字，又有什么来历呢？赫定不知道。对这片土地，对中国的历史，他了解的太少了，他是个地理学家，不是历史学家。1902 年，赫定回到瑞典，将考察资料和在罗布泊发现的一些木简残纸交给专家辨认。德国语言学家们经过仔细的研究和确认，得出了一个举世震惊的结论——这片被流沙掩埋了长达十几个世纪之久的方圆十多万平方公里的罗布泊荒漠,就是中国《史记》和《汉书》中记载的、在历史上赫赫有名后来又莫名消失了的丝绸之路重镇——楼兰!

在销声匿迹了一千多年之后，楼兰，这个充满传奇色彩的人类的梦中家园，终于再一次回到了人们的视线里！而这一次，它是以一种突然闯入的方式再次登场，让世人都为之惊诧不已。

沉睡千年的楼兰姑娘

新疆地区的沙漠地带，是个异常干燥的区域。那些消逝于沙漠中的生命，常常因为沙漠气候的缘故而变成干尸，得到完好的保存。得天独厚的地理环境，创造了一个个惊人的奇迹。

1980年春天，新疆考古队同《丝绸之路》拍摄组一起来到罗布泊，探索古国楼兰。十分偶然地，在一个寸草不生的土埠顶上，他们看到了一些干枯的树枝和芦苇秆。考古队估计这里可能有古人活动的遗迹，于是将上层的浮土小心地清除。果然，他们发现下边显现出一座古代楼兰人的墓葬！考古队员们又惊又喜，并马上着手挖掘。他们用了一天的时间，先将古墓周围的积土清除掉，接着小心翼翼地将填压在死者身上的树枝和芦苇秆取了下来。当将墓穴清理得差不多后，眼前的发现让所有人都惊呆了！墓穴中竟是一具完整的古代楼兰女性的尸体，一具保存得相当完好的干尸！

墓穴之中发现尸体并不是什么罕见的事情，但是这位楼兰姑娘脸面清秀，鼻梁高而窄，下巴尖翘，眼大窝深，具有鲜明的欧罗巴人种特征。其毛发、皮肤、指甲都保存完好，甚至连长长的睫毛都清晰可见，发长一尺有余，肌肤尚富有弹性。这具女尸的头上戴着尖顶毡帽，帽插数支翎，身着粗质毛织物和羊皮，足蹬粗线缝制的毛皮靴，仰卧在一座典型风蚀沙质土台中，仿佛刚刚睡去。她那健壮的骨骼、古铜色的皮肤让人相信她随时会站起来奔跑，甚至她的头发和皮鞋里的虱子都是那么栩栩如生。在场的人都亲眼目睹了古楼兰人的风采，发现者更是激动不已。

据考证，这具女尸是三千三百八十年前遗存下来的，具有白种人特征，是迄今为止新疆出土古尸最早的一具。在此之前，人们从来没有真正见过楼兰人的样子，更不用说这么直接、这么形象。科学测定，这位楼兰女子死的时候是四十五岁左右，生前身高 1.57 米，现在重约 10.1 千克，血型为 O 型。楼兰干尸被发现的消息传到日本，立即引起了轰动。日本人为她做了一件复制的头像，一时间，“楼兰美女”的称谓响遍世界。

2005 年 4 月，“楼兰美女”的还原形象再次出现在世人面前。经素有“古人复原大师”之称的赵成文教授之手,这位“楼兰美女”穿越远古的隧道展现在人们面前。在这次还原中，赵教授非常注重形象的搭配。他所做的复原像，是这位“楼兰美女”三十五岁左右时的容貌，娥眉清秀，眼睛深凹且有神，大眼睛，高鼻梁，鼻尖而翘，薄薄的红唇，下颏较尖，颧骨略高，薄唇轻抿。赵教授还把其头上的毡帽改成了白色羊绒帽，帽上插有三根雁翎，头发棕红色，并增加了长度，身着粗线混纺上衣，侧身姿势，略左侧，与右侧头发呼应。构图形成后大家发现，这是一个十分俊美，却带有着浓重忧郁气质的中年美女。

“楼兰美女”的现身，让人们惊叹不已。实际上，这具干尸离人们的想象是有很大差距的。如果只看干尸，很多人并不会看出“楼兰美女”的美来。传说中，其实还有一个更为神奇、美丽的干尸曾被发现。

1934年，在重回新疆后，斯文·赫定遇到了当年的向导奥尔德克。奥尔德克向赫定讲述了自己的新发现：在罗布泊，他发现了一个“有一千口棺材”的地方。赫定听了，立即让随行的沃尔克·贝格曼带队，跟着奥尔德克去寻找那个地方。按照奥尔德克指定的方向，那一千口棺材的所在地应该是库姆河以南的地区。这里的原野布满了雅丹、沙丘和柽柳墩，就如同一个巨大的迷魂阵。贝格曼他们走了一上午，竟然发现来到的是昨天曾经来过的地方。

考察队开始怀疑是否有这样一个地方，怀疑奥尔德克是否真的去过那里。在灰心丧气中，考察队意外地拐向了一条库姆河的支流，这是一条没有名字的河，贝格曼随口把它叫做“小河”。考古队沿着小河边测量绘图边前进。这时已是六月，沙漠里的天气变得特别热，所有人都汗流浃背气喘吁吁，而周围的牛虻闻味而动，大家几乎要发疯了。就在这天傍晚，奥尔德克找到了他曾发现的墓地。

他就像走进了梦境，迷迷糊糊地张望着，谛听着。他久久地凝望着一座小山包一言不发，而此时人们都在忙着搭帐篷，准备晚上的营地。突然，奥尔德克指着那个山包大叫：“那……就是它。”

那是一个插满了立木的大沙土堆，埋藏着许多棺材。贝格曼惊喜地逐个发掘，突然，一个被打开的棺材让他震惊了——一具几乎可以说是完美的干尸出现在他眼前！“高贵的衣着，中间分缝的黑色长发上戴着一顶装饰有红色带子的尖顶毡帽，双目微合，好像刚刚入睡一般，漂亮的鹰钩鼻、微张的薄唇与露出的牙齿，为后人留下一个永恒的微笑。”贝格曼后来这样向欧洲人讲述他的发现。他把她称做“微笑公主”，把发现“微笑公主”的地方起名为“小河墓地”。可惜的是，“微笑公主”在惊世一现后，就又沉入沙漠，从此之后再也没有人能够找到她。而“小河墓地”也在贝格曼来过之后，从人们的视线中消失，六十多年中不见踪迹。直到 2000 年，中国的考察队才再次找到了它的所在。

2003 年，对“小河墓地”的考古发掘正式展开了。

罗布泊的一个无风的早晨，所有人都屏住呼吸。“小河墓地”上一座船形的棺木正在开启。紧绷在棺木上的牛皮断裂的声音沉闷而有力，像从幽深的海水里传出的某种震响。那声音刺激人的神经，让人兴奋，那是历史从三千八百年前走来的脚步声。

楼兰人当年应该是把活牛拉到下葬现场宰杀，当即剥下牛皮包裹棺木的。这样，随着牛皮中的血水逐渐蒸发，牛皮收缩，就会把棺木包裹得异常紧密，除非人为破坏，否则风沙雨水是很难侵蚀到棺木中的墓主人的。开棺的时候，由于牛皮把棺木包裹得非常紧密，以致某些地方不得不使用必要的工具才能把它揭开。揭开牛皮后，人们发现，墓棺是由两块长两米上下、宽约四十厘米、厚度在十厘米左右的胡杨板材，经人为加工成弧形，然后两头对接，中间鼓两头尖，形状酷似一只独木舟，但没有底，卧于平整后的沙土之上；上部盖着一块块长短不一的小板拼接出来的棺盖，整个看上去就像是把一条独木舟底朝长天扣在了地上。

当棺木顶头上的第一块盖板被取下时，里面露出了些许淡黄色的毛绒物。就在第二块盖板被拿起时，一个头戴毛毡帽的极其美丽的年轻女尸的脸出现在人们眼前。有人在惊讶之余发出感叹：“现在都这样漂亮，生前一定会更漂亮。她应该是‘小河公主——真正的楼兰美女吧’！”这位静静地躺在棺木里被称之为“小河公主”的年轻女子，头戴毛毡帽，脚蹬一双牛皮筒靴，身裹毛织斗篷并别以木质别针，以一种朴素而又美丽的装扮安度着她在沙海之中的“沉睡”。女尸颧骨较高，眼窝深陷，鼻子尖而高，嘴唇薄且细长，发呈亚麻色，这些都是欧罗巴人种的典型特征。

许许多多楼兰姑娘的发现引起的震动，绝不亚于当初楼兰古城的发现，并由此引发了楼兰人种问题的大讨论。罗布泊地区的古代居民属于什么人种？具有欧罗巴人种特征的人为什么会在三千多年前出现在中亚？

距今三千年前的古楼兰人是典型的原始欧洲人种，这已经无可置疑。这是迄今所知欧亚大陆时代最早、分布最靠东方的欧洲人种集群。至少在青铜时期，具有原始形态类型的欧洲人种就已分布在罗布泊地区。但汉朝时起的楼兰居民，明显是高加索人种，同三千年前的古楼兰人虽同属于白种人的范畴，但却是不同的分支。楼兰古城的居民是否由古楼兰人演化而来，这仍然是个还没有答案的谜。

楼兰姑娘，你来自何方……

楼兰姑娘，你去了何方……

踏破铁鞋无觅处，失踪了的发现何日重见

楼兰古国为人们留下了数不清的宝藏，也引来了疯狂的盗宝贼。为使这些珍贵的历史文化遗产免遭人为破坏，新疆自治区政府曾专门发布了禁止到楼兰古城探险旅游的禁令，强调楼兰是还没有开放的国家重要文物遗址，不允许未经文物主管部门批准者擅自进入。

1999 年冬，新疆巴音郭楞蒙古自治州一个名叫“楼兰学会”的民间团体以极大的热情组织了一次考察楼兰的活动。出于遵守规定的考虑，活动的组织者严格控制参加人员，并制定了不准破坏、带走文物等考察纪律。经过大量准备工作后，一支由五十一

名研究历史、考古、社会学的专家、学者和部分游客组成的考察队，乘坐十几辆越野车，从巴音郭楞蒙古自治州府所在地库尔勒市出发，浩浩荡荡地开进了号称“死亡之海”的塔克拉玛干沙漠。

第二天傍晚，考察队中的四人首先到达营盘遗址古墓群与小佛塔中间地带。考察中，一名队员在一条干涸的小河道里意外发现了一具独木舟棺材。他们将这具奇特的棺木从河道里拉出来后，发现残棺仅剩八十五厘米长、五十厘米宽，棺帮厚约两厘米，估计此棺原长约三到四米，其余部分已断朽在地下。

发现残棺后，考察队员从现存部分看到，这一独木棺的胡杨木质仍很结实，外部构造精致，表面平整，内凹部分打磨得十分光滑细腻，底部的紫色油漆花纹仍十分明显。残棺上下均有竖道花纹，为方头如意纹及雀彩玄武纹。它是一具罕见的沙漠彩棺。几人用牙刷刷去独木舟底部的泥土后，中间出现了一行十一个字母的文字，经辨认为佉卢文字母。

佉卢文是古代印度人使用的一种古文字。我国古代的大月氏人在印度、阿富汗、巴基斯坦、伊朗等地建立帝国后，在公元一世纪左右曾将佉卢文和犍陀罗语推广到东方各地，而后成了丝绸之路的交通用语和交际文字。对古楼兰历史有过研究、对佉卢文字有一定了解的队员都知道这个发现意义重大，于是建议把彩棺带回去研究。但是，考虑到考察队在进入楼兰遗址前就制定了铁的纪律，不准带走任何文物，所以其他队员提出了反对意见。大家决定到宿营地请示领导后再说。于是，他们把彩棺放在了原地。

回到宿营地后，考察队集体向考察队领导汇报了发现彩棺的经过。学者们判断，队员们发现的彩棺极可能是汉晋时期西域三十六国中一个国王的墓葬！而且，前两年考古学家在营盘遗址上，还发掘过一些颇有历史研究价值的古墓。考察队领导对此十分重视，立即派人去寻找。令人遗憾的是，发现彩棺的人为了给伤员包扎伤口而没来得及跟上寻找彩棺的队伍。参加找彩棺的队员因为地形不熟，在营盘遗址周围转了很多圈，也没找到那具彩棺。在茫茫沙海中找不到目标本是很正常的事，又想到这里本来就是有“死亡之海”之称的区域，考察队员们便决定等考察完周围的几个文物点返回时再接着寻找。谁也不觉得这具楼兰稀世彩棺会出什么意外。然而，意外的情况发生了。当考察队考察完预定地点返回到那条干涸的河道边时，大吃一惊：楼兰稀世彩棺已经不见了！

国宝遗失，绝非儿戏。时隔不久，考察队再度赴营盘所在遗址寻找彩棺。众人以原彩棺出土处为中心，在周围数十公里内展开梳头式搜索，仍一无所获。接着，又经一番艰难寻找后，考察队领导彻底失望了。他们断定，这具彩棺已被人盗走。楼兰稀世彩棺失踪的消息传出后，新疆维吾尔自治区政府高度重视，曾数月查寻。但可惜的是，彩棺至今仍下落不明。

可能隐藏着珍贵历史线索的彩棺，它到底在何处？是什么人将彩棺盗走？我们什么时候能够重见彩棺？这一切已经成为未知数。我们只能带着遗憾，希望彩棺早日归来。

在历史文献的记载中，从出现在《史记》、《汉书》中开始，楼兰只活跃了几百年，便在公元四世纪神秘消亡了。《周书》是最后一部对楼兰王国做出专门介绍的正史。也就是说，公元前二世纪，楼兰这个神秘的王国突然出现在了史书中，又在公元四世纪之后突然消失。史不记载，传不列名，在不为人知的情况下渐渐淡出了历史的舞台和史官们的视线。唐朝时，也就是公元七世纪，玄奘西天取经之后东归，偶然路过罗布泊，偶然见到“城廓岿然，人烟断绝”的废墟，断定这里就是楼兰。而自此之后，直到清末，楼兰才再次出现在人们眼前。一个曾经声名赫赫的楼兰王国在繁荣兴旺了几百年之后就这么销声匿迹了，一个曾经融汇了东西方文化精华的楼兰文明也就此失落了。

凭空而来，戛然而止

考古学家在楼兰找到的、最晚有年代的汉文木简是前凉建兴十八年的，也就是公元 330 年。木简提到的最后一位楼兰国国王名为伐色摩那，其在位的时间约是公元 321—334 年。楼兰文明大约就是在这个时候失落的。

当年那片有着文明灵光的地方，如今只是一片死寂的沙漠。罗布泊的西南岸，环绕地排列着一串大小不一的古城。它们是：土垠遗址、营盘古城、楼兰古城、海头古城、米兰遗址、尼雅遗址等，达数十个之多。还有由东北向西南穿越罗布泊的长城烽燧和屯田戍堡。如果将这些古城串联起来，那么沿着塔克拉玛干大沙漠的南缘就可以看到一条生命和文明的链条。

塔克拉玛干的“西域三十六国”很早就进入了繁荣的农耕文明，史称“居国”。而北部的新疆则是以游牧为主的“行国”。这些城邦居国，以其丝绸之路的重要地理位置传递着东西方文明。楼兰运转丝织品数额巨大，有可观的人口和较为发达的农业经济。考古学家还从楼兰出土的木简中解读出楼兰人采用的度量衡是希腊制，显示出楼兰必与希腊罗马人有直接的贸易关系。楼兰当年的重要性和繁华，就像今天的香港、上海、新加坡，是一个令人向往之地。然而，商贾使节驰驿于楼兰城下的景象如今已不复存在，昔日的繁华之地，今日已经成为了一个野骆驼的乐园。

楼兰文明是怎么失落的呢？这是一个争论了一个世纪的问题，至今也没有人能够给出一个明晰的答案。人们归纳出几十种推测，其中，自然环境的变化、政治经济中心转移和人类活动破坏自然这三种说法比较有代表性。

斯坦因是“自然环境变化说”的最先提出者。二十世纪初，他从楼兰考察回国之后就指出，冰山退缩导致河流流量减少，土地被沙漠化，而楼兰就是这样被废弃掉的。楼兰所在之地本身就气候恶劣，一年中八级以上的大风天气有一百多天，夏季高温可达五十多度，冬季寒冷可至零下三十多度。楼兰古城周围是广阔的雅丹地貌。雅丹是一种长期强烈风蚀和水蚀形成的像海中礁石一样的土堆群，地表沟壑纵横，起伏不平，连汽车都很难行驶。据《水经注》记载，东汉以后，由于当时塔里木河中游的注滨河改道，导致楼兰严重缺水。敦煌的索勒率兵一千人来到楼兰，又召集楼兰、焉耆、龟兹三国兵士三千人，不分昼夜地横断注滨河，引水进入楼兰，从而缓解了楼兰的缺水困境。但在此之后，尽管楼兰在人为疏浚河道上做出了最大限度的努力和尝试，可楼兰古城最终还是因断水而废弃了。

“政治经济中心转移说”认为：是丝绸之路使得楼兰日益兴盛，同时也是它使楼兰日渐衰落。两晋之后，丝绸之路改走北道，中原在楼兰的驻兵和屯田事业也从此向北转移。在这种情况下，楼兰便慢慢被废弃，最终销声匿迹。

“人类活动破坏自然说”则认为：楼兰人在创造高度发达文明的同时，也以惊人的速度制造着沙漠。由于楼兰人违背了自然规律，盲目乱砍滥伐，从而致使水土流失，风沙侵袭，河流改道，气候反常，瘟疫流行，水分减少，盐碱日积，最后造成了王国的必然消亡。埃及、美索不达米亚等同样是古文明的发祥地，而如今却都是盐碱泛滥、流沙纵横的不毛之地，楼兰亦是如此。

但也有人认为，给楼兰人最后一击的是瘟疫。传说在沙漠中有一种可怕的急性传染病，叫“热窝子病”，一病一村子，一死一家子。在巨大的灾难面前，楼兰人选择了逃亡——就跟先前的迁徙一样，都是被迫的。楼兰国瓦解了，人们盲目地逆塔里木河而上，哪里有树有水，就往哪里去，哪里能活命，就往哪里去，能活几个是几个。楼兰国就这样消逝了。

这种“瘟疫说”是有道理的。从考古发掘来看，楼兰古城是突然间被废弃的。古城里没有战争的痕迹，也不像是人类渐渐迁移之后留下的遗迹。无论是珍贵的文献，还是各种财物，在楼兰古城的废墟中都曾被大量发掘。这不同于在墓葬中发现的陪葬品。如果是因干旱等原因，楼兰人怎么会如此仓促地离开家园，抛弃如此之多的财物呢？也许，只有瘟疫才能造成十室九空的景象，才能让人不顾一切地逃离。

楼兰人国破城毁、四处逃散时的情景，他们近乎绝望的哭号和眼泪，那会是一幅充满着怎样的恐怖与悲惨的画面。那些失去家园、流离失所的楼兰人，他们去了哪里？他们的血脉可曾延续下去，还是彻底断绝？随着科学技术的日益发展，也许DNA技术能准确地告诉人们，那些四散飘零的楼兰人最终的下落。

辉煌的楼兰古城永远地从历史上消逝了。今天的人们，一代接一代地做着复活楼兰的梦。那荒漠中的古堡、那神奇的传说、那沉睡千年的惊世容颜，让人们魂牵梦萦，如痴如狂。

永远热门的高考话题——高考制度

2009年,以纪念高考恢复三十周年为题材的电影《高考1977》很受关注,上映以后可谓是好评如潮,热议不断。尤其对经历过那段岁月的人来说,1977更是有着特殊的意义,很多人都是流着泪看完这场电影的。由此,也引发了我们的深思……

电影《高考1977》的背后

1977年,国家恢复了高考制度,当时在社会上引起了强烈的反响,改变了很多人的命运。人们都很珍惜这次来之不易的机会,有些人是时隔多少年后才走进了高考的考场。所以在那时的大学校园,我们可以看到很多年纪很大的人,有些人的孩子都已经很大了。看了这样一部片子,我们不仅该敬畏,更应该感恩。向恢复高考制度、在当时力排众议的一代伟人感恩,也要向参加高考的77、78、79届的大学生感恩。

我们这些二十世纪八十年代进入高校的人,其实有很多就是那一代大学生教出来的。他们在毕业后很快就登上了大学讲台,很快就担负起了中国学术复兴的重任,所以我们要对他们感恩。

另外，中国改革开放三十年，实际上他们在整个社会发展中默默付出的最多，是他们在支撑着整个民族、整个国家快速发展的历史进程。他们那一代人承受了多少苦难，付出了多少辛勤的汗水、鲜血甚至生命，但是他们没有抱怨，而是默默地奉献。现在很多更小一代的人认为这一代老大学生知识结构不完整，外语不好，没有留学的经历，绝大多数人都没有博士学位，言下之意好像他们是过渡的一代，是应该被我们遗忘的一代。我对这种观点是嗤之以鼻的，觉得这是不知感恩的一代。我们永远不要忘记，在我们这个国家，或者在我们这个民族的历史上，有这样一个非常了不起的群体，他们就叫 77、78、79 届。

从这个角度来讲，在高考恢复三十年之后拍摄这样一部影片，它的价值和意义实在是太大了。2009 年，我们举国都在纪念和庆祝改革开放三十周年。因为按照我们一般的说法，改革开放是从 1979 年开始算的，这当然是对的。看了这部片子后，我想如果换一个角度去看，如果我们充分考量到中华民族的传统特色，就是往往以某一教育事件或者学术事件作为一个重要的历史转折点和关节点的话，那么 1977 年，实际上中华民族一个新的历史——开放的历史，改革的历史，崇尚知识的历史，尊重人性、尊重人的尊严、高扬知识的价值的历史，就已经开始了。所以如果我们讲，我们今天纪念中国新的历史时期，在教育史上有一个特殊意义的三十二周年，也是完全站得住、完全合情合理的。

从个人的角度来讲，一场高考改变了个人的命运。但是我们从深层次看，从整个民族看，高考的恢复则是恢复了我们中华民族最悠久、最优良的传统。我们崇尚读书，崇尚知识，崇尚以公平、公正的方式来选拔人才，这是科举制度非常有价值和非常有积极意义的一面。我们现在都认知到了。曾几何时，我们的民族曾走过一段弯路，我们对知识嗤之以鼻。知识无用、读书无用，知识越多越反动等像痴人说梦一样的话，曾经在我们的神州大地响彻一时。但是1977年宣告这一切都已经结束，宣告我们的中华民族已经走过了历史的弯道，开始走上历史的康庄大道。我们在这里迈开脚步，恢复我们的历史，奔向我们的未来。我们必须首先用知识把自己武装起来，用知识使自己具备一个人的尊严。在这一点上来讲，高考改变的是很多个人的命运，但是我们别忘了整个民族的命运、整个国家的命运就是由无数个人的命运组成的。当时的人数当然不是很多，上万个甚至十万个已经被荒废了八年或十年青春的知识青年重新走入考场，重新走入大学殿堂。他们的命运被改变了，中华民族的命运也被改变了，中华民族现代史开始了新的一页。所以说，这一举措有着非常重大的意义。

现在有一种很奇怪的现象，尤其随着金融危机的到来，大学生就业率不高，所以很多学生又开始有一个观点，那就是觉得高考无用。这种现象必须引起高度警惕，而不仅仅是重视。为什么这么说呢？因为我们似乎已经把接受大学教育或者接受进一步的教育看做是理所当然的，看做是我们的权利，是与生俱来的。但实际上，这个权利不是那么容易得来的，高考制度也不是那么容易恢复的。《高考1977》中的一句话非常让人感动，就是厂里的一些知识青年为了不参加所谓的厂里测试而绝食，他们说他们为的是人的尊严。他们把通过公平的选拔机制进入高校接受高等教育看做是人尊严的体现和实现，这是非常重要的。

在这几十年里，中国快速发展，高等院校大量扩招，新的院校层出不穷，国家投入大量的资金、物力和人力去发展我们的高等教育。久而久之，好像后来的人觉得这不是一个需要特别珍惜的东西，更不会把参加高考跟人的尊严联系在一起。在大多数人看来，高考只是进入高校的一个手段和工具，我之所以去考大学，之所以进大学，是为了找一个更好的工作，将来可以报酬多一些，可以买更好的房子和更好的车子。但是除此之外，教育就没有别的意义了吗？现在在校的高中生和大学生都应该去看一看这部电影，要知道这是邓小平做出的伟大决定，当然他是顺应当时历史的潮流，顺应民意才会有这样的决定。不然的话，我们中华民族的今天是无法想象，甚至是不堪想象的。

很多大学生看了以后，都觉得通过这个片子了解了我们的父辈。我们要继承他们的精神。现在的70后、80后甚至90后的孩子一定要理解，今天你们所拥有的一切，所享有的一切，不是理所当然的，而是由前面的几代人，你的父辈甚至有的祖父辈，付出了很大的牺牲和代价才换来的。所以我们必须非常珍惜今天接受教育的权利，我们必须非常努力地让自己配得上今天这种教育开放、扩展和发展的环境。当然，我们今天的教育还有很多问题，但是这绝对不是不接受教育或回避这个挑战的理由。从这部影片中，我们应该学习一种精神，就是不惜一切追求知识，通过知识的掌握完善自己、改变自己的命运，参与到整个民族的历史伟业当中，从而实现民族的复兴，实现自己的个体尊严。

高考加分是一个一直就有的政策，比如对优秀的学生、烈士子女、少数民族等。不过，有一起特殊的高考加分却引起了人们的关注，那就是在某一个城市发生的“高考加分俱乐部”事件。这件事情被媒体披露出来以后，舆论是一边倒地呈现了批评的姿态。

据报道，这个城市的一所中学参加航海模型加分测试的十九名考生中，十三名考生的家长分别是政府部门或企业领导人的子女,而剩下的也都是教师子女。报道说,这些考生能获得二十分的加分。在社会争议之下,有关部门做出了正式回应,说航模测试只是验证学生的运动能力是否达到了高考加分的标准,并不考察这些学生的家庭背景。

有媒体做了一个统计,在2008年的高考中,有些地方的考生每增加一分就可超过两百多名竞争者,那么增加二十分又意味着什么呢?

异化高考加分

对于高考体制的评论,我们其实从未停止过。虽然说我们都觉得现在的高考体制有一些弊端,但我们也承认它是相对公平的,至少在分数面前是人人平等的。我们只能说它是一个最不坏的制度,因为我们还找不到一个最好的制度。至于高考加分,这也是一直都有的现象。对于这个现象本身,我们不应该轻率地批评。随便举几个例子,在中国传统的考试制度史上,也就是科举史上,就有这样一些特殊的例子。比如国家会赐一些忠臣良将的子女为举人,然后让他们一起参加会试。放到今天,就好比直接赐你一个高中毕业的文凭,让你直接去考大学。

高考加分的初衷肯定是好的,是褒奖某一种技能或某种优秀的贡献,又或者是补偿某一个弱势群体。比如给烈士子女加分,给一些作出杰出贡献的人的子女加分,这是我们都能理解的,也从来没有过非议。比如在"5·12"地震中,牺牲了那么多教师,如果他们有孩子,我甚至认为可以保送进大学。还有那些在一线为了抢救受难群众献出生命的消防队队员,他们的孩子直接进入大学，大家也是不会有非议的。所以说，加分本身不是问题，真正的问题在于怎么加分。

这次事件中的高考加分俱乐部，它的成员不是政府官员的子女，就是教师的子女，而且应该还是比较有权力的教师子女，不是一般的基层教师或民办教师的子女。这当然是不公平的，当然会引起众怒。二十分是什么概念？二十分是起码在高考中撇开四千个人，因为一分大概能撇开两百个到三百个。这就好像是跑一百米，他们的起跑线在八十米的地方，而我们的起跑线在零米的地方，那还让我们怎么跟他们比？

有一个家长做过这样一个比喻，说高考如果是一场赛车比赛的话，有加分的孩子就等于开了一个性能非常好的跑车驰骋，而没有加分的孩子则开着一个性能平平的小车。对于这位家长的话，我们应该冷静分析。加分本身有它的合理性，我们对有些加分也是认同的。像我们前边提到的，要么他们的父母为国家作出了巨大的贡献，要么为了抢救别人献出了生命等，那么他们得到优待就是应该的，这是提倡正气的一种国家行为。可是像高考加分俱乐部的这种加分行为，就没有人会接受。这种加分其实是玷污了高考加分的本意。

高考加分的本意，本来包含着一种价值的衡量和贡献的认定，这是非常好的。但是一批人利用了这个制度，为了达到自己的私利，走后门，开后门，进行暗箱操作。这种我们不能混同于高考加分，他们只不过是利用了高考加分。对于这种行为，我们不仅要查处，而且要看里面有没有违法和犯罪。我们国家对考试制度是有法律规定的，所以不能让它轻易地滑过去。现在信息时代来了，谁都躲不过网络，谁都躲不过“人肉搜索”，这样的情况屡屡被爆出。我们再也不能容忍这种事情大事化小，小事化了。我们要把它拿出来，好好进行一些调查，来看看到底有哪些行为在里面起了作用。

如果被人利用，那么这个高考加分实际上是为某种特权开了一个口子。但是如果能够非常好地控制住的话，这个制度本身还是有它的合理性的，问题是如何保证这样一种制度不被滥用和歪曲，不被某些满怀私利的人，某些只顾着自己的孩子而手上又掌握着相当的权力、背后拥有相当关系的人去滥用，这才是关键所在。所以说，我们不能因噎废食。比如我们发现了这样一个加分的问题，我们就取消所有的加分，这是不可取的。

现在的确有人提议，说我们要提倡"裸考"。因为他们觉得这高考加分，似乎已经给那些不法分子穿上了一件合法的外衣。这件衣服已经脏了，索性我们就全部脱掉进行"裸考"。这个就有一点因噎废食的嫌疑。但是如果我们的政府或者有关部门现在还没有把握保证加分制度的合理性、公平性、透明性和公正性，那也不妨做一些转换。如何转换呢？就是不要在高考的分数上加分了，但是可以把一些孩子获奖的东西或相关特长的资料转给大学，由大学来决定是不是录取。我们不能把这个权力全部放在一个部门，比如哪个部门管加分，哪个部门认证加分，哪项比赛才有资格加分等。这样的认证机关权力要分散，而且要加以非常强的监督。只有这样，大概才能一方面保证加分制度本身的意义不受到损坏，另一方面又杜绝、消除里面暗箱操作的成分。

美国用的基本上也是这样一种多元化的评估方式，有各种非常细的指标。它的监督非常严格，每个学校都有。因为美国的考试制度跟我们不太一样，每个学校有每个学校非常独特的考核系统，而且里面的管理也比较严格。像我们都很熟悉的篮球运动员乔丹、世界排名第一的高尔夫球手伍兹，他们都是作为体育特长生被招进大学的，而且都是很好的大学。但是没有人指责它的不合理，相反，每一个大学都会以他们作为自己的骄傲，比如乔丹是我这个学校的毕业生，伍兹是我这个学校的毕业生，菲尔普斯是我这个学校的毕业生，等等。所以说，这个制度本身被滥用，并不一定等于这个制度不合理。提倡“裸考”，正反映了我们考生的家长或者我们全社会的一种忧患。我们担心这个制度被滥用，我们也看到了这个制度曾经被滥用过，并且现在依然被滥用着。这样的制度，它用不着全面滥用，全面滥用就出大事情了。如果高考要全面出问题的话，那就是一个天大的问题，哪怕只要有一两起就足够震动人心了。因为它会有一种象征意义，现在一旦有苗子就一定要打掉它，这是绝对不能手软的。因为我们必须对我们的孩子负责，这是一个非常重大的责任问题。我们国家的管理部门、有关的职能部门应该也会高度重视这个问题。我们发现，最近几年的高考，几乎每年都会出现问题，但是国家的处置比过去严厉多了。过去很多时候都是纪律处理，比如说党纪警告、行政记过警告等，或者是撤职。但现在不是了，现在是法律介入，该判刑的判刑，该逮捕的逮捕。所以说国家也在加大这方面的打击力度。一旦发现情况，就应该把它揭露出来。而揭露出来以后，就不应该让它轻易地滑过去。

现在，高校的招生制度也在不停的改革当中。比如一个好的高校有自主招生的权力，那么它就会有一些自己的选择。比如它可以进行面试，在面试中它会发现一些有特长但是考分有一点问题的孩子。最近几年，大家也关注到一个问题，就是我们能不能给一些与众不同的、非常特别的孩子提供一个特殊的通道。比如有些孩子外语差得不得了，死活都考不过；有些孩子就是对数学没兴趣，但是也许文学上有特长；有些孩子计算机方面是天才，但是对语文就是不喜欢，作文怎么都写不好；等等。像这样一些孩子，是不是应该开一个通道给他们。这个问题大家都在关注，也都在摸索。实际上大家心目中的目标应该说还是一致的，那就是尽量公平，尽量公正，尽量给所有的孩子都提供发展的空间。当然在这个过程中,有时候会出现无序的情况。因为还没有定下来，也没有找到一种可以全国通行的论证特长学生的办法，所以难免会出现一点混乱。对此，一方面我们要高度警惕，另一方面也依然需要一些耐心。

现在，教育部门非常重视这个问题。他们一再重申，有关高考的加分，一定要严守标准，宁缺毋滥，并且要对大众公示，符合加分条件的学生，必须要对公众、对社会张榜公布，让大家来监督。这是我们很愿意看到的。我们必须这么做，也只有这么做，才能最大限度地杜绝加分现象背后的种种暗箱操作。

在某省体育项目加分不透明、航模加分有猫腻等事件余热未了之时，无独有偶，2009 年重庆高考文科第一名何川洋，也因为更改民族成分换取加分被曝光。有消息称北京大学取消了录取何川洋的意向，香港大学在面试何川洋后认为其英语不理想也未录取。但何川洋因为尚未构成加分事实，在取消其享受民族考生加分资格后，并不意味着就彻底取消了其录取资格。

事件发生后，何川洋的父母都已经被停职、免职。应该说重庆市政府和有关部门对何川洋父母的处理是合情合理、于法有据的。因为他们是成年人，而且何川洋父亲的工作岗位还和高考直接相关，是招生办的一个主任，所以必须严肃处理。就我所知，重庆政府这次处理的不仅仅是何川洋的父母，而且相关的几十个责任人也都受到了各种层面的处理。毫无疑问，大家对重庆政府的做法都应该是非常支持的。重庆政府在对这件事情的处理上，应该说为全国做出了一个表率，具有典范的意义。

那么对何川洋本人呢！就网上的调查结果来看，好像大多数人都对他持一个同情的态度。大概有 60% 以上的人认为北大依然应该录取何川洋，但北大最终还是放弃了对何川洋的录取。

我们可以假设这样一个场景：北大招生办的老师和相关部门的一些老师非常严肃地找何川洋进行一次交谈："小何，首先恭喜你，今年高考取得了如此高的分数。对你这几年学习所付出的艰辛和努力，我们表示赞赏。但是我们不得不问你，你到底是汉族还是土家族？"已经到了现在这个状况，何川洋这个孩子肯定会说他是汉族。那么北大的老师应该接着问："小何，你的民族成分变成土家族这个事情你知道吗？"孩子可能有两种说法，一种说法是不知道，调查下来他也确实是不知道。如果是这样，那么毫无疑问，北大 100% 应该录取他。按照高考的基本准则，如果孩子说他知道，那么北大应该接着问他的父母是在他几岁的时候改的。如果孩子说在他很小的时候就改了，那又是另外一回事。但如果孩子说他一直知道，到高考也知道，那么北大在这个时候就要做出抉择了。比较理想的抉择是："我录取你，但是你因为民族的加分一分都不能给你，而且我们对你有更大的期望，你必须知道在你进入北大以前，虽然不是完全因为你的原因或者不是你的责任，但是你在被北大录取的过程当中留下了一个质疑的点，我希望这个点，能够警示你一生，希望你能够在北大的校园里度过非常快乐的时光。"这个结果是我最愿意接受的。

另外一个结果，大概就是现在的事实。比如说由于舆论的原因，由于大家各种各样的质疑，北大为了保证中国第一高校的声誉，或者为了向社会表示其录取制度的严肃性，所以不得不放弃对何川洋的录取。如果是这样一个结果，那么北大就太没有勇气和担当了。你应该就分数论分数，看他去掉民族加分以后够不够北大的分数，如果够就录取他。还有一种情况，比如说由于各种各样的原因，你不能录取他，那么你也可以告诉他："小何，我相信你是凭自己的努力和学习考到这么好的成绩的，所以我们愿意等你一年。我建议你回去跟家长商量，明年再考。明年如果你还达到这个分数，我们北大欢迎你，欢迎你成为北大的学子。"

无论如何，何川洋毕竟是一个孩子，而高考制度是从孩子当中选拔未来的人才，而不是说选拔出来的一定就是完美的人才。高考制度没这个责任，也没这个本事。我看到一些苗子我就拔出来，在这个苗子成长的过程当中，他遭受到一次病虫害，但是他长的高度依然超过了这条线，那么我为什么不录取他呢？害怕舆论的指责，害怕大家的质疑和关注，躲避自己的教育责任，这是不对的。在这件事情上，到现在为止，从媒体公布的种种资料上来看，这个责任应该由何川洋的父母来担，而不应该把这个责任一股脑儿地甩到一个孩子的头上。其实大家也很担忧，非常害怕这件事情真的打击了这个孩子。

在这方面，我们应该学习一下港大。港大也考虑过要录取何川洋，并且也按照港大的招生流程跟何川洋进行了面谈。我们知道，香港的高校在大陆招生，一般是要达到一本线，然后还要加试英语的。因为在香港的大学里，英语教育的分量比较重。而港大最终没录取何川洋，就是因为他的英语不理想。何川洋的英语考分应该是很高的，他的英语不理想，应该是他的口语不理想。港大不录取何川洋的理由是充分的，是站得住的。至于北大不录取何川洋的理由，则有些让人想不通，也有些让人难以接受。作为何川洋的老学长，我相信他依然有这个实力，也希望他一路走好，不要让这件事情成为他的包袱。如果可以，我特别想对他说一句话："小何，如果你是一个真正的人才的话，我建议你明年再考，我相信你有这个力量，你明年依然有这个分，你考到北大去，我想我会因为有你这样一个学弟而非常骄傲的。"

在我们的教育当中，有一些非常怪的东西，现在我们的高校也有一种非常怪的东西。有个叫鞠思敏的校长，这个人很多人已经忘记了，是原来山东济南中学的校长（正谊中学的校长)。他是一个著名的教育家，在日本占领济南时期，他是一个非常有气节的人。学校办不下去，没有收入，他非常清贫，但仍然不为日寇的引诱所动，最后贫困交加饿死了。当时给他送葬的时候，济南万人空巷。但是大家知道正谊中学是一个什么中学吗？"破正谊"，在山东绝对不是一个好中学。为什么不是一个好中学的校长，居然能够得到民众如此高的崇敬呢？因为他有一个理念，他认为把好学生收到高中里教育好了不是本事，把学习不好、有小毛小病的孩子扔到社会上是对他们不负责任，真正的教育者应该不放弃这批孩子，应该给他们学习的机会。所以他把这些孩子全部招到正谊来了，因此当时人家都叫"破正谊"。

我们应该学学这个校长，何况何川洋还远远不是这样的孩子，最起码他在学习上应该是一个刻苦、努力、有成绩的孩子。我特别希望听到何川洋被国内一流高校录取的消息。这一次对他的打击太大了，这一次给他的压力也太大了，这种压力完全不是对一个状元的压力，而是对一个孩子过度的拷问。因为这不是他做的事情，如果他没有这个爸爸，那么他的民族会变成土家族吗？这是他的父亲在滥用权力，跟孩子没关系。所以最起码应该给孩子一个机会，甚至不妨让北大再加试他一次。这次事件其实影响了很多孩子，因为何川洋是状元，这在某种意义上也是他的不幸，那么多压力都卸在他头上。如果何川洋仅仅考取了一个二本，大概就没有那么多人关注他，给他这么多压力了。一个根本不需要的、完全是蛇足一样的加分，可能对孩子的心理、对他的人生观、对他对未来的期望都造成了严重的打击。网络上一些网友的留言是非常好的，比如说“小何坚强起来，勇敢面对一切，我们相信你是一个好孩子”。

从这件事我们也可以看出，其实是我们的父母在高考中考得不合格，而且还不仅仅是在高考中不合格。他们的初衷应该也是想努力做天底下最好的父母，只是用错了方法。在整个社会的大环境里，不公平的事件层出不穷。虽然国家对高考高度重视，一直在严肃查处，但是仍然有不少人铤而走险，而且还有愈演愈烈之势。像何川洋的父母本身就是做类似招生工作的，他们肯定非常清楚孩子会面临什么样的不公平状况，那么为了预防孩子遭遇到不公平，他们就去做了一件违背公平原则的事情。他们的逻辑乱了，但所有的结果却落到了孩子头上，现在最后悔的应该就是何川洋的父母。对于免职，他的父母恐怕不会有很大的反应，因为是应该的。但是他们愿意为其付出一切的儿子，本来考了那么好的分数，现在却因为他们的原因而被北大拒之门外，这是他们最大的煎熬！有的时候，这类问题很难谈，因为真的很沉重。

2008 年高考，重庆某个县有一个非常优秀的孩子，当时考了重庆市第四名。按理说，这个成绩进北大是没有问题的。但是等到最后排名的时候，却有二十多个通过加分都加到了他的前面，一下就把他挤排到了二十四名。就因为冒出来的这二十多个加分的，他失去了去北大的机会。但是这个孩子有志气，他 2009 年再考，结果又考了重庆第六名。他说了一段话很有意思。他说非常感谢大家的关注，当然他也讲感谢政府，这其实没有必要，因为是政府应该处理的，我们不要动不动就感谢政府。他说如果今年不把他们揪出来，又加分，又把我排到二十几名，我就又进不了北大了。很多支持、同情何川洋的父母和家长，不妨看看这个孩子，他莫名其妙地牺牲了一年的时间，这一年能改变人生多少啊！你会错过多少东西，你会失去多少东西，谁都不能预料。虽然他最终还是进了北大，但是他的一生已经有一点不一样了。

我们可以看到，如果这个社会在高考这道线上守不住公平底线的话，那是非常令人担忧的。所以，我们全民族都要高度重视这件事情，不能处理完几个人就算了。或者说要下大力气，要重点来治理，不能说给几个党纪处分或行政处分就算了。否则他们违规的成本和他们付出的代价就差得太远了。与何川洋相比，我们刚才所说的那个孩子更值得同情。他在第一年就遭受了不公正，但他通过自己的努力，依然向这个社会证明了他的价值和他的成就，2009 年他进入了北大。对何川洋，我们应该有一种期望，应该有一种非常善意的宽容和企盼。我们应该期望他走出这件事情，走向自己人生的成功，我们相信他能够做到。而且就算北大不录取他，相信全国还是有一流院校愿意录取他的。北大是一所非常优秀的大学，但是在中华人民共和国还有很多很优秀的大学，在那里我们也能实现自己的梦想。对这两个孩子，我们都应该祝福。

2009 年高考凸显出两个问题：第一个是作弊，集体性作弊，用高科技作弊，比如说松原。几百个家长在校门口讨论作弊的问题，这太可怕了，中国历史上可能都不曾出现过这样的壮观场面。另外一个就是加分，加分的弊病开始暴露出来。原来加分是一种好的想法，比如我们希望不要仅仅由分数来决定一个孩子的命运，我们希望把分数放在一边，当然我们尊敬它承认它，同时又有一种公平评估的东西，能够让孩子的全面素质得以展现，所以我们费尽心机地努力设计出了各种各样的加分。说到底，这些加分其实是为了公平，或者接近更公平的一种努力，但现在却成了造成不公平的源泉和根子，这就是与初衷相违背。原来的想法跟结果截然不同，本来是想做好事的，但结果出来却是坏的，这就需要我们反思了。像我们提到的航模加分，请问中国有多少农村的孩子知道航模，在城市里的一般孩子又有几个玩过航模，居然能够加分。

我们现在也发现，有一个什么国家的二级田径运动员，成绩表上填的成绩居然比标准差七八秒。这不是开玩笑，是胆大妄为到了可怕的地步。最起码也应该去查一查表，连查都不查。像这种情况都出现了，所以这个加分现在已经成为了某种人上下其手、利用自己的关系和权力去毫无顾忌地侵犯公平的一种手段和途径。

还有一个现象我们也要高度重视：大概在几十年以前，我们全国的高校里从农村来的孩子的比例都在60%以上。虽然这个比例低于农村人口在全国人口的比例，但大家还是可以接受的。因为城市有城市的特殊性，比如城市的孩子从小不用参与更多的田间劳动，城市孩子的父母一般都受过比较好的教育，经济条件比较好，眼界比较开阔，学校师资比较好，等等。所以，城市的孩子在竞争上往往会比农村的孩子走得快一点。这也是一个没有办法的不公平。这几年，我们城市化的进程加快了，但是我们的高考制度还是这样。比如在上海读书的农民工子女，高考时还是要回原籍，不能在上海参加高考。但是我们发现城市孩子在高校里的比例急剧上升，农村孩子却急剧降低，这就要引起我们的警惕了。这里有多少原因是因为教育资源分配的不公平，或者地区差异的拉大，又有多少原因是因为暗箱操作的加分。

所以，对我们已经没有把握去有效管制的，也达不到、不符合我们初衷的这一种类似于加分的手段，我们就应该痛下决心暂停。我们通过这几年的综合考察和仔细研究，设置一整套尽量严密的规范去规范它，那么在几年以后，我们还可以再把它重新付诸实施。

说到底，这还是一个道德底线的问题。我们如果利用这个进行暗箱操作，其实是我们的道德底线不过关。我们看到的是高考上的问题，但其实是社会性的问题。所以，要彻底根治这一类现象，恐怕是要花大力气的，绝对不是我们通过几次宣传活动或几次公开的惩治、处罚活动就可以毕其功于一役的，恐怕是我们整个民族和社会都要全身心地投入了。如果高考制度这条线被突破的话，就等于是我们道德堤坝很重要的一段被冲垮了，那么后面基本就是洪水泛滥，不可收拾了。

人们一度把高考看做人生命运的转折点，把高考的壮观景象比喻为“千军万马过独木桥”。但是，在重庆却有一群学生，在临近高考的时候选择了放弃高考。是什么让他们做出了这样的选择呢？

重庆万名考生弃考

这些考生的举动让人震惊，但如果非常冷静地甚至说非常冷酷地去思考的话，这也是他们的权利。因为我们国家的法律规定，九年义务教育是公民的权利和义务。在九年义务教育的范围之内，我们必须上学接受教育，不能想不上就不上。但确实没有任何一条法规和法律规定，高中毕业就必须参加高考。当然，这个思考是非常冷酷的。而这种冷酷的背后，其实还有一种苦涩。就是为什么会出现这样一种情况？对这一万多个考生的情况，我们并没有掌握更进一步详尽的材料，最重要的原因恐怕是基于经济的考量。应该说他们在经过了慎重的考虑以后，做出了一个非常苦涩而理性的抉择。

这一万多名学生大多来自于农村，经济条件相对来讲不会很宽裕。而他们要参加这样的高考，也许绝大部分都不会考取一流的高校，可能他们考取的是一些需要收费的民办高校。这样一来，他们必然会考虑一个投入和产出的问题。因为几年花费几万块钱，对于一个农村家庭来讲，绝对是一个很大的数目。那么在毕业以后，又鉴于现在的经济形势，虽然我们国家一再高度关注高校毕业生的就业问题，但是我们也不能否认，起码在今年或者我们可以预见到的，高等学校毕业生的就业问题会很严重，会有很多学生都找不到合适的工作，甚至会有很多学生找不到工作。那么对于这一万多名考生来讲，如果放弃高考，出去打工或者在家务农，最起码就不用额外付出了。相信这一万多名学生之所以做出这样的选择，他们本人和他们的家庭都是无奈而痛苦的。而且其中相当一部分人依然会抱着一种期望，比如如果经济形势好转了，大学生就业问题又很好，瓶颈被突破了或者说大量的工作岗位在等待他们，他们就还会让自己走进考场。

现在接受再教育的途径很多，要成为人才也不是非要读大学。因为中国现在高度缺少的恰恰是技术工人，而这种技术工人，我们不一定要通过高校才能得到培训。但是这一万多名考生放弃高考，这个现象实际上是非常有震撼力的。这个现象实际上已经提醒我们，比如说是不是要更好地、更透彻地去研究一下，来自于农村的这些考生的情况，他们的一些心理活动，他们的一些需求，他们对未来的一些自我定位和企盼，他们跟从小生长在城市的、生长在比较发达地区的孩子有哪些不同和差异。我们是不是应该尽量早地介入到他们的教育当中，比如在他们高一、高二阶段，给他们做一些辅导，做一些课程以外的培训和教育。

一个人通过接受更高一等的教育，获取更高一等教育的资格证明比如文凭，然后在社会上找到一份和他的知识水准相适应的工作，获取相匹配的报酬，这是天然合理的事情，而且应该是值得倡导的事情。因为知识有价值，但是价值要靠什么来体现，这就不一定了。不是所有的价值都要靠价格来体现，但是相当一部分价值确实是需要价格来体现的。现在确实出现了大学生毕业以后的工资跟没有读过大学的人差距不大，或者说没有差距，甚至说读到了大学毕业还不一定好找工作。一个中专毕业或技校毕业的学生，可能因为他学的技能更能够适合一线工作的需求，更直接、更明确，所以他也许更容易找到工作。这个背后有没有“知识无用论”的这种倾向，我们不要妄下断语，也不要把它看得那么重。在今天的中国，不会再有人真正地发自内心地认为知识无用。但确实会有一些人对知识到底有多大用、有什么用产生疑问，这是可能的。

任何一种现象的产生都不是单向的，可能我们现在去读大学，很多人说很功利，其实，大学在课程设置、专业设置上也是有这种很功利化的倾向的。比如一些比较著名的大学还是坚持加强自己的基础教育，加强一些基础理论的教育和基础理论人才的培养，但我们的高等教育发展得很快，出现了很多大学，像这些新办的、历史不太长的大学，一般都会首先考虑社会的需求和市场的需求，把确保它培养出来的孩子的就业率放在一个很高的高度来进行考虑，这其实也是可以理解的。因为一个新的院校要站住脚的话，它的一些专业必须受欢迎。而且很多家长、很多考生都把专业看得很重。前一段甚至有这样的话，说与其考一个好学校烂专业，还不如考一个好专业烂学校。这种观念一直都有，而且它也有它的合理性。但是总的来讲，这种观念是不值得提倡的。因为选择专业还是应该尽量根据自己的兴趣和爱好，根据整个社会的需求，不要考虑大学毕业马上就有经济报酬。当然，这个建议有些苍白无力，因为一个人考量大学毕业以后的报酬是合理的。比如现在很多人千军万马考外语，大多会考英语、考日语，很少有人会去考阿拉伯语、考非洲的斯瓦西里语。但实际上像阿拉伯语和斯瓦西里语的毕业生，他们的工作前景非常好，因为这样的人才奇缺。

人都有一个从众的心理。"吾从众"也是孔夫子的话，也就是这条独木桥上，如果一个人都没有，往往倒没人走了；如果另外一条独木桥上挤满了人，我就一定要挤进去，也要跟着走。这就是"吾从众"的心态。不过很多人毕业后往往没有办法从事本职工作。这就是我们说的改行或者说学非所用的情况。四年的大学教育，或者再加上三年硕士研究生的教育，当然会使我们具备很多知识，但如果学非所用的话，那这个时间就存在一种浪费。

现在，城市孩子在大学里的比例大幅上升，而农村孩子的比例则急剧萎缩，只有17.7%。最近二三十年，中国城市化的发展速度是非常非常快的，也就是城市人口增加很快，农村的城镇化发展非常快。所以，城市人口在高等学校考生中所占的比例比过去要高一点，这是正常而合理的。但是它是不是应该高到这么一个程度，这是值得我们去深思，特别是值得高等教育的从事者或者管理者去思考和研究的问题。毫无疑问，现在教育资源的分布是不均衡的，或者说在教育投入、教育资源这些方面，存在着显而易见的不公平现象。但是这样的改变，实际上是非常非常困难的，因为这里有历史的原因、有地域的原因、有各种各样的原因。现在整个国家或者整个教育系统都在努力改变这种状况，甚至很多老师都去支教、支边。但是要改变这种状况，恐怕也不是一朝一夕、我们稍微做一点工作就可以做到的。

城里的孩子上补习班，上特长班，而农村的孩子什么都没有。但他们面对的却是同样一张试卷，面对的是同样的评分标准，这里边是不是会有不公平呢？而且在录取分数线上也是有差异的，一个农村的学生进一所高校可能要比一个城市的孩子高几十分，甚至于一百多分。这其实是一个很严峻的问题。比如上海的考生考北京，北京的考生考北京，和北京的考生考上海，上海的考生考上海，在录取分数线上就是有差距的。这大概是一个无奈的现状，也是一个很难改变的问题。虽然我们看到了同一张试卷、同一个评分标准背后可能存在的不公平，但是我们同样也很难想象一场高考出现两份试卷和两套不同的评分标准。因为这样的情况恐怕会造成更大的混乱，也会引发更多的不公平。高等教育的改革，特别是高考制度的改革，实际上是放在大家面前的一个严峻的难题。现在有人提倡让一些得到国家认可的、教育质量非常好、管理质量非常好、声誉很高的大学单独命题考试，在 1949 年以前确实是有这个情况的，比如北京大学、清华大学都是单独出卷子的。一个考生可以同时报考几个大学，因为考试日期是岔开的。但这样一个举动，实际上需要投入的物力、精力、管理成本都是相当大的。

我们过去讲“治大国如烹小鲜”，就是管理一个大国家应该像煎一条小鱼一样。小鲜就是很小的鱼，因为我们知道很小的鱼很嫩，如果动作太大，一条鱼会整个被毁掉。实际上像高考这样一个大问题，而且牵涉到很多孩子、年轻人未来的生活方向，或者就是他们的未来，这么大的一个致命的问题，我们一定要慎之又慎，要用一种烹小鲜的心态，非常细致、妥善、渐进地去变革。因为现在我们还没有办法想到一套更好的制度，来解决我们都看到的问题。比如农村的孩子也许付出的体力、精力更大，但是他们没有办法考到这么高的分，那么就使他们跟城市的孩子处在一个不平等的位置上。实际上农村的孩子和城市的孩子在起跑点开始就已经存在实实在在的差距了，而这个差距的责任，难道应该让农村的孩子担吗？这是完全不合理的。这些问题我们都看到了，但是如何去改变，这是需要整个国家的有识之士和关心这个事情的人共同来思考和研究的问题，是需要慢慢去解决的。我们也期待有那么一天，农村的孩子和城市的孩子能在一个相对公平的环境当中，来选择自己的未来。

永远热门的高考话题——高考作文和高考状元

2009年各省市的高考作文题目，大致可以分为两类：现实与抽象。其中大部分以贴近现实类题材为主，比如辽宁的《明星代言》、江西的《兽首拍卖》、江苏的《品味时尚》、天津的《我说90后》等；抽象类典型的有四川的《熟悉》、湖南的《踮起脚尖》、福建的《这也是一种……》等。面对这样的高考作文题，学生、老师和家长直呼意料之外、情理之中。我们的高考到底需要怎样的作文？是贴近现实，还是浪漫抽象，一时间成了人们关心的问题。

高考作文的两难

高考是我们中国人，特别是内地的中国人一生最重要的一场考试。但要是让过来人去回忆当初的高考作文，恐怕大多数人都会毫无记忆。这是一个非常有趣的现象。虽然是最重要的考试，但也恰恰是我们一般人最愿意忘记的一次经历。考完以后赶快忘掉它，总算是考过了，没有人会拼命记住它。这就是我们高考制度的一个问题，或者说是它很尴尬的一种状态。记得1984年的高考，我们还是全国统一命题，没有单独命题，也就是当时全国的考生面对的是同样一个题目。当时我的语文成绩是一百分，满分是一百二十分，分数非常高。像这么高的分数，作文估计都没扣几分，但我也不记得我的作文题目。

作文题一直是高考的热议话题，每次高考结束，大家议论得最多的就是作文题。但学生最想忘却的，可能也是作文。为什么大家会对这个作文题的印象那么不深刻？可能是因为这个作文题不一定能发挥每个人的最佳水平，所以大家不愿意记住它。于是就有人在想，我们是不是也可以在高考中进行一些改革，比如说在一份试卷中设置两道、三道甚至五道作文题，让考生来选择比较适合自己写的题目。这样可能更利于大家发挥自己的水平，也更容易记忆深刻。事实上，如何对高考制度进行改革，特别是对高考作文题的命题进行改革，这个问题已经讨论很多年了。高考有多少年历史，这样的讨论就有多少年历史，但是每一次讨论都是没有结果的。因为我们知道，高考首先的一个要求就是公平，只有在公平的条件之下，才能谈到别的。

现在的高考，大部分地方都已经自己命题了。所以要做到公平，这就是一个很麻烦的问题。至于出什么样的题目最能让孩子有一种表达的空间，最能够体现孩子真实的文字和写作水平，这其实是一个太遥远的梦想。我们可以在一份卷子里出三道或五道考题，让孩子选一题来答，但是我们怎么打分呢？我们那时的高考作文是有打分标准的。比如说在一篇作文中有几点是一定要写到的，没有写到就扣分。那时是有范本的，比如用一个句式得几分，用一个反问句加一分，段落分得好加一分等，它都有硬性的规定。我们现在出题，与其说是为了展现孩子们的文字和写作水平，还不如说是为了尽量公平，或者说是为了尽量便利后面改卷的时候打分，能够形成一个分数的等级，拉开大家的距离。所以，我们更多地是从技术上考虑的，而没有站在孩子，或者说并不是主要站在孩子这边考虑的。像我们过去看文章，要清楚这篇文章应该分几段，段落大意是什么，中心思想是什么，它要说明什么，要教育我们什么，都是这样的一个思路。我们现在的高考作文命题，并没有摆脱这个思路。

有人说，这次的高考作文题，出现了一些比较值得关注的现象。比如说流行歌曲第一次成为了高考作文题，这可以算是现实类题目中的一种。在北京是《我有一双隐形的翅膀》，在浙江就是《绿叶对根的情意》。这个其实挺可怕的。我们不能光拿--个题目来进行评论，这是非常外行的评论。我们必须把这个题目下面的解说也提出来。比如《我有一双隐形的翅膀》，北京的高考一定不会要求你根据这些流行歌来写，你可以把它作为一个意象，想象自己有一双隐形的翅膀，那么我可以飞到哪里，可以实现哪个梦想等。这实际上考察的是考生的想象力。再比如说《绿叶对根的情意》，它肯定也不会让你扣着这个歌写，没有一个高考作文是这样命题的。因为如果这样命题的话，就没有公平可言了。那孩子们在高考前是不是还得先听一千首流行歌，然后才能知道文章怎么写呢？所以说，它一定也是一个意象，让孩子来书写的往往是一种情意、一种爱恋或一种执著，比如孩子对父母的爱、一个公民对国家的爱或者一个人对文化的爱等。像这种题目，本身都无可厚非，都是一个想象力的题目。

大家也在评论，我们高考作文的一些趋势，以前可能更多的是“务虚”，有很多可以展现想象力的作文，后来慢慢就开始“务实”，贴近一些社会实例。在1949年以前，那些大学都在独立招生的时候，有过《随便写来》这样的题目。这是一个作文题，作文题目就叫《随便写来》，孩子可以随便写，写完了老师再看。或者还有这样的题目，非常非常棒，比如《梦游清华园》。这个题目出得很好，如果你真的游过的话，你可以写现实的游记，投射到你的梦里；如果你根本没有到过清华，那你完全可以想象，你梦中的清华是什么样子。这类题目一方面能够展示孩子的文学积累，我们可以看出这些孩子读过多少文学作品，受过多少文学作品的影响；第二方面还可以看到他有没有想象的才华和表达的能力。所以，像这类作文题目，除非是里面出现了不公平的情况，否则什么样的作文题目对大家都是一样的。

2009 年被大家诟病得最厉害的作文题目是江苏的考题《品味时尚》。这个题目确实有欠妥当，因为它违背了公平的原则。在很多农村孩子的脑海里，根本就没有“时尚”这个概念，连“时尚”是什么意思都不知道，那么他们看见题目就会蒙在那里，不知道该从何下笔。老师可能会说，他们可以写劳动就是最时尚的。可是别忘了，如果他们根本就没听说过“时尚”这个词，不知道它是什么，那还让他们怎么品味呢？所以像这类考题，其实是应该避免的。

我们从小就接受作文训练，要么写议论文，要么写记叙文，或者写散文。在作文命题之后，通常都会有一个注释：诗歌除外。为什么一直以来诗歌都被我们排除在高考的作文题之外呢？因为我们对高考作文有很多要求，比如字数不得少于多少字，但诗歌就不能有这个要求。作文有时要展示孩子的一种逻辑思维，一种叙述的层次安排，但诗歌没有这种要求。所以说，诗歌毫无疑问不是一个合适的高考体裁。但是如果是格律诗，那就是可以的。比如以“五谷”为题写一首七律或填一首词，这就是可以的。它可以考出考生的中文水准，比如知不知道平仄，知不知道对仗，知不知道格律等。但话说回来，这些又对现代的孩子要求太高了。所以，在高考的作文形式里面一定是不包括诗歌的。因为如果包括诗歌的话，那根本就没有办法评判。而且对诗歌实际上是诗无达诂，就是说有时我们对诗歌根本就没有统一的解释，那么又怎么能有一种统一的认定来给它打分呢？

从流行歌曲到热点时事，2009年全国高考二十道作文题，令专家学者们眼花缭乱。北大中文系毕业的相声演员徐德亮认为，北京高考作文《我有一双隐形的翅膀》最有亲切感；而大学教授王立群则表示《我有一双隐形的翅膀》命题存在一个对所有考生熟悉不熟悉、公正不公正的问题，很值得商榷；北京语文特级教师王大绩认为山东的《见证》、江苏的《品味时尚》、四川的《熟悉》等题目都很“宽”，非常明确地要求考生，从过去那种死背作文材料的模式中出来，去关注现实生活。

古今中外的高考作文

大家都在探讨高考作文如何能够更加公平、更加合理，但是在这个时候我们也看到另外一些学者好像有这样一种观念，他们觉得高考根本就不必考作文。因为高考并不是要培养一个文学家，让这些中学生在这么短的时间里完成命题，还要写出一篇非常扣题的文章，这样的要求其实是很高的。而且一旦审错题，就会被扣很多分，从而完全影响一个人将来的发展方向。这样的观念是很片面的。高考是中国的国家考试制度，考文章是中国一千多年的制度，我们就是这么考过来的，为什么到了这一代，突然就可以不考了？我们不能一退再退。

有的孩子写不好，但有的孩子为什么就能写好呢？我们不能因为爱孩子、担心孩子就对孩子的要求越降越低，到将来连作文都不用写了。除非能找到另外一种形式来考察孩子对自己的母语的综合应用能力，否则作文就应该写下去。在中国的传统中，也一直是以写文章、写诗歌来考察的，这样的形式一直延续到了今天。而且现在有些意见或考量也没有足够的道理。我们现在对高考作文的打分去量化是一种无奈，因为考试是一定要有分数的，一定要凭成绩来拉开学生的排名，这样才可以决定哪个学生进哪所学校。所以说，取消作文的设想根本就不应该有，再说也是不可能实现的，因为找不到更好的替代方式。

在国内找不到答案的时候，有些人就会想到国外。那么，国外有没有什么可以借鉴的呢？可以肯定的是，在国外，写作能力也是很受重视的。国外有没有高考我不清楚，因为没参加过，但有些地方是有联考的，而联考都是有写作的。国外对孩子的写作能力要求也是很高的，也有各种各样的命题作文让孩子来完成。它不会有像《随便写来》这样的题目，而是都有一个命题。当然，我们过去的《随便写来》也是偶一为之。像美国SAT（学术水平测试）的一个作文题是这样的：想象你是某两个著名人物的后代，那么他们将会把什么样的素质遗传给你。这是一个很有想象力的题目。但实际上，这没有什么特别的，我们的《我有一双隐形的翅膀》比它更有想象力。所以说，像作文这种跟自己的母语或者说跟自己国家的考试传统紧密相连的东西，到国外根本借鉴不了什么。我们只能立足于自身，或者立足于自身的考试制度、考试历史和考试环境来解决这个问题。

到现在为止，我是不赞成取消作文的，但是它可以有各种各样形式的改变。比如有一年出了一个缩写文章的题目，这个极好。那是三十年前的一道命题，之后好像就再也没有用过了。像这样的命题，我们不妨用一用，为什么？因为它可以看出我们对语言的感觉：哪些话是废话，我们把它删掉；哪些话是不妥当的，我们把它缩略，通过缩写的过程把它调整掉；在结构上也可以做一些调整。这是非常考孩子的文字功夫的。当然，我们也可以倒过来，比如给出一段很短的文章，请考生把它铺陈开来，这就类似于过去赋的写法。要铺陈，要渲染，这就可以考察我们的词汇和对句式的掌握，这也是一种形式。但是这种形式出来了，也有很多人会讲不公平，也可以听到好或不好的声音，正所谓众口难调。但是高考的作文题目，如果说我们希望它能够做到对所有考生都公平，那是一句废话，是个伪命题，在逻辑上是根本不成立的。我们要做的是对所有的考生都一样不公平，这是应该努力去做到的。

高考题目本身无所谓公平不公平。我出了这道题，你就要扣着题写，难道写作文不扣题是对的吗？那何必要有题目。说到高考作文，不由得让我们想到以前的八股文，也就是当时的科举考试。那是真正的作文考试。它基本上是以“四书”为命题范围的，所有命题都不脱离《大学》、《中庸》、《论语》、《孟子》这四部书。当时中国的读书人都可以背出这四部书，不能背去考试就成为笑话了。而且在写作时都要根据“朱注”，也就是朱熹的解释。当然，朱熹是宋朝人，所以这个规定实际上是在科举考试进入宋朝以后才有的。那么，这样的考试，它实际上对于所有的读书人都是公平的。这里没有城乡差别，没有年龄差距，有的是共同的知识基础。因为大家都读过“四书”，而题目就在这里。而且你还不能说你读书读得多了就一定写得好，因为如果你用的不是朱熹的解释，那是要扣分的，严重的可能连你的卷子都不看了。但是它可以考出共有的知识基础，以及在这个知识基础当中，你的知识是不是特别扎实，或者写得特别精。

像八股文，我们都知道有着非常明确的格式要求，比如哪几句一定要对仗，不对仗不行。这个很多人认为不合理，束缚了人的思想，的确如此，但是我们也应该看到八股文有它合理的一面。它必须要你“戴着脚镣跳舞”，你首先要尊重所有的规则，另外你要在这个规则的约束下展示自己的才华。在现代人看来，八股文一直是臭名远扬，被骂得一塌糊涂。但是前几年，大家也对中国的科举，特别是八股文有了重新的认识，甚至有《八股文选》这样的书出来。当时的《八股文选》，文章写得很漂亮，抑扬顿挫，朗诵起来朗朗上口，该转折的地方有转折，该承前启后的地方有承前启后的连接，该对仗的地方有对仗，该排比的地方有排比，该比的地方有比，该结的地方有结。现在看来，八股文倒可能对大家比较公平一点。我把规矩放在这里，你就按照这个写。同时，这样的一种训练也是在训练你对规则的尊重和对传统的尊重。

现在我们回过头来看，过去中国的科举制度也不是那么单一的。我们好像觉得科举就是考八股文，但实际上并不是这样的，过去要写诗，当然都是格律诗，要写策论，要写各种各样的东西。过去的科举是写一组文章，只不过八股文是里边比较重要的一种。当时考一次试一般要三天，而且考秀才、考举人和考进士还不一样。那个时候的考生是必须在考场过夜的，而且当时的考试环境比今天坏多了。

回顾科举史，我们就会发现，我们的科举历来着重通过人的文字能力和写作能力去考察一个人的知识含量，包括某些逻辑思维，这也是我们中国人特别关注作文的主要原因。应该说，我们对于作文的关注是古已有之。

应届高中生周海洋2009年高考作文写了一首古体长诗《站在黄花岗陵园的门口》获得了满分。阅卷的老师认为，这篇作文在形式和内容表现上都堪称一流。凭借这篇“最牛的满分高考作文”，尽管周海洋在高考中只获得了三百七十分的总分，但一些本科院校仍旧向他敞开了大门。无独有偶，四川的考生小黄用甲骨文写的作文也引发了人们的热议。经过专家鉴定，这篇文章中包含有甲骨文、金文和小篆。不过，这篇新奇的甲骨文作文因为严重偏题，最终只得到了八分。

另类的高考作文

对于这两篇作文，如果单就作文本身而言，其实是有些让人敬佩的。因为一个高三的孩子，有志于古典学问，并且把这种古典学问应用起来写一篇作文，这应该是最近几年传统文化热的一种折射。如果没有这样的传统文化热，就不会出现这种情况。直到现在，我们中国人还是有一种重理轻文的心态。在我们高考的时候，就有“学好数理化，走遍天下都不怕”的口号。当时考文科的，一般都是学习不好的同学，一直到今天依然如此。但我们中国有一千多年科举考试的历史，而科举考试基本上都是考文章的，没有考数学和物理的，那时还没有这个东西。所以，我们对作文往往很看重，不管是文科还是理科都如此。

这两篇作文是高考作文，我们不能把它等同于平时的作文练习，必须把它放到高考的大背景下看，这样一来，就显得很不合适了。因为高考是有规则的，你既然主动参加高考就意味着你接受了这个规则。我们知道，高考的作文是不能有诗歌体的。但这样一篇用诗歌体写的作文，评卷老师居然还能给他满分，这些老师究竟在干什么？既然命题明确规定，这个体裁是不允许有的，那就是一个非常严肃的规则。在规则面前，人人平等，每个人都应该遵守规则。高考是国家考试，是非常神圣的一个制度，我们不能随心所欲，想干什么就干什么。就好比一个原来是演交响乐的舞台，你突然上去演杂技，虽然杂技也很精彩，但这不是你的舞台，在这里演就不合适。

另外，我们的高考作文对字体一般都有严格的规定，必须用简化字，用现代汉语来写作，这是和我们国家的根本大法《宪法》相配合的。你怎么能在如此严肃的高考作文里用甲骨文等字体呢？其实，后来据专家说，在小黄的那篇论文里，错误的字体占大部分。当然，我们依然觉得已经很不容易了。如果是平时的作文练习，那么作为教师，我们应该敏锐地发现他们特殊的兴趣和特长所在，并在将来的发展过程中给予非常有针对性的培养和引导，这是好的。但如果是高考作文，那这两篇作文都应该是零分，不然的话，对别的考生就不公平。在高考规则面前，在一切合法的规则面前，人人平等，谁都没有特权。无论你是谁的孩子，无论你有多高的偏才，你都必须尊重这个规则。

高考毕竟是人生最关键的一场考试，在这么关键的一场考试中，这两个考生竟然写了这两篇另类的作文，这是需要足够的勇气的，但这种勇气却不值得嘉许。人是需要勇敢的，也是需要勇气的，但不是没有节制的。人一切的自由都必须接受一定的限制。高考是你主动参加的，没有人强迫你参加，所以你没有理由不遵守规则。如果他们这样做是为了夺人眼球，让改卷子的老师眼前一亮，为自已赢得高分，那么这种想法是很可怕的，这种心机和策略是用不得的，更不能去鼓励它。

我们一直都说“戴着镣铐跳舞”，有些人可能不愿意“戴着镣铐”，不愿意被束缚。如果是在草原上，你完全可以不戴“镣铐”，想怎么跳就怎么跳。但如果是一种制度的话，尤其像考试制度、评审制度等，那就必须“戴着镣铐跳舞”。如果你有本事，就一方面“戴着镣铐”，一方面跳得很好，把限制和自由这对矛盾很好地组合在一起。现在对于这件事情，大家有各种各样的评论，其实是一个根本的东西乱掉了。我们在讨论一个问题的时候，往往不顾前提，也不考虑逻辑，上来就肯定或反对，赞成或贬低。这样是不行的。我们首先要尊重问题的本质，然后再进行讨论。高考是一项制度，它是有明文规定的，我们绝对不能为所欲为。这两个孩子当然可能是非常有天分也非常有想法的，他们可以通过别的渠道来实现他们的梦想，但是高考制度并不提供这样的渠道。

这两位考生在当时写作文的时候到底用心何在，我们不得而知，但是现在至少达到了一定的效果。比如周海洋的作文得满分以后，包括像三峡大学在内的一些本科院校，都表示愿意破格录取；而四川也有一些院校希望能够破格录取这个甲骨文作文考生小黄。很多人都说他们是偏才，所以不应该通过正规的渠道来录取他们，而是应该特别招收。其实，天才哪个时代都有，但是我们现在还没有配套的制度。即使他们两个是偏才，天底下也不是只有他们两个偏才，如果让他们上了大学，那别的偏才怎么办呢？这是不公平的。对于偏才，我们应该尊重，这是毫无疑问的。我们应该努力为他们提供或开创一条成才之路，但是这条成才之路，恐怕就不是通过高考了。比如三峡大学或者别的一些本科院校愿意招收这两个学生，那谁有权力决定录取这两个学生，是校委员会还是校学术委员会？或者是其他的什么？你如何面对别的孩子呢？

所以没办法。

在这件事情上，复旦大学一位教授的态度很让人欣赏。他通过网络与那个写甲骨文的孩子联系，把一些教科书寄给这个孩子，并指导他如何阅读。教授还告诉孩子，如果他持之以恒，几年后依然对这门学问保持一种兴趣，就愿意招收他为研究生。当然，招收研究生也是要通过考试的，比如要通过英语考试，要通过政治考试，还要通过专业知识的考试，不是说你仅仅会一些古文我就可以把你招进来，除非有巨大的特例。但是我们的本科教学，到现在为止还没有提供这样的特殊办法。在没有制度以前，因人设置是很可怕的。有的人可能会说，总归是先有现象再有制度，如果没有这样的孩子，我们又怎么会想到呢？这种说法是没道理的。

有些学校可能会采取这样的办法：把这两个孩子招到学校来听课，培养个三四年，再让他们直接考研究生。他们不会有学位，不会有本科文凭，因为他们不是正式被录取的本科生。但是通过另外一个考试，他们可以拥有博士学位。所以说，这其实是一个不复杂的问题。我们现在众说纷纭，其实反映了大家对于高考的严肃性、公平性、公正性，对于高考的这种基本精神的一种漠视。这恐怕是这几年来我们讨论高考制度的不合理起了某种程度的阻碍作用，甚至起了一种抹杀的作用。我们对这方面的关注很多，但是千万别忘了，我们还没有找到一种比现行高考制度更稳妥的制度，所以我们不能轻言改变。轻言改变会付出巨大的代价，而高考制度这方面的代价，是谁都负不起的，因为负代价的是孩子。所以，我们必须慎重。对于这个现象，我们必须站在高考制度作为一个国家考试制度的层面上来观察、探讨和判断，来形成我们的意见。

在我们现在的高考制度中，除了文艺特长生和体育特长生之外，好像没有更多其他的绿色通道。通过像小黄还有周海洋这样的事例，很多人也在呼吁，说我们是不是也应该给一些具有特殊才能的学生提供更多的绿色通道，让我们的大学发挥更多的创造性。这是理所当然的，我们应该向这个方向努力。随便举几个例子：鼎鼎大名的学者钱锺书先生在考清华的时候，数学只考了十五分，但新闻是满分；著名的明史专家吴晗先生，数学竟然是零分，但是他的英语和国文都是满分；我的老师季羡林先生在考清华大学的时候，国文和英文都很好，但是数学却只考了四分。不过当时的高考制度跟今天不一样，各个大学都是单独招生的。清华有权力决定我是不是招你，北大也可以自己决定，这跟今天完全不是一种制度。我们今天最起码是一个省一个标准。如果最后的裁决权保留在院校的话，三峡大学又认为周海洋有潜力，愿意培养他，愿意承担培养他的责任和风险，那就可以录取他。但问题是今天的三峡大学有没有这个权力，能不能随意录取学生？

现在的高考制度，一方面是有问题的，但是另一方面，它也在努力保证一种公平。认分数不认人，这是大家现在抨击得最厉害的。但在某种意义上说，它也是有积极意义的，那就是一视同仁。如果今天不认分数，或者说今天除了分数以外出现了很多别的考虑因素，那将出现巨大的不公平。比如农村的孩子，城市里最普通民众的孩子，他们进入北大、清华、复旦、交大的机会就会少得多。如果只认分数，那么谁也不会管我的父母是谁，谁也不会管我的家庭是什么背景。只要努力学习，考到一个分数，我就能进去。假如没有呢？我们现在可以看到很多加分制度成了众矢之的，就是这个问题所在。

在这样的情况下，我们姑且有那么多的空子被钻，而一旦有了更多的绿色通道，这个弹性大了以后，那后果就会更加不堪设想。最近我们看到，比如民族加分、体育特长加分等，基本被大家所诟病。但是我们也应该看到，这种加分制度并不是没有道理的。当然如果没有一套配套的制度和法律去监管它，如果没有有责任心的人去具体负责实施和监督，那它就会演变成一个巨大而荒唐的笑话，会导致对广大考生巨大的不公。最近两三年的高考，我们就发现了很多这样的问题。所以说，现在是我们考虑问题的时候，要很冷静，而且要理性，要考虑到方方面面的情况，尤其要公平。

> 接着，我们要来关注高考中的一个特殊群体，那就是高考状元。每年高考一结束，高考状元就成了热议的话题，年年如此。2009年高考结束后不久，又一批高考状元新鲜出炉。往往状元被确定只几个小时，其各种信息便会出现在网络上：从家庭背景到外界评价，从学习、生活习惯到目前的精神状态，从个人职业理想到大学争抢盛况，等等。社会对此的关注程度比对娱乐明星的“八卦”有过之而无不及。而2009年发生的“重庆状元造假加分”一事，更是把状元现象推到了高潮。

我们是否需要高考状元

对于高考状元，我们没有必要去提倡，但是也没有必要刻意去回避。状元现象是中国文化传统中非常可贵的一个组成部分。因为在我们中国的文化传统中，有一个非常好的制度，就是通过考试来选拔人才，而不以血统来判断。现在大家好像认为英国的公务员制度是最值得学习的，是最完善、最公正的。但实际上，英国的文官考试制度就是学习的中国传统科举制度，这个可能连中国人自己都不知道。英国人原来是以血统来论官的，但是中国没有，中国的很多官僚就是农民的孩子，就是通过十年寒窗一路考上来的。那么在考试的过程中，当然会出现一个状元。这个状元在中国传统中是非常可贵的，因为一般来讲，三四年才出现一个，而且全中国就一个状元。我们一千多年的历史，实际上也只有几百个状元而已。

今天的状元显然是贬值了。现在是县里有状元，市里有状元，省里有状元，全国还有状元，而且文理状元还要分开。每年高考就要出一万多个状元。为什么大家会如此看中状元的头衔呢？因为这是一种荣誉，是对自己努力学习的认可和回报，是非常好的东西。我们通过学习取得成功，通过学习获得荣誉，通过学习荣耀自身，并且荣耀家族，这是非常好的，我们没有必要刻意去回避。如果说宣传状元会导致学生拼命向状元看齐，那就看齐好了，人人想做状元有什么不好呢？哪个家长不希望自己的孩子是状元呢？大家都会有这样的想法，这是我们民族根深蒂固的一个情结。这个情结本身是很好、很美、很善的。在中国漫长的历史上，都是凭本事去考状元的。过去有这种话，叫“书中自有黄金屋，书中自有颜如玉”。这种说法太现实了，我们读书就是为了改善生活，取得成功，请问有什么错？如果一个社会都通过知识，通过努力学习来得到成功，那么这个社会会多么有力量，多么蓬勃向上。

现在大家对教育制度都有反思，认为也许过度的宣扬状元，就会有一种嫌疑，一切向高分看齐的嫌疑。首先，向高分看齐有什么错？在分数面前人人是平等的，当然是裸分，就是没有加分之前。通过分数，我们可以排除掉很多不公平因素的干扰，排除掉人情、势力和权力。现在很多地方也开始意识到这个问题，刻意把状元给淡化了。这纯粹属于多此一举。现在还出来了“疑似状元”，因为官方没有认可，所以就变成民间的了。这就很奇怪，怎么考个状元还得躲起来呢？我们完全可以堂堂正正地说哪些孩子在今年的高考中考得特别好，大家都应该向他们学习。有什么不好说？这些孩子最起码学习都很努力，都有非常适合他们的独特的学习方法。甚至也可以看看家长是怎么教育他们的。当然，我们没有必要完全照搬，因为每个孩子都是不一样的。所以说，现在很多东西都很乱。

其实，很多地方还是非常重视状元的。像广东的一个市就比较高调，由市长亲自设宴，然后由四大班子共同宴请高考状元。这种做法其实也遭到了一些非议，但这种非议是让人难以理解的。一个政府在一个地方弘扬学风，奖励绩学之士，这是其分内应尽之事。为什么这些政府官员为了拉投资宴请某人的时候没有人非议，而到了宴请高考状元的时候就出现非议了呢？事实上，地方政府每年都应该做一些这样的事情，这对这个地方的学风，对这个地方的文化氛围，长远地说对这个地方的民风，都是只有好处而没有坏处的。

有人可能会有一些担心，如此高调会不会给状元造成压力呢？如果这个状元连这样的压力都扛不住的话，他就不是一个合格的状元，只能算是一个分数上的状元。对分数上的状元，我们首先应该表示尊重，应该有一种褒奖，但是我们也应该给他更大的压力和期望。如果扛得住这个压力，那么在今后的发展当中，他就依然是状元，是这个民族的顶尖人才。如果扛不住，那就说明他只不过是分数上的状元，但是状元的第一步，或者最基本的东西，应该也只能是分数上的状元。所以说，广东这个地方政府的做法是很让人敬佩的。我们现在的政府浪费的资源还少吗？平时的大吃大喝也不少吧！那么请高考状元吃一顿有什么好非议的，而且每年就这么一次，还可以带来对民风的改善，对社会风气的一种良性的引导。

作为学生，我们都应该努力学习，掌握知识，完善自己，然后在公平的竞争中胜出。只有这样，我们这个民族才有希望。当然，我们绝对不是说不是状元的孩子都不是好孩子。

事实上，不管什么借口，不管什么理由，不管什么说法，我们都是需要状元的。不是因为这个学校需要，不是因为父母需要，不是因为老师需要，不是因为商家需要，而是我们的民族需要，我们的民族精神需要，我们的文化需要，我们的历史需要。就这么简单。现在出现了一种对状元的调侃和不屑一顾，好像是说状元有什么了不起的。其一，这是一种酸葡萄心理；其二，这也是对别人的成就缺乏起码的尊重。

我们对成绩、对分数的关注点不应该局限于一个名次或两个名次之间的追逐。在国外，推荐书里的成绩是比较宽泛的，一般都是填你在班级里居于 10% 还是 20%。我们完全可以排一个状元榜出来，把每一单科的前二十名都排出来，让大家都知道。其实差距是非常小的，一方面是给状元提了个醒，让他不要太得意；另一方面也可以让三十名或四十名的孩子反思一下，原来离状元很近，也许当时再冷静一点、再努力一点他们就可以当状元了。我们的关注点不应该仅限于状元，而应该是一个群体。其实这也是一种很好的激励机制。

还有一个被大家忽视的问题，那就是站在状元背后的老师。其实，一个孩子在公平的竞争中取得的成功，是对教师最大的奖赏。所以，这位老师的名字，也应该写在前面。比如一个高考状元，我们可以把这个学校的名字和校长的名字写在后面，如果是语文第一名，就把他的语文任课教师排在他的后面。什么叫尊师重教，什么叫师恩难忘，什么叫一朝为师终身为父，这都是需要我们切切实实去做的。现在的孩子有时考完了就把老师忘了，这是不应该的。

最近有一家网站做了这样一个调查，对高考恢复三十多年来全国各地的状元的求学和职业等状况进行了一个统计，发布了一份中国高考状元职业调查状况报告。这份报告还真是吸引了不少人的眼球。

这份报告显示，1977年到1998年，可以统计到的三百五十多名高考状元中，男状元约占64%，女状元约占36%。在随后的1999年到2008年，这个比例变成了52.36%和47.64%。而其中的文科状元，女状元更是高达66%。在高考状元就读专业的调查中，文科经管类成为状元们的首选专业，而外语排在第九位，新闻和中文则并列排在第十位。另外，令人颇感意外的调查结果是，大部分高考状元职业发展的实际情况与社会期望相差甚远，在目前我国主流行业的"职场状元群体"中难觅高考状元的身影。他们当中的大多数都没能成为各行业的顶尖人才。

高考状元现状调查

对于这样的榜单，我们看一看也就算了，没有必要当真。调查声称统计了三百多位高考状元，这个说法本身就是很滑稽的。因为以前的高考只有文科、理科和外语这三门，那么一年的高考状元就只有三个。也就是说，这三十年来应该一百个都没有，哪来的三百多个呢？这难免会让人觉得有炒作的嫌疑。这里的“状元”，实际上还是为了吸引人眼球的。

如果按照现在的说法算，那么这三十多年的高考状元可以说是成千上万。因为我们现在不过是把一个考分特别好，在某一个考试区域独占鳌头的人美其名曰“状元”。比如学校的第一名叫状元，县里面考试的第一名叫状元，地级市里的第一名也叫状元，省里边的第一名还叫状元。这样算来，可不是成千上万了。所以像这样一个调查表，无论怎么说都是说不通的。如果站在全国第一的角度，我们没有那么多“状元”；如果站在各省、市、县统计的角度，它的取样又不够。所以说，这个调查表不过是让我们注意到了这个问题的存在，就是高考成绩好的孩子是不是也能像他们的成绩一样在社会上取得相应的成功。

在北大，高考状元的概念是不强的，因为实在是太多了。而且地区差距也很大，某个省的状元可能比另一个省的状元高几十分。因为每个地方的教育水准和高考分数是不一样的，所以像北大和清华这样的高校都不会在意这个，而是看你进大学以后怎么样，能不能在学习中或作为学生的实践过程中比别人更优秀。至于状元的头衔，早就被抛到后面了。

我们原来讲人生有几大乐，“洞房花烛夜，他乡遇故知，金榜题名时”，而“金榜题名时”实际上是中国人最大的梦想。中国古代人分为两批，一批人是有机会读书的，另一批人则没机会读书。有机会读书的当然想中状元，因为中状元以后就完全不一样了。你可以披红挂彩，可以被皇帝召见，光宗耀祖是肯定的，运气好的没准儿还能做皇帝的女婿。民间的很多戏曲一直都在强化这个主题：一个落魄书生，十年寒窗无人知，一朝成名天下知；然后回来，八府巡按，平反冤狱，光宗耀祖。这其实是我们的传统心理在作怪。这种心理，今天就不要再过于强调了。

今天的高考竞争非常激烈，考生的分数差距也非常小。在高考中，状元与紧随其后的考生差得很少，而且有的时候状元也是有偶然性的。具体到上海，相信前一百名考生的水准都是差不多的。那一天到底谁是第一名，这里的偶然性可太大了。所以我们不要强化这个东西。对于高考状元，我们以适当的方式表示一下祝贺，这是很美好的，但是没有必要强调得太多。

高考状元其实只是我们人生道路中一个阶段性的成果，没有人能保证高考第一名就是将来事业发展的第一名。但一般来说，高考成绩比较好的孩子，他们将来的职业发展也不会太差。当然，这不是绝对的。大家现在关心的是这样一个结果，就是当年的高考状元现在在社会上都不行了。于是从中得出结论，说我们的教育体制有问题。但实际上，这样的调查本身就没有说服力，其结果又怎么能说明问题呢？还有一个问题，就是我们强加了一个前提在里面。因为是状元，所以我们的期望就会特别特别高，但是抽查下来，我们发现这些状元跟别人也差不多。其实，如果他们不是状元，他们就已经成功了。但他们是状元，所以就不成功。这里的逻辑就有问题。一方面，我们只是去关注一下高考状元的现状，没有把他们作为一个特殊的人群；另一方面，我们又在内心深处早就给他们加了一个码。这本身就是有问题的。

我是认识一些状元的，他们都很优秀，而且不是一般的优秀，到现在也起码有十之七八是非常非常厉害的。这个调查得出的结果和我的经验不太相符，当然我的经验也不足以说明问题，因为抽样也不够。但是我们不要再把高考状元看成一个特殊的群体了，就把他们看做是优秀的大学生。何必盯着这些高考状元去调查呢？我们完全可以选更大量的学生，比如在一类本科里选，看几个大学的学生毕业以后发展怎么样，取样大一点，这样会比较有说服力。

当然，这种对高考状元的关怀，我们也不要轻易去否认，因为这是几千年积淀下来的。我们对学习、对读书历来就有崇敬。在中国的传统中，尤其像在我们汉族的文化传统中，宗教意识一般都不是很强。我们没有一个汉族的宗教，如果说有宗教的话，对于汉族的读书人来讲就是读书。如果对他们的宗教有一个象征的话，那就是状元。在过去的科考中，第一名叫状元，第二名叫榜眼，第三名叫探花。他们考好以后，要去拜见前一科的状元。因为他们要写一个折子，向皇帝谢恩，而这个折子要老一辈的状元交给他们。这样一种传统一直延续了下来。

对于状元这个光环，一方面，我们不要把它看得太重，另一方面，我们更不能再往上加。当然，我们也不要去贬斥它。所以，我们要以平常心去看待状元。什么叫平常心？就是不过分，但是也不要不及，就是不要觉得状元没有什么了不起的。如果心是平的，就应该对每一个高考状元表示我们的祝贺和敬佩。另外一方面，也不要把不是状元的孩子看得好像都是失败者，因为这只是人生的一个阶段。

解读周立波——周立波的过去、现在和将来

周立波，1981年进入上海滑稽剧团，师从上海曲艺界暨滑稽界元老周柏春，成名于二十世纪八十年代末。其表演风格独树一帜，融各派冷面滑稽于一体，又不失人文才情的调侃和嘲讽。这些年，周立波为了拓展自我局限，下过海、经过商、出过国，但始终牵挂着表演艺术。他说："我这么些年的生活积累、社会阅历一直在促使我寻找全新的能表现现代海派演艺文化的突破点，机缘到了，我会重新站上舞台。"果然，2008年底，由周立波创作的海派清口《笑侃三十年》在上海引起了强烈的轰动，一票难求。

周立波的过去

周立波只有四十多岁，但是从他入行一直到后来出国经商等十几年的时间，他经历了很多他这个年龄段的人没有经历过的人生，可以说是跌宕起伏、多姿多彩。对一个舞台演员来讲，四十多岁其实已经不是一个很小的年龄了。而他在这样一个年龄能够再打开一片天，就是因为他非常独特的人生经历。他把他的这些

经历，已经全部变成了一种积淀。

对于过去的经历，我们一般比较容易记住那些辉煌的东西和比较成功顺利的东西。但是周立波有一个特质：他会更多地把记忆凝聚在那些不顺利的时候、那些受挫折的时候，所以他把这样一些东西变成了自己有意识积累的一种财富。他走过的人生道路，实际上正是上海这座城市走过的道路的一个折射，或者说是一个缩影。美国著名的畅销书作家马里奥·普佐在小说《教父》中，借教父之口说了一句话，说“每个人只有一种命运”。周立波实际上就走到了一条属于他自己的路上。也许他在别的几个岔路口探了探脑袋，尝试着走了几步，但是他又回来了，带着他非常深厚的生活体验和生活积累又回到了这个舞台上。而这一段生活跟上海三十年的历史基本上是同一脉搏的，或者说是基本同步的。所以，他在舞台上表演起来，除了天分以外，还有很多料。而这个料属于他自己，应该是他本人的生活经历，所以才会那么吸引人，他表演起来才会如此栩栩如生、扣人心弦，而且能够引起大家的共鸣。

其实说到周立波，大家首先想到的还是滑稽演员，而且周立波自己也说他的根就是滑稽演员。很多熟悉周立波以前表演的老观众现在可能会有一些疑惑，比如说滑稽戏跟海派清口到底有什么不一样？以前的周立波跟现在的周立波又有什么不同？那么，我们应该怎样看待海派清口和传统滑稽戏之间的关系呢？事实上，海派清口“红”的时间不是很长，到现在为止，很多研究上海地方曲艺的或者研究滑稽戏的学者对它的观察还不够，所以还没有拿出一个结论来。我们大家也没有看到有类似总结性的意见见诸媒体或公开发表。

从周立波本人的角度来讲，他一直强调自己的根是滑稽演员，而且在每一场演出中，他都用一种非常传统的方式来表达对恩师的感谢和怀念。我们很开心地看到，他一方面继承了传统滑稽戏的东西，另一方面又加进了自己的东西，又有一个新的发展，或者说进行了一种新的嫁接。这个嫁接就包括他这么多年的生活经历，所以它是一个新的形式，而不再是一个跟传统滑稽戏亦步亦趋的老模式了。无以名之，就把它叫做“海派清口”。

现在很多人都在探讨滑稽戏和海派清口之间的关系，我们不妨反过来问一个问题：海派清口的出现会对我们传统的滑稽戏产生什么影响？用一个现在非常流行的词来说，就是危机和机遇。或者我们可以把两个词并成两个字，就是危和机。为什么是“危”？因为在前几年，也就是在姚慕双、周柏春、杨华生先生等那一批老一代的演员淡出舞台以后，上海的滑稽戏是令人担忧的。可以说在很长的一段时间，上海的滑稽戏都处于一种没落的状态，恐怕大家都快忘掉了。但是在这几年，在所有滑稽戏演员的共同努力下，通过舞台剧、小品等形式，滑稽戏又慢慢回来了，当然还远远没有达到顶峰。而就在这种情况下，周立波横空出世了。这当然会给滑稽戏带来一种危机感，因为很多观众被海派清口吸引走了。滑稽戏的观众本来就不是很多，现在又分出一部分到海派清口中去，这当然是一种“危”。

另一方面，对上海滑稽戏来说，海派清口的出现也是一个“机”。为什么这么说呢？因为滑稽戏必须要应对海派清口的挑战，必须要想办法超过周立波。当然，这里所说的超过并不是生硬地照搬海派清口的表演方式，而是要把自己的表现力调到像海派清口那样的状态。这就需要上海滑稽界做出非常详细的研究，对滑稽戏的现状进行一种反思，把最近几年出现的好的东西发展起来，把需要改进的地方抓紧改进，而且一定要拿出非常拳头的剧目。因为周立波的海派清口不是空口说的，两个小时的节目必须每天都说出新意。这样的话，滑稽戏与海派清口之间就会形成一种良性的竞争局面，两者齐头并进。那么，也许今天海派清口的市场欢迎度会高于滑稽戏，但是明天滑稽戏就追上来了。如此一来，我们的地方喜剧就会越来越繁荣，这也是我们观众所期待的一个文化市场。

现在很多人都非常喜欢周立波，而且行行业业、各种教育背景的人都有，但这绝不等于说我们的观众只需要一个周立波。事实上，我们需要千百个“周立波”，越多越好。从这个角度来讲，周立波本身也应该在最红的时候有一种忧患意识，有一种危机感。比如说《笑侃三十年》已经演了那么多场了，你是不是有新东西出来？这对他也是一种危机。所以说，“危”与“机”是相互的。那么如何把危机变成机遇，把挑战变成最后的胜果，这是双方都要努力去实现的一项很艰巨的事业。

> 毫无疑问的是，滑稽演员和海派清口的创始人，这两个身份让周立波红遍了上海滩。但说到海派清口与滑稽戏的关系，周立波却表示，两者之间没有必然的联系。与当下的滑稽戏不同，海派清口没有挤眉弄眼的哗众取宠，而是围绕天下时事、社会民生展开话题，让观众在爆笑之余回味思索。

海派清口和滑稽戏的前世今生

站在周立波的立场上，我们很容易理解他为什么要故意撇清海派清口与滑稽戏之间的关系。他是想提请观众注意海派清口的独创性和创新性，是希望观众尽量把海派清口当做一个全新的喜剧形式来理解，而不要拿在传统滑稽戏中形成的习惯去要求它和评判它。所以，他说海派清口和传统滑稽戏没有必然的联系。但不可否认的是，有了传统滑稽戏的周立波，才有今天海派清口的周立波，这是必然的。我们千万不要非常绝对化地去理解周立波的话，以为他要切断海派清口和滑稽戏的关联，其实不是的。因为周立波在舞台表演的时候，再三提起他那一段学馆生涯以及他和老一辈滑稽戏演员那种特殊的师生关系。

在海派清口中，周立波加入了许多现实的、实在的因素和变化。比如在他的表演中我们看到很多针砭时弊的段子，很多时事的东西。其实在上海诞生第一个游乐场的时候，就有一些有关时事的滑稽表演。而在二十世纪初期，上海的福州路、南京路舞台上，所有的“文明戏”演出都是相当讲政治和谈时事的，现在实际上也是回归了那样一种状态。在艺术领域或别的领域中，常常会出现这种“隔代亲”的状况，或者也可以说是“返祖现象”。就是有时我们会发现儿子的性格不像父亲，但是却跟爷爷有些像。如果我们把二十世纪的“文明戏”比做爷爷的话，那么到姚慕双、周柏春、杨华生这一代大师的滑稽戏，实际上是父亲年代。而到了周立波，当然就是一个孙子辈的。周立波实际上是延续了“文明戏”，一种原初的精神。当然，姚慕双、周柏春、杨华生他们这一代要受到很多很多限制。他们也许有《七十二家房客》等滑稽戏的经典，但是却不可能把当下发生的很多东西，尤其是重大的社会民生问题和一些政策性的问题都拿到舞台上评说。他们生活的那个年代不允许。换句话说，周立波其实是赶上了一个好时候。

说到滑稽市场，我们会发现，其实电视屏幕上是不乏笑星的，只是他们很少在舞台市场出现。这个问题主要出现在哪里？我们上海的滑稽界依然群星灿烂，但是他们失去了自己的天空，却在别人的天空上闪耀，这是什么意思？比如我们有很多好的滑稽戏演员，像王汝刚、阿庆、毛猛达、计一彪等，大家都非常喜欢，但是他们却失去了舞台。他们在剧场里演出，没有人买票，底下的观众寥寥无几。事实上，他们还是明星，他们的表演技能、专业修养和身上那种笑的因子依然在，并没有削减。只是由于一个特殊的环境，使得滑稽戏不再受到现在的观众特别是年轻观众的喜爱。因为年轻观众的娱乐选择性太大了，而每个人的时间又是有限的。如果每天花三个小时去娱乐，看一部大片就差不多了，哪还有时间再去看滑稽戏呢？何况滑稽戏也好几年没有非常重大的像《七十二家房客》这样的拳头产品了。所以，他们的舞台慢慢空起来了。但是他们终究是明星，终究要发光，所以他们就去演电视剧，去演一些场景剧，如《红茶坊》、《老娘舅》等，也都很成功。可这已经不是传统滑稽戏的本位或者说本来面目了，它变成了到别的星空中去点缀，在那里发光。谈到他们，大家一般都会说他们在哪个电视剧里演过什么，很少有人提到他们在舞台上演的一出滑稽戏。这其实是一个非常无奈的现实。

这几年，大家都在有意识地回归舞台，都在朝这个方向努力。就像赵本山让二人转回归舞台一样，上海的滑稽戏也需要走这么一步。当然，回归舞台并不意味着拒绝电视，也不是要拒绝别的艺术形式。现在这个时代是多元化的，传媒的手段是多元化的，娱乐的方式也是多元化的，观众的接受心理或者说接受准备同样是多元化的。现在的问题就在于我们不能完全放弃舞台，不能让舞台上彻底没有人，不能把别人的星空当做自己的星空，这是大家必须面对并努力解决的。现在我们也许需要一种等待、一种浇灌和一种培养，相信这一天很快就会到来。

说到周立波，人们自然而然会想到郭德纲。这些年来，郭德纲一直致力于挖掘传统的相声段子。据说他现在已经整理出了六百多个，甚至比《中国相声大全》还要多。除了相声以外，像京剧、梆子戏、曲艺小调等非相声的民族艺术，“德云社”也在不断地进行整理和抢救。有的时候，我们需要用回过头去的方式展望未来；有的时候，我们需要用一种回忆的心态去展望未来。郭德纲和周立波，可以说是“殊途同归”。郭德纲把传统的段子全部整理出来了，从表面上看，这是走向传统，是一种复古。比如“德云社”这个名字就跟我们习惯的相声剧团、相声艺术团、文工团不同，就很复古。而且在“德云社”里，演员表演穿的都是褂子、长袍，包括它的表演也回到了传统的舞台，回到了传统的模式。这些传统的东西，在今天给我们的感觉却是新奇。因为这些传统被我们遗忘了。所以说，郭德纲是以一种回归传统的方式来创新，跟周立波的创新是反向的。但是地球是圆的，艺术的规律也不是一条直线，它非常曲折，有的时候还是非常迂回的。

周立波的创新，当然是他成功最重要的元素，但是他的创新里也有非常坚实的传统支撑。他在舞台上的表演，最能够吸引我们的起码有一个组成部分是传统。比如他对周柏春先生的模仿，对传统笑料的加工等，大家都很喜欢。现在很多人都在探讨周立波的海派清口，甚至还有一些专门的研讨会来探讨这方面的问题。对我们今天的整个文化市场而言，周立波到底是一条“鲶鱼”还是仅仅是一个个案？这是值得我们思考的问题。可以肯定的是，周立波所引发的现象必然会产生冲击波。因为他使我们对上海的喜剧艺术进行了一次认真的反思和检讨，并促使大家进行详细的研究。如果没有“周立波”这个现象，就不会有这么多学者共同来探讨，这是以前从没有过的。正因为有了海派清口，大家才会回过头去关注一些传统滑稽戏里的成分或内容。比如周立波把不三不四说成“no three no four”，把“猪头三”翻译成“pig head three”，大家听到就会笑。但要研究他的笑点，大家就会想起当初姚、周二位先生把风凉皮鞋翻译成“洞洞眼鞋”，就会进行一种比较。这样的研讨是双方都会得益的，就像“鲶鱼效应”能够带活整个市场。其实现在的城市文化环境就像是一片海，这个海面更加包容也更加宽松了，非常适合“鲶鱼”的出现和生长。在这样的情况下，我们也希望能有更多的“鲶鱼”出现，把我们这片海面带动得更加丰富、更加自由。相信到那个时候，无论是在海中的鱼儿，还是在海边徜徉的我们，都会感到更加快乐和满足。

面对现实，表现社会，取材当今，幽它一默，这是周立波现在进行时的主要特点。“你不理财，财不理你。”这是注重理财的上海人津津乐道的一句话。有一项调查显示，市民最喜欢的投资方式依次是：股票、基金、金融衍生产品等。在周立波的表演中，股市是一个重要的部分，其中不少语录被观众奉为经典。例如：“股票，它是一种涨的时候令你想象力爆棚，跌的时候使你承受力崩溃，一种官方允许的，疑似赌博的游戏。”“钱在没有花出去之前，钱都不是你的。”这也多少反映了上海人经历改革开放三十年历史变迁后胸怀和心态的现代化转型。

《我为财狂》是周立波在《笑侃三十年》后推出的又一个主题专场。仍旧是一个人、一张嘴、一台戏、一百二十分钟，仍旧是精彩不断、笑声满堂。

周立波的现在

《我为财狂》是周立波在上海理财博览会上办的一场演出。周立波不是专门研究金融的，但生活在马上就要成为金融中心的上海，他对股票、基金及金融衍生产品也会有大致的了解。我们知道，周立波有着非常特殊的人生经历，他曾经和上海一起走过了三十年的历程。所以,他绝不会像他自己讲的那样一无所知。当然，这对他也不是一个很轻松的课题，可以看做是周立波对自己的一种挑战以及对海派清口承担能力的一种预言。

面对非常特殊的观众，周立波在演出的上半场讲的基本都是财经类的话题。当然，他是用海派清口的方式讲的，不可能像股评专家或财经专家那样去讲。下半场，他讲的主要是自己三十年里的一些经典段落。值得一提的是，周立波上半场都是用普通话讲的，但中间休息的时候就有观众憋不住了，要他讲上海话，而他也在下半场从善如流，又改回了上海话。他自己在舞台上应该也是感觉到了语言对他的限制。作为海派清口的创始人，周立波本身是经过严格训练的。他也意识到上海方言是放在海派清口面前一个相当大的局限，但另一方面，这也是他的专长或者说是他的本钱，他离不开这个。

对于周立波来说，虽然他讲的是一个大家都很关心的财富问题，在财富论坛做的专场演出，面对的都是专业的财经人士，他也不需要讲财经。因为大家不是来听这个的，大家真正想听的是海派清口的《我为财狂》。换句话说，大家永远会把海派清口和周立波放在第一位，把演什么放在第二位。这样的话，就会把语言要求放在第一位。所以周立波一串普通话讲下来，给人的感觉就完全不是海派清口。周立波可能是有意识地进行了一次非常有效的尝试，而尝试过后，应该只能坚定海派清口不能超越它的语言空间。上海话实际上是海派清口唯一的表演语言，也只有上海话能够把周立波身上这种喜剧的因子完全催化和激发出来。

《我为财狂》中的一些财富段子，其实很能代表上海人的一些理财观念，而且它也反映了一个时代新的财富观的出现。曾经，财富是罪恶的代名词，有钱就等于有罪。那个时候，即使有新衣服也是不敢穿的，都要故意打上两块补丁再穿。像我这个年龄的人都是经历过这些的。但是中国发展到今天，我们到处都可以看见财富论坛、财富讲座等以财富冠名的活动。这说明中国历史已经掀开新的一页，财富可以堂而皇之地登堂入室，出现在大家面前，没有人再会把财富和罪恶等同起来。周立波的这场演出，实际上也是一个时代和历史的反映。这是周立波的本事所在，也是海派清口的特长所在。从表面上看，他好像在讲几个财经故事，但实际上，他却在告诉大家：今天已经是一个新的时代，新的机会已经来临，我们能够坐在这里共同讨论财富的话题，我能够在舞台上用海派清口的方式讲述财富的话题，这本身就是一个带有历史意义的文化现象。

据说，为了讲好《我为财狂》，周立波做了很多调研和实践。其实，对于财富，我们每天都有一些新的观念。所以有关财富的话题，也一定会有很多丰富的资源。周立波非常清楚他的海派清口主要针对的是上海的观众，那么财富的话题就是没有办法回避的。因为财富和上海这座城市的生命是紧密结合在一起的。上海的生命力就反映在它有财富的创造能力，它与这块地域及这里的人民所创造的财富，要为这座城市作贡献，要为我们的国家作贡献，也要为世界作贡献。所以说，财富方面的问题，一定会成为周立波日后海派清口的一个非常重要的部分，这是有逻辑关系的。这场《我为财狂》，应该说是周立波的一次尝试，是小荷才露尖尖角、小试牛刀而已，所以我们还可以有更多的期待，比如专门讲财富的，专门讲故事的，或者专门讲金融风暴的。

周立波到底为什么红？可能很多人都在思考这个问题。其实，他只是抓住了上海这个城市的幽默神经，特别是属于现在这个时代的幽默神经。他搭准脉了，所以他就红了。这个时代最最重要的两个关键，他都抓住了。哪两个关键呢？一个是怀旧，一个是财富。这个时代特别怀旧，我们越现代，我们就越怀旧，这是大家公认的。他的《笑侃三十年》，就是以怀旧来创新的。财富是触动每一个人神经的字眼，而且与每一个人当下的生活密切相关，没有一个人的生活能够无视财富。财富有大小、多少之分，但是生活离不开财富。钱不是万能的，但是没有钱是万万不能的，这也是很流行的。

实际上，所有成功的节目或者说能红遍中国的节目都是善于拿脉的。比如说《不差钱》，它也是反映了中国人的财富观。小沈阳那么多表演，能够作为大家的口头禅、传播于众口的也就是“眼一睁一闭”这一段，说“人死了钱还没花了”，那么赵本山就说“人还活着钱没了”，这也是财富观。一南一北，两个最红的喜剧明星，两台最红的节目，但都是这个主题。所以说，周立波应该是有一个规划的，并不仅仅是因为财富论坛邀请他去办这一场专场，而是他有意识的选择。

本土化和现实性是周立波海派清口的两大特点。我们可以用他的一句话来证明这两大特点，这句话也是和财富有关的。在讲股市的时候，周立波说：“啥叫股市，股市现在是一场事故。”这句话只有用上海话讲，大家才笑得出来。这就是它的本土化。第二，它也是有现实性的，因为我们大家都关心股市。第三，它还是跟财富相关的。所以说，周立波的很多表演都是别具匠心的组合，是一种才华的独特运用。如果我们不仔细看，那么也就一笑而过了。如果仔细看，我们就会发现，他的每一个组合都是经过训练的，而不是像有些朋友讲的把社会上的笑料集中起来，没那么简单的事情。

周立波的红是有他的原因的，一个人不会莫名其妙就红成这样。但同时，周立波又有自己的局限。他对自己观众的定位，就反映出了这样一个问题。他原来给海派清口观众的定位是高中以上文化程度的人，但实际上却远远不仅如此，现在连很多专家学者都很追捧。其实，以周立波的聪明，他大概也知道如果说海派清口是给高中以上文化程度的人看，实际上就等于说给全上海的人看。因为除了小孩子，上海大概很难找到一个高中没有毕业的人。也许他就是这个意思。周立波是有一点小小的狡猾的，他非常聪明，而且是很可爱的聪明。所以这可能是他艺术性处理过的语言。

假如他真的这么想，那就说明他有自己的决心，说明他在判断受众的时候受到了传统滑稽戏对受众预期的影响。因为过去对滑稽戏的理解是有问题的，人们一般认为滑稽戏的市井气比较浓，不属于高端艺术。比如受过大学教育的人，或者是拥有博士、硕士教育的海归是不会去看滑稽戏的。也许周立波还带着这样一种传统的印象来预判自己海派清口的受众。如果是这样的话，周立波应该会大跌眼镜。因为实际上到里面去的人，恐怕是各种教育程度的都有，而且应该是高学历的人居多。像他讲的《笑侃三十年》、《我为财狂》，真正能听懂他的话、听懂他的幽默是要有相当的知识积累和基础的。一个小学没毕业的人到周立波那去听股市，大概还是能听懂，但是听金融衍生产品，恐怕再怎么说他也不会觉得好笑，因为根本不在他的知识结构之内。所以说，周立波的受众面极其广，广到我们很难用专业或者教育程度去限制。现在能够限制的只有语言和年龄，就是听不懂上海话的人可能不大容易成为他非常忠实的观众和听众，年龄太小如80后、90后的人也很难真正听懂海派清口。

受众面越广，涵盖的知识能量就更多，这其实是对周立波提出了更高的要求，也是对海派清口这种艺术形式的一种巨大的挑战。正所谓众口难调，而且这个众口还不是一般的口，而是尝过很多东西的口，是非常挑剔的。所以，周立波必须要有这种思想准备。如果他意识到受众和自己预期中的不一样，那就应该马上意识到自己端上来的菜是不是也需要改一改，是不是也需要经常给人一种惊喜。答案当然是肯定的，这是毫无疑问的。

周立波曾说过这样一段话："一个人要想一辈子开心，你就去做好人；想要半辈子开心，你就去做官，因为你还要拿出半辈子去忧国忧民！而你想要一个人开心的话，你就去做梦；要想一家子都开心，你就去做家务；要想一桌子人开心，你就去做东；要想要六百多人同时开心，你就来看上海活宝周立波。"这段话说得非常精彩，但后面一句要改一改。可以改成："如果你想让上海六百万人都开心，那么就让周立波永远在舞台上做上海活宝，而且希望舞台上出现更多周立波一样的上海活宝。"

在笑声中，周立波带给我们很多东西，包括一些见闻和知识。其中，有对时事的评论，有对财富的评论，还有一些对历史的回顾，有些东西连我们专业人士都不一定知道。他会在欢笑中让我们看出我们财富观的变化：有一种是历史的，比如过去怎么样，现在怎么样；还有一种是中外的，比如美国人怎么样，他叫美帝国主义，现在我们中国怎么样。另外，他还传达了一种人生态度，传达出一种生活在当下应该有的心理状态。比如应该怎样看待都市，怎样看待社会，但无论如何都要用一种快乐的心态去面对和接受，去判断、去延续我们以后的生活。他传达出一种向上的、快乐的生活。这一点是特别重要的。

沧海浮沉追忆里，人生宠辱笑谈中。周立波的表演紧跟时代热点，关注民生话题，每场演出无不透露出的智慧和幽默，让观众在捧腹之余也收获了一份快乐和思索。

周立波的海派清口火爆上海滩已经是不争的事实，而他的那些衍生产品和具有代表性的段子也迅速在上海传播开来。很多地方都可以见到周立波的小型模仿秀，某小学甚至以其作为入学考核的一部分，引得家长们大呼“雷人”。但同时我们也可以看到，周立波确实已经成为了上海的一种潮流。

小学生入学模仿周立波，这是一个非常时尚的考题，但确实是“过”了。这个校长为什么会想出这样一道考题呢？其一，可能这个学校的校长是周立波的粉丝，非常喜欢周立波的表演，这是乱说。其二，现在的小学考试确实没有一个新的办法从非常优秀的孩子中选出更加优秀的。还有个小学招生，居然让幼儿园的孩子用一段英语来做自我介绍。因为报考的五百个孩子都很优秀，但学校只能招两百个，所以就必须想一些办法撇掉那多余的三百个。这也是没有办法。

为什么说“过”了呢？因为周立波是一个非常特殊的现象，我们让孩子去模仿他，其实要非常警惕。我们也许可以学习他为了自己的追求坚韧不拔的精神，就是无论自己处在一种什么样的境遇下都念念不忘自己的梦想，总记着要回到舞台。但是周立波的很多舞台形象实际上却是他本人批判的。喜剧的一个比较高的境界是让人在笑中去批判，让人在笑完以后深思，有的时候甚至会让人在笑完以后黯然神伤。“打桩模子”，我们又怎么可以让孩子去模仿呢？事实上，孩子们根本就不知道什么叫“打桩模子”，但还是会去模仿。因为这个形体动作实在是太滑稽了。周立波的舞台表演实际上是在讲述上海改革开放初期的一段非常艰辛的历程，在此期间出现了一些让人啼笑皆非的职业，“打桩模子”是其中一个。这能让孩子去模仿吗？还有周立波的一些上海话，如“pig head three”，也就是“猪头三”。这样的东西让孩子去模仿显然也是不妥的。所以说，把周立波的舞台表演作为一个标准，毫无疑问是“过”了。

从另外一个角度想，学校是不是希望大家重视上海话呢？因为现在很多孩子都已经不会说上海话了。重视上海话是应该的，周立波也有这个效应，但是他在舞台上展现的上海话是他本人批判的，而不是他提倡的，当然也不是我们应该提倡的。比如小学生如果天天说“把他做掉”，那还了得。再比如妈妈让孩子一定要把钢琴学好，对孩子说“你帮帮忙”，这不是开玩笑吗？周立波舞台上的这些上海话，实际上是上海特殊历史时期的缩影。他演出的绝不代表就是他提倡的，他引发了笑声也绝不代表我们赞赏他演出的内容，我们赞赏的其实是他的表演。周立波的表演中有很多是嘲讽的，有的时候甚至是批判的，我们怎么可以直接学他里面的东西呢？我们可以对孩子提倡上海话，但是却不要学周立波。如果周立波本人听到这个消息，相信他也会很担心的。所以说，我们不要把一个现象、一场演出或一种艺术形式的社会功能无限放大。

要真正看懂周立波的演出，是需要一定的生活阅历的。没有经过那样一段或者说在脑海里没有那段记忆的人是不可能懂的，只有经历过的人才会真正觉得可笑。因为周立波一下子把我们将要忘掉的或几乎已经忘却的记忆，用一种夸张的喜剧的周立波式的海派清口的方式，又给挑出来了。在此，我们有必要非常慎重地给这些小学的校长们或考官们进一言，以模仿周立波的方式来决定这个孩子是不是能被小学录取，这毫无疑问是“过”了。如果要模仿周立波海派清口里的上海话，以此来学习上海话，那更是大大的不妥，千万不要这么做。

海派清口的未来

关于海派清口的未来，其实还没有到讨论的时候，我们还需要等待一段时间。为什么呢？因为周立波是海派清口的创始人，按照传统的说法，他就是开山鼻祖。就现在来说，海派清口和周立波这个人本身是完全不能拆开的。我们现在还不能说海派清口已经是一个流派或者是一个完全独立的艺术形式，周立波本人也不一定会这么看。那么现在要谈海派清口的未来，谈它的未来能不能有发展，实际上很关键的问题就是海派清口能不能像上海滑稽戏一样形成某种程度上的学馆，也就是形成一种自己培育下一代演员的教育模式。周立波本人是学馆出来的，这类似于京剧的科班出身，那么海派清口是不是能形成这样的情况，现在还不好说。因为现在的海派清口还只有一到两部作品，而且在这个作品里面完全是周立波，百分之一百的周立波。

周立波是没有办法复制的，如果他可以复制的话，那么他就不会是海派清口的创始人了，最起码不会是唯一的创始人。所以说，对于海派清口的未来，我们需要有耐心去等待，去观察，然后去探讨，再下判断。

很多人觉得周立波相当的内容不过是大家在手机上传过的一些段子，只是由他略加改编，或者由他略加表演而来。很多人就此认为，像这样的一种演出方式，这样的一种艺术形式，能不能有持久的生命力和艺术价值呢？事实上，有这样想法的朋友不妨思考一下，作为一个小游戏，既然你说这些段子在手机上都曾看到，那么你就念一次，看看有多少人笑，再去看周立波演一次有多少人在笑。如此一对比，结果就显而易见了。手机上的段子只不过是周立波海派清口里的一些原材料而已，他从上面取来再经过他的加工，有些被裁减掉，有些则完全融入了他自己的表演天才把它更夸张了。他的很多形体动作，很多看上去很细小的东西，我们都是学不来的，而这些就是周立波的天才所在。从这个角度上，或者对周立波的海派清口有些质疑的心情是可以理解的，但是这并不是周立波的海派清口最需要关注的地方。因为如果这个段子完全没有人听到过，恐怕还不会引起那么大的共鸣。能够引起最大共鸣的东西，往往就是我们知道一点点的东西。如果拿一个英国笑话到这里讲，恐怕就没有这个效果了。

“周立波现象”的出现，使通俗艺术赢得了广大观众的尊重，为推动海派滑稽艺术的发展提供了一个值得深入研究的成功范例。

最近的一次周立波研讨会上，与会者认为，与小沈阳一样，“周立波现象”的出现是“应运而生”，反映了时代的进步和文化环境的宽松。周立波的成功既依赖于

“天时地利人和”的社会环境，更凭着扎实功底所具备的艺术实力。艺术需要爆发力，更需要耐力，要把“海派清口”真正打造成代表海派文化的一个演艺市场的品牌，周立波还有很多功课要做。这是参加研讨会的专家和学者提出的一致建议。

我们都很关心周立波还能够走多远，这个“远”，不仅有时间上的，也有地域上的。我想周立波会走下去，而且还会走出去一段相当的距离，但是他这个距离是有限度的，这个限度就是方言的界限。即使他走得再远，也走不出吴方言。如果走出吴方言，海派清口将失去舞台，他就会找不到他的舞台。比如我们假设周立波到宁波去演出，他本来就是宁波人，这是完全可以的。因为海派清口里有很多宁波方言。他完全可以把上海方言扩大到宁波、无锡、绍兴、苏州等上海周围的地方，他完全有这个能力，也完全有这个天才。而且在那里，他依然可以得到共鸣，但是不能跨越吴方言。所以说，我们不能对一种艺术形式提出某些它无法承担的要求。海派清口所不能承担的，就是离开吴方言的这块土壤。

有人说周立波没什么了不起的，至多也就是江浙一带的明星。这个要求其实是很不合理的，也是很霸道的，甚至还可以说是很没有逻辑的。难道周立波一定要走向全国，让中国十三亿人听了他的海派清口都开怀大笑才算成功吗？这是完全没有道理的。难道我们还能要求周立波到维也纳的金色大厅去来一场海派清口吗？周立波是当下的演员中罕见的一个脑子清醒的，他肯定会走，但问题的关键倒不在于他想走多远，而是他打算走到哪里止步。在这一点上，他的思路是跟我们不一样的，而这个不一样就彰显出他的特色。现在一般的地方曲艺形态的演员都想要红遍全国，甚至要红遍全球，如果月亮上有人的话，最好能红遍月球。周立波也有这个想法，这是一个演员与生俱来的。如果这个演员不想红，他就不应该当演员。但是周立波厉害的地方就在于当他迈开步子走出去的时候，他已经非常清醒地知道自己应该在哪里停步。所以，周立波可能还是应该以吴语方言的这块区域为自己的主要地盘，也应该以自己的这块区域作为自己的土壤。

一票难求，连演几十场都场场爆满，周立波的海派清口已经是上海地方喜剧，或者说是吴语方言区喜剧形式发展的一个拐点。他已经把振兴海派喜剧文化的责任扛在肩上，而且他的担负已经得到了观众的掌声和喝彩。这些都是毋庸置疑的，现在的问题是他还能多做些什么。比如他已经成功地让大家重新关注，重新回到剧场去欣赏地方的喜剧形式，那么他能不能在不久的将来拿出更新的东西呢？观众的胃口已经被调起来了，那么他能不能端出来一道更棒的菜？这是他自己要做的。

周立波现在是一骑绝尘，很多媒体都这样评论他。最起码从社会红的程度、热的程度及票房效应来讲，周立波确实是一骑绝尘。但是在一骑绝尘的同时，他是不是也应该意识到，艺术需要一个团队，当天上只有一颗星星的时候，对这颗星星关注的人不一定会太多，必须是星光灿烂，天上都是耀眼的星星时，大家才会寻找最亮的一颗。如果夜空里只有一颗星星，我们每天看到的都是这一颗，那么还会有人一直看下去吗？如果天上的星星今天是五十颗，明天是一百颗，那么我们就会找哪一颗是新的、哪一颗是最亮的、哪一颗是资格最老的。所以，他能不能从这个拐点开始发挥自己的带动作用，把自己引发的这种观众的热情有意识地引导到一个新的方向或一个新的空间上去，这是他应该考虑的，当然也是我们大家应该去期待的。

在担负海派文化的振兴责任方面，周立波本人是有意识的。他一直在讲自己就是用上海话来演的，就是为了上海的观众准备的，等等。海派清口的旗号他已经打出来了，这个艺术形式已经在舞台上站住了，已经在市场上站住了，也已经在社会上站住了。用一句最俗最俗的话来讲，麻袋已经有了，就是海派清口的麻袋已经有了，问题是能不能在里面多装一些海派文化的东西？这也是我们要期待的。

随着观众的审美期待不断提高，大家对海派清口也有了更高的要求。有人就提出了周立波的一些不足，比如说现在的一些清口还是有一些旧等。当然，这也许是极个别观众的观点，但既然有观众已经提出了，一叶知秋，在最红的时候，更要有一种忧患意识。因为任何一种演出，任何一种艺术形式，任何一台戏，任何一个剧目，如果都以这样的密度上演，那么观众的反应就会逐渐降低、减弱，这是非常正常的事情。毫无疑问，周立波现在必须使自己的海派清口有足够的储备，这里的储备包括他个人的表演技能的储备、天才的储备、语言能力的储备及模仿能力的储备。因为周立波已经四十多岁了，作为一个舞台演员来讲应该已经成熟了。这个麻袋已经编织得很牢固，就是海派清口，那么后面的东西呢？货，或者用北方话讲活儿，有没有新的活儿拿进来，这是他应该考虑的问题。所以说，他应该慢慢地有意识去建设一个团队，甚至建设一个非常灵动的、有能力的机构，为海派清口和他的舞台表演源源不断地提供素材，源源不断地进行一种资料的收集或者大家关心的热点的收集。像梅先生刚红的时候身边也没有多少人，但是后来像齐如山先生这样的文人学士都凝聚到他的周围，慢慢地，梅先生就拥有了一个很大的工作班底。

周立波为自己勾勒过一幅浪漫的蓝图：五十岁的时候退出舞

台，从观众的视线里消失；六十岁的时候再回来，然后死在舞台上。从中我们不难看出，周立波在进行非常严肃的思考。在一个笑星背后，还有一个周立波，一个在严肃思考着、沉重思索着的周立波，这是他强大的地方，也是他有能力的地方。我们经常听到这样的话，比如将军战死在沙场上，教师倒在讲台上。这其实是一种愿望的表达，是一种精神的彰显，但是千万不要这样。我们希望每一个将军都不要在沙场上阵亡，我们希望每一个将军都能退役，当他两鬓斑白的时候，能够在儿孙的围绕中含笑离开人间。我们希望每一个教师在教出了满天桃李以后能够安度晚年，能够在徒子徒孙的围绕下笑着离开这世间。我们当然也没有人希望周立波在舞台上“吧嗒”。我们希望的是，无论历史进行到哪一天，无论时间过去多久，舞台上的周立波永远不死，最起码舞台上的周立波的心永远不死。做到这一点，海派清口就真正成立了。

周立波的海派清口，它的核心价值还是比较清楚的。用一句比较简短的话，大概就是用欢乐来展示，用欢笑来提醒，用嘲讽来批判。因为周立波能够把很多让我们痛苦的东西以及很多不堪回首的东西用一种快乐的方式展示出来，然后再用欢笑提醒我们去回忆，因为有些回忆是很痛苦的。比如讲到那些非常荒诞岁月的事，讲到他小时候吃麦乳精的事情，讲到小时候爆糙米花的事情，这实际上都是物资匮乏的时代，是我们不堪回首的，但是他用快乐展示出来，然后用欢笑去提醒，最后再用嘲讽去批判。那些引人发笑的东西，都不等于是我们认可的。一般来讲，我们用笑表示赞赏、接纳和认可，但是在周立波这里，在海派清口这里，就产生出一种非常奇妙的移位。这里的笑也许正是要人批判的地方，我们笑得最开心的地方，恰恰是需要最大力度批判的地方。这是它的核心价值所在，它具备这样的核心价值。

周立波和他开创的海派清口，留给我们的绝对不可能仅仅是短暂的欢笑，而带给我们的，一定是像青橄榄一样隽永的、悠长的、绵绵的思考。在这样的思考当中，我们带着一种不那么沉重的心情，不会再背负一种沉重的包袱。我们回顾我们的历史，走过我们的历史，最终走出我们的历史。我们一身轻松，充满自信，带着欢笑，去迎接未来的挑战。所以，它带给我们的一定是思考。其实现在在很多时候，大家笑完以后都会在脑海当中想自己的经历，想那一段历史，然后跟自己的孩子说自己为什么会笑，为什么孩子觉得不可笑。这就是周立波和海派清口最大的价值所在。

关注高校女生——高校女生何去何从

说到如今的大学生们的素质，很多人都会有一种感觉，那就是与改革开放前理想主义的那一代年轻人相比，如今的年轻人是越来越现实了。比如之前就有一位大学女生发出了这样的感慨：白毛女为什么不能嫁给黄世仁呢？在数十年前，这根本就不可能成为一个问题。但现在这个问题正在吸引着越来越多的人参与到讨论的行列中来。事实上，这场讨论只不过是现在傍大款现象的一幕而已。但是金钱不是万能的，这句话千万不要忘记。

2009 年 10 月 14 日，《文艺报》资深编辑熊元义到华中师范大学汉口分校讲学，和学生探讨流行文化的相关话题。熊元义提到，白毛女应该嫁黄世仁的观点在年轻人中流行，这表明人们由二十世纪对群众疾苦的同情演变成了而今对权钱的膜拜。在现场，突然有一位 90 后女生小谢站起来说，如果黄世仁生活在现代，家庭环境优越，可能还是个外表潇洒、很风雅的人，再加上有钱，为什么不能嫁给他呢？即便是年纪大一点也不要紧。

白毛女该不该嫁黄世仁

这位90后的大学生，真可谓语出惊人。不过要把白毛女与黄世仁这件事说清楚，我们可能不得不帮她先来复习一下白毛女的故事。

白毛女的故事起源于晋察冀边区白毛仙姑的民间传说。1945年，延安鲁迅艺术学院据此集体创作出歌剧《白毛女》。剧本的情节是：地主恶霸黄世仁逼死佃户杨白劳，污辱其女喜儿。喜儿被迫逃入深山，成了白毛女。后来，八路军来到了该地区，使得喜儿重见天日。白毛女的故事所反映的是“旧社会把人变成鬼，新社会把鬼变成人”这样一个主题，在很长一个时期得到了人们的共鸣。

白毛女反映的社会历史阶段，白毛女故事里所要反映的主题思想或者说某种社会现实，跟现在的生活距离太遥远了。所以，现在的年轻人是很难理解的。这在某种意义上也是我们现代教育当中的某种断层，我们没有把它延续下来。现在的孩子看的都是一些动漫或者好莱坞大片，所以当他们一下子面临这样的问题的时候，他们就完全不理解白毛女到底是谁以及白毛女和黄世仁之间到底是什么样的关系。他们可能会从现在的氛围或状态下去理解白毛女。

今天，我们已经找不到“白毛女”了，像黄世仁这种形态的人也不可能出现了。因为像白毛女这样的形态如果出现在当今社会，那是一件天大的事情。我们可以想想看，一个女孩被侮辱，然后被逼着逃到山里去，这样的事情难道不是天大的事情吗？所以说，当今社会不太可能再出现这样的情况了，但这并不等于说我们就可以忘记它。我们依然要读它、学习它、重温它、体会它，这是很重要的。我们不能坐视这种教育断层的存在。

实际上，这个白毛女该不该嫁黄世仁的问题，之前就已经有了，只不过反响没这么大。前几年就有女大学生出来说，黄世仁有那么多钱，又拼命地追求喜儿，为什么不能嫁给他呢？像这样的问题，在过去是根本就不需要讨论的。哪个女孩子想嫁给黄世仁呢？没有。都想嫁给大春倒是真的。因为黄世仁就是一个邪恶、丑陋、反动的形象。那时判断一个人是不是好人，是不是成功，是不是值得爱，是不是值得嫁，绝不会以财富为判断标准，更不会以财富为唯一的判断标准，而是要看他平时的为人处世。但是到今天，我们的认识却开始慢慢地发生转变，确实有把成功等同于财富的现象，而且这种现象还是非常普遍的。

现在有句话叫"英雄不问出身，有钱不问来历"。这好比说只要达到目的，就可以不问手段。现在的很多孩子有意无意中都有这样的一种观念，这是非常可怕的。当然，这不是说我们要把有钱人看成坏人，但问题是我们是不是也应该关注一下财富的来历。现在很多人是不会关注这个的，只要有钱就行了，至于钱是怎么来的则不重要。

黄世仁是个恶贯满盈的大财主，但是大家通常只想到他是个富人，并不是一个坏人。富人当然不一定是坏人，也有很多富人是好人。但是如果财富的来路不干净，像黄世仁通过迫害杨白劳，甚至后来还有更卑污的目的——希望拿喜儿来抵债，这样的富人在过去就是一个禽兽不如、恶贯满盈的人。像这样的富人，在过去是不可能被接受的。这样的例子实际上也很多，当然跟白毛女不相干，比如曾经热播的电视剧《潜伏》里的谢若林，一个以买卖情报为生的人。他从兜里拿出两根金条，去问余则成哪一根是高尚的，哪一根是卑贱的。可能很多朋友会认为谢若林的话说得是对的，两根都是金条，还分什么好坏呢？但是在余则成的心目中，也许他认为这两根金条都是脏的，因为获得它们的手段是非常卑鄙的。

在数十年前，大家对好人的评判标准是比较统一的。当年在《白毛女》演出的时候，有一些战士恨不得毙了黄世仁。那是在延安的一场演出，当时演黄世仁的演员，他可以说是把黄世仁演活了，但也因此让自己陷入危险之中。因为有的战士站起来拉枪栓，要把“黄世仁”给击毙。而演喜儿的演员下来以后，则有很多战士把一些自己积攒下来的连自己平时都不舍得用的零用钱塞给她。这一方面说明了这些演员的成功，同时也说明了当时人们的爱憎标准是非常统一和清楚的。

随着现代社会的快速发展，我们的社会变得越来越多元化，从而在有些方面就产生了混淆。这是我们都看到的，也是很多人都为之担忧的。那么发生这么大的变化，在对一个人物的评判和认识标准上发生这样天翻地覆的变化，这是值得我们注意的。这其实已经变成了一种价值观上的冲突或者说是价值观的混乱，以多元的名义导致我们没有了判断的标准，这也是非常可怕的。但是多元并不意味着没有主流，或者说并不意味着没有一个最基本的标准。这样的标准应该还是有的。既然如此，那么像黄世仁这样的形象其实是根本就没有必要争议的，女孩子想嫁给黄世仁也是根本不可想象的。但是现在这种情况出现的比较多，这场讨论也只不过是现在傍大款现象的一幕而已。

对于金钱的膜拜会给我们这个社会带来什么样的影响呢？对于金钱的过度膜拜，为了获取金钱不择手段，会使我们这个社会在道德上或者使我们这个社会从最根本的层面上付出巨大的代价。

这个是非常可怕的。我们现在看到越来越多这样的报道，比如为了金钱兄弟反目，为了金钱父子反目等。这种情况是应该受到我们关注的。“金钱不是万能的，没有钱是万万不能的。”这句话是对的，但是现在我们往往把重心放在“没有钱是万万不能的”。没有钱确实是万万不能的，因为没有钱我们就没有办法生活，更不可能做成事情。但是千万别忘记“金钱不是万能的”这句话。

从二十世纪四十年代对群众疾苦的同情变成如今对权钱的膜拜，白毛女该不该嫁黄世仁这样的讨论已经触及到了我们道德的一个底线，那就是生命的价值尊严在权力和金钱面前到底是不是还依然存在？

> 2009 年，网上曾出现过一个由湖南大学八位女研究生集体发出的征婚帖，上面说“相貌端正，性格柔婉，正当妙龄且多才多艺”。此帖一出，短短几个小时内人气暴涨。要是在几年前，这样的女生居然要上网去征婚，大家都觉得是很不可想象的事，但是现在，这样的情况却越来越多了。

女研究生网上集体征婚

这是大家普遍都很关注的问题。我们经常可以在报纸上、网络上甚至电视上看到这样的场景，也看到来自于各行各业的人对这种社会现象的讨论，这实际上是一个非常让人担心的问题。在这个征婚启事里，我们没有看到学历。这就很有意思。一个原来应该让自己觉得自豪、让大家觉得羡慕的研究生学历竟没有出现在她们的征婚启事里，当然她们可能是研究生还没毕业或是在读研究生，好像有意无意地要把这个给藏掉。这似乎在有意无意地告诉大家，她们之所以要来征婚，就是因为她们是研究生。如果像具备“相貌端正、性格柔婉”等条件的不是女研究生的话，是不是还要上网去征婚呢？相信很多人的脑海里都会有这样的疑问。

几年前，在网上曾流传过这样一个段子：女大学生是黄蓉，女研究生是李莫愁，女博士是灭绝师太，女博士后就是东方不败。这就是一些所谓“学历女”在征婚上遇到的尴尬。应该说这个顺口溜还算是客气的，当然，这也许只是一种善意的调侃，也是对这种现象的一种非常客观而无奈的描述。还有说得比这个更严重的顺口溜。比如大学里只有三种人，男生、女生、女博士。这样的话就很恶毒了。

实际上，我们现在到任何一所大学去看都会发现，在高学历的学生或者说名牌大学的大学生、硕士研究生、博士研究生里，女性的比例是相当高的。在中国一流的高中或者比较好的高中里，女学生的比例也是很高的。这种情况跟我读大学的时候有很大的不同。二十世纪八十年代，北大的女生很少，像技术物理系、数学系、物理系等这样一些系，当初都叫“光头系”。相对来说，外语系的女生算是比较多的。当时举办联谊活动的时候，这些“光头系”常常会主动要求跟外语系合办，而场租则全由他们承担。没办法，如果他们想邀请女生跳舞，就只能如此。当时北大有几十幢学生宿舍，女生宿舍却只有两三幢。但是现在的情况改变了，在任何一所名牌大学里，女生的比例都提高得非常非常多。那么这些人的婚恋问题，她们将来的个人生活或者家庭生活问题，确实是应该得到全社会的关注的。

现在出现了一个新词，叫做“剩女”，而且好像很多女性都已经被划到了“剩女”的行列。且慢，我们不要把“剩女”这个头衔先拉到自己头上。我是二十世纪八十年代早期读大学的，现在已经四十多岁了，在我的女同学中，没有结婚的多了。这是一个很普遍的情况。高学历的女性很难找到她自己满意的，或者让她身边的亲戚朋友满意的对象。因为中国的家族观念还是很强的，配偶或者人生伴侣要得到父母的认可，这是一个越来越严重的现象。

现在又有一句顺口溜，也是在女生当中流行的，叫做“先下手为强，后下手遭殃”。什么意思呢？就是说如果你要谈恋爱，如果你要找一个自己觉得非常好的男友，就应该尽量找能够确定恋爱关系，尽量找能够步入婚姻殿堂的。也就是说女生要采取主动，因为这种情况主要出现在“剩女”中。在最近流行的话语里，“宅女”和“宅男”用的频率好像比较均衡，但是“剩女”和“剩男”却很不均衡。“剩女”我们经常可以听到，但是却很少有人说“剩男”。

现在，男生变成了稀缺资源。很多父母带孩子去征婚，拿的全是女孩照片。如果拿的是男孩照片，那么这对父母通常会特别吃香，会有一堆女孩的家长围着他们。这里有非常复杂的因素，应该说是我们的传统观念在作怪。在传统的观念中，一般都认为女子无才便是德。另外，还有一种这样的观念，比如两户人家联姻，男方家通常都会比女方家强一些。曾国藩也讲过这样的话：“嫁女当胜似我家。”就是说“我”如果嫁女儿，就要把她嫁到一个比“我”家稍微强一点的人家。但是对曾国藩来说，要找一个比他强的也很难。“娶媳当不如吾家”，就是娶媳妇要找一个比自己稍微差一点的，这是一种传统观念。

在我们的传统观念中，一般认为男的应该比女的强。还有很多观念是很奇怪的，比如男的应该比女的大。一个男性如果比自己的太太大三岁、大五岁、大六岁、大八岁、大十岁、大十五岁，在今天大家都觉得很正常，好像没有任何异样。但是假设一个女孩子比自己的丈夫大十岁呢？恐怕就要翻天覆地了。在家里，如果大五岁呢？恐怕接受的人也不多吧！哪怕是大一岁，都有人带着一种很奇怪的眼光，就有这样一个名字叫“姐弟恋”。但是怎么没人说兄妹恋啊？好像大家说兄妹恋很正常，姐弟恋就很奇怪。我们可以来算一笔硬账，十八岁中学毕业，四年本科二十二岁，三年硕士二十五岁，三年到四年的博士，可不就已经将近三十岁了。而在中国，关于这种结婚年龄的观念，并没有随着时代的进步而进步。我们并没有因为时代发展了，就认为三十岁女孩正当龄，没有这个观念，我们还是认为三十岁已经是大龄女孩了，或者早就应该结婚了，或者早就应该做母亲了。

所以在这样一种非常混乱的状况下，当然，还有一个很重要的原因。作为一个男性，我必须非常理性地承认，在中国改革开放的三十年里，中国女性的确不仅不比中国男性差，恐怕和过去历史上的女性相比，她们得到的提升或者说进步比中国男性要大得多得多、高得多得多。最好的例子大家经常举，即中国女足和中国男足。你看看中国男足什么样，再看看中国女足什么样？我跟孙雯见过几次面，她当然也是一个女足名将，铿锵玫瑰，我对她充满敬意，非常尊敬她。她的言谈举止、她对自己事业的态度，多好！中国确实是阴盛阳衰，这是一个社会现实，或者说是一个愈演愈烈的情况。但是在中国人的心底还是认为阳盛阴衰，所以就出现越优秀的女孩子在婚姻上就越困难这么一种状况。

可能对男孩子来讲，他们也有自己的心理因素，一般男孩都不想要比自己强的女孩。这是一种打着自信的幌子和招牌的实实在在的自卑。其实两个人的婚姻在很大程度上是感情问题，男孩子学历比女孩子低，那又怎么了？有时候还不一定是学历，还有方方面面的问题。比如身高，比如能力，男孩子一看女孩子比他强，就避之唯恐不及，赶快先躲掉再说，这实质上是一种自卑。过度的自尊、过度的自信和过度的自卑，都不是一种健康的心态。当然，很多也是来自周边眼神的压力，男孩比较难以承受。因为在普遍的价值观里，人家就觉得男的就是应该比女的强。

实际上，在中国，特别是在我们中国的内地，中国的女性是非常非常了不起的。因为她们的工作强度实际上跟男性是一样的，甚至于如果考虑到女孩子，或者女性特殊的生理因素，特殊的生命历程，她们比男性付出的还多。在社会上是这样，在家庭里也是如此。这些女性在家庭里所要承担的义务和责任，并没有任何减少。而且现在教育孩子也成了母亲的主要责任了，变成了严母慈父了。父亲很慈祥地在旁边看着，母亲天天跟孩子说，你要做好功课，检查作业，母亲签字，母亲去开家长会。所以说，内地的女性真的是非常非常了不起的。她们作出的贡献，付出的体力、精力以及在各方面付出的代价都是很大的。高学历的女性尤其如此。我们都觉得人生的婚姻大事在二十多岁的时候解决掉是合情合理的，但在这样一个非常特殊的人生阶段，这些高学历的女性却通过自己的努力和付出在高考、在考研、在研究或者在管理岗位上。她们超过了自己同龄的男性，但是她们又得到什么褒奖了呢？

现在很多父母也开始反思，反思自己的教育方式。我们现在看到很多“剩女”其实并不着急，倒是她们的父母非常着急。有一个母亲就说过这样一段话，她说得检讨自己的教育方式，在孩子年轻的时候、读书的时候，天天逼着她要读好学校，要上好高中、好大学，结果把孩子给耽误了。这种检讨其实是一种很无奈的悲哀，是一种发自内心的对儿女的爱。但是这个责任不能由父母来负，他们当初的出发点一定也是为自己的女儿好，出于对自己女儿负责的态度。但是他们发现当孩子长大以后，孩子要面临另外一个人生问题，而这个问题是终生的问题，也许比读书好还更重要。所以父母开始反省自己。

这里有一个非常怪的情况，比如我们讲“剩”这个概念，我们理解它好像是被挑拣下的、多余的、余下的，这个字往往在汉语里多少带有一点中偏贬，肯定不是一个褒义词。可是问题是，这些“剩女”往往都是非常优秀、非常杰出的人才，怎么她们剩下了呢？当然，是她们主动选择了“剩”。但是也有一种情况是，比如别人看得上她的，她看不上别人；她看得上的男孩子，由于种种原因，已经不能再跟她共结连理了。这其实也很正常，因为这些高学历的女孩都是宁缺毋滥的。她们对自己的要求都那么高，对另一半的要求当然会更高。

“剩女”现象是很难去改变的。那么，这种现象会导致什么后果？对于我们这个国家的命运、民族的命运会产生什么影响？我们需要站在这样一个高度来看这个问题。这么说绝不是危言耸听。一些调查结果显示，当然，这个调查的权威性我们可以再去考究一下，高学历的女性的生育率远远低于其他女性的生育率。换句话说，这些“剩女”连婚都没结，当然更谈不上去生育孩子了。有些高学历的女性由于结婚太晚，比如三十岁结婚，再要孩子就很不容易了。在现在的妇幼保健医院或妇产科医院里，三十五岁一般就被定义为高龄产妇了。所以，这些三十多岁结婚的女性，往往就无奈地或者不得不选择丁克的家庭模式，也就是没有孩子。

我们知道，为了培养这些高学历的女性，国家提供了很多资源，社会和家庭也都付出了巨大的代价。但如果她们没有孩子，那么她们就只能是永远的女儿，这是谁的损失？当然是这些女孩子的损失，也是她们父母的损失或者说是这个女孩子家族的损失，但这难道不是我们这个国家和民族的损失吗？答案当然是肯定的。但是我们该怎样解决这个问题，恐怕在近期内还找不到一个非常好的方法。像这几位女研究生到网上去征婚，这个举动本身是可以理解的，我们也应该表示尊重和赞赏。因为我们应该公开表达自己的心愿，公开表明自己的态度，不要让自己被各种误解及这种隔岸看花的似是而非的东西包裹住。但是这里还有一个细节，就是这个帖子很快就撤掉了。

这就让人觉得很奇怪了。她们为什么会撤掉，是迫于什么样的压力才撤掉的？应该不会是学校让她们撤掉的。因为这完全是她们个人的合情合理的行为，有什么理由让她们撤掉呢？她们的父母应该也不会。因为父母往往比自己的女儿更着急，所以不可能去阻止女儿征婚。所以，恐怕最大的可能还是来自于她们自己内心的挣扎。她们可能会想，难道自己真的嫁不出去了？非要主动去征婚吗？可能是这几个女孩子后来慢慢看到帖上一些无聊的话,有的意见可能会让人难以面对,所以她们最终选择了一种退却，选择了撤掉帖子。但是，用“剩女”这个词来称呼她们是不合适的，用一句老百姓的话说，这是一种罪过。因为她们付出了很多，为什么要这么称呼她们？但是这些女孩子的个人问题，终究也只能由她们个人去解决。这句话似乎有一点冷酷，但也只能是如此。

其实，这个问题之所以能引起大家的关注，主要在于它不仅仅是个人的问题，而是整个社会的问题。我们经常能够听到很多非常优秀的大龄未婚女青年这样抱怨，说自己当初干吗那么努力，那么累，非要去争强好胜，还不如好好做一个秀外慧中的淑女让人来爱。实际上，我们应该理性地理解我们的一些传统观念。比如我们是不是充分地考量到，男女作为不同的生命体，老天区分出这两类——男性和女性，那么我们是不是应该用一种完全同等的标准去要求他们。当然，女性可以用完全同等的，甚至高于男性的要求去要求自己。但是我们这个社会是不是应该对女性，特别是这些事业型的女性给予更多的关爱、更多的倾斜，对她们偏心一点，我们社会为什么不能做这个？这是需要我们去考量的。

有件事情非常有意思，好像是一位武汉的大学校长，他说现在大家的经济比较困难，由美国引发的金融危机也会对中国造成一些影响，在这种情况下，工作岗位很少，所以他倡导让女学生回归家庭。此语一出，网上骂声一片。可能很多都是女性骂的，她们觉得这位校长把女性看扁了。其实这位校长恐怕不一定是这个意思，他也许在告诉我们，也许女学生可以多一种选择，这是一个加法，不是一个减法。回归家庭并不等于完全脱离社会，而是在社会这个纬度、这个层面以外，还有一个家庭的选择。如果得到自己的爱人、得到自己家庭的一种理解，为什么不可以呢？现在，我们实际上是处在一个观念极度冲突、高度混乱的时期，这些女孩子其实在牺牲她们自己，而这种牺牲还不仅仅是她们自己的事，如果放远一点来看，这种牺牲带来的后果是很严重的。

> 武汉科技学院开设了一个淑女班。校方称办这个班是为了提高女生的修养，同时也为她们踏上社会就业做准备。不过这样的做法是不是就一定可行呢？女大学生是不是都该向淑女看齐呢？

武汉大学开设淑女班

现在，就业问题是大家都很关注的问题。武汉科技学院声称招收淑女班是为了就业更容易，这样的说法让有些人颇为不解。

但实际上，还有比这个更莫名其妙的说法，而且同样是出自某大学的高层管理人员之口。这位管理人员声称，招收国学班是为了受过国学教育的人可以更好地到跨国企业里做文秘。其实，开设淑女班本身是无可非议的，这绝不是对女学生的不尊重。难道哪个女生听到有人叫她淑女会回头骂人家一句？她高兴还来不及呢！所以说，这个淑女班本身是没有问题的。

我们看到，在招生简章中，有一些很奇怪的规定，让人觉得很滑稽。比如说什么身高一米六、五官端正等，淑女一定要达到这个标准吗？一米五九就不能是淑女吗？中国历史上的女性，很多都是身高不高的。我们汉族人的身高，是在最近这一百年才有了一个很快的提升的。如果按照这样的规定，那么在中国历史上恐怕就没有几个淑女了，因为她们都没资格进淑女班。这就让人很不解，它到底是招模特儿还是招淑女，模特儿班提一点身高的要求倒是理所当然的，可这是淑女班，怎么也有身高的要求呢？

可能是他们考虑到市场需求量比较大，所以故意设了一点门槛。但门槛不能这么设。因为开设淑女班实际上是希望为这些女孩子提供一些特别为女性考量的、为她们度身考虑的专门的课程设置，是一些额外的或者说是附加的教育内容。既然是这样，就应该有教无量，只要是女性、女学生、愿意读的都应该欢迎，怎么能设这个门槛呢？这个班和这个门槛本身就是冲突的。这个班应该只有一道门槛，那就是必须是女生，别的门槛都不应该有。

说到淑女，很多人可能会有很多想象，对淑女也会有很多要求，但是淑女是不是更容易就业呢？这其实是不需要怀疑的。因为如果一个女孩子有非常好的修养和非常好的举止，各方面应对都很自如，或者我们说得更直白一点，比如说她比较懂得打扮自己，懂得穿什么样的服装才得体，在某一个场合用什么样的语言去进行沟通才合适，那么这个女孩子的就业前景肯定是被看好的，这没有必要否认。没有人会说一个愣头愣脑的女孩，或者一个言谈举止不大妥当、非淑女型的女孩就业反而会更好，这是不可能的。

就业是一方面，其实，很多人说到淑女，通常都会想到“窈窕淑女，君子好逑”，会想到“嫁”那方面，那是不是淑女更好嫁一点呢？武汉科技学院是不是这么考虑的，我们不得而知，但淑女肯定是不难嫁的，这一点毋庸置疑。问题是在当代，对于淑女有没有新的内容考虑，或者说今天的淑女标准是什么？因为如果按照传统的标准，今天是没有淑女的。那么传统的标准是什么呢？大门不出，二门不迈。但今天的很多女性都是有工作的，如何做到“大门不出，二门不迈”呢？所以说，只要是有工作岗位的女性，按照传统就都不是淑女。

我们当代的淑女应该有什么新的要求？比如过去的女性要绣花，要会做菜，当然还要孝敬公婆。符合这个标准也就是今天的淑女吗？当然不是。今天我们应该有一些新的考量。比如家政类的工作由女孩来担任，因为女孩子比较细心。再比如女孩子往往比男性更多倾向于顾家一点，那么对孩子的教育主要由女性来担当。所以如果把这些传统的内容加载进去，再把一些现代的因素加到淑女课程当中，那就很好。也就是说，淑女的概念也必须要现代化。

我们看看武汉科技学院的淑女班都设置了哪些课程，公关礼仪、艺术修养、化妆技巧、形体训练、国学经典还有服饰和色彩的搭配。从课程设置来看，已经不仅仅是淑女，应该是超女，或者最起码叫超级淑女课程，因为是文武全才。但培训时间却只有一年，所以只能说是快餐式的淑女，或者叫填鸭式的淑女，根本就没有成功的可能性。实际上培养一个淑女也好，培养一个绅士也好，都是需要很长时间的，是要把这个影响化于无形，是要慢慢地浸润进去的。拿着锤子“当当当”敲打几下，就可以敲打出一个淑女来吗？绝对不可能。这个过程要慢慢地进行，恐怕不能有时间表。那么课程排成这个样子，淑女也许就是一种技艺或是一种技巧了，这跟淑女原来的概念是背道而驰的。淑女是一种内在的修养，是非常内在的、内敛的一种东西。一个淑女站在那儿，就算不说话，就算穿着不时髦也不昂贵的衣服，她依然是淑女，这才是真正的淑女。所以说，这个班还是叫公关礼仪班比较合适一点。

淑女应该是什么样的？有人说是“秀外慧中、学贯中西、品位高雅、多才多艺”的女性。这不是淑女，这是超女。如果我们以这样的标准去衡量淑女，那就会让一些淑女或者潜在的淑女很累，会让她们牺牲掉很多淑女应该享有的东西，甚至可能会培养出一批“剩女”来。我们不能奢望她们十八班武艺样样齐全，像化妆技巧、形体训练这些都是可以学的，没有什么不可以。但是为什么要选这么高的标底，对人的外形、五官、身高提出种种要求呢？这恐怕不是在培养大多数人概念中的淑女。

事实上，不仅仅是武汉的学院开设了淑女班，很多城市也都开设了一些针对白领女性、女企业家、企业家夫人的课程。这些课程通常都很贵，两千到四千元上一节课。有人认为淑女班的教学内容，其实是属于性别教育，而我们从小一直没有性别教育这方面的概念。如果它真是从性别教育去考量的，那是很值得怀疑的。按照中国传统的观念，这个社会分成男人和女人，大家的性特色都很明显。当然，现代社会比较混合，如果能够明显一点，最起码没有什么坏处，但我们也没必要过度去强调性别意识。像那种昂贵的“太太班”，不过是身份和身价的象征。谁进去了，就说明谁的先生很成功。这是一个商业行为，很没有意思，不可能培养出什么淑女来。所以说，像这种班作为一种调剂或一种补充是可以的，但是要作为一种相当正规的教育，列到高等院校的课堂里去，作为一个成套的课程配置，恐怕还要好好地思量一下。

关注网络安全——网络环境整治

网络是中国改革开放三十年发展最快的领域之一，我们绝大多数人的生活都已经离不开它了。网络不仅是我们最重要的沟通手段和联系方式，而且也是我们最便捷、最迅速的信息来源。

中国于1994年正式接入互联网。经过十五年的发展，我国的网民人数已经达到了3.6亿，互联网普及率达到世界平均水平。我国互联网的影响在深度和广度上有了新的发展。在广度上，互联网在我国农村地区和西部地区快速发展，成为近年来一个亮点，城乡之间和东西部之间的差距逐步缩小，我国互联网整体发展水平不断提高；在深度上，互联网日益深入渗透到社会生活的各个领域，深刻改变了人们的社会生活方式和生产方式。

网络安全不容忽视

我国互联网发展成就令全世界瞩目。乘着市场经济的春风，中国互联网正步入一个重要的发展期，既面临难得的机遇，也面临严峻的挑战。特别是网络安全问题，已经成为了引起公众高度关注的一个突出话题。

在很多情况下，尤其是牵涉到现代科技发面，大家在感受到便利的同时，也日渐重视它们所带来的负面问题。这是一种成熟和理性的表现。说句实在话，利和弊通常是一个硬币的两个面，很难截然分开。我们注意到了网络引发的诸多问题，但是，我们却不可能没有网络。换句话说，我们不能在倒洗澡水的时候，把澡盆里的孩子也给倒掉了。所以，我们必须要认真细致地进行观察和分析。现在的情况是：

一是在信息形态方面，网络信息传播正从以文字形式为主向音频、视频、图片等多媒体形态延伸。目前我国网上音、视频等多媒体信息已占互联网流量 50% 以上。这极大丰富了信息发布的表现形式，同时信息内容的安全性愈显重要。

二是在应用领域方面，我国互联网正从信息传播和娱乐消费为主向商务服务领域延伸，电子商务迅速发展，互联网开始逐步深入到国民经济的更深层次和更宽领域。这对于优化我国互联网消费结构、促进经济发展模式转变具有积极意义，同时也对网络诚信建设提出了更高要求。

三是在服务模式方面，互联网正在从提供信息服务向提供平台服务延伸。以博客播客（视频分享）等为代表的 Web2.0 服务模式使互联网的平台功能更加突出。网民不仅是信息的消费者，也是信息的提供者、创造者。这大大丰富了网上的信息内容，同时也对网民的守法自律提出了更高要求。

四是在传播手段方面，传统互联网正在向移动互联网延伸。随着 3G 网络的发展，手机上网正在成为新潮流，基于移动互联网的新媒体形态不断涌现，移动互联网市场规模不断扩大，目前已超过一百一十七亿元人民币。这大大拓展了网络信息的传播渠道，对规范网络信息传播秩序也提出了更高要求。

以上这几个变化，一方面，将大大促进我国互联网的繁荣与发展，对提高我国信息化水平，推动经济社会发展具有积极意义；另一方面，带来的网络安全方面的新情况和新问题，也应引起我们的高度重视。

网络安全的威胁主要表现在三个方面：第一，网络淫秽色情等有害信息严重危害未成年人的身心健康；第二，网络黑客攻击、网络病毒等严重威胁网络的运行安全；第三，网络欺诈、网络盗窃等网络犯罪活动直接危害公共财产安全。这三方面的问题，大家应该都有同感，而且其中有些问题已经很严重了，我们谁没有收到过诈骗、黄色、造谣的网络信息呢？那么，面对这些问题，我们应该怎么办呢？这是一个极其复杂的问题，需要做的事情很多，也很难。但是，终究还是有抓手的。

网络媒体要负起责任来，不能只考虑累积点击率，不考虑积德。从一定意义上讲，网络媒体的传播力、影响力越大，对其安全性、可靠性的要求就越高，其承担的网络安全责任也就越大。我国的网络媒体发展在世界上并不落后，提供的信息资讯极为丰富，拥有的受众十分庞大，未来的市场空间难以估量，网民对网络媒体的关注度、依赖度不断提高。网络媒体的信息流动安全，不仅关系到网络媒体自身的形象和声誉，而且也关系到互联网产业的健康发展。

网络媒体要把落实网络安全责任重视起来，其中特别要紧的是要切实把保护未成年人身心健康放在维护网络安全的突出位置。《中共中央国务院关于进一步加强和改进未成年人思想道德建设的若干意见》、《中华人民共和国未成年人保护法》明确规定，禁止任何组织、个人制作和向未成年人传播淫秽、暴力等网络信息。

近一段时间，网上淫秽色情等有害信息蔓延，已经成为影响网上信息安全的突出问题，全社会特别是广大教师和学生家长对此反应强烈。有关部门在全国持续集中开展了整治互联网淫秽色情和低俗之风等专项行动，取得显著成效，得到了社会各界的充分肯定。但由于多方面复杂因素，网络淫秽色情和低俗之风屡查屡现的现象仍然存在。越是有影响的网络媒体，越应该带头清除和自觉抵制淫秽色情及低俗信息，带头文明办网、文明上网。有关部门要进一步加大查处力度，扩大清理整治范围，对整治不力的网站坚决曝光，对顶风作案的从重处罚，真正使网络面貌有根本变化，使社会满意度大幅提升，把整治网上低俗之风专项行动引向深入。要下大力度完善抵制网络低俗之风的长效机制。

我们利用网络，无论如何也不能以伤害甚至牺牲下一代为代价。另外，网络作为一种虚拟的形态，如何建设好它的诚信度，也是一个非常重要的问题。网络空间存在传播谣言、发布虚假信息、欺诈欺骗等失信行为，对社会和公众的利益造成了严重的损害。

南京“天价烟局长”事件，“官太太出国团”事件，“躲猫猫”事件，贫困县县委书记戴五十二万元名表，“史上最牛”的中部地区处级官员别墅群，“史上最牛”的官员话语，等等，网络舆论已经成为社会发展中需要面对的新问题。在网络上，一个普通人就可能做到一呼百万应。而在这种强大的民意潮流下，很多人不堪重负，甚至连生活都出现了问题。

2009年7月13日，我国的“网络暴力第一案”在北京市二中院开庭。一女子在博客中诉说丈夫王先生有外遇，而后跳楼自杀。她的同学张乐奕在网站上把她自杀前的博客公布于众，结果引来网民对王先生的“人肉搜索”。王先生在被谩骂的同时，他的姓名、单位、家庭住址等个人信息均被披露，王先生的父母住处也受到骚扰，家门口墙壁还被刷写、张贴了标语。

因不堪网友指责，王先生将亡妻的同学张乐奕诉至法院。一审法院审理判决张乐奕败诉，张乐奕不服，上诉到二中院。而在二审过程中，双方均表示愿意接受调解。

网络暴力的背后

网络舆论力量确实给社会的发展带来了很多帮助，但也给一些人制造了麻烦甚至造成了伤害。对于“网络暴力第一案”，我们必须高度重视。原来，我们看到的更多的是网络提供的便利，是网络对信息传播所带来的好处和帮助。但现在，我们不得不重视网络的负面作用和破坏作用。网络的双刃剑作用越来越彰显，这也是一件好事。

网络有一个非常要命的地方，就是说了话可以不负责任。因为很多人是隐身的，我们根本不知道他是谁。如果是这样的话，那这个社会怎么办？如果它攻击的是具体一个人的话，那这个人又该怎么办？假如一群人完全是隐身的，大家一起去评说一个抽象的现象，这是另外一回事。但是如果这群人攻击的是一个具体的人，那问题就严重了。网络现在已经出现了这样一种暴力现象，是一种不知道是什么人的群体暴力。就好比一个人走在路上，突然有一群他完全不认识的人对他群殴，或者对他大吐口水。网络的这种负面作用，在近几年，越来越彰显出来。

这些网络暴民，往往打着民主的旗号对他人进行人身攻击。民主是一个多么神圣的字眼，没有人会说民主是一个坏的东西。但是民主有一个前提，这个“民”必须是负责任的民。比如一百个人讨论一件事情，我们最起码会知道这一百个人是谁。当然，我们可以匿名投票，但还是会知道是哪些人。网络哪里有“民”，那些网络暴民有一个报名表吗？网络暴民就是一个不加S的复数。民主的前提是，主张民主的人民或者参与到民主这样一个事业里来的人民都必须是独立的、能够为自己言行负责任的人民。所以说，现在很多国家的投票还是有年龄限制的。为什么三个月的婴儿没有投票权？就是因为他不能对自己的言行负责任。民主不能滥用，民主有它有效的使用范围，溢出这个范围以后，往往就会成为罪恶的工具。就好像欧洲一位著名作家讲的，“民主民主或者自由自由，有多少罪恶，打着你的旗号横行”。所以说，网络民主是一个完全站不住脚的概念，是一个根本就不存在的概念。

网络暴民会滋长一种非常阴暗的心理，就是他们躲在角落里，他们可以看到别人，但是别人看不到他们，所以他们可以随意从背后袭击别人，而且他们还不用为这个袭击担任何责任。这样的袭击根本没有任何成本，如果说有成本的话，那就是点击一下鼠标，动用了一下手指，耗了一点儿电，可这叫什么成本呢？所以说，这样的一种网络暴民集体出现是非常可怕的事情。对于这些在网络上攻击我们的人，我们毫无办法，因为我们根本不知道他们是谁。如果他们留下了真名实姓，那我们完全可以通过法律途径解决。可这些网络暴民，就连法律都没有办法处置他们。这意味着什么？意味着我们的社会出现了一大群不用负责任的而且无法控制的人，这是非常可怕的。

被网络暴民攻击的人自然是受害者，而那些阅读虚假信息和接受虚假资讯的人，其实也是受害者。所以说，网络暴力已经必须提高到从一个社会公共安全的角度或者说从社会公共福利的角度来考量了。如何保证网民对自己在网络上的言辞负责任，或者说让我们最起码知道是谁说的，以及他发表这个言论的背后有什么理由，比较好的办法是采取网络实名制。因为有网络实名制以后，我们就必须对自己的言辞负责任了。现在通过 IP 地址去追查，很多时候是追不到的。很多谣言或者导致社会不稳定的因素，通过网络迅速传播，其传播速度之快，传播力度之大，是我们有目共睹的。当然，我们一方面要承认，要高度评价网络对现代社会的重要意义和正面价值。我们不能因噎废食，不能因为网络有坏的一面就把网络关了，这是不可能的。如果真的关闭网络，那就成笑话了。但另一方面，我们也要理性地看到，网络有多大的力量为我们提供帮助，就有多大的力量给我们带来伤害。而现在看来，这个伤害已经大到了不能忽略的地步。

对网民来说，最重要的一点就是要珍惜我们的话语权。但如何去激发人们对自己话语权的珍惜呢？比如我们发表一篇文章，需要白纸黑字签上自己的名字，在这种情况下，我们都会比较慎重，因为这个话语权是跟我们紧密相关的。而网络上的话语权来得太容易，也太轻巧，对于这样的东西，我们往往不会珍惜。我们只要在网上躲一个地方，就可以发一通言，有的时候大放厥词，有的时候造谣诬蔑，有的时候想当然，这样的事情还少吗？而被攻击者则变成了弱势群体，即使他们要维护自己的权利，也不知道该怎么维护。俗话说“冤有头，债有主”。连人都找不到，还怎么维护？

现在的情况是我们在保护网络上这群匿名者，这当然也是可以接受的，但那些被攻击的人又有谁去保护呢？这个社会每一个公民的权利都是一样的，人与人是平等的，我们不能坐看这批人被攻击却连还手的力量都没有，就连法律也根本没有办法为他们伸张正义，主持公道。这样的情况再演变下去的话，网络不是不可能变成洪水猛兽的。当口水变成了洪水，它就会把什么都淹灭。洪水是没有规则的，比如像都江堰，我们可以把洪水变成一个造福人类的东西，或者一套水利工程。洪水是没有目的的，是乱流的。洪水可以冲垮人，冲掉小猫小狗，冲掉汽车，冲垮一幢楼房，最后冲垮整个人类社会。

所以，如何在网络里强调一种责任感，如何在网络里把人们发言的权利和其必须对等承担的责任构建起来，这是一个巨大的课题。

现在，网络已经成为人们生活当中必不可少的工具。我们也注意到，在中国的网民中，青少年网民的比例越来越高，这就让人意识到网络安全的重要性。而此前谷歌中国网站的涉黄事件，又让人们意识到，网络环境需要整治已经到了刻不容缓的地步。

2009 年 6 月 18 日下午，互联网违法和不良信息举报中心在网站显著位置用红色标题刊登出了相关公告，“强烈谴责谷歌传播淫秽色情和低俗内容”。该公告指出，谷歌网站存在大量的淫秽色情和低俗信息，包括大量极其低级、丑陋的色情图片、视频和文字。

有媒体报道说，我们用最普通的字眼“儿子”一词在谷歌网站进行搜索，都会有很多不相关的淫秽内容出现。更令人惊讶的是，谷歌搜索还自动引导网民查看相关字眼的淫秽内容。当输入“女人”一词时，搜索链接更是自动出现色情图片与内容。

事实上，谷歌涉嫌传播色情内容已不是第一次，在这之前的几年中，也陆续有媒体和网友揭露过谷歌网站的相关问题。

网络环境整治刻不容缓

像谷歌这样的搜索引擎，这样的网站，实际上已经成为我们生活的一个组成部分。这就好像我们吃饭一般习惯拿一个餐具，而用手抓饭就不是我们的基本习惯一样。好比现在我们要做饭，总得打开天然气，用这样的炉灶来做饭一样。谷歌已经完全融入到我们的生活当中，一旦我们想掌握什么资讯或搜索什么材料，绝大部分人都会不由自主地到谷歌网站里打几个关键词，然后把它搜索出来。它跟我们的生活已经非常紧密了。所以说，它是一个非常重要的网站，是我们接触世界、了解世界、获取知识以及与他人沟通的一个最最重要的途径和渠道。

事实上，大家是非常信任谷歌的，所以当它上面出现这些涉黄信息的时候，我们会觉得很难接受。但是问题在于究竟是不是谷歌在有意经营黄色网站或内容，对此，我们不能轻易下结论。当然，我们在谷歌的搜索引擎里看到了相当多的涉黄内容，这是不可争议的事实。那么既然它和我们的生活如此贴近，既然它对我们的生活已经产生了我们完全摆脱不了的影响，那么一旦它涉黄，它所造成的危害和不良影响，就会比别的大得多得多。这也就是为什么一旦像谷歌这样的搜索引擎涉黄，大家的反应会如此强烈、关注点会如此集中的最根本原因之一。

事后，谷歌曾说自己也很无辜，因为它只是负责以技术手段来呈现搜索结果，并不能以人工的手段去干预搜索结果。对于这样的解释，说其找借口是好听的，用粗口来讲，简直就是扯淡。当然，你可以说自己主要是一个搜索引擎，原来设置的就是搜索关联词，比如说要搜索男女，那就一定会搜索到男女关系，既然搜索到男女关系，就可能搜索到不正当的男女关系。你当然可以这么解释，但是别忘了，你的技术手段是不是还能够让你多做一点什么。假如说你现在的技术手段没有办法或没有能力来做进一步的筛选，那为什么偏偏在它的中国网站出现这样的情况，而在谷歌的英文网站却没有这样的情况呢？这又该如何解释？为什么在谷歌的英文网站过滤得那么清楚，在中国网站就不去过滤呢？难道你在英国网站上有技术，到中国就没技术了？难道你在中国网站就只承担一个检索功能，不承担过滤功能吗？或者到中国网站，你是看菜下筷子吧！

所以说，在这个问题的背后，是不是有谷歌的某些人员，我们当然不能说全部，有一种对中国的藐视、忽视或轻视。他们在中国无所畏惧，觉得在这里没什么，不要紧，只要随便弄弄就行；但是到英国不行，到美国也不行，一旦涉黄，违背它们的法律，那就要被罚得倾家荡产，就再也进入不了它们的市场了。好像在中国这个市场，他们就可以横行霸道。所以说，谷歌最好的办法就是认错，向所有的网民道歉，然后再进一步改进。大家对谷歌还是有感情的，毕竟已经用了那么久了，所以我们愿意相信这是它的无意之失。这也就是说，如果它原来没有意识到这个问题，可能像中文检索的这个技术手段的确没有像英文检索那样考虑到很多的后台过滤，无意造成了这样的过错，那么既然发现了，就来承认一下，然后赶紧想办法改正。我们甚至应该给谷歌一点时间，因为像研发或者再重新调整，总归需要一段时间。但是以这种根本说不通的说法来解释，那就不是无意之失了。

我们希望谷歌珍惜它的品牌。在现在的经济社会里，特别在互联网这样一个领域里，品牌是很重要的。中国有句古话叫“爱惜羽毛”，希望谷歌也能爱惜自己来之不易的品牌形象，不要强词夺理。因为这个说法根本没有办法解释，如果我们在谷歌的英文网站也检索出跟中文网站一样的情况，那也许它的解释还有一点点表面上的道理，但事情并不是这样的。所以说还是不要解释了，没什么意思。

谷歌对中国的忽视，与我们国家在这方面的法律及各方面的政策、规定还不那么健全是有关的。像德国是有非常明确的法律的，英国也有，就是如果你一旦涉及那个层面，那对不起了，他们会毫不客气地把你罚得倾家荡产。但是在中国，在互联网领域，也许还没有如此明确的法律条文。这是一方面。第二方面，谷歌还是有一种在文化上的高低意识，或者说在文化话语权上看菜下筷子。它对这些使用谷歌引擎的中国网民有一点漠然，或者说没有把这个问题当一回事，最起码它没有充分考虑到中国这些使用谷歌搜索引擎的网民所特有的文化背景和传统。

中国人对教育和获取知识的教育功能是看得很重的，特别是对年轻孩子的教育，对他们跟外界的接触，我们往往是看得很紧的，这也导致了很多孩子对父母不满意。当然，盯得紧有一些不恰当的地方，因为影响了孩子的自由发展，但也不是完全没有合理的成分。孩子毕竟还没有成年，心智还没有发育完整，他们需要长辈的引导和适度的关心。对一个有这种特殊文化背景的庞大民族来讲，这件事情引发的反感程度是巨大的，或者说已经到了天大的程度。我们希望他们震惊，希望他们惊呆，希望他们是无意之失，那么震惊之余也能够使他们重新考虑一下自己在中国的商业行为，考虑一下他们在中国的网站上是不是有许多需要弥补的地方。如果谷歌能有一个切实的改进，那么对它本身是一种福分，对中国的网民也是一种福分，这是一个双赢或者多赢的局面。如果它一味寻找借口，寻找各种各样的推托之词和卸肩膀之词，那就得不到我们的一些网民，主要是家长们的宽容和原谅。这对谷歌是致命的，对中国的网民也很不幸。因为我们可能少了一个原来很有效的知识搜索工具，或者说和外界接触的窗口，我们对它的印象突然改变了，我们也许会回避它，又不是只有这一个搜索引擎。

有关谷歌这件事，很多人也从另外一个角度来理解谷歌的用意，他们倒不觉得这是对我们中国网民的漠视，反而可能是太重视、太了解了。因为在中国的很多中文网站上，我们本来在看一条新闻，也会弹出一些很诱惑的标题，这算不算中国特有的“黄色文化”呢？我们说南橘北枳，为什么在英国没有在中国有，这是不是也是为了迎合中国的市场呢？

第一，中国到底有没有自己独特的“黄色文化”，我们是不能下这个结论的。随着社会的开放，随着全球化进程的加快及文化本身的一些基因方面的原因等，中国在这几年的确出现了一种“色情文化”或“黄色文化”泛滥的现象，但是这并不能得出这么一个结论，好像我们中国就是有黄色网站的。第二，退一万步讲，就算有，谷歌就该去迎合吗？为了市场，谷歌就可以放弃自己的道德准则吗？为了一点经济利益，就不顾自己的道德品牌吗？为了一种实实在在的收益，就不顾品牌在人们心目中的地位吗？所以这都不是借口。现在中国的网站确实有这样的问题，有这种非常色情的标题，但实际上没什么事。就好比我们经常可以看到一些手机短信，实际上说的是一件本身也蛮好玩的事，但是却非要换一个很暧昧的角度去讲。这是这几年我们文化当中出现的一个不良倾向，但是不能据此对中国文化下结论，这是不可以的。在欧洲有些国家，色情是公开的，是完全合法的。它有红灯街，有红灯区。但我们也不能据此就断言某某国家有黄色文化，某某国家的文化有一个基因是黄色的。所以说，我们不能把谷歌这件事情揉到这里来谈，还是应该把它摘出来谈，应该就具体事情而论。

其实，发生了谷歌这件事情，要反思的不仅仅是谷歌公司，我们中国的很多网站也都应该反思这个问题。这是个环境保护问题。我们原来对环境保护的理解往往停留在自然环境保护层面，比如退耕还林，比如我们上海清理苏州河，等等。但是现在我们要意识到，环境保护还必须包括人的精神环境的保护，或者说文化环境的保护。而谷歌事件已经把这个重大的课题摆到了全世界的面前，当然，具体就这件事情而论，是摆到了中国的面前。那么，我们是不是要投入很大的精力和资源，或者投入很大的关注度来进行我们的精神环境的保护？如果通过这件事情能够提醒我们高度注意环境保护这个概念的丰富性，不要把它仅仅局限在自然环境保护上，那么对于我们人类而言，也许可以坏事变好事。我们可以取得某种进步，做一些提前的弥补和防范。

国学的普及——传播经典，各有高招

《开心学国学》是《开心辞典》在2009年暑假里特别推出的一档针对学生和学生家长的节目。此节目自海选时起就备受关注。“月上柳梢头，人约黄昏后”描写的是哪个传统节日？“黄河远上白云间，一片孤城万仞山”的“仞”相当于多高？这些都是《开心学国学》里的题目，都是大家耳熟能详的，但是好像又有一些似是而非。这样一个特殊的节目，在社会上掀起了一轮“国学热”。

开心学国学

首先，这是一个非常受欢迎的节目。央视制作这样一个节目，这是一件非常好的事情。在节目筹备期间，王小丫曾经请季羡林先生出任《开心学国学》的顾问，并请老人家题词。那是季老生前接受的最后一次正规媒体的采访。当天，王小丫带着五六个编导去采访的时候，恰好被我撞见了。她们本来也邀请我做评委的，但是后来由于事情实在太多，在时间上排不过来，所以最终也没能效力。但这个节目确实是值得欢迎的，为什么这么说呢？

现在的电视媒体有些低俗化，一些无厘头的东西太多，那么作为一个最具影响力的大众媒体，能够为国学知识的普及和教育提供一个平台，这难道不是一件好事吗？既然是一个电视节目，而且还带有海选的色彩，带有某种竞争的机制，那就是一定要设问题的，而且这些问题应该是一些难易不等的出于国学的知识点，这是无可非议的。在《开心学国学》中，像这种知识点的题目，应该有成千上万，否则它无法满足这个节目的选拔需要，这是一个天然合理的事情。所以说，整个团队是动了脑筋的，是做了一种独具匠心的安排的。

我们来看里面的几道题：比如说“弄璋之喜”指的是什么喜事？答案是生了一个男孩。哪个鼎是有四足的？答案是司母戊大方鼎；大雪和小寒哪个节气排在前面？答案当然是大雪。看了这些题目，确实让大家了解了不少知识。这些点看上去好像是非常零散、比较简单的，所以有人说即使拿了冠军也不能说明国学就有多好，因为这个肯定不是冠军题。其实，这只是在竞赛的过程中设置的一些题目的例子。也许你我都觉得简单，但是电视机前的很多观众恐怕搞不清楚，特别是年轻人。比如“弄璋之喜”，有几个人知道这是对生男孩子的一种祝愿呢？又有几个人知道“弄璋之喜”的反面是“弄瓦之喜”呢？那么璋和瓦反映出我们传统中对男女的一种什么心态，这是可以延伸下去的。这个问题只是一个点而已。再比如“哪个鼎是四足？”这个问题，出得也很好。我们一般认为的鼎都是三足的，三国鼎立嘛！但是司母戊大方鼎是我们的国之重宝，是四足的。由此我们可以知道，鼎不一定都是三只足的，还有四只足的。就此，我们还可以附带地增加一些知识，比如这只鼎非常坎坷的经历，怎么被藏起来，怎么被捐出来，又怎么发挥现在这种展示或教育的功能，这只鼎到底有多大、多重，它反映了中国传统青铜铸造什么样的工艺等。包括像大雪和小寒这两个节气，有几个人知道大雪在前面，又有几个人能把这些节气都背出来。所以说，这些题目本身是无可非议的。

另外，这些题目的设置也有一定的考虑。如果有一个人把这些题目都回答出来了，恐怕也没有这样的人，甚至有很多专家也不一定做得到，但就算真有这样的人，也不能说他就是在国学上非常了不起的人，不过最起码可以说明他对传统知识拥有相当的量，对传统文化有一定的了解度。如果这些题目一个都答不出来，那他肯定是和传统文化很疏远的，他的传统文化知识肯定是欠缺的。所以说，这样的题目设置得很好。既然是竞赛，到最后就一定会有一个冠军，或者一个状元。但谁能说冠军和状元是万能的，是无所不知、无所不晓的呢？没有人会这样说。只能说他在这套规则下的比赛中，在这样一个平台上，他的知识是最丰富的，他的传统文化知识储量是最大的，如此而已。

说到底，《开心辞典》还是一档娱乐节目，只是我们用娱乐这个酒瓶装了国学的新酒而已。很多人说，当国学和娱乐结合到一起，大家好像就很难接受了。这是对传统文化毫无概念的人说的话。“寓教于乐”是什么意思？是教育的最高境界。传统文化教育的最高境界，就是应该让大家知道学习是快乐的。现在很多孩子学得愁眉苦脸，哭爹喊娘，把学习变成一种痛苦、一种负担。他们从小就在学习，随着考试越来越多，也许分数越来越好，好像课本越来越厚，但是厌学情绪也越来越强烈，最后导致孩子在摆脱父母的监督和中小学老师这种强烈的指导和监督的时候就不学了，现在很多大学就是这种情况。实际上，考进大学是学习的另外一个阶段，还有更艰巨、专业色彩更强的学习在等着我们。但是现在很多孩子进了大学反而不学了，原因就在于没有人好好去研究和思量“寓教于乐”。如何寓教于乐，如何把教育和快乐或某种形式的娱乐联系起来，这是我们应该思考的问题。

《开心学国学》是一个娱乐节目，但不是一般意义上的娱乐节目，它是在探索一种寓教于乐的可能性，探索一种现代娱乐性的电视媒体和比较严肃的甚至在某种意义上比较悠远、古老、枯燥的传统文化知识的一种接轨。他在做这个努力。我们的传统当中有很多这样的说法，如“好之者不如乐之者”。它的意思很清楚：喜爱知识的人不如能从学习中感受到乐趣的人。如果能感受到快乐，就一定学得好。像季老懂那么多外语，就是因为他感受到了快乐，他是乐之者，而不仅是好之者。他学英语学到出现幻觉，眼前出现很多鲜花。这样的人怎么会不成为语言大师？如果他的语言机能没有一种先天限制的话。

《开心学国学》是一个特殊意义上的文化娱乐节目，它在做一种结合。而从观众和各种媒体的反映来看，这种结合应该说还不失为一种成功的探索和尝试。就像我们小时候读的《十万个为什么》，《开心学国学》是在走这样一条路。通过他们的节目，让国学知识普及化。《十万个为什么》有什么体系啊？不也是东一个题目，西一个题目。但是现在的科学家、高级技术人才以及那些为我们这个社会的发展作出重大贡献的人，有几个没读过《十万个为什么》？像这样的文化产品，它总得有一个点引发大家的兴趣，有一个点引发大家对学习的向往，有一个方法能激发大家对学习快乐的感觉。

《开心学国学》，正如它的题目告诉我们的，学国学应该是开心的，也可以是开心的。经过大家的努力，会找到一种方法把学国学和开心联系起来。现在看来，它是做到了，最起码是初步做到了。

当国学和娱乐结合，产生了一档非常优秀的电视栏目，那么当流行歌曲和国学诗文结合在一起，又会擦出怎样的火花呢？

在国学越来越受到重视的今天，国学的传承和传播也遇到了不少新的问题，其中一个比较典型的事例就是用流行歌曲作为载体来传播古典诗词。像苏东坡的《水调歌头》、邓丽君的《但愿人长久》等。这样做是不是更有利于经典的传播呢？这个问题引起了越来越多的争议。

国学诗文改编成流行歌曲

这个问题为什么要争议呢？这本来就是一个伪问题。如果能用流行歌曲的曲调把传统诗词唱出来，这无疑是一件好事。除非这个曲恶劣得不得了，但这样的曲一般很少见。在中国传统的经典（诗书礼乐易春秋）和传统的六艺（礼乐射御书数）里，都有音乐不可替代的地位。只不过后来《乐经》这部书散失掉了，所谓“乐无经”。但是我们应该知道，中国古代的诗歌都是可以唱的。特别是中国古代的词，更是没有不能唱的。诗词歌赋这些东西本来都是可以唱的，都是有音乐的，只不过后来我们忘了。

我们经常有这样的疑问，古人读书为什么都要摇头晃脑呢？因为他们在吟诵。什么叫吟？有音乐、有节奏、有韵律就叫吟。熟读唐诗三百首，不会作诗也会吟。所以说，中国传统的诗词跟音乐从来就是分不开的。到了今天，如果我们还是拿古琴或其他古代的乐器来伴奏，年轻人是接受不了的。因为它的节奏比较慢，现代性不强，只有非常专业的或者一些特殊的人群能够欣赏我们的传统乐器。在这种情况下，以流行乐的节奏作为一个载体，依托它来传播我们的传统诗词，无疑会传播得更快、更好、更普遍。这不是功德无量的事情吗？

我们经常说“旧瓶装新酒”，这只瓶子其实无所谓对不对，装醋还是装酒都跟这个瓶子没有关系，主要是里面的内容。当然，现在有做假酒的，还去收茅台酒瓶，但这是另外一回事。所以说，用流行歌曲的曲调演奏国学诗文不仅可行，而且还应该大力倡导。这种现代音乐与传统诗词的结合，应该有更多优秀的作曲家和音乐人参与进来，大家一起探讨如何让这样的结合更完美。如果这种尝试非常成功的话，那么对弘扬中国传统的文化和普及中国传统的诗词一定是非常有效的。

现在，我们也看到了一些类似的作品，但是其中往往有一些我们不太愿意看到的现象，会有一些误读。比如伊能静有一首歌曲叫《念奴娇》，其中将“羽扇纶巾”的“纶”念成了“轮”，这是一个常识性的错误。还有像“云鬓花颜金步摇”中的“步摇”，MV 当中出现了伊能静踏着慢步缓缓走出的样子，这也是一种错误。当然，这是一个比较专业的问题。什么叫“步摇”？过去的女孩子都在头上插簪子，我们后来理解簪子是一根，但其实不是这样的。过去的簪子比较讲究，上面有很多垂着的装饰。那么人走路的时候，这些装饰就会随着人的步态一起摇曳。这样两个错误恰恰证明了我们对传统诗词的普及已经迫在眉睫了。

伊能静是一个非常出众的艺人，应该说也是受过相当教育的，而且在她的背后还有一个相当强大的专业艺术团队，但错误还是出现了，难道我们还不要普及传统诗歌吗？这是第一。第二，出错不等于这个形式就是错的。好像我们吃一个苹果，但苹果上有一个小小的疤，难道这个苹果就不能吃了吗？我们出去买一个西瓜，西瓜皮有一块被蹭破了或者皮上烂掉一块，难道这个西瓜就不能吃了吗？这不是形式的错，是利用这个形式的人所犯的技术错误。我们把这个错误去掉，在今后做的时候更仔细一点，更负责任一点，更小心一点不就行了吗？像“羽扇纶巾”这首词原来并不普及，很多人可能都不知道，但是最起码喜欢伊能静的人通过她的歌知道了这首词，还有很多人把它背出来了。而且伊能静犯的错误也有示范性。如果没有这个错，也许很多人还会一直错下去。所以说，我们要把错误跟形式区分开，这是两码事，是两个层面的问题。我们不能因噎废食，因为吃饭的时候会噎着就不吃饭了，吃鱼的时候有时候会被鱼刺卡着就不吃鱼了。我们现在的很多批评只及一点不及其余，这种批评也是不负责任的。

其实，和古典文化相比，流行文化的创作要相对宽松很多。比如说某些歌为了押韵，把徘徊改成了徘回，大家也很喜欢。还有一些广告语，比如说一“明”惊人，“鸡”不可失等，乱改一气。如果说我们用流行文化的这种心态来创作古典诗词的话，这样的问题可能还会继续存在。

这里边包含着两个层面的问题。第一个问题，什么叫古典，什么叫流行？今天的古典就是当时的流行。我们今天觉得《诗经》很难懂，可能文科的都不一定读得懂，现在的大学教授也不一定读得懂，除非是专业学者。可是在春秋战国和秦汉的时候，《诗经》却是流行歌，谁都要挂在嘴边的。比如那个时候外交谈判，两个国家都要吟诗的。你不会诗歌，言之无文，你就没有文采，没有文采就没有说服力，引发不了大家对你的敬意，那么你作为外交使节就是失败的。当时的一些场合，动不动就要吟诗一首，或者要作为一种日常生活的必备元素。总之，《诗经》在当时很时髦。同样，唐诗在唐朝、宋词在宋朝也很时髦。所以说，古典和流行是一个相对的概念，而不是一个绝对的概念。只不过在当时时髦的，在今天也许就不太时髦了。

第二，就是现在流行文化有对古典的滥用。像一“明”惊人、“鸡”不可失这种乱改成语的多了，这是要杜绝的。当然，出于广告的某种需要，用一种小小的狡黠，有一种小小的匠心，把它改一下，这也是管不住的事。因为这不是任何人的私产。但是这种情况我们千万要注意，因为现在很多孩子就受误导了。比如为了押韵把徘徊改成了徘回。我们知道，在古汉语当中，有很多音跟今天是不一样的。比如“远上寒山石径斜，白云生处有人家。停车坐爱枫林晚，霜叶红于二月花”。这个“斜”就应该读“霞”。因为没有办法，不读“霞”不押韵。我们上海话还是读“霞”，或者很多吴语方言也还是读这个音的。包括像京剧里的变脸，把一张脸的脸读“脸”。但这是另外一个层面的问题了，最起码我们现在还谈不到这个方面。有些像徘徊改成徘回，可能在古音当中比较在意这个音。

我们现在首先要做的是普及。那么怎么普及？难道还用传统的方式让孩子拿着宋词死背吗？不大可能了。在这方面，周杰伦是有贡献的。他的《青花瓷》很有古韵的味道，让人家知道汉语原来还有这么一种形式，汉语的组合原来可以这样，原来有这么一种美。相信很多人就是因为周杰伦才走回唐诗宋词里去的。

还有另外一种现象，比如说当我们听到RAP版的《木兰辞》，看到摇滚版的《蜀道难》，可能就把歌词都记住了，但是诗词是最讲究意境的，这样是不是把意境破坏了呢？对于古诗词，我们首先要记住，首先要熟悉，意境是慢慢品味的。比如“蜀道难，难于上青天”，用RAP唱出来以后，我们把这个歌词记住了。那么如果有一天，你坐火车或者开车进四川的话，相信你的脑海里一定不会是RAP。一个人对诗歌意境的获得必须跟他的生活经历和阅历相互交融。很多孩子现在为什么不喜欢唐诗宋词，就是因为他们不在那个语境里。为什么很多女孩子喜欢李后主，很多男孩子喜欢辛弃疾？这就是性格的原因。为什么很多人年轻的时候喜欢李白，老了以后却喜欢杜甫？为什么人在心情好的时候往往不喜欢李商隐、李清照？所以说，一个诗歌意境的获得和领会，必须跟人的心境、跟他的人生经历和阅历相互配合。但是我们首先要知道，如果完全不知道这首《蜀道难》，那么开车去四川又怎么会在脑海里浮现出“蜀道难，难于上青天”呢？所以说，我们首先要记忆，要在脑海中有储存，有储存才可以被点击，被激发。我们不能认为用传统的歌曲形式来弘扬传统诗词就能毕其功于一役，就能把包括意境审美在内的所有东西都解决了，这是不可能的。它能够解决的是记忆、普及、熟悉、传播这几点，之后就要靠我们自己了。

其实，用《开心辞典》和流行歌曲来开展国学经典教育只是一种外在的形式，如果有一天，这两样都不受待见了，那么我们的国学教育应该进入怎样的一个状态呢？像这样的问题实际上是不需要我们操心的，我们也没有办法去想这个问题。再早三十年，哪知道现在有一个周杰伦，哪知道有《菊花台》这样的东西出来。所以说，江山代有才人出，江山也会代有时尚出的。到时候，自然会有新的、大家喜闻乐见的形式出现，自然会有一批新的才人来进行才华横溢的创作和尝试。也就是说，国学的传承应该永远也不会断，基本上是不绝如缕始终能连着的。如果我们能找到一个更好的普及方式，那么这一缕就会变成一根很粗的链条，把古人和我们连接在一起。

辽宁省的阜新市是北方一个默默无闻的小城市，它既没有像西安和南京那样的悠久历史，也没有像上海和深圳那样的现代繁华，它的知名度甚至要远远排在同一省份的沈阳和大连之后，但是在不久的将来，人们很可能会因为两个名叫阜阜和新新的动画人物而记住这座城市。因为一部名为《三字经外传》的动画片就是在这里诞生的。

说起《三字经》，大家可能会联想到私塾里面严肃的先生以及那群摇头晃脑的孩子们在背诵。我们好像觉得《三字经外传》会给我们带来一种新的角度来理解《三字经》，那么这部动画片的诞生又会对《三字经》的传播带来什么样的影响呢？

动画版的《三字经》

毫无疑问，阜新市政府的这次举动还是很值得欢迎的。因为一个政府致力于推广中国传统启蒙读物，这是功德无量的事情，对中国的孩子从小打好一定的传统文化知识基础，使他们对我们的传统文化有一种亲近感是非常有帮助的。我们现在的动画片市场跟国外的差距还很大，当然，我们也一直在努力，也有像《宝莲灯》这样非常成功的动画片，但是孩子们看到的很多动画片都是在国外制作的。特别可怕的是孩子现在玩的电子游戏，哪怕是《三国》，也基本都是日本或韩国做的。所以，阜新市政府制作这样一部动画片，这种做法无疑是值得肯定的。

我们看到，他们为动画片设计了两个主人公，一个叫阜阜，一个叫新新，这在《三字经》里是没有的。显而易见，这是把“阜新”两个字拆开了，而且还做成了一个男孩、一个女孩。像这种虚构出来的人物，本身也是很有创意的。因为大家通过这两个人物，就记住了辽宁阜新这个在中国还不那么著名的城市。这种做法也说明阜新市政府已经认识到了该如何打造自己的城市名片。原来打造城市名片的方式都是很直接的，比如造一幢五十层的大厦，或者塑一个雕塑等。而阜新市政府选择用动画片的方式，这种做法本身就是可喜的。

《三字经外传》共拍摄了一千集。我们知道，《三字经》一共一千来字，三百多句。如果要拍摄一千集，这里面就要衍生出很多故事。当然，我们中国是一个藏龙卧虎的地方，肯定会有很多对传统文化有感情、有了解的人能够把这一千多集的作品写完，希望他们不要仅仅是占用了“三字经”这个名字。《三字经》虽然只有短短的三百多句，但三百多句基本是中国传统文化的主流，儒家文化的浓缩版或关键词集，所以说千万不要插入一些似是而非或莫名其妙的东西，图了表面的热闹而忘记了《三字经》最根本的价值所在。相信他们也会考虑这个问题的。

很多人认为阜新市这次有些过了，比如规划了一个占地三千余平方米的“三字经外传”主题教育公园。这就让人觉得阜新市好像就是为了宣传自己的城市形象，而且也有抢注“商标”之嫌。宣传自己的城市形象没什么不对，但确实会让人觉得好像把“三字经”这个商标给抢注了。《三字经》是阜新的吗？不是。它跟阜新有什么关系吗？没有。但问题是《三字经》本身是没有版权的，我们现在还不知道《三字经》的作者是谁。这样说可能会得罪宁波的一些朋友，因为他们认为《三字经》是王应麟做的，而王应麟就是那一带的人。不过这是没有定论的，关于《三字经》的原作者到底是谁这个问题，学术界是有争论的。所以说，《三字经》大而言之是我们中华民族，小而言之是我们汉族文化的一个共同的成果。那么阜新市投入了，并把它进行了一种推广，然后在推广的过程中把它作为推广自己城市形象的一种方式，这好像也没有什么错。

说到《三字经》跟阜新的关系，过去肯定是没有关系的，但是以后恐怕就有关系了。这也是阜新市政府的一种考量。《三字经》里牵涉到的故事很多，但跟阜新都没什么关系。在我们中华民族的历史传统中，像辽宁阜新这一带当时是属于关外的，虽然它一直也是中国领土的一部分，但确实跟我们的中原地带有一定的距离。主要的历史故事都发生在中原或者江浙一带。现在阜新建了一个主题公园，有意识地和《三字经》捆绑起来，所以就有人存在疑虑。但这个疑虑实际上不是说阜新有没有资格做这个事情，或者它凭什么做这个事情。这样的疑虑是不存在的。因为我们不知道《三字经》的作者是谁，它是我们共同的财富，跟谁都没有一种特殊的关联。如果阜新去造一个“玄奘文化园”，那么大家一定会觉得很突兀。因为玄奘是河南人，他讲经的地方在西安，这是很明确的问题。但《三字经》是不明确的，所以不存在资格不资格的问题，大家的担忧主要是如何去做。

《三字经》作为南宋以后出现的一部中国排名第一的“三百千(《三字经》、《百家姓》、《千字文》)”之首，而且它是唯一一部称经的，它不叫“三字书”，不叫“三字读本”，而是叫“三字经”，是中国最具代表性和普及性的一个启蒙读物，如果用一种现代化的方式去演绎或者去构建、去推广，是不是会对《三字经》造成某种损害？大家主要的担心是在这里。这种担心我们都能理解，问题是现在整个作品还没有跟公众见面，我们不能去假设他们一定做不好，我们还是应该期望和相信他们能够做好的。他们把《三字经》做一个主题公园，这本身也挺好的。比如孩子进去，“人之初，性本善……”通过这样一个过程，可以把《三字经》都读一遍。《三字经》是有结构的，里面有“孟母三迁”的故事，有“窦燕山教子有方”的故事,等等。如果把这些故事用各种各样的形式阐释出来，那么进入游乐园以后就可以把《三字经》走一遍。从这一点上来讲，我们还是应该带着一种喜悦的心情去等待的。但疑问是可以有的，这是很正常的。

在这个《三字经》的文化主题公园修建以后，在这一千集的动画片公映以后，肯定会有各种各样的意见。里面会有赞成，也会有反对和质疑，这是非常正常的情况。我们知道，阜新是一个新兴的工业城市，但是它现在却要通过《三字经》来打造自己城市的文化品牌，从中我们也可以看到阜新市的思路，它已经认识到了软实力的重要性。相对于中国很多的历史文化名城，阜新拥有的传统文化资源是比较弱的。它跟西安、洛阳、苏州、扬州这样的城市根本就没法比，所以它才在这方面动脑筋。阜新是辽宁的一个工业城市，但是在工业城市当中，它又不是一个很大的工业城市，它不能跟沈阳或者长春比，也不能跟武汉比。那么，它如何走出一条属于自己的路，如何让“阜新”这两个字很容易地让别人记住？它把眼光落在了《三字经》上，应该说是出了一支奇兵。阜新的动画制作能力是很强的，它做一千集动画片，应该说是一箭双雕。一方面，用《三字经》打造阜新的知名度，同时也传达了一种很正面的概念，就是阜新高度重视传统文化，高度重视文化软实力建设，为一个工业城市加入了很多人文元素。另一方面，一千集这么大的量可以有效地考验或者锻炼乃至提升阜新的动画制作能力。动画制作能力当然有它的文化属性，但是更多的是一个经济和商业属性，它可能会做到双赢或者多赢。

从市场的角度来看，阜新市大动作改变《三字经》的做法让不少人为之震动，而这也引发了我们更多的思考，那就是类似《三字经》的这些国学经典，我们今天应该怎样去传播？

虽然动画版的《三字经外传》还没有面世，但是这种全新的解读方式却是值得我们关注的。现在的问题是《三字经》到底该如何解读，动画版的《三字经外传》又能够在多大程度上保留《三字经》的精髓？

从表面上看，《三字经》都是很简单的三字一句，但实际上这三字都是关键词，它的背后是有很多潜台词的。对于《三字经》，我们千万不能小看。这有两个层面：第一个层面，我们不能因为它是启蒙读物就小看它；第二个层面，我们不能因为它曾经普及就小看它。因为现在我们离开传统文化实际上是蛮远的，我们的传统文化素养是远远不够的。在讲《三字经》的过程中，很多听众和我们的制作团队都觉得很惊讶，包括我自己也是越讲越惊讶。《三字经》就好比是我们传统文化当中的主流儒家，儒家文化这个冰山上露出来小小的一个角，当你潜下水去就会看到下面还有一个巨大的体量。

对于《三字经》这部已经有八百多年甚至近千年历史的传统经典，我们要敬畏，要谦卑。因为中国过去的读书人基本都是从读《三字经》开始的，从认字起就开始读《三字经》。所以，我们要敬畏，要谦卑。我们千万不要认为《三字经》可以随便改，随便编。我们首先要放低自己的身段，去真切领会《三字经》里的精神内涵，或者说去领会它真正的文化信息。有把握以后，我们再去给它现代化。像《百家讲坛》这种讲《三字经》的形式，本身就是现代化。过去哪里有电视，怎么能在电视上讲《三字经》呢？但是毕竟我们在讲《三字经》的时候没有把它娱乐化，也根本不会考虑它的市场化，这和阜新所做的这个工作有一点不一样。阜新是要考虑它的市场化、现代化和娱乐化的，这是毫无疑问的。那么这三点如何跟一个传统文化的启蒙典籍有效地结合起来，争取多赢，这是一个非常大的课题，实际上没有谁能够有把握完美地做到这件事情。

在《三字经外传》这个大型历史动画片的创作团队当中，有儿童剧作家，有汉字的专家，有软件工程师，还有动画高端创作队伍等。但是在这个队伍中，却没有看到相关的文史专家。这样的创作团队难免让人觉得有些不放心，他们能把握住《三字经》的精神吗？这是很多人心里都存在的疑问。从一个好的角度来讲，也许是我自我感觉很好，他们可能会根据我的节奏往下编，但是我讲的东西编不出一千集动画。另外一个可能，就是文史专家的名单没有公布，或者说他们是另外一个团队。但是这里边确实有令人担忧的东西。

就在 2009 年，国家语委提出要改变四十四个汉字的笔顺，改变印刷体。当时在社会上引起了很大的争议，92% 的网民表示反对。这里边有一个非常重要的原因。国家语委征求了很多专家的意见，但是征求的却是清华大学美术学院专家的意见，征求的是这个字怎么写好看的意见，却没有征求大家非常认同或者尊敬的文字学专家的意见。这就是一个问题。所以，我们有理由对《三字经外传》的创作团队感到略微的担忧。当然，这种担忧是非常善意的，没有任何恶意。他们是不是把娱乐化、市场化看得过重了？是不是把如何尽量原汁原味地去体会传统文化的精神和传播文化知识放在第二位了？现在的创作团队无疑是很诱人的，在这样的动画片里，软件人才、动漫人才确实是不可替代的，但是文史专家也同样是不可替代的。

阜新市用《三字经》做动画的动作固然很新，但它背后的一个思路是不行的。什么思路？就是我们过去所说的“文化搭台，经济唱戏”。我们看到，它有很多城市的规划动作都跟《三字经》有关。它实际上是把《三字经》当成了一个平台、一个工具或者说一个手段，而其真正的目的还是所谓产业或者经济。当然，能够解决一千个人的就业是值得举双手欢迎的事情，通过这样的方式如果能够推广《三字经》，也是值得举双手欢迎的事情，但是在这个过程当中，是不是有对《三字经》这种传统文化读物的敬畏之心和谦卑之心呢？我们可以在这里打一个问号，但这个问号还是非常善意的。

在对待传统文化的时候，对待我们祖先留给我们的文化遗产的时候，我们一定要敬畏前辈，用一个比较现代的词就是胡锦涛同志提出的“不折腾”。我们就好好地去领会它，去学习它，不要去折腾它。但是不折腾不等于故步自封，不等于不开发它、不研究它、不推广它。不是这个意思，但是要非常慎重。希望阜新市政府和阜新的整个团队能够充分以一种谦卑和敬畏之心来做这么一件事情。这件事情如果做好了，那是功在千秋；如果做得不尽如人意，那么也可以慢慢改进；如果做得引起大部分人的批评，那就不是多赢了，可能是多输，这是大家都不愿意看到的局面。

我们当然希望这部《三字经外传》能够吃透《三字经》的原文，如果会错了意，念错了经，那就会对《三字经》造成损害，对传统文化的传播造成损害。这种损害其实很明显。就好比我们现在有的时候把一些成语给改掉，用一个谐音，结果有的孩子就真的以为是这样。所以，我们一定要尽量避免这样的情况。一千集这样大的篇幅，毫无疑问是必须注水的。这个“注水”不是贬义，是说要加入很多《三字经》本身不一定有的东西，这是最让人担心和挂念的一些东西。因为不知道它会加一些什么东西进去，如果出现了某种误解，又被孩子们记住，那就很滑稽了。

人们以喜闻乐见的方式来重新解读《三字经》这样的国学名著,本身是一个可喜的尝试。我们当然希望动画版的《三字经外传》能够给我们一个惊喜，但是在没看到它之前，我们也有必要来表达合理的担忧。

你见过的外国朋友中，可能有会打太极拳的，可能有会做中国菜的，可能有会唱中国歌曲的，而在不久的将来，他们还很有可能会跟你交流“所谓伊人，在水一方”的意境，跟你讨论“天行健，君子以自强不息”的内涵。因为中国儒家文化的传统经典“四书五经”中的“五经”很快就要被翻译成多种外语了。

2009年，中国国家汉语国际推广领导小组办公室在北京宣布：来自中国、美国、加拿大、英国、法国、德国、荷兰、比利时、意大利和以色列等国家的三十多位知名学者将携手把“五经”翻译成英语、法语、德语等九种语言，并计划在三年半内推出“五经”的英译本，选择翻译的“五经”经文大约是七十万字，译成英文后约一百万个单词，两千五百页，其他语种的译本将会有所不同。这是新中国成立六十年来中国政府首次在世界范围内组织开展对中华核心文化典籍的翻译工作，旨在尽快结束“五经”缺少翻译译本、传播受限的局面。

用外语读“五经”

“五经”是儒家传统经典《诗》、《书》、《礼》、《易》、《春秋》的总称，是中国最古老、最经典的文献。中国有很多优秀的著作，之所以选择“五经”作为首批正式确立的翻译项目，是有原因的。因为中国传统文化的主流是儒家文化，我们肯定要先把我们最核心的一些内容或者说我们传统文化中最精粹、最重要的部分推出去。站在这个角度考虑，所以选择了“五经”。

“四书五经”的注释者朱熹曾经说“四书”是“六经”之阶梯，就是说学习“四书五经”，应该先读“四书”。“六经”因为少了《乐经》，所以就成了现在的“五经”。既然是这样的话，为什么我们不先翻译“四书”呢？这就有些让人不解。因为“四书五经”是一个非常完整的系统，过去中国传统的读书人读书是有次序的，一般是按照“四书”、“五经”这样的次序来读的。相对来说，“四书”应该比“五经”要好读一点，它的系统性更强一点，内在的逻辑、论述的清晰性也更好一点。“四书”实际上是一种最初步的儒家朱子一系的教科书，而“五经”则超越了朱子的范围，是传统儒家的五部最经典的原典。我们国家立项的时候，可能考虑到要着重反映儒家文化传统，而不要局限于朱子这一派，所以才先翻译的“五经”。

其实，如果从阅读和理解的角度来讲，倒是不妨先翻译“四书”。我们知道，“四书”这个概念是南宋的理学大师朱熹首先提出来的。他首先把《论语》和《孟子》单列出来，并做了解释。接着，他又把《大学》和《中庸》单列出来，这是两篇非常短的文章，原来都是在别的儒家典籍里的，很少有单行本。可以说，没有朱熹，就没有“四书”。他按照自己对儒家传统的理解、对教育的考量及对读书次序的感受编成了“四书”体系。

为什么“四书”只能按照《大学》、《论语》、《孟子》、《中庸》的次序排呢？因为按照朱熹自己的说法，是“先读《大学》以定其规模”。为什么要先读《大学》？因为《大学》会告诉你，你这个人将来的规模是不是宏大。《大学》里有一些非常重要的观念，比如“修齐治平”，即修身、齐家、治国、平天下，这是《大学》教导我们从小就要树立的一种观念。“修身”是指通过学习和各方面的教育把自己修好，使自己成为一个合格的人，一个有道德、有知识的人。然后往外走一点，扩大一点范围，管理好你的家族，这个家当然不是我们现在三口一家的小家，可能是几十口人、上百口人的家族。这就是“齐家”。“治国”是说你要去治理国家，当然这个国家也不一定是我们今天这么庞大的中华人民共和国的范畴。通过治理国家，最终达到“平天下”的目的，使天下太平。所以说，先读《大学》，你的规模就可以定了。

“次读《论语》，以定其根本。”为什么呢？要讲儒家文化，就不能不讲孔子。当然，《论语》不是孔子自己写的，但它记录的都是孔子的言行。最根本的东西都在《论语》里，所以能“定其根本”。“次读《孟子》，以观其发乐。”什么叫“发乐”呢？《孟子》非常雄辩，说理非常透彻，非常有力，叫“发乐”。根本定好了，人就不会乱。知道最根本的道理以后，我们就可以去发挥，去扩大，把气度弄得更大。“最后读《中庸》，以求古人之微妙。”《中庸》最难读，因为《中庸》里牵涉到很多形而上学的东西和很多非常抽象的理论。所以说朱熹是有安排的。从这个角度来讲，还是应该先翻译“四书”。但作为我们国家来讲，向世界弘扬的应该是中国传统文化当中儒家一系的文化，不能再小了，再小就变成朱熹那一脉的文化了，所以它先去翻译“五经”也是完全合理的。

“五经”的第一部是《诗经》,《诗经》的第一篇是《关雎》。“关关雎鸠，在河之洲。窈窕淑女，君子好逑。”同样都是汉语，把它翻译成现代文就已经很难达到信、达、雅了。如果再翻译成外语，那它的神韵还会剩下多少呢？但这是没办法的事。翻译绝对是无奈之举,因为我们人类没有一种共同的语言,连一些手势都不一样。比如在我们中国，左右手没有什么区别，可在有些民族当中，左右手是有干净和肮脏的区别的。我们连肢体语言都不统一，更别说书面语言或口头语言了。人类曾经做过很多努力，想要创造一种共同的语言，比如非常有名的世界语言 Esperanto。但事实证明这条路是走不通的。所以说,翻译是个无奈之举。既然是无奈之举，就是不得已而为之的事情。既然是不得已而为之的事情，就一定会有损失。问题是我们如何把这个损失降到最低。

《诗经》是一个比较极端的例子,但其他文章的翻译也不容易。有的时候，翻译要非常慎重，因为要准确地将原意传达出来本身就是很难的。比如在翻译《毛泽东选集》的时候，就碰到了不少困难。比如“愚公”这两个字，大家就不知道怎么翻译。当时都是一些外语非常好的全国一流的学者在翻译，钱锺书先生也在其中。有一位老先生说翻译成“stupid old man”，就是笨老头。这肯定是不行的。也有人说就翻译成汉语拼音“Yu Gong”，可是这样外国人看得懂吗？他们会认为这就是一个普通的名词。所以说，翻译会很难，但这是我们必须去做的。翻译没有完美，它只是一个不断接近完美的过程。信、达、雅是当年做翻译的严复先生提出来的一个至高无上的标准。但这个标准其实是“心向往之，而实不能至”。你可以向往，但是实际上是做不到的。不过即使做不到我们也要去做，因为人类不同文化、不同文明之间的学习和交流的重要性是超越一切的、是第一位的。

这次，我们的“五经”一共会被翻译成英语、法语、德语、西班牙语、俄语、阿拉伯语、希伯来语、印地语和马来语九种语言。之所以选择这九种语言，也是有考虑的。像英语、德语、法语、俄语和西班牙语是当今世界的几大语种，翻译成这几种语言很容易理解。还有像阿拉伯语，使用的人也很多。我们知道，伊斯兰文化是非常光辉灿烂的文化，现在全世界说阿拉伯语的人或者说和阿拉伯语很接近的各种方言的人非常非常多。而且伊斯兰文化有一个非常悠久辉煌的文化传统，我们汉文化也确实渴望着和伊斯兰文化进行一个非常好的互动和交流，这是应该的。至于印地语，那是印度十几种官方语言之一，是印度使用人口比较多的一种语言。中国和印度的文化交流源远流长，佛教就是个最好的例子，所以中国和印度也要进行一种文化和文明的交流。很多人可能不理解为什么要选马来语。事实上，马来语的覆盖面也相当大，覆盖了东南亚很大一片区域，比如今天的马来西亚或者新加坡也有很多人讲马来语。在历史上，我们中国的内地和台湾地区与东南亚的交流非常频繁，东南亚的很多国王经常到中国来朝见我们的皇帝，有些国王还葬在我们内地。所以说，我们与东南亚的历史文化交流也是源远流长的。

翻译“五经”绝对不是一件容易的事情，但在历史上也并非没人尝试过。令人惊讶的是，那些流传至今的译本竟然都出自洋人之手。

由于历史原因，“五经”至今还没有一套完整的多语种译本。据了解，现存的“五经”译本大多是一百多年前的传教士所翻译的作品，其中最著名的是1872年英国人理雅各在香港出版的英译《尚书》、《诗经》和《春秋》，后来又出版的《礼记》和《易经》。另一套早已绝版且并不完全的早期“五经”译本是1889年至1916年法国神甫顾赛芬在河北陆续出版的法译本。而现存的很多译本多存在各种弊病，尚不够准确与严谨。

我们看到，现存的“五经”译本大多都是一百多年前传教士所翻译的作品。这就让很多人不解了，为什么我们中国人自己不组织翻译呢？这可能是因为我们历来有一种比较封闭的文化心态，以天朝大国自居。大概在十九世纪以前，我们中国人或许都觉得自己是全天下的老大，我们的文化程度最高，周围都是野蛮人。所以，中国人原来根本没有兴趣去了解中国以外的世界。在我们看来，我们的历史非常悠久，我们的文化非常辉煌。也就是说，我们拥有无数圣人。过去有一句话叫“只闻来学，不闻往教”。意思是只听说你过来跟我学习的，哪里还听说我要送上门去教你的？那么在这样一种天朝大国、故步自封、自居为天下老大的背景之下，怎么会想到把我们的儒家经典翻译出去呢？怎么会想到要“往教”呢？没有人想到要主动去弘扬自己的文化。

传教士翻译“五经”是有一定的道理的。因为随着地理大发现以后，特别是随着西方殖民主义的兴起，大量的西方传教士带着某种改变来传播上帝的信仰，或者来改变某一个国家、某一个民族精神世界的这样一个梦想，有相当一部分来到了中国。首先，他们得学汉语，学官话。怎么学汉语呢？读“四书五经”。因为他们必须跟中国的读书人学汉语。他们开始被慢慢吸引到传统中国文化的范围里，那么“四书五经”作为中国传统文化中非常重要的经典，自然也进入了他们的视线。所以，他们会把这些书最早地翻译成拉丁文等。当然，这只是片段。后来，这样的传教士越来越多。而且汉语学开始在西方兴起，慢慢就有一些学者型的人开始有计划地翻译中国的传统典籍，比如利玛窦。这样一些人开始翻译我们的“五经”，所以我们看到了各种“五经”的译本。

现在，传教士翻译的“五经”译本还有很多人在用。但相对来讲，这些译本的问题都比较大。第一，即使他用的是英语，也不是今天的英语，他用的是比较老的英语，就和我们的古文是一样的，算是古文中的译本，所以说已经不适合今天的英国人来释读了。第二，当时他在翻译的时候，没有一个国家力量的支撑，所以有些翻译也不一定妥当，有些翻译有错误或者传达得不精确，所以确实需要新的译本来替代它。

当然，即使现在去翻译，难度也是很大的。第一，中国古代有句话叫“诗无达诂”，就是说诗歌没有非常确切、定于一尊的解释。我们不能说哪种解释一定是对的，也不能说哪种翻译一定是对的。“关关雎鸠，在河之洲。窈窕淑女，君子好逑。”这首诗的解释就有很多。有的人把它解释成一个爱情故事，说一个很帅的帅哥追求一个美女，隔了一条河，所以他很着急。有的人把它解释成一首政治诗，说里边有政治含义。所以说，翻译诗歌是很难的，因为它本身的含义不确切。第二，诗歌是押韵的。我们在汉语中押韵，翻译到英语当中还要押韵，这有多难！第三，我们的汉语诗歌除了押韵之外还有一个问题，就是平仄之分，还有四声之别。比如“窈窕淑女”，它是有跌宕起伏的。但是英语没有四声，只有升调和降调。所以说，像这样的东西，根本就传达不过去。这就是说，我们必然会有损失，但这些损失我们必须承担。

在“五经”中，除了《诗经》以外，其他的几部经都不是诗歌体的，所以也就没有押韵的问题了。但在翻译的过程中，我们也会遭受损失。为什么？因为有些特殊的神韵、特殊的意境通过翻译会有所损失。我们在翻译的时候，只能尽量把损失降到最低。首先，我们一定要吃透原文，不能把原文给解释错了。比如说“君子好逑”，如果解释成君子喜欢踢足球，那就全都乱了。“君子”应该怎么翻译？有人说翻成 gentleman（绅士），这也不一定确切。因为“君子”不是这个意思。在中国，君子是有身份象征的。所以一定要把原文吃透。第二，对外文一定要有极好的驾驭能力。我们当然希望在这个翻译团队中有像钱锺书先生、杨宪益先生、季羡林先生这样东西皆通、汉语外语都极好的人，相信国家也一定能想办法找到最合适的人。

在历史上，第一个传播我们中国传统文化的是唐朝的玄奘。他最早将佛经由梵文翻译成了中文，然后将老子的部分著作又翻译成了梵文。但是现在已经过去一千四百多年了，为什么还没有出现第二个玄奘呢？首先，玄奘生活在一个非常特殊的年代。我们知道，唐朝是一个国际化色彩非常浓厚的历史时期。一方面，我们的文化高度自信；另一方面，真自信的文化会很开放，所以也非常多元化。当时的长安是世界上绝无争议的第一大都市，非常的国际化。唐朝皇帝信仰的是道教，所以玄奘翻译了老子的一些著作。这个翻译是有一点意识形态宣传的，玄奘并没有翻译儒家的经典。

第二，我们也不能说在以后的中国就完全没有人会做和玄奘类似的工作。实际上到了今天，我们在呼唤着无数新的玄奘出现，能够来做这项工作。因为今天的中国强大了，我们的社会发展了，我们的文化繁荣了，我们有足够的文化自信心，也有足够的开放心态，所以我们要弘扬自己的文化，把自己传统文化中的儒家文化也介绍给全世界的其他民族，使其成为人类思想文化宝库里共同的宝藏。当然，玄奘是不容易找的，我们也只能期待现在有玄奘这样的人物出现。

在不久的将来，“五经”的译文就要面市了。那时可能外国人学习中国文化的这股热潮将会越来越高涨，到时可能会出现一些外国人，他们研究国学比中国人研究得还要好。这在很多领域已经是一个事实了。比如《史记》比较详尽的汇注本就是日本的学者做的，比如日本学者编的《汉和大字典》，其收字之多，考证之细，实际上到现在我们也很难说就完全可以超越它。在国际上来讲，我们传统国学的很多领域都有不同国家、不同民族的学者在进行研究，而且其中相当一部分学者的研究应该说是不亚于中国学者甚至是超过中国学者的。所以，现在很多中国学生实际上到欧美去留学，学的就是中国研究，也就是汉学。

很多时候，我们必须高度重视国外学者的研究成果。当“五经”被翻译成英语以后，毫无疑问会使西方对中国传统学问感兴趣的人越来越多，入门更便利，当然也就更有可能产生出对于中国学者更具竞争力的外国的中国学家。这也是一件好事。因为它反过来会对中国学者提出更高的要求，那么在这样相互的促进和竞争之下，就能够把对中国传统文化的研究变成一个国际性的学问。但是我们在看到好的一面的同时，国人也应该有点危机意识了。季羡林先生生前曾经断言，从人类几千年的历史来看，东西方文化的相互关系是“三十年河西，三十年河东”。这一断言当然需要时间的验证，而翻译“五经”这一浩大的文化工程正是验证季老这句话的重要一步。

道德论——现代社会的道德危机

在《郑州晚报》上刊出过这样一条新闻：一位老教授带着自己九十二岁的父亲，在全国各地免费向大中小学生讲授孝道。乍听之下，这则新闻有一点新奇。不过在新奇之余，自然也引出了一堆议论。

花甲教授免费宣讲孝道

我们可以想象一下，两位老人四处奔走，免费宣传一种价值观，这样的画面确实很让人感动。但是除了感动，我们是不是也应该做一些别的思考。孝道的重要性是毋庸置疑的，对于许教授这样的壮举，我们理应表示我们的敬意和谢意。但是，如果我们把思路稍微拓展出去一点的话，就会发现一些不太让人心安的情况，比如孝的原则。我们一般理解的孝道，当然是让长辈过得平安，过得健康，过得好，如果条件许可的话，尽量富足一点，不要让长辈过苦日子。那么许教授已经六十多岁了，他的父亲已经九十多岁了，为了宣讲孝道，他让老父亲跟着自己到处奔波，一位九十多岁的老人受得了吗？这和“孝”之间是不是有一点点很奇怪的冲突呢？

“父母在不远游。”这是过去讲孝道的一句话。意思是只要双亲都还健在的话，子女一般都不要离开双亲。一般来说，连续出去几天，或者出去更长的时间都是不符合孝道的。在今天，孝道难道变成了“儿子讲孝，父母随游”吗？所以说，这种情况最好改变一下。许教授也许认为，带着自己九十多岁的老父亲更能彰显孝道，表明实践孝道，或者更能现身说法吧！这其实是大可不必的。

许教授接受邀请去宣讲孝道的时候，都是完全免费的。这样的做法非常好，也非常让人尊敬。我们知道，许教授是一位知名的书法家。据说，在他宣讲孝道的现场，有很多人愿意收藏他的书法作品，愿意请他写字，但他一概予以回绝，说他“只免费讲孝道”。这其实也是大可不必的。如果能够通过自己被大家认可的书法艺术，得到一个非常正当的报酬，也能让老父亲在奔波的途中过得好一点，或者在家里生活的时候过得更好一点，这难道不也是一种孝道吗？大概也只有在现代的背景下，才会出现这幕景象。这个景象给人的感觉就是光怪陆离，是非常奇怪的。

其实，孝道是中国传统文化当中的经典，也是我们的道德核心，是中华民族精神的一个核心价值。我们可以拿起一支笔，或者举起自己的手指写一写“孝”这个字，“孝”上面是“老”的一半，下面是“子”，这就是象征着人类的延续。人类就是靠着一种孝，靠着一种感恩，靠着一种对前辈的尊重和对传统的尊重，才能生生不息，渡过艰难，延续到今天。大学是一个什么机构？教育机构。我们可以把“教”字再写一下，左边是“孝”，右边是“文”，“教者孝之文也”。教育就要从道德开始，道德教育最起码有一条途径是从培养人的孝道开始，即培养人对以往的尊重和对自己获得东西的感恩之情。因为我们每一个人都不是从石头里跳出来的，我们不是孙悟空，我们是有父母养的。母亲十月怀胎把我们降生到这个世界上，父母又在外边工作把我们养大，让我们受教育，所以我们应该有一种感恩之心。

任何一种价值、任何一种观念，或者具体说孝道，它都会受到具体历史条件的影响或限制。在今天来说，古人倡导的孝道肯定是不能再提倡了。我们知道，在古代，没有太多人读过《孝经》。《孝经》在儒家十三经里是一本小经，非常薄，地位也并不是那么高。但是很多人通过“二十四孝”的故事或者过去的版画来了解孝道。中华民族历史上最经典的二十四个孝道故事，有的放在今天就不能用。比如“郭巨埋儿”的故事。这个故事说的是有一个叫郭巨的人，为了让他的老母亲过得更好，就把自己的儿子埋了。像这样的孝道，在今天还能提倡吗?

对于孝道，我们必须根据今天的现实情况以及我们现在所处的历史阶段进行一些扬弃，或者说进行一种抽象的继承。我们要继承的是“孝”的精神和“孝”的价值，但是如果具体到什么样的行为是“孝”,“孝”应该有什么样的具体行为，那就要充分考虑到我们这个时代的特点了。过去我们讲《卧冰求鲤》，就是说家里的长辈要吃鲤鱼，一个孩子没有办法，他就到结了冰的河上去掏一个冰窟窿，或者说自己趴在冰上，然后等鲤鱼跳上来。像这样的行为，今天就没有必要了。如果长辈想吃一条鲤鱼，我们大可去菜市场好好地挑选一条回来。还有“黄香扇枕”的故事，说的是为了让父亲在夏天睡得凉快一点，孩子就先把枕头给扇凉快了，再拿给父亲睡。像这样的行为，今天也没什么必要了。因为我们完全可以用空调，如果经济条件不允许，也可以用风扇。所以说，“孝”的精神应该抽象地继承下来，但有些具体的行为就不能像当初那样去提倡了。

许教授会采取这样一种举动来宣传孝道，可能是因为他看到孝道似乎已经成为我们这个社会正在消失的一种价值观。我们看到了越来越多的“空巢老人”，越来越多的“啃老族”，这些都让人觉得心痛。几千年形成的一种孝的传统观念，以及我们对孝的行为的认定，在今天遇到了非常大的挑战。比如孩子都要出去工作，那怎么能做到父母随叫随到呢？怎么能天天在父母身边伺候呢？不可能。比如孩子要出国留学，一去几年，怎么能够做到“父母在不远游”呢？尤其是生活在都市里的年轻人，他们的生活压力很大，工作压力也很大，比如他们要买房子付首付，一下子拿不出这么多钱，怎么可能不要老人的支持呢？当然，有些是很过分的，比如“啃老族”就是更过分的。所以说，许教授看到的这一点也是大家应该看到的。但是我们也不能否认，在最近这二三十年里，孝道这个概念要比过去高扬得多。

过去曾有一段历史时期，我们把“孝”等同于封建、腐朽、落后，甚至将其当成反动的东西去批判。但是在今天，这种情况不存在了，大家都认同“孝”，认同中华民族的子孙应该秉承孝道。所以说，现代社会的各种孝行受到时代限制，各种各样的情况都让人觉得有所担忧，但是“孝”的精神实际上并没有磨灭，“孝”这个价值的崇高地位也没有遭到漠视或挑战，更没有遭到否认。现在的问题是我们如何能够在当代这样一个高速、竞争非常激烈且每一个人都很忙碌的社会里，把这一份孝心根据实际的社会情况、个人情况和家庭情况，切切实实地落到实处。实际上，“孝”的道理是一贯的，但是“孝”的行为却可以是各种各样的。哪些行为叫“孝”，哪些行为不叫“孝”，这是我们规定不了的，也是不可能规定的，当然也是没有必要规定的。

我们中国人常常会批评外国人不讲孝道，比如说外国人不尊重老人，这个话是似是而非的。实际上，国外的年轻人对自己的父母是很好的。他们经常回去看望父母，父母的生日及圣诞节等一些重大的节日，他们还是回去过的。当然，在国外，特别是在美国，有时候过度地强调了个人的独立性和一种个人主义的观念，所以也有很多人对父母漠不关心。在他们看来，他们已经独立了，是一个独立的个体，而父母也是一个独立的个体，那么他们与父母之间除了存在血缘关系和一种称呼之外，就没有什么太紧密的关系了。这样的现象在西方都存在，我们不能一概而论。就是在中国的传统当中，孝道也不是没有受到过挑战的。中国古代有一些思想家也讲过，孩子在母亲的体内，在母亲的子宫里，就好比是一朵花在一个花瓶里，把花拿出来就跟花瓶脱离了。甚至还有非常过激的说法，比如说父母生孩子完全是为了自己一时的情欲或者为了什么，又不是孩子选择要被生出来的。中国古代也有这样的观点。但是这种观点都没有成为中国传统思想的主流，都在中国这种孝道文化的面前显得苍白无力。那么在今天，我们在彰显我们的孝道和高扬我们的孝道的时候，也应该看到，西方有一些年轻人跟父母的关系其实是值得我们借鉴的。比如西方人的独立就值得我们这些“啃老族”反思。所以说，孝道是一个非常复杂的文化现象，我们不能规定什么样的行为才能叫“孝”，但是我们大家一定会有一种共识，就是什么样的行为算“不孝”，这是我们可以界定的。

实际上，在孩子们修身德育的教育当中，应该融入一些孝道的成分。到了高中阶段，在选读经典的时候，不妨从《孝经》里面选几段比较好理解、没有争议的，让大家都来学习一下，这没有任何坏处。但是在我们的教育课本中似乎还没有出现过这样直接选自《孝经》的文字。许教授宣讲孝道其实只是个人行为，我们还是应该在有计划的，经过仔细考量的这样一个前提下，把“孝”的教育安置到课堂里。但是不是学校就该拒绝接受“不孝”的考生呢？

北大出过一条规定，说是拒绝接收不孝的考生。这条规定出台后，遭到了很大的诟病。事实上，大家的诟病不是没有道理的。因为我们没有一个权威的评判标准来判断一个人是孝还是不孝，这是很难鉴定的事。如果把它作为录取北大新生的标准，那是欠缺一点科学性的。但是作为中国的最高学府之一，北大提倡孝、高举孝的道德价值是没有错的。如果把“孝”作为一种提倡的道德，把“孝”作为一种养育人格的基本要求，那毫无疑问是值得肯定的。但是如果要把它作为一种法定的标准来作为一个门槛，来决定这个学生能不能进入北大，那实际上是没有可操作性的。

在别人处于危难、急需帮助的时候，你会施以援手吗？这个在以前几乎不需要考虑的问题，在今天却不得不让你掂量一下了。因为这种助人为乐的代价之一很可能是你不仅不会得到感谢，反而会被受到你帮助的人“诬陷”。别以为这种事离你很远，一段时间以来，这种恩将仇报的事已经多次出现，让人们对帮助别人敬而远之。

曾有一篇题为“老翁摔倒在地无人敢扶”的帖子在各大网站风传。2009 年 9 月的一天，在重庆南坪，一位约八十岁的老翁摔倒在地，手足抽搐，无人敢扶。不少人提醒：“不要扶，扶了要遭殃！”帖子里一幅照片让人触目惊心：老人脸朝下倒在人行过道上，一根拐杖丢弃在一边，旁边是七八个围观者犹豫的脚。这一事件引发了网络上激烈的讨论：有网友表示，怕被家属诬陷成肇事者，不敢扶；也有网友表示，渴望人际关系回归真诚。

做好人好事的困惑

从小，老师就教育我们要助人为乐，这些旁观的人应该也是受着这样一种教育长大的。但为什么会出现一种不应该有的犹豫呢？应该说，这些旁观的人内心都在争斗，都在犹豫，不然的话，他们就没必要站在旁边了。除非还有一些内心非常阴暗的看热闹的人，这也不是不可能，但是一般来讲不会有这样的人。为什么他们不伸出援手？他们的内心有什么顾虑、担忧或恐惧呢？这是我们要考虑的问题。大家可能有三种担心：第一，这位老人家是不是真的身体不好了；第二，如果去扶了他，会不会被老人家说成是撞倒他或绊倒他的人；第三，老人家的子女会不会把所有责任都算到搀扶者头上。大家都在担心，自己本来做了一件好事，但却反而给自己带来一个麻烦或被人误解。这样的担心不是没有必要的，因为类似的事情确实发生过。

> 2006年11月，南京市民徐寿兰老太太在某公交车站等车，老人自称被正下车的市民彭宇撞倒。而彭宇则称下车时见老人摔倒，所以把她扶至旁边，并且在其亲属到来以后一起送该老人到医院，还垫付了两百元医药费。
>
> 2007年1月，徐寿兰老人将彭宇告上了法庭。南京市鼓楼区法院一审以“从常理分析，彭宇与老太太相撞可能性比较大”为由，裁定彭宇承担百分之四十的损失，补偿原告四万五千八百七十六元。好市民彭宇这么一扶，扶掉了四万多块，着实让人心寒。

“南京徐老太事件”是报道得非常广泛的一个新闻事件，而且也有一些追踪报道和对于当时事情细节的描述性报道。“从常理分析，彭宇与老太太相撞的可能性比较大”，像这样的话是不应该出现在判决书上的。因为判决书上不大会出现“老太太”这样的词。如果这样的话真的出现在判决书上，那是非常可笑和可怕的事情。什么叫“从常理分析”？常理是法律术语吗？我们受过教育的人都知道，这不是一个严格的描述。所以，我们不必争论这句话是不是判决书上的，这不是问题。

真正的问题是判决结果确实出来了，而且判决结果确实是认定彭宇承担百分之四十的责任，还有就是彭宇一直在喊冤。彭宇说自己只是去扶老太太一把，而且他也不是没有证人，但就是在这样的情况下，老太太的子女还是一把揪住彭宇，而老太太也不说话。实际上，大家心里是有一杆秤的，很多人都是倾向彭宇的，认为他遭到了一种冤枉，或者说遭到了一种不公正的对待。那么这样的一个判例出来以后，谁还敢去助人为乐呢？

助人为乐的前提是既能给别人带来快乐，也能给自己带来快乐。但现在助人给自己肯定没有带来快乐，因为已经闹到法庭上成了被告，而且还付出了那么大一笔钱。那么对徐老太太难道是快乐吗？当然，她被抢救过来了，但是她本人也上了法庭，也卷到了是非里面。所以，这就导致了整个社会对类似事情的一种犹豫和迟疑，导致了这样一种很不正常的情况出现。而问题在于现在类似的情况恐怕成了一种常态。过去，如果我们看到有一位老人家在路边跌倒，那肯定会有很多人上去扶，这是根本就不需要多想的。但现在大家真的要想一想了，最起码要想一想这样做的后果。

网上有人就“南京徐老太事件”创作了一个《我扶起老太的标准动作程序五步曲》，当中写了五个步骤。比如说先得问问老人其家庭和子女的联系方式，然后要让老太太写上一张《我自愿接受救助》的声明。这些看上去好像是一种黑色幽默，让人忍不住发笑，但是仔细想想，还真是有道理。黑色幽默的本质是不幽默，是让人惊醒，让人去思考。黑色幽默会刺痛社会上每一个人。当然，这个段子一听就是一个笑话。如果老太太真能那样，她还需要人去救助吗？这其实是反映了大家已经对助人为乐这种做法产生了怀疑，大家已经认为它不是现在这个时代应该去做的了。如果这种群体性意识出来的话，那就说明我们这个社会的道德意识或者人与人之间的关系已经发生了很大的问题，这才是值得担忧的地方。如果这个社会的道德意识和人与人之间的关系完全堕入到一片黑色当中，那么这个社会就会少了很多光明，少了很多亮堂堂的东西，这才是可怕的。

其实像彭宇这样的人，本应该是一个优秀的榜样，是我们学习的对象，但现在却成了一个前车之鉴。这个前车之鉴让很多人对需要帮助的人望而却步，让很多人内心的善不敢发挥出来。人都是有向善之心的，去扶一下老人家也是大家都可以做的事，但是在有了彭宇这样的前车之鉴以后，很多人就会压制自己的善心不去做。我们的社会应该催发和弘扬一个人的善心，而这样的判例却起到了一种压制的作用，最起码在客观上是这样。这当然是一种我们非常不愿意看到的情况。如果所有人今后都这样，都在这个判例面前望而却步，都把自己的善心藏起来，那还了得？有很多事情都不敢往下想。榜样的力量是无穷的，雷锋如此，彭宇也是如此。这也是重庆摔倒的老人没有人敢扶的真正原因。而不幸的是，在道德取向出现困惑的今天，坏消息总是接踵而来，发生在上海闵行的“黑车事件”告诉人们，做好人好事也可能会导致违法的结果。

2009年9月8日，私家车主张某在开车时遇到一名男子。男子称自己胃痛，又等不到出租车，想要搭乘张某的顺风车。在男子的央求下，张某出于同情答应了。没想到的是，当张某按男子的要求将其送达目的地时，男子却迅速拔走车钥匙。接着，车外七八个身穿制服的人将张某拖出车外。原来，这是城市交通行政执法大队在查“黑车”，而张先生则因为“非法出租营运”被罚款一万元。张先生认为自己被“执法钓鱼”，但有关官员却否认这种说法，称没有雇社会人士诱骗车辆，但有一部分有正义感的社会人士配合执法。

关于这件事，张先生和交通执法队的解释是各执一端。以下是记者对交通执法队人员的采访：

记：张先生说他到了目的地之后，搭车的人突然抢夺了他的车钥匙，这个情况属实吗？

交：当时我们在例行检查，对他的车子实行暂扣。

记：这个车钥匙是谁拿走的？

交：车钥匙？这个不能谈。当时的车钥匙问题，我们现在还不知道到底是谁拿了车钥匙。

记：就是说具体是谁拿走车钥匙，目前您也不清楚。

交：从现场事后录像来看，车钥匙完全在张先生手里。

记：您刚才也说了，整个执法过程是有录像的。这个录像能给我们看一下吗？

交：这个录像现在还不便提供。

记：为什么？

交：按照司法程序，进入诉讼程序的时候，我们会为法庭提供的。

记：您刚才说了，张先生和乘客之间是有谈价的这样一个过程，这个有什么样的证据？

交：谈价有证人证言为证，通过证言为证。

记：我刚才注意到，您说你们当天是按照你们整体的工作部署来进行查"黑车"工作的，你们当天的具体部署是什么样的？

交：当天具体的部署，因为当中牵扯到好多（机密），有点工作上的秘密。

记：工作上的秘密不能向我们的观众来透露？

交：对！

事实到底是怎么样的，当然需要进一步的调查取证。但是这个事情出来以后，已经在社会上引起了巨大的反响，而且多是负面的。其实，关于这件事情，有几个细节是必须明确的。第一，张先生有没有收别人的钱；第二，让别人搭车是不是就等于运营；第三，交通执法队的人为什么不能正面回答大家的问题，总是搪塞大家。一位交通执法队的成员，动辄用工作机密、不方便说来搪塞大家，而且既然说有证人证词，为什么不能跟大家说呢？这难道是一个涉及国家机密的案件，采取了很多高精尖的侦查手段吗？事实上，任何一个脑子比较正常的人看了以后都不会认同这位交警执法队成员面对媒体所做的解释。

我们不能仅凭这位交通执法队领导的一面之词或者是这个假称自己胃疼的搭车乘客的一面之词就认定张先生收了钱，天底下没有这个道理。退一万步讲，就算是张先生收了钱，就是“非法营运”吗？比如有个人胃疼得特别厉害，一时又打不到车，那么张先生用自己的车把这个人送到了医院，就算收了五块钱或者十块钱，那也仍然是在做好事。谁会想到这个人在假装胃疼呢？如果张先生不予理会，那说不定会导致生命危险，比如说胃穿孔、阑尾炎等。所以说，张先生依然是在做好事，最起码他牺牲了自己的时间，又动用了自己的车辆。这个能被认定为非法营运吗？非法营运到底有没有一个法定的标准呢？这件事我们真的应该讨论一下，而且应该督促这个交通执法队的负责人拿出他手头的证据来，不要动不动就拿这种似是而非的话来搪塞观众。事实上，他有那么多话说不出来，就一定有他为难的地方。

在2006年的时候，闵行区曾经出台过一个《打击黑车有奖举证制度实施办法》，其中就有这么一条：凡是乘客能提供有效证据，配合执法人员取证、签署现场笔录的，非法营运行为一经核查成立，每辆次都可给予现金奖励五百元。这样的奖励会带来什么样的效果呢？我们可以从几个方面去看这个问题。第一，现在的“黑车”确实是猖獗，确定是应该严厉打击，不然的话，对上海的城市形象、对我们市民的切身利益都会产生很不好的负面影响。第二，既然要去查处“黑车”，管理“黑车”，那就需要有一定的行政手段或管理手段。而有奖举报本身作为一种方法，只要符合法律规定，就是可以采取的。第三，至于它会不会带来某种副作用，这个我们也要打一个问号。这里面也是可能出现一些问题的，比如它会不会催生出一些职业举报人。抓住一辆奖励五百元，那么一天抓住两个，一个月就有三万元的收入，也是非常可观的。这样一来，就会使本应公平的执法从一开始就带有某种非公平的东西或很多复杂的个人因素。

总的来说，对“黑车”的打击是没有任何争议的。打击可以按照法律的规定,或在不违反法律规定的情况下,采取有效的手段。有人把这种配合执法人员举证的执法方式称为“钓鱼执法”。对于“钓鱼执法”给社会带来的负面作用，我们要高度警惕，要把它降到最低。

实际上，这个事情的发展已经远远超出了“黑车”与执法的范畴，它已经开始严重动摇了我们的价值取向。这样的社会责任，是没有任何人能够承担的。而我们在做这件事的过程中或者在做这件事以前，没有充分考虑到这方面的因素，这才是这件事非常非常要命的地方。任何一个执法部门或管理部门都是服务于社会的，都在努力让这个社会更好，那么在采取一种手段或出台一条法规的时候，首先就应该考虑它是不是和这个目的一致。如果采取的手段和方法太过分，或者说副作用太大，那就肯定会跟最初的目的背道而驰。这就是我们整个社会必须高度重视这一案例的原因。大家必须展开非常充分的讨论，一些法律界的专业人员也应该介入到这个事情当中，把它作为一个事例，来做一个非常透彻的研究。

二十世纪五六十年代的时候，有一句口号叫“学习雷锋好榜样”。助人为乐的雷锋成了道德楷模。现在，社会发展了，财富增加了，人们的生活好了。但这并不一定意味着人们的道德水准会提高。我们往往看到的是，随着社会的发展和生活的富裕，反而会滋生出很多别的问题。过去一些不好的行为或不好的东西今天依然还有，而且可能还会加剧。与此同时，还会滋生出很多新的道德问题、伦理问题等。我们千万不要认为只要经济搞上去了，只要经济建设取得成就，我们的道德水准也会相应提高。当然，现在已经很少有人这么看了。我们一定要牢牢记住邓小平老人家讲的那句话，即“物质文明和精神文明两手抓，两手都要硬”。我们国家的历代领导人也都在讲这句话。邓小平老人家有非常丰富的政治经验和人生经验，他就怕给别人产生这样的误解，好像有一个先后，有一个轻重。所以他不讲左右手，他讲两手都要抓，而且还两手都要硬。我们现在已经充分认识到，这个社会的道德建设或者说社会文明程度的建设，它的艰难程度丝毫不亚于经济建设。

我们小时候都会唱《学习雷锋好榜样》，都以雷锋为学习的榜样。那是因为雷锋诞生在一个非常特殊的火红的年代。换句话说，雷锋也是需要土壤的。现在出现了“南京徐老太事件”，出现了张先生开车救助人反而被执法队抓住、又卷到另外一个莫名其妙的事情当中的事件，这样的事件本身就是我们社会值得警惕的一种倾向。为什么现在会出现这样的案例？因为我们生活的土壤改变了。如果是在我们小的时候，这种案例可能都不会有。但是今天为什么会有，这是需要我们大家去深思的问题。道德的力量到底有多大？这在以前可能是一个很空洞的问题。但是在今天，这个问题开始变得现实起来。在有形的物质利益面前，无形的道德取向可能是没有价格的，但是对我们每一个人来说，它就像空气一样，有着不可或缺的重要价值。

2009 年 10 月 24 日下午，位于湖北荆州的长江大学四十多名大一新生在荆江宝塔湾河段的江堤上游玩时，发现两名少年落水。十多个同学立即下水营救，他们手挽手组成“人梯”救人。不幸的是，“人梯”断裂，多人落入水中。在江边的冬泳队和其他大学生的奋力救援下，两名少年最终得救了，而三名 90 后的大学生陈及时、何东旭、方招却不幸被江水吞没，献出了年轻的生命。

宝塔湾水域是一个回水区域，涡旋与暗流密布。在长江荆州区域，沿江滩险水急，而唯独宝塔湾的这片沙滩又宽又平，是市民来江边游玩的首选。不少新人拍婚纱照，也都选在这里。而在这个风景优美的地方，同时还存在着一种残酷的职业，那就是专门打捞溺水者遗体的打捞公司。

湖北荆州大学生救人事件发生后不久，当大家还沉浸在悲伤的情绪中时，网上突然曝出一张照片，指出当日落水现场的渔民见死不救、打捞尸体漫天要价，引起了网友们极大的愤怒。11 月 7 日下午，荆州市人民政府召开新闻发布会，对 10 月 24 日长江大学学生救人事发现场调查情况进行了通报。据介绍，事发后有两艘渔船参与救援并成功救出三名溺水者，而后来赶到的遗体打捞者挟尸要价确是事实。“荆州市八凌打捞有限公司”的联系人陈波，其行为已构成敲诈勒索，公安机关已依法将其治安拘留，拘留时间是十五天，并处一千元罚款。

挟尸要价的背后

网上登出的是这样一张照片，一艘打捞船的船主一手提着绳子，牵着这个浸泡在冰冷江水里救人大学生的遗体，另一只手就在比划，似乎是在跟岸上要价。面对这样一张照片，任何人在感情上都是不能接受的。一个为了救别人而溺水身亡的英雄，他的遗体居然就是这样用两根绳子吊着拖着，这一点我们已经不能接受了，更不用说是大学生的父母、同学和师长了。如果这位老人一边拖着这位罹难大学生的遗体，一边还在讨价还价的话，那就只能用四个字来形容，叫“天人共愤”。这是完全的利欲熏心，完全无视人类的任何基本道德。这几乎就是畜生，根本不是人。当然，如果他这手势是表示别的意思，那就另当别论了。

这张照片之所以引起轰动，是因为大家好像通过一些报道或采访认定这位老人在讨价还价，而且后来调查的事实也的确印证了这里边有经济上的讨价还价，这才惹怒了众人。这个众人是什么概念？人类。他完全无视人类！从表面看来，这张照片也许不像有些照片那么血腥，那么刺眼，但它实际上真的像一根针一样扎向了我们的心脏。我们没有办法想象，我们这个民族当中居然会有这样的人。没有任何一个民族能承担这个。换成是任何一个民族，肯定都会像我们一样愤怒。

荆州是一个文化非常悠久的地方，楚国的古都就在这里。荆州历代都是人才辈出、人文荟萃的地方，从这里走出了很多了不起的人物，走出了很多将军，也走出了很多学者、教授和文学家，还走出了很多共和国的高级领导人。真的难以想象，在这样一个地方，居然会发生这样的事。但是这会不会是特例呢？类似的情况是不是只发生过这一次，还是在这之前已经发生过？更让人担忧的是，这张照片曝光了以后，谁也不敢保证类似的情况在宝塔湾，或者在中华人民共和国的土地上，甚至在地球上再也不会出现。这张貌似平静的照片，实际上是残酷至极的。

其实从船主这么冷漠的表情，我们就能够判断，这不是一个偶发事件。因为据当地的群众说，这些打捞船是由打捞公司长期雇用的，打捞尸体就是他们的职业。湖北荆州的这些打捞公司的经营手段，是向群众发放印有二十四小时服务的专业人员打捞的名片，并且称如果给他们提供打捞线索就给两百块钱的情报费。

据目击者称，打捞船主一到，开口就说，“活人不救，只捞尸体，打捞一个一万二，先交钱后打捞”。这些眼里只有钱的人与三位勇于献身的大学生之间真是形成了一个太明显的反差，他们仿佛就不是同一个世界里的人。

在这样一个急流的区域，可能经常会有人不幸溺水，那么由于各种原因，打捞遗体确实是一件非常重要的工作。但这应该是一个很高尚的职业。因为把遗体打捞上来，多少能让罹难者的家属心里好受一点。你要收取一定的费用，这个本身不见得不合理，或者说你把遗体打捞上来以后，罹难者的家属或亲友出于对你的感谢而给你一些酬金，这也是天经地义的事情。问题是类似于“活人不救，只捞尸体”的话，该怎么说？因为你的经营范围是打捞尸体？这样的经营范围到底有没有都是值得怀疑的。那是什么意思？难道活人不救，非要等他溺水身亡成了尸体才打捞吗？

打捞一个一万两千块钱，也不知道是谁竟定出如此残酷荒唐的标准，这个我们且先不论，“先交钱，后打捞”是什么意思？一般来讲，我们看到一个罹难者的遗体，当然是希望尽早把它从江里打捞出来，早一秒钟都好。如果是自己的亲人，你还等得了吗？恐怕连一分一秒都等不了了。所以说，这样的情况实际上是太残酷了。有些医院也曾经出现过类似的情况，就是患者家属不付钱就不抢救。像这种情况，后来大家的反响实在是太大了。现在这个社会发达了，也进步了，这种情况也很少了。还有的医护人员玩忽职守，爱玩电脑游戏不救孩子，这实际上就反映了一个非常严峻的甚至带有残酷性的问题。我们的道德世界出现了一个巨大的破洞，而修补它的难度，可能会极大。因为在这些人的心目当中，所有的一切只有一个“钱”字，他们所做的一切都是挣钱手段，包括人的遗体都是他们的挣钱手段。像这样一种行业，应该由政府的民政部门或有关部门来做。现在，打捞尸体完全变成了一个带有经济色彩的、公司运作的行为。这本身也是对我们中国人的传统观念的一种最大的挑战，而且这种挑战居然还在光天化日之下发生。这次是因为三个大学生溺水才引起了全国媒体关注，如果没有引发这样的事情，甚至我们可以想得更冷峻一点，如果身亡的不是三个大学生，而是三个很一般的普通民众，那是不是还有那么多媒体关注呢？如果没有媒体关注，那宝塔湾这种丑陋的情况就一直存在吗？所以，我们是不是应该编一本最丑恶的照片册子来反映最丑恶的东西，以此来起到一种警示的作用。如果要印的话，这张照片毫无疑问可以入选。

事件发生之后，大家对打捞公司纷纷谴责。湖北荆州市政府公布了大学生救人溺亡事件的调查结果，现场收取三万六千元捞尸费的打捞公司业务负责人陈波，因为额外索要三百元的烟和矿泉水费，构成了敲诈勒索，被拘留十五天罚款一千元。这样的结果是让人无法接受的。当然，这一定是当地的治安部门或公安机关做出的一个处罚决定，拘留十五天可能是治安拘留。问题是这里边有一个非常浅薄的法律知识，这件事情是触犯了法律的。中华人民共和国法律规定，对公民的遗体是绝对不能侮辱的。实际上，这种情况就是一种对遗体的侮辱，在光天化日下的侮辱。

陈波已经收了三万六千元了，可还要再收三百块钱的烟和矿泉水钱，这完全是贪得无厌，大家被这个激怒了。但是它背后的东西却被忽略了。在我们中国的文化传统中，有一句话叫“死者为大”。一个人走了，如果他生前做了很多很好的事情，我们就要颂扬他、记住他；如果他在生前做了一些不大让人满意的事情，我们也应该原谅他。死者为大，何况这三位是英雄，是救人的英雄。如果不是，就是普普通通的溺水者，他也不能这样对待遗体。

像这一点，我们媒体都没有关注。所以说，这里面有很多不能理解的东西。但对我来讲，看到这个照片，我有一种被雷击的感觉，根本不敢相信会有这样的事情发生。

调查报告指出，公安局、海事局、消防支队，处置及时得当。尸体打捞不在物价部门定价的范围之内，打捞公司在工商部门登记过，且注册经营的范围是打捞沉船和沉物，并不涉及犯罪，没有暴力垄断等。也许在某些人的心目当中，只是打捞沉船和沉物，遗体只不过是物。这难道是唯物主义吗？人的遗体就要当物品看？唯物主义是有温情的，没有这样冷酷的唯物主义。当地的这些解释，实际上是没有办法说服大家的。既然尸体打捞价格不在物价部门定价的范围之内，可能也没有哪个物价部门定得出这样一个价来，那他凭什么收一万块钱，他是不是利用某种情况在进行敲诈勒索？他是趁人之难，趁人之危，这算不算敲诈，算不算勒索呢？

据说，这个地方每年都有十几个人溺水，而这种私人打捞公司也长期存在，这是合理的吗？西方一个哲学家曾说“存在就是合理的”，但这句话现在没有人再提了。没有人会完全认可，这当然不合理。我们的问题在于为什么不合理却可以长时间存在？既然每年都有十几个人溺水，那就说明这个行当在这里存在不是一天两天了，为什么？我们的管理部门有没有失职，我们的社会管理和政府服务是不是有一个盲区？这种情况恐怕还不仅仅在我们荆州这片水面上存在。这种照片反映的是非常让人愤怒的情况，但是我们是不是能利用这个契机，把全国类似的情况做一个统筹的调查和处置呢？这是必须提到我们日程上来的。过去的事情已经发生了，它们已经在我们民族的精神史上留下了几个污点，这是无法改变的。但我们如何在今后杜绝类似的事情发生，这是更高层面的政府部门应该反思的问题。

事发后不久，荆州政府已经在新闻发布会上表态了，说会很快设立两个公益岗位，招聘游泳技术好、有水上救援经验的人来担任。他们的主要职责就是在事发河段向游人和孩童宣传、劝阻下水游泳，同时也担任搜救职能。这样的举动还是值得欢迎的。这是一个公益事业，要有公益岗位，这一点已经非常明确了，当然，这是亡羊补牢，是事后的决策。但是我们认同荆州市政府这个事后的措施，并不等于我们认同对这件事情本身的处置，或者对这张照片反映的如此丑恶现象的处置。这是两码事，有一码说一码。其实，这里还有更多的工作可以做，比如这些宣传是不是仅仅在宝塔湾这一片，是不是在整个学校里都进行，在孩子小的时候就进行一种灌输式的教育，等等。所以说，这件事绝对没有就此结束，之后还有很长的一段时间让我们观察。其中非常重要的一点就是，我们希望后代还是能记住这三位溺水的大学生。

从主动承担起江边救援责任的少年们，到高价打捞尸体、陷于道德讨伐的江边渔民，再到声称“无能为力”的相关公职人员，我们还没有走出对三位见义勇为的大学生的感动，不得不又陷入了善与恶、冷与暖、罪与罚的思考之中。这也是这个新闻事件中，关于“人性”这个命题带给我们再一次的思考。

中国的教育——中国的教育体制与教育方法

事情发生在汉中一所高中的高三年级高考誓师大会上。有学生扔卷子，扔书，后来整捆整捆地扔。一时间，校园内卷子、纸屑漫天飞舞，场面非常震撼。这件事震动了汉中。有人说，这是对三年压抑的一种解脱。但也并不是所有的学生都狂热得失去理智。该校的一名高一学生就对这种行为表示悲哀和惋惜，但对自己的未来却表示迷茫。

高考生撕书撕掉的是什么

看到这样的画面，相信很多人的内心都会有一种被撕裂的感受。这被撕裂的感受，首先是对这些孩子们。他们的举动是可以理解的。为什么这么说呢？经过那么漫长的一个学习生涯，这些孩子的内心深处积压了多少需要派遣的东西。也许是这样的训练太应试了，一切都是为了考试；也许是这样的教育太不顾及他们的兴趣了，他们没有从中得到快乐，得到的是无穷无尽的压抑、痛苦和倦怠。他们终于等到了这一天，他们觉得所有的学习都只为了今天的高考，而在高考过后，将是一个崭新的世界。高考就像一座桥梁，将河的两岸连接起来。河的彼岸是轻松的，再也没有人讲究分数，讲究排名，只要进入大学就差不多都能毕业，都能拿到学士学位；而这一边却是随时随刻的排名、考试、记分、改错、练习这种机械化的教育模式。所以，在这一刻，他们选择了这样一种方式来发泄。为什么会有撕裂的感觉呢？因为像十七八岁这样的年纪，他们的生命应该说没有太多的快乐，最起码他们没有把快乐和知识或学习等同起来。

另外一方面，这些孩子撕掉的不是一般的东西，而是书。在中国的传统当中，或者在我们一般受过教育的人的心目当中，书总归还是一个比较受尊重的物件。我们进校的第一堂课，就是包书和爱惜自己的书本。哪怕是一张纸，只要上面有字，我们就不能随意去践踏它、撕掉它或扔掉它，更不能拿它去擦一些很污秽的东西。这个叫静息置纸。比如我们到有些寺院的门口，或者到一些古籍店的门口，经常会看到一个香炉。这个炉不是进香的，而是用来焚烧那些不能再用的带字的纸的。所以说，我们原来对这种印有字的纸，乃至书籍都有一种崇敬或尊重。而在这一刻，它们竟然得到粉身碎骨这样一种待遇。这种应该带给人快乐的东西，应该带给人享受和愉悦的东西，居然成了痛苦的象征，成了被发泄的对象，成了必须撕之而痛快的东西。这样一个场面，实在是让人很压抑，仿佛自己也被撕裂了一样。

说到书，我们每个人的家里应该都是有藏书的。现在生活好了，大家对文化的向往增强了，所以都会有一些藏书。但要在这些书中找出一本教科书，恐怕就不容易了。这里就有一个问题，好像孩子们觉得这些教科书没有珍藏的必要，或者说没有觉得要把哪本书作为自己中学生活的纪念，或者说在自己倾注了如此多心血的课本里，没有哪几篇课文、哪几道习题、哪几个化学反应式或哪几道物理的图式值得毕生珍藏。这样一种情况就非常值得我们反思了。十八岁以前的中学教育，好像只是为了改变他们的人生，为了将来能有一个更好的职业，可以挣更多的钱，有一个更好的发展，如此而已。换句话说，这一段教育好像没有什么独特的价值，好像只是一个工具。

实际上，十八岁以前的教育是有它独特的价值的。它不仅仅是为了未来的教育做准备，而且也是人一生教育的基础。所以到这个时候，孩子们的情绪那么激烈，就让人觉得既在意料之外，又在情理之中。现在的孩子厌学情绪有多么强烈，我们已经不是第一次听到了。高考对于他们来讲既是一种解脱，也是最后一场考试。在很多孩子的脑海里，高考是最后的最重要的考试，而此后就是一种解脱。如果他们认为高考是把自己从教育当中解脱出来，从此以后就可以海阔天空，那是非常可怕的。如果一个民族有这么一种观念，那是非常可悲的。一场神圣的国家考试，一场为国家选拔人才的非常严肃的考试，居然成了一种解脱的象征，难道不是很可悲的吗？而伴随着这样的解脱，是把自己原来知识的载体，把一本本自己无数次翻过、老师无数次讲过、自己无数次得到过一种理解和快乐，也经受过不理解和困惑的书撕掉吗？那么撕掉的是什么？撕掉的是自己十八岁以前的青春岁月，还是什么？在这一点来讲，真的让人非常难受。

其实这些书真的就是我们青春成长的一个最美好的记录，但是现在学生表现出来的明显就是一种痛恨。所以当大家听到这个话题的时候，心里都觉得很沉痛。像这样一种场面，不仅仅出现在汉中，很多地方都有。考完试以后，大家赶快把书一扔，最起码是束之高阁，有的人去打捆送往废品店卖掉，根本没有人会对它有任何留恋。这样一种现象，实际上是非常值得我们现在正在教育第一线的教师以及教育的相关管理部门去深思的，比如说我们要给孩子留下一种关于教育的美好记忆。不仅仅如此，实际上这已经牵涉到孩子是不是对他们的青春岁月有足够的爱恋、足够的留恋和足够的珍惜。我们看到的是孩子撕书，那背后呢？孩子同时撕掉了很多应该是非常美好的东西。

通过这件事情，大家还应该有一个反思，就是我们一直在关注学生的成绩，关注名次，但是我们是不是真的关心过他们的心里在想什么呢？其实，大家应该都在努力做，只是还没有找到一个很平衡的办法。我们不能说现在的教育者不关注孩子的心理，尤其在高中以前，孩子青春期的心理及各种各样的学习心理都已经被提到议事日程上来。大家都很重视，但是我们依然没有办法。因为我们面前的高考制度依然在，这是一个千军万马过独木桥的淘汰赛，这是一个事实，谁也不能否认。而且在最近一段时间，我们也找不到一个更好的制度来替代高考制度。高考制度纵然有很多问题，但是迄今为止，它还是唯一可行的，还是具有相当公正性的一个制度。既然所有的学生都要通过高考的变压器，或者叫放大器，或者叫输送管去进入他们人生的下一个阶段，那么类似的情况估计在近期就很难改变。我们不能乐观地认为在最近几年就会改变，这是不可能的。

也许这些孩子不撕书，但是他们也不会再去看这些书了。也许他们会采取另外一种方式来发泄，因为他们的内心总有一种需要宣泄的东西。假如在高考以后或者在临近高考之时，孩子们的中学教科书依然整洁如新，或者上面布满了他们的学习心得，那么或许他们可以采取另外一种方式来宣泄内心的情绪，比如说祭书。我们中国人是很重祭祀的，要祭祖宗、祭灶神、祭财神等。在中国的传统中，还有一种祭书的仪式，这是古代读书人的一种祭祀仪式。我们可以把这些书整整齐齐地码在那里，表达对这些书的一种感谢和留恋，同时也正式跟它们告别。因为我们就要读大学了，知识水准要提高了，所以不再需要它们的陪伴了。像这样的一种仪式，肯定比撕书要好得多得多。但是恐怕近几年我们也看不到。

其实通过这件事，我们应该思索一下，现在的学生是不是没有很多疏泄的管道。他们不仅仅要承受升学压力和学业压力，而且中国的教育还特别讲究课堂纪律。当然，讲究课堂纪律是必须的。我们是应该有一种纪律感的。因为在进入社会以后，我们必须尊重各种规则，尊重各种规矩。其实，现在的孩子已经不像前些年的孩子了。以前的孩子都有一种比较好的坐姿，是笔挺的，但现在的孩子已经是东倒西歪，什么样的都有了。不过我们确实应该给孩子留出一些空间，提供一些特殊的场所，甚至提供一些特殊的工具，让孩子去宣泄一下他们一时得不到排解的情绪。

在日本的一些大公司里，往往会有一个总经理的橡皮人。员工如果很生气，就可以拿榔头去敲那个“总经理”。员工在觉得无法跟总经理沟通时，在被总经理训斥或被冤枉时，他们的内心就会有不满的情绪。但即使有不满，员工也不敢跟总经理顶嘴，所以只能拿橡皮人出气了，这也是一种宣泄方式。当然，这样的方式在学校里是不能倡导的。我们只是希望学校能为孩子提供一些心理宣泄的场所。比如说可以设置这样一个房间，孩子们进去后可以随意大叫，或者在墙上设一些橡胶的东西，孩子们可以把头撞上去或对其踢上几脚。他们需要有这样的途径。像美国的一些一流高校就有这样的活动。比如哈佛的学生在考试前会有一场裸奔，就是在深夜十二点的时候，大家全部脱光了衣服进行裸奔。这已经成为他们的一个校园文化了。不止国外，在中国的教育史上也有这样一些东西。比如清华大学原来有一个“托尸”的仪式，就是新进来的大学生要被老大学生托着，然后再抛出去。当然，这样的仪式现在已经没有了。因为曾经有一段时间，我们把这种形式作为一种不良的现象取缔掉了。

其实，我们应该让孩子有一种排泄的管道或宣泄的途径。因为它有时候能够对孩子的心理、对孩子高度紧绷的神经起到一种松弛和调节的作用。至于具体怎么做，则应该根据我们的文化、我们的国情以及我们的教育进行一个比较深层次的探讨。但是最重要的一个目的是，希望我们的孩子以后看到这些书的时候，他们是怀着一种感恩的心，而不再是那种痛恨的情绪。我们应该把书看做是自己度过青春岁月的伙伴，我们不能把一个跟自己一起生活了那么多年的伙伴撕裂了。这个场景之所以重要，之所以值得我们在这里讨论，不是因为他们撕掉了什么，而是说孩子除了撕书以外，是不是有别的排遣压抑的方式，或者其他的表达自己轻松和解脱的方式。这些孩子们的表达途径和宣泄途径是不是太单一了，或者说根本就没有。如果没有的话，那就应该引起我们教育者的警惕，应该把这个放在教育规划领域里考量。

有段时间，温总理非常密集地谈教育改革。不到一个月，温总理先后五次主持召开座谈会，就正在制定的《国家中长期教育改革和发展规划纲要》听取社会各界人士的意见和建议。应当说，如此空前的密度彰显了党和国家对于教育的重视及推动变革的决心。

温总理谈教育改革

近些年来，有关教育问题的讨论从来没有中断过，人们对于教育的诉求千差万别。而教育作为一项公共事务，事关每一个人，2008 年初《规划纲要》征求公众意见，不到两个月便收到社会各界意见和建议二百一十多万条。这就充分说明了这一点，注定了教育改革的错综复杂和千头万绪。

我们不难发现，温总理明确指出了教育改革的侧重点：积极推进教育体制改革、落实和扩大学校的办学自主权、努力促进教育公平、大力倡导教育家办学。教育体制改革是核心问题，涉及到人才培养、考试招生、办学体制、管理体制等教育界长期存在的诸多问题，可谓是改革的重中之重、难中之难，体制的转变直接涉及权力与利益的重组，中央和地方、政府与学校、学校与家庭的关系都要进行调整。举例而言，迄今为止高考招生计划还是通过中央来统一指定，部分高校放开一定数量的自主招生就已经满城风雨，制度重组的难度可见一斑。再如人才培养，中小学本应承担启蒙教育，但现实却与办学质量和升学率紧紧联系在一起。大学同样如此，本应是接受高等教育的场所，很多却成了职业培训中心，就业率成了大学办学的重要考核指标。学校到底应当承担怎样的责任，是教育本身优先还是短期成绩优先，需要慎重权衡利弊。

我们经常听到要扩大办学自主权。这是否因为中国幅员辽阔，各地经济文化差异很大，中央地方不可能一刀切，更不可能完全兼顾呢？确实如此。作为办学主体的各个学校，无疑对情况最为熟悉。扩大自主权，给予教育机构更多的制度活力，让他们根据自身实际确定办学思路，自己去应对现实当中遇到的问题、挑战和机遇，而政府则应该在政策支持、制度监管方面发挥更大的作用。

公平是一个健康社会理应追求的价值和目标，温总理也高度强调要促进教育公平。无论中央还是地方政府，都应当坚决承担起公平教育的责任，公平、公正推动资源配置向落后地区倾斜，同时还要在总量上加大投入。当前我国教育投入占 GDP 的比重不足 4%，与我国当前的综合国力并不匹配。加大教育投入，是我国教育乃至整体进一步发展的重要推手。

教育家对于一个民族的重要性是怎么强调都不过分的，温总理将教育家放在一个很重要的高度上，这是否意味着学校衙门化的倾向已经必须引起我们的注意了呢？教育家的作用不言而喻，但前提是提供一个与其相适应的环境让其发挥教育才能和特长，让教育家不受制度羁绊，因材施教，切实通过自身努力培育人才，获得社会的认可。

温家宝总理说："教育是一个国家发展的基石，教育改革和发展是关系国家和民族未来的大事，也是每个家庭和学生关心的大事。"我们更要怀着对子孙后代负责的态度，扎实稳步地推动变革，提升国家和民族的核心竞争力。关注正在制定的《国家中长期教育改革和发展规划纲要》，是每一个中国人的责任和义务。毕竟，这在根本上意味着我们这个民族和文化的未来。

让一个少年戒掉网瘾需要付出多大的代价呢？广西南宁就有这样一位姓邓的网瘾少年，为了矫治他的网瘾，家长把他送进了一个戒除网瘾的训练机构。为此，邓爸爸和邓妈妈付出了两笔代价：第一笔是七千元的培训费，第二笔是在孩子入营十三个小时以后付的，那就是孩子活生生的一条命。这究竟是怎样的一个训练机构？这场悲剧的背后又有着什么样的内幕呢？

2009 年 8 月 1 日，十六岁的小邓被父母送进了广西南宁一个专门帮助青少年戒除网瘾的训练机构"启航拯救训练营”。入营前，孩子的家长交付了七千元的培训费。但就在孩子入营十三个小时以后，小邓的父母却得到了儿子死亡的噩耗。小邓的父母赶到时，看到的是遍体鳞伤的小邓。小邓的父亲在接受采访时说，自己的孩子身体强壮，除了有网瘾之外没有任何疾病。他们无论如何也没想到，自己会亲手把儿子送上一条不归路。

花季少年命丧戒网瘾俱乐部

看到孩子的尸体，相信大家一定都是非常悲愤的。而且事实证明，这个孩子在生前一定遭受过毒打。我们看到，从孩子入营到父母接到他去世的噩耗，一共只有十三个小时。十三个小时一条命，这代表了什么？我们首先要问的是，谁有资格办这样的训练营，有什么要求，是不是谁都可以办？谁颁发给这样的机构许可证，谁允许他们有这种经营项目？这是我们首先要搞清楚的问题。

在这样一个训练营里，明确是有体罚的内容的。凭什么这么一群人可以办这样一个训练营？他们经过法规的允许了吗？他们有专业的训练资格吗？在今天的中华人民共和国，在朗朗乾坤下面，这样的机构竟然能够堂而皇之地开张。现在事情出来了，十三个小时一条人命，那么如果没有出人命，这样的机构难道就可以办吗？我们讨论这个问题，应该从小邓的生命开始，去深入它背后的一些更严重的问题。问题就是为什么、凭什么、谁批准、谁授权、谁来管理这样的夏令营。这是一个非常严重的问题。

事情发生后，这个夏令营却依然开着。小邓付出一条生命的代价，对于小邓这个家庭来讲，那应该说是天崩地塌一样。这一条生命，我们不能让他白白地付出。我们整个社会都要去反思这个问题，都要去关注这个问题。毒打是绝对不可以存在的。在现在这样的文明社会，什么事情都不允许用毒打来解决。不要说对一个孩子，不要说是一个戒网瘾的训练营，任何一个机关都没有权力毒打一个人。哪怕是战争中抓获的一个俘虏，也应该有人道主义的待遇，也不能去毒打他。

在启航中心的训练课程表上，我们看到，一个学生半天内要跑四公里，上下蹲两百个，仰卧起坐两百个，俯卧撑两百个，蛙跳两百个，鸭子走路两百米。这些都是必须要做到的，做不到就要挨打。如此戒除网瘾，真是让人匪夷所思。我们国家的有关部门应该问问这个启航训练营的主办者和这些所谓的必须打一百个引号的教育者，这些规定是谁定的，定这个有什么科学依据和教育依据？如此荒唐的东西，居然也可以招生，居然也可以宣传。而另外一个非常可悲的是，居然我们很多家长还会相信这个东西。

不难看出，这些启航中心的训练者是采用一种暴力的方法来威逼这些叛逆期的孩子的。而事实上，用暴力来教育一个孩子的唯一结果就是以暴易暴。这个孩子从小经受了一种暴力，那么长大以后就会迷信暴力的力量，就会认为在这个社会上，谁拳头大、胳膊粗，谁就有道理，什么文明、法制、和谐，统统靠边站。这是非常可怕的。

其实，像小邓这样的事情此前并不是没有发生过，而且孩子们也在不断地呼救，那为什么家长们还是相信这种方法是可行的呢？应该说天底下没有一个家长不爱自己的孩子。看到自己的孩子沉湎于网络，学习或者生理及心理健康受到影响，家长们感到非常担忧，但又往往束手无策。现在的独生子女教育最大的问题是原来家长担负的教育职责很难付诸实施。原来，家长在家里的教育作用是很大的，他们说句话是很管用的。但是现在的孩子在家里一般都是独苗，从小被宠爱长大，所以越亲近的人对他们就越不管用。中国的传统也有这个认识，就是太亲近的教育功能很小。中国古人有一个讲法，叫“易子而教”。什么意思呢？就是交换孩子进行教育。也许这些父母也认为自己教不了孩子，所以就交给学校，但学校又没有这样的教育。在这种情况下，社会上突然有一个机构，打出这样一个牌子，说得天花乱坠，说得如此有效，那么即使家长再心疼，也会把孩子送过去。因为这些家长不具备基本的教育学知识，他们也不知道该怎样教育孩子，他们认为现在让孩子吃点苦头，受点教训，会对他们的将来更好。所以，就出现了这样的结果。

俗话说“没有规矩不成方圆”，但是矫枉过正的规矩却往往可能使问题的性质发生质的改变。这一点小邓的父母没有想到，启航拯救训练营也没想到，有关职能部门更没有想到。为什么大家都没有想到呢？因为体罚教育在中国有着根深蒂固的传统。

在中国，体罚是有着悠久历史的。人们通常认为，只有在棍棒下才能教育出好孩子，这就是常言所说的“不打不成器”。现实中，有很多家长往往会依葫芦画瓢，认为孩子不听话就一定得打。

在中国封建社会的各类学校中，教师可以用戒尺责罚学生。明代中央国学国子监特设由监丞负责的绳愆厅，专门负责对学生的体罚。国子监的监规规定，学生中有敢毁辱师长或有伤风化者，定将其杖打一百，发配云南充军。清代王誉昌在《崇祯宫词》中标注，有冒犯老师的学生，轻则学长用戒尺打掌，重则罚跪于圣人前。

中国的体罚教育传统

俗话说“打是亲，骂是爱”，“不打不成器”，“棍棒底下出孝子”。这些俗语在最早诞生的时候，其实都是有一定道理的，应该说是人类经验的结晶。一个人成长的过程应该是逐渐远离动物性并逐渐增加社会性的。在孩子生下以后，首先就要学规矩。我们启蒙教育的方法就是这样的，要教育孩子懂得一些规矩，让他们在将来进入社会后遵守社会的规范。孩子有其天真烂漫、童心盎然的一面，他们有时不会受一些清规戒律的要求，或者说总是想去突破它。在这个时候，如何让孩子就范，让他们懂得规矩、尊重规矩并遵守规矩，让他们将来踏入社会的时候可以和大家在同一个规则下相处，那就要从小进行教育。这种教育一方面是鼓励，或者说正面的教育，另一方面还得有一些惩罚。

在中国古代，体罚确实是存在的，而且古人对体罚一般都是比较认可的。至于为什么会这样，这又牵涉到中国传统文化当中一个非常重要的概念——孝。我们认为，“教者孝之文也”。教育的“教”，一边是“孝”，一边是反文。所以说，孝是教育当中最重要的。那么慢慢就衍生出一种观念，就是天下没有不是的父母，父母做什么都是为了孩子好，父母要教训孩子，一般的手段都是可以用的。当然，这种观念在今天是不再有人接受了。另外，在中国，老师的地位也是在地球上众多文化和民族当中最高的。我们过去的排位是天、地、君、亲、师。上有天，下有地，世间有皇帝，再有自己的尊长，接下来就是师。而且在中国古代还有这样一个规矩，叫“一日为师，终身为父”。所以，老师教训学生，也是天经地义的。

既然天下没有不是的父母，那么父母当然可以采取他们认为合适的手段来教训孩子，而体罚就是其中之一。古人的体罚有时是相当厉害的。如果父母认为这个孩子大逆不道，是有权把孩子打死的。打死以后，父母会报官，而官府往往不会追究，更不会把父母抓起来以命偿命。此外，老师责打学生也是相当普遍的现象。不能否认的是，这样的教育方式确实也培养出了很多比较好的人才。北大有很多非常著名的教授，学问特别好，文字也特别漂亮，但却有结巴的毛病。为什么结巴？就是从小被打的。孩子背书的时候，背不出来就是一戒尺，打得时间长了就成结巴了。这当然会给孩子带来终生的痛苦，这些老人家在晚年回忆自己受教育的过程时，对这个体罚都不抱有什么好感，但是好像也不是完全没有作用。

我们的传统确实对体罚有一种基本认同的态度，但是也不是无限的。在我们的传统中，还从来没有把孩子打死的。有一种说法叫“小杖受，大杖走”，这是孔子说的话。什么意思呢？就是说对于父母的打，小打要受，大打要走。因为如果孩子被父母打死了，那就会陷父母于不义。但如果是小打，就一定要忍受。第一，作为子女，必须要孝顺父母；第二，天下没有不是的父母；第三，父母都是为子女好；第四，子女首先应该自省，是不是自己做错了。

我们好像从来没有听说过孔子体罚他的弟子，可这些把孔子奉为圣人的教育者们却为什么总是把戒尺放在案头呢？当然，孔子究竟有没有体罚过他的学生，老实说谁也不知道。因为现在关于孔子的记载很少，只是从现存的《论语》来看，孔子并没有体罚过学生，但是孔子教训学生是有的。当然，《论语》也不是孔子写的，而是孔子的再传弟子编撰的。

在传统的教育当中，惩罚不仅是对一般的老百姓而言的，就连对皇太子的教育里，都有惩罚手段。比如老师去给太子上课，太子首先要尊敬老师，但反过来，老师还得尊敬太子。这就是一个很麻烦的问题。太子也是一个小孩儿，也很调皮，对于这样的学生，老师也是要教训的。可是太子将来又是皇帝，老师总不见得骂皇帝吧！所以，为了解决这个难题，古人绞尽脑汁想出了一个办法。什么办法呢？就是找很多人来陪读。太子很少一个人上课，他的叔伯兄弟通常会跟他一起上课。这样一来，如果太子上课的时候不专心，老师就可以指桑骂槐，通过骂旁边的人来提醒太子。

我们虽然看不到孔子体罚弟子，但是后来历代的儒学大师以及重要的儒学思想家在幼年读书的时候，遭受体罚的记载却比比皆是。教育可能是离不开惩罚的。比如说《三字经》里面就有“子不学，断机杼”这样的话。对于孩子们来说，惩罚可以说是教育方法中必不可少的一部分。也许这个说法会惹起大家的批评，但是我个人确实是这样认为的。我们现在对孩子的教育当中，表扬、夸赞等正面的肯定太多。当然，这不是不好，但它的副作用也很大。现在的孩子都在家长百般呵护下长大，都在鼓励、表扬这种正面引导的教育下长大，他们不知道挫折为何物，不知道错误为何物，也不知道自己做错了事情要承担什么责任。久而久之，他们的心理承受能力就会非常脆弱。所以，我们的教育需要惩罚。一方面，我们要有正面的教育；另一方面，我们也应该有相应的惩罚手段。我们要让孩子知道，做对了就应该得到表扬和认可，做错了就应该自我反省，应该付出代价、承担责任。只有这样，孩子的成长才是健康和完备的，他们将来的心理承受力才是足够强大的，在进入社会以后，他们才能坦然面对人生的成败得失。

四川某技校发生过一起教师体罚学生事件，在网络和媒体上闹得沸沸扬扬。事情缘起一名女生因为不满外语老师的训斥与外语老师顶了几句嘴，外语老师随后将此事状告班主任，班主任一怒之下罚全班同学下跪。同学们跪在木凳上将近二十分钟，班主任才让大家起来。

技校老师体罚全班学生

对于这件事情，不管这位老师做出什么样的解释，她的做法肯定是“过”了。一人犯错，全班受罚，这在道理上就说不过去，而且她还采用了下跪这样一种方式。虽然事后大家的意见不太一致，但其实分歧并不是很大。对这位老师的行为，应该说持批评意见的占了绝大多数。因为一个孩子犯了某些错，就让所有的孩子用这种连坐的方式陪着下跪，这在我们过去的传统中是非常坏的一种东西，这种做法是完全不可接受的。

另外，罚跪这种形式实际上也冲击了人们的心理承受点。因为跪拜是一种自尊的礼数，是一个太重大的举动。现在就连对先辈祭祀时的下跪和对尊长表达感恩之情的下跪，都会遭到非议。这就充分说明，第一，我们中国人把跪拜看得很重，过去有句话叫“男儿膝下有黄金”，就可以说明这一点。第二，我们好像认为跪拜跟传统中一些很腐朽的、应该被淘汰的东西是联系在一起的，所以我们今天要把它抛弃掉。甚至有些人会认为，它跟人格尊严等都是联系在一起的。当然，这种看法没有区分跪拜里的种种含义。但是这位老师把跪用在处罚上面，这本身就是一个非常严重的处罚手段，而且在当代的教育里是完全不允许存在的一种现象，更何况还要连坐。所以，这种做法必然会导致非议，这是毫无疑问的。

现在的孩子越来越有个性，越来越难管，所以不少老师也提出了疑问，我们该怎么来树立我们的师道尊严？师道尊严应该说是一个非常古老的概念，而这个概念实际上属于中国传统中相当积极的一个概念，它的正面意义要大于它的负面意义。问题是我们不要忘了“师道尊严”这四个字，是“师道”在前。换句话说，教师本身要有道。这里包括几层意思：第一，师德要站住，作为一个老师，要有师德，为人师表。第二，老师对学生要有一种发自内心的教育者的爱，要真正把学生当做自己的孩子，而不仅仅当做自己的职业对象。第三，老师本人的专业技能和教育水平，要随时进行自我更新，使自己不断地完善，真正当得起一个老师的称号。所以，我们不能片面地去看“师道尊严”。

很多人认为“师道尊严”意味着天下没有不对的老师，只有不对的学生，老师说什么学生都得说是。但实际上，传统的“师道尊严”并没有这个意思。比如在《论语》中，孔子和弟子经常是平等讨论的。孔子说的话，有时候学生也会反驳两句，也会跟孔子讨论，并没有一味地顺从孔子。所以，我们要全面地理解“师道尊严”。老师的素质、道德修养和职业水准，这是一个前提。只有这样的老师，才能当得起“师道尊严”这四个字。有些老师明显不合格，鲁迅先生笔下也有过，比如说有些老师读白字，把“郁郁乎文哉”读成“都都平丈我”,这种老师的师道难道还要尊严吗？很多老一辈学者虽然都非常奉行“师道尊严”的准则，但是有不少人在少年时代都赶过老师了，其原因就在于有些老师实在是太过分了。比如说当官当不成了，就回来混两天，当两天老师。因为当时教师的收入很高，社会地位也很高。但这些人其实没什么学问，上课也不好好准备，胡扯八扯。所以，老一辈的学者也并没有像我们这样非常片面地理解“师道尊严”，但是对于真正好的老师，他们是发自内心的尊敬，是感念终身的。

很多老师都有这种感叹，现在的老师应该怎么来惩戒孩子呢？这应该说是当代中国面临的一个有关中国未来的大问题。虽然是孩子的问题，但它是大问题。独生子女政策是我们中国比较特殊的一个国策，它的确导致了现在的孩子比较难以管理。他们相当独立，相当自我，说不好听的，就是比较偏向于自私或者比较自以为是。对于这些孩子，我们应该怎么教育？这是一个新的课题。因为在中国漫长的教育历史上，从来没有面临过这样的一群孩子。过去我们面临的孩子，都是家里有兄弟姐妹的孩子，他们都知道自己不是中心。但是最近这二三十年来，中国的教育突然面临巨大的挑战，因为我们的教育对象突然改变了。这些教育对象，在中国历史上没有出现过，我们没有先例。而在这里，最大的问题恰恰是惩戒手段的缺失，或者说我们找不到适合于这群孩子的切实有效的、恰如其分的惩戒手段。现在的孩子从小就生活在一种光环里，生活在一种赞誉里，慢慢地就导致他们经受不得批评，更经受不了惩戒。如果老师批评两句，可能就会引发很严重的问题。

当然，有些父母是有问题的。比如在老师对孩子进行了正常的批评以后，孩子觉得委屈，回去就向父母哭诉，而有些父母就会直接冲到老师的办公室跟老师理论，甚至还有殴打老师的。所以，我们必须找到一种当代的惩戒手段，这是非常重要的。因为从来没有一种教育是只有表扬而没有惩戒的。以前有一种惩罚手段叫“吊黑板”，就是到墙角去，站在黑板边听课。像这样的惩罚手段其实并不会给学生造成心理阴影，而且还可以起到惩戒的作用。但惩戒手段要有一个度，千万不能过这个度。有些孩子爱写错别字，而且有些错别字很难改，那么老师经过几次劝说和教育以后，发现没有效果，这时往往就会采取一个手段——罚抄，比如说抄写二十遍或三十遍。这样的惩罚，有时是有效的。问题是二十遍、三十遍是孩子可以接受的度，孩子的体力也承受得了。但如果是一千遍，那就过了，就变成体罚了。

现在的教育面临着数量如此庞大的独生子女群体，而我们的教育手段、教育理念和奖惩手段实际上还没有跟上时代，我们的手段依然停留在过去，很多人仍然习惯拿过去的那些东西做标准来看今天的教师，所以往往就会出现巨大的冲突。

一个孩子要成长为人格健全、思想健全、有尊严、有原则的人，学校教育当然非常重要，但是家庭教育同样也是不可缺失的。我们常说母爱如水，父爱如山。父爱和母爱对孩子成长的影响，应该说比重是一样的。但是中国青少年研究中心公布的一份报告却让人有一点忧心。报告中提到，在中国、韩国、日本、美国四国高中生首选的倾诉对象当中，中国父亲的排名是最低的，甚至被排在网友之后。也就是说，中国的高中生和其他国家比起来，他们愿意向父亲敞开心扉更少一些。那么，与此同时，还有一项网上调查数据也显示，有六成网友认为现在的孩子缺少来自父亲的教育。

父教不可少

在家庭当中，对孩子的教育，父母的责任是一样的，但是父母的角色是有分工的。从传统来讲，一般是母亲比较慈爱，父亲比较严格，所以我们叫“严父慈母”。但现在最起码在一些大城市里，却变成了“严母慈父”。这种情况当时被大家作为笑谈，也没有人去深究。现在，有如此详尽的统计报告出来，这就值得我们深思，值得我们警醒了。为什么父母的角色在家庭教育中会转换成这个样子？在这个转换的过程中，我们是不是失去了什么？这是我们要考虑的。

现在，父亲在中国家庭教育中的角色确实在消淡或者说流散。这个现象是很严重的。我们现在经常可以看到，从家庭出来的孩子，特别是男孩子，往往会显得比较软弱，有的时候还会害羞。比如有的时候，一个男孩子跑到家里跟妈妈哭诉，说自己被一个女孩子打了。这个男孩没有还手，这当然对，不能跟女孩动手。但这里有一个非常有趣的现象，就是男孩和女孩基于生理特点、基于生物学的原则天然而有的区分，突然开始出现泯灭，甚至出现倒转。这跟中国非常独特的状况是有关的。

我们中国人把传承看得最大，我们经常讲“不孝有三，无后为大”，所以孩子是家里最重要的。而且往往这个孩子，我们中国的家庭中现在只有一个，所以爸爸、妈妈、爷爷、奶奶、外公、外婆，最起码有六个人都来宠他。另外，在中国的传统中还有“男孩为大”的观念。当然，这个观念是我们要批判的，是不对的，但它确实是切切实实存在的。因为一般认为男孩是传香火的，用上海话讲“独生子自己好”，所以男孩就得到了更多的宠爱。那么一个孩子在很小的时候，他的爷爷奶奶的教育和外公外婆的教育，就会出现一个非常滑稽的情况。什么滑稽的情况？就是他们小时候不许做的事情，孩子都能做，而且他们看着都很高兴。在这种情况下，父亲这种角色极度地跟母亲的角色融合了。而现在的妈妈往往比较严厉，所以慢慢就导致教育中阳刚之气、坚韧之气、刚强之气的消淡。这种现象此前也有过，而且有一段时间大家也很注意，但后来又流于无形了。后来我们突然发现，中国的幼儿园老师几乎都是女老师。我们知道，国外很多幼儿园都是有男老师的，这些男老师像大哥哥或者叔叔一样跟孩子一起游戏，让他们感受到另外一种教育或受到另外一种感染。

对于现在的情况，我们在近期还找不到什么解决的方法，这是最值得我们担忧的。可能很多父亲会说自己忙于工作，忙于赚钱，所以忽略家庭了。也有很多父亲认为，教育就应该是母亲的事。这样的观念是不对的。因为按照中国的传统，历来就是男子赚钱养家的。中国古代的女性根本就是大门不出、二门不迈的，她们怎么会出去赚钱？所以，一直以来，都是男子在赚钱。但是从来也没有听说过父亲不用管子女的教育，过去的说法是“养不教，父之过”。当然，母亲也是要教育子女的，但母亲的教育主要是家教，教给孩子做人的道理。而父亲的教育主要是教给孩子知识，教给他们谋生的手段以及在社会上安身立命的方式。所以说，父亲和母亲是有分工的，他们承担了不同的教育责任。

简单地说，母亲应该比较关注孩子的教养。一个孩子有没有教养，受其母亲的影响很大。比如说卫生习惯、饮食习惯、餐桌习惯、衣着习惯等生活细节，往往是从小母亲为其留下的。那么教育，比如进入格式化的、国家规定的教育流程的，过去当然就是科举。一个孩子首先接受启蒙，启蒙以后做童生，慢慢再考秀才，是这样一套流程。在现在来讲，就是进入我们国家规定的学校教育了。在这个过程中，父亲的作为曾经是很重要的，往往是父亲来管这个事。现在的父亲说自己工作忙，要挣钱养家，这是借口，但不是理由，因为传统的父亲也是这样过来的。所以，我们必须从另外一个角度或一个更深的层面去寻找原因。

现在很多人在呼吁父教，而父教中也确实有一些母教不能取代的东西。比如带领孩子做一些体力对抗或者有挑战性的活动，母亲有的时候就不能胜任；比如带孩子去野营，或者带孩子去远足或郊游，母亲就不太合适；比如父亲对孩子的说话方式跟母亲对孩子的说话方式是完全不一样的，父亲带给孩子的感受也是母亲无法给予的；等等。我们说母爱如水，父爱如山，这两种爱对孩子来说都很重要。有山有水，有刚有柔，这样的教育才会完备。

事实上，也有不少父亲把很多时间花在对孩子的教育上，但是他们却未必尽到了父亲的责任。因为有的时候，他们可能在扮演母亲的角色。以前，我们对母亲一般是敬爱，对父亲则往往是敬畏。在生活上受了委屈，我们往往会跟母亲说；但如果是遭受了人生的打击或挫折，则往往会跟父亲说。而且随着年龄的增长，我们跟父亲的话会越来越多，跟母亲的话则越来越少。但是现在，这已经不是一般的情况了。

鲁迅有一篇名作——《我们现在怎样做父亲》，是很多人都读过的。但是这篇文章和今天的情况却正好相反。因为在鲁迅那个年代，鲁迅突然发现父亲太严厉了，父亲对着孩子不苟言笑，从来没有笑脸给孩子看，更不可能陪孩子游戏，就是根本不会跟孩子有交流，而主要以教训或处罚的方式来教育孩子。就好像《红楼梦》里的贾政，我们不能说他不爱贾宝玉，但是他不会跟贾宝玉聊天，还动不动就把贾宝玉打一顿。鲁迅认为，父亲也应该有爱，所以他写了这篇文章来说明怎么做父亲。据鲁迅先生唯一的儿子周海婴先生回忆，鲁迅先生是充满了爱的。所以在那个年代，鲁迅先生的文章强调的是父亲也要微笑，也要流露自己的爱。

如果鲁迅现在仍然健在，看到当今社会的现象，他可能还会写一篇文章，这篇文章的题目也许还是这个，但是里边的论述就未必是这样了。鲁迅先生是眼光如炬的，是非常有批判性的，往往一眼就能够把问题看得很深。所以，也许他要强调的是，现在的父亲是不是太软了，是不是应该有父亲的样子，他可能会换一个角度来讲。

在中国传统的教育中，父亲是怎么教育孩子的，有什么可以供我们借鉴的吗？我们或许可以在《三字经》中找到答案。《三字经》先讲的是孟母，先讲“昔孟母，择邻处，子不学，断机杼”。先把母亲放在前头。意思是孩子的第一个老师是自己的母亲，母亲对孩子的影响是终身的。母亲可以帮助孩子养成很多好的习惯，养成一些人格的基本构成。接着讲的是窦燕山，这又换成了父亲。窦燕山有五个孩子，他对这五个孩子的教育抓得都很紧。按照历史的记载,他的五个孩子都中了科举,都名声远扬。在《三字经》里，对父亲的教育并不是一味地都给予肯定的。比如有的时候父亲讲得不好，儿子就可以不听，也不一定说父亲讲的就都是对的。《三字经》强调的应该是孩子习惯层面的一些东西，或者孩子教养方面的一些东西，或者一些根基性的东西。这些东西，妈妈是要参与的，因为那个时候妈妈跟孩子最接近。但是当孩子一步一步走向社会的时候，父亲的教育就会越来越彰显。因为在传统中，母亲主要是家族的人，很难说是一个社会的人，父亲才是社会的人。所以到这个时候，父亲就要去关注孩子的课程，关注孩子对外的交往，关注孩子的一些挫折和成败。这是传统的一些东西，对我们应该是有所启示的。

跟父亲相比，今天的中国母亲给孩子的教育和关爱要显得多一些，而母亲的形象也一直是对孩子充满关爱、任劳任怨等等。可是，却曾有报道称“中国妈妈”这个词语在美国校园里成为了贬义词。这到底是怎么一回事？是中国母亲本身存在问题还是中西方文化差异造成的这种观念上的不同呢？

“中国妈妈”成为贬义词

“中国妈妈”怎么会在美国的校园里成为贬义词？这里固然有东西方或者中美文化差异的问题，但是这背后恐怕还有更严重的问题。因为当代的中国母亲是一群非常特殊的母亲，是在人类历史长河中仅有的一群母亲，为什么？因为绝大多数母亲只有一个孩子。我们看到的往往是母亲对孩子的影响，但是我们忘了孩子对母亲也是有影响的。一个孩子的母亲，两个孩子的母亲和五个孩子的母亲肯定是不一样的。现在的严母慈父问题，在历史上是从来没有出现过的。

到校园门口看看，我们会突然发现，接孩子的往往是一些老年人，剩下的就是急匆匆从单位赶回来的母亲。我们经常可以看到母亲数落孩子的场景，特别是在考试之后，如果孩子的考试成绩与母亲的期望有落差，母亲就会很严厉地对待孩子。从中不难看出，母亲的角色有了一个急剧的转换。当然，母亲都是爱孩子的，但是爱之深责之切，这就给人一种管孩子管得很多、管得很严的感觉。有的孩子从出生一直到做了父母，都是母亲在管。比如去给子女征婚，都是父母去的，恐怕全世界只有中国有这样特殊的景观。这里就隐含着一个很让人担忧的问题。

在我们的传统当中，有一种根深蒂固的观念，那就是望子成龙。我们中国的母亲是非常值得尊敬和爱戴的，但是有的时候，她们却会让孩子产生某种抵触的情绪，其原因就在于我们传统中这种根深蒂固的观念。全世界的母亲都希望自己的孩子有成就，都希望自己的孩子将来的人生非常顺利、尽可能地辉煌，都希望自己的孩子能够按照自己的心愿快乐、健康、成功地生活在这个世界上，而不要像自己的父辈有那么多遗憾。但是很少有民族有我们这样的观念——望子成龙。

如何看待中国人的望子成龙观念？我们可以分两个角度去看。首先，“龙”实际上是不存在的，让孩子成为一条龙，也是不可能的，这其实是个比喻。如果我们强调把龙这样一个意象作为一种要求，希望孩子不断地完善自己，不断地努力，而我们关注的是孩子付出努力的这个过程，那么这种观念就是可以接受的。但是恐怕很多母亲更看重的是结果，是自己的孩子到底是不是人中之龙。如果我们过多地关注“龙”这个结果，而不是孩子能够以“龙”为梦想、不断追求和努力的过程，那么这种心态就是有问题的。母亲希望孩子成为人中之龙，这毫无疑问是对的。但是我们更应该重视的是孩子付出的过程，而不要过多地在意孩子付出所能得到的结果。比如一场考试，孩子的考试成绩不尽如人意，但他确实已经尽了全力了。那么在这种情况下，我们是不是应该给孩子更多的宽容和体谅，让孩子有一个更宽松的心态或空间呢？如果我们一上去就跟他理论分数，孩子就会觉得很委屈，觉得自己不被理解。这可能是“中国妈妈”被美国的孩子当做贬义词的一个相当重要的原因。在他们看来，中国的妈妈好像很在意结果。

还有很重要的一点，就是中国的妈妈特别喜欢比较。其实，现代人的心态也非常矛盾。为什么这么说呢？因为家里都是一个孩子，每个孩子都是独一无二的宝贝，上海话叫“瘌痢头儿子自己好”，就是孩子怎么样都是自己的好。但是很矛盾的是，确实有很多父母，特别是母亲，非常愿意把自己的孩子跟别人比较。比如有的妈妈看到邻居家的孩子在学钢琴，而且已经考到九级了，她就会要求自己的孩子也学钢琴，觉得自己的孩子不能输给别人，可实际上，自己的孩子根本就没有这方面的天分。像这种完全不顾自己孩子的具体情况，非要自己的孩子以另外一个孩子为模式去走他的路，这种过度的比较实际上不是很健康。而在国外，父母的比较观的确不是很重，他们不会拿自己的孩子跟谁去比较，而是要孩子战胜自己。他们关注的是孩子做一件事时有没有尽自己最大的努力，而不是这件事的结果。这样的话，孩子的心态就比较健康。他们充满自信地成长，比较有责任感，也比较有担当。

当然，中西方在文化上是有差异的。从中国的传统文化来讲，怀孕生子的整个过程都被看成是一种重中之重的过程。因为中国过去非常重这种传宗接代的观念，“不孝有三，无后为大”，没有孩子是极为不孝的。而且在孩子生下来以后，中国人又非常重视教育。“养不教，父之过，教不严，师之惰”，有这样一套观念在制约着中国人的思维。到了现在，我们其实把对孩子的教育看得更重，因为一个家庭所有的期望都寄托在一个孩子的身上。那么，这个孩子的确会不堪重负。他还只是一个小孩，可是大人们已经把他的未来都规划好了，总是有那么多大人的眼睛在盯着他，总是有那么多大人会对他提各种各样的要求。可是有没有人问过他，他想怎么样呢？在这个过程当中，中国的母亲是特别伟大的，她们的确付出得更多。因为她们大多也都非常优秀，她们的文化水平丝毫不亚于孩子的父亲，而且又有母爱的天性，所以自然会对孩子投入得更多。

现在的母亲往往会给孩子一种印象，就是孩子是她们的一切，她们可以牺牲自己的一切，把自己的一切都投注到孩子身上，这是非常值得尊敬的。但我们最好不要要求孩子去实现我们的梦想，因为孩子是一个独立的生命，他们有独立的人格，有他们自己的梦想要实现。尤其当孩子还很小的时候,他们还不知道梦想为何物，还没有一个明确的目标，如果母亲把自己的目标一直给孩子描述，一直给孩子灌输，那是不利于孩子成长的。孩子跟母亲固然有切不断、分不开的血缘，但是他们毕竟不是母亲本身。这种情况被国外的孩子或国外的母亲看见，他们就会觉得中国的妈妈对孩子的意愿不够尊重，对孩子的独立不够尊重，没有留给孩子独立的空间，没有让孩子自由地去发展。我们知道，国外比较注重本我的幸福感，国外的妈妈也会比较注重孩子自己的想法。所以，国外的孩子往往认为中国的妈妈过于严厉,对孩子管得太多。但“中国妈妈”未必就是百分之百的贬义词，它可能只不过带有一些轻微的贬义罢了。

俗话说“少壮不努力，老大徒伤悲”。很多孩子在年幼的时候可能没有努力的意向，所以就需要父母来逼他们。但这也要有一个限度，我们现在的问题是已经没有这个限度了。现在的父母可能逼得更厉害、管得更厉害，这是事实。因为现在的孩子拥有的私人时间和自己的交际圈，和几十年前已经不能比了。现在很多孩子无奈地成为了一个压缩饼干的状态，被压得很紧，而压他们的人主要就是他们的母亲。因为母亲们有这样一种信心，她们觉得自己跟孩子的爱是牢不可破的，跟孩子的情感是永远不可能受影响的。所以在家庭中，往往是母亲出面做“恶人”。那么如果母亲经常声色俱厉，经常去逼孩子的话，那当然会给旁观的人留下一种不太正面的印象。

因为中西方文化的差异，有了两种不同的妈妈，她们教育孩子的方法以及对教育的认知都是不同的，但是她们都培养出了非常优秀的人才，所以这两种妈妈是不可比的。事实上，天底下最不能比的就是妈妈。我们没有任何权力把中国的妈妈和美国的妈妈做比较，就像中国的妈妈和美国的妈妈最好也不要将自己的孩子和别的孩子做比较一样。天底下不是所有的东西都可以比的，而一旦牵涉到母爱，牵涉到母子之间的情感，实际上这已经是一个不能用比较去观察、衡量或考虑的层面了。

"孟母三迁"故事中的孟母是我们中国人歌颂的对象，那么她跟今天的母亲又有什么区别呢？从中国历史资料对孟母的记载来看，孟母当然是很严厉的，但是除了要求孩子努力学习或者为孩子安排一个比较好的受教育的环境以外，我们看不到她去逼孟子。孟母作为一个传统的妇女，她没有受过教育，所以也没有办法像今天的母亲一样能够一直盯到孩子的每一道题。现在孩子的作业往往是要家长签字的，这就让人很难理解。为什么要家长签字，难道家长是老师吗？家长要督促孩子写作业，而且要精确到每一个题目，每一个答案。现在的家长已经投入到非常细致的一面，但孟母并没有做这些。

实际上中国传统的母亲对孩子主要进行的是家教，其中有些母亲的手段也是很严厉的，比如胡适先生的母亲。她没有办法督促少年胡适的学业，但是如果看到胡适有些举止不恰当，她就会把胡适拧得浑身都是淤青，而且还不允许胡适叫。像这样严厉的母亲在中国的历史上也是不少的。但我们可以非常欣慰地看到，这些孩子长大以后没有一个会记恨自己的母亲，更没有一个会不承认自己的母亲是自己最早也最重要的老师。所以说，这就是东方文化或者说中国文化的一种非常复杂的情感。在中国的文化里，对这样的严母通常是歌颂的。但在中国文化中还有这样一种观念，就是母亲对孩子的爱是不需要论证的，没有人会怀疑母亲对孩子的爱。所以，母亲所做的一切都是以对孩子的这种无边无际的大爱为前提的。像这种观念,美国人就不一定理解,也不一定能接受。

孩子都是渴望母爱的，而母爱又是比较温柔的，所以现在的母亲是不是在严格要求孩子的同时，也让孩子感受到这种爱，让孩子有所依靠。在中国的传统中，如果父亲要责备孩子，那么孩子往往会躲在母亲的身后，而母亲则去挡父亲。老一辈的一些学者记载，他们小时候的成长环境就是这样的。所以说，母亲是孩子在情感上的一个避风港。不管年龄多大，孩子到最后都会回到母亲的怀抱。我们也看到过很多白发儿子和白发母亲相拥相泣的感人画面。现在的问题是，一方面我们有父教缺失的情况，另一方面，我们的母教好像非常非常多，但其实也有某种程度的缺失。

社会上的“假”现象——职业道德的沦丧

在我们的印象里，新闻总是特别严谨、特别真实的。尤其是主流媒体的新闻，更是无需怀疑的。但如果在这样的媒体上出现了不怎么真实的新闻，大家又会作何感受呢？

2009 年 6 月 26 日，一家国家级大报上，刊登了一个图片报道，题为“广西南宁被誉为中国绿城，人与自然和谐共处”。而令人吃惊的是，这张照片竟然是被严重 PS 过的。图上的五十三只鸽子中，共有六只明显是复制加上去的。类似的事件还有 2008 年哈尔滨某报的新闻图片“广场鸽接种禽流感疫苗”等。

PS出来的新闻图片

一般人看报纸都习惯快速阅读，对于报纸上的图片往往不会太留意，自然也不会去分辨图片的真假。当然，由于大多数人都缺少专业知识，所以也很难分辨出图片的真假。如果要求老百姓具有这种分辨的能力，那就太过分了。我们不能把一些莫名其妙的要求强加给读者。中国有多少老百姓知道 PS 是什么意思？知道的绝对是少数。像这样一张图片，只有几只不对，这让老百姓如何分辨？难道要每个人都经过这种防伪的训练才能阅读报纸吗？这就太可笑也太可怕了。

我们中国原来并没有新闻的概念。“新闻”这个词在英语里叫“news”，是“north”、“east”、“west”、“south”四个单词的组合。意思是把东西南北四个方向发生的事情聚集到一起,就叫新闻。不是说把东西南北发生的东西不加分别或不管真假地堆到一起就算新闻,更何况这里还都是人为的造假。我们把news翻译成新闻，本身就有一些问题。“新”没有问题，比较新奇的，新近发生的，最近发生的。“闻”是什么？在汉语中，“闻”是听见。但是我们汉语中有一个说法叫“百闻不如一见”，难道我们就拿新奇的听到的事情来等于新闻吗？这是非常可怕的。我们现在的新闻，确实有往这个方向滑的危险。就是我们现在看报纸的时候往往哈哈一笑，不把它当真。这样一来，新闻还有什么生命力？我们原来要求记者都到第一线去，要努力拍摄当时的情景，现在也不去拍了，就在电脑里拼合一下或在网络上下载几篇，有的人基本就是编。我们原来认为新闻应该是严谨的、真实的，但这在今天已经变成了一种美好的愿望，这个照片就是最好的例子。

其实，这种照片的PS手段并不高明，可就是这么拙劣的一个技术，也敢拿到媒体上来发布。我们就不得不问，媒体那些把关的人到哪里去了？老百姓分辨不出它的真假，难道专业人员也分辨不出它的真假吗？老实说，是因为背后有某种驱动和需要，所以才会出现这种东西。比如我们的报纸需要夺人眼球，现在有两种经济，一种是眼球经济，还有一种是手指经济。手指经济是某人编一些不负责任的短信，然后大家转发。眼球经济是只管吸引大家的眼球，而不管拿什么来吸引。为了让报纸吸引大家的眼球，有人就开始变魔术。这是眼球经济下出现的一种毒瘤，一种不健康的情况，但是这种情况已经泛滥了。

我们的新闻界或者媒体界也许缺少一种精神，或者说这种精神不太受到尊重，那就是求真的精神。中国的新闻界不是没有这样的记者，比如我们大家都很熟悉的唐师曾。他采访海外战争都是身临其境，尽量接近战争的前线，尽量接近事发地，这也让他的身体受到了致命的影响。因为看到太多非常残酷的场面，他现在有一种忧郁症或恐惧症。因为他付出了很多，所以他才有那么大的成功，大家才会尊重他。如果不到前线去拼一拼，那“拼”出来的东西有价值吗？在现在的新闻中，“真”好像已经被“新”和“奇”替代了，好像是奇怪的和热闹的就可以了。比如“藏羚羊”造假图片，大家都知道藏羚羊是非常珍贵的一种保护动物，也知道青藏铁路是很了不起的一个工程，我们都希望在发展经济和交通的同时不破坏自然生态。当高速铁路飞驰的时候，非常可爱的藏羚羊也在旁边待着，这是我们的期望和梦想，但这是现实吗？我们不能把幻想当做现实，就这样营造给大家。如果是用文学的笔触去描写，那当然没有人会责备。但是作为一个新闻照片，就这样公之于众，而且居然还得了一个全国的铜奖，这实在不能不让人担忧。这种造假的东西，为什么屡禁不止？

在眼球经济的背后，有一种供需关系。也许记者个人想成名，有一个重要作品想获奖，等等，非常复杂。现在的问题在于，究竟有没有人把关，真实性还有没有人操控，我们有没有失控？像这种照片，现在发现被 PS 过了，当初怎么没人发现？像这样的问题，通常都是眼尖的网友看出来的，那么专业人员呢？难道专业人员还不如网友吗？难道专业人员的眼睛还不如普通人的眼睛尖吗？这都是没有遁词的。这就说明大家在意的是新奇，对真实都不太在意了，或者说不太关注了，最起码是把新奇放在了真实的前面。如果我们的第一道线就是真实，那么这种东西还能滑得过去吗？最起码不会像最近几年如此层出不穷。

我们应该牢牢记住，新闻的生命是真实的，这是第一位的。在真实以后，才是想办法把照片拍得更美。比如写文章，首先要真实，在此基础上如果能写得让大家都喜闻乐见，这才是本事。但无论如何都不能造假，这是让人没有办法容忍的。像周正龙的老虎事件曾在社会上引起轩然大波，其背后的问题就更大了。如果周正龙拍的老虎是真实的，那么这个地方很快就会划一个自然保护区，接着就可以申请国家的投资。我们国家对自然保护高度重视，所以如果这个地方真的有华南虎，那投资的数目是不会小的。这样一来，就可以养活很多人，有很多人可以靠之谋利。所以当周正龙拍到这样的照片后，大家的反应就是兴奋，根本没有人去核实。用一种虚假的东西或者说以一种欺骗的手段来获取利益，这是很可怕的。当然，假的终归是假的，总有一天会真相大白的。

国外的新闻界也有许多类似的造假事件，比如说 2006 年的巴以冲突，英国路透社有一张描绘贝鲁特被轰炸以后黑烟滚滚的情形的照片，后来被证实是摄影师蓄意 PS 修改的。还有曾发生在乌鲁木齐的打砸抢烧事件，西方有些媒体拍出来的照片就故意混淆民族，改换角度。像这样的做法，是会受到全世界的谴责的。比如我们非常尊敬的香港凤凰台的阮次山先生就直截了当地对有些西方媒体这种非常拙劣的举动提出了批评。

新闻造假好像已经变成了一种全球性的状态，这是一种病态的经济利益至上或病态的眼球经济的大背景下产生的病态行为。这种行为应该说已经超越了新闻从业者的职业底线。作为新闻记者，哪怕拍出来的照片很模糊，哪怕只拍到一个背影，都比造假好一万倍，乃至一亿倍。就是你什么都能做，但是绝对不能造假。这是一个非常基本的原则。但现在来看，我们所能举出来的造假现象已经不孤立了。新闻界的从业人员真应该想一想，那些在第一线的记者怎么样去抢拍一些镜头，有的时候，他们是用生命在换真实。而现在，我们是用真实在换生命所需要的一些身外之物，如此而已。

随着科技的发展，造假手段越来越高明，造假事件频频出现。这其实也说明了我们确实有这方面的需求。也许我们的生活需要刺激，我们都期盼一种惊奇和意外的出现。有期盼就有市场，有市场就有需求，有需求就有供货商，于是这批人就来供货了。但实际上，这种需求会把我们带入一种非常可怕的状态之中。

在另一个非常讲求真实的领域——文物拍卖领域，也出现了很多的造假现象。2009 年，各拍卖行的春季拍卖频频传出不俗的成绩。经历了金融危机的艺术品拍卖市场，在跌宕起伏之后，也呈现出了回暖现象。而与此同时，乱象也随之浮现了。

随着文物回流的渐热，打着“文物回流”旗号的拍卖越来越多。一些小公司所打造的拍卖往往赝品过多。不少卖家和拍卖公司联手编“故事”，为文物编造更多的文化含量。卖家、拍卖行、参与竞拍的人之间形成了一条骗局链条。于是就出现了一种现象，就是文物的价值往往不在于它是真品抑或赝品，只要到了一位善于“讲故事”的藏家手里，就能卖出高价。而许多买家在寻觅拍品时都喜欢听故事或者找专家，这恰恰也是卖家推出赝品的根源。

编个故事卖文物

在拍卖市场有这么一个说法，说一件拍品自身如果有历史故事，就说明它有不凡的身世，身价就会随之增高。所以，像编故事、设骗局、假造文物等现象在拍卖市场频频出现。这种现象其实古已有之，并不是什么新鲜事。因为一旦有文物，有了经济价值，就会出现造假的情况。

在中国历史上，哪个著名的女性没有留下一面镜子，没有留下她用的砚台和粉盒。问题是我们如何去分辨它，这需要有非常专业的眼光。而且在文物鉴定领域，实际上没有仲裁职位，没有最后一锤定音的人。在有些领域是可以的，比如青铜器。取一点样，大致就能看出来它的年代。但是有一些领域很难，比如字画。举一个例子，一张清朝的宣纸动辄几千块钱，但是根本买不到，其原因就在于大量的人造画需要它。比如要造清朝一个名家的画，就要先去高价拍卖一张清朝的纸，然后再用清朝的墨或清朝的颜料在上面画。如果这个模仿者的技巧还特别高，那是很难判定的。

在一个鉴宝类的节目中，就有这样一个编故事的女士。在节目现场，有几个文物鉴定专家，当场为当地的居民鉴宝。当时，这个女士捧着一个翡翠一样的玉印上场了，专家就问她这个玉印是怎么来的，她说是从她家老宅子的地基深处挖出来的。可那个玉印分明就是假的，弄不好还是一个塑料的。她编这样一个故事，是存在一种侥幸心理，可她把专家都当傻瓜了，把观众都当傻瓜了吗？当然，也许这个电视节目也希望大家编一些故事，因为对提高收视率有帮助。但她编得实在是太拙劣了。

在所有的鉴宝节目里，都有一个估价的环节。这也就是在告诉大家，所有的文物都是商品了。收藏的文物当然可以转让，也可以交换，但是收藏的核心不在买卖，而是在于保存、研究和珍惜。我们现在的收藏界，真正的收藏家已经不多了，而我们民间的收藏大军都是准备来做生意的。也就是说，我们对收藏这个概念的理解其实已经走偏了。有的时候，把市场经济极端化的后果就是把人内心深处的所有东西都给激发起来。比如刚才讲的那位女士，她明明知道那个东西是怎么来的，但她还是在节目现场，当着专家的面，当着众多电视观众编了这样一个故事，毫无羞耻感。而且这种编故事的戏码，几乎在每期节目都会上演。这实在太可怕了。

我们知道，画坛皇帝张大千的仿古技术是很高的。他仿的青藤、原济、八大山人等名师的作品，应该说已经到了炉火纯青的地步，真的太难鉴别了。但张大千先生是一个特例，不能与某些造假者等同而论。我们中国传统的绘画艺术都有模仿的过程，都要过临摹这一关，但是张大千先生的水平实在太高，已经可以乱真了。不过这个乱真不是以假乱真，是以临摹乱真。那么在乱真以后，他在下面署张大千，就不是赝品。这也是他的艺术成果。我们中国有一种模古之风，而且在那个时候，仿古人是很高雅的事，但是得说明白。那么张大千的问题就在于没有说明白，他可能直接就署八大山人了。

张大千仿石涛是最有名的，再加上下面署的是石涛的名，就导致我们现在很难分辨哪个才是真的石涛。一方面，他确实有经济需求。因为张大千是著名的美食家，平常花钱如流水，开销很大，而且他当时的名声没有今天这么大，他的画卖得也没有今天这样贵，所以他就要造假。因为造一幅假画可以赚很多钱。有一种说法说张大千有时会在画的背面做记号，那么把裱的画揭掉，也许看得出来。还有一种情况，就是张大千有时候气不过。比如张大千碰到一个显宦，这个当官的自以为自己眼光如炬，又喜欢附庸风雅，声称找到四张大条屏的石涛并非难事，只要花钱就可以了。张大千就拿旧纸仿了四张石涛卖给他。这个当官的得了四张石涛很是高兴，就大宴宾客，向大家炫耀自己刚得来的四张石涛。正在得意之时，张大千上门了，开口就说画是假的。当官的当然很生气，数落了张大千一通。张大千就把帕子拿出来，将做这个画的所有图章当场亮给大家看。当官的一看，脸挂不住了，从此跟张大千结了仇。这是张大千生命中非常著名的一件事。所以说，像张大千这种仿，是一种特例，他毕竟不是以做假画为谋生手段的。

现在市场上的画，有很多都是仿品。有的假画做得很拙劣，很容易辨认，有的假画则很难辨认。著名主持人王刚也做过一个鉴宝节目。在他的节目中，如果专家鉴定是假的，他就会当场砸掉。这其实就有一点过了。那几个专家难道就没有走眼的时候吗？万一是真的呢？这就反映出一种两难的境地。王刚做这个节目本身就是本着一种要保真的精神，把假的砸了，不让它们流出去，不让它们去祸害大家。但是另外一方面，在文物鉴定界，恐怕没有一台仪器或者某一个人能说真就真、说假就假。如果稍微晃晃眼，把真的说成假的，那么它造成的损失就是无可弥补的。

实际上，高科技的造假技术是很有痕迹的。造中国传统文物还是中国传统的造假技术最高。比如把一块白玉做成出土的，上面就要有沁色。什么叫沁色呢？就是有各种别的色彩沁进去。我们知道，最好的玉就是佩在身上的佩玉。但是如果随着一个遗体入葬，跟这个尸体的血肉俱腐，它就会有沁色。这种沁色如何才能造出来呢？先找一头猪或一头驴来，在它的屁股上划开一个口子，然后把一块玉塞进去，再把口子封上，让这块玉在猪或驴身上长两年再说。这样一来，肯定就会有血沁进玉里去了。接着，再把玉埋起来，最后还要用火烤。经过几年的时间，才能造出来一块古玉。像这样的假玉，就很难分辨。北方一些地方造假把故宫博物院的都骗过了，不少人直到犯罪嫌疑人被抓才知道自已受了骗，像这样的事情很多。

我们传统的造假技术，本来就是登峰造极的。比如要把纸做旧，现在大家知道可以用烟熏，可以喷白芨水等，其实过去的办法多极了，只是很多办法恐怕今天已经失传了。实际上，高科技造假不一定成功。仿一幅古画，首先要有一张旧纸，否则就经不起鉴定。现在的技术手段鉴定纸的年代是没有问题的。除了有旧纸之外，还要有旧墨和旧的颜料。有了这些以后，才能开始造假。中国自古就有一种造假的行业，而且造假者层出不穷。我们书法家协会的主席启功先生有一次到潘家园，看到小摊后面挂的都是“自己”的字,当时就说这些字写得都比自己好。老人家非常厚道，不愿意挑明，不想直接说那是假的。这种造假大概是一个很难杜绝的情况。现在的拍卖公司都有一个拍卖规则,第一条就是不保真。买家全凭眼力看，买对了就对了，买假了就自认倒霉，不能因为买了一个假的而要求退货。所以说，现在中国的文物拍卖市场在相当程度上变成了一个赌场，这就有一点过分。

随着人们对收藏的兴趣越来越浓，造假的趋势也是愈演愈烈。但这样发展下去，其实会带来一个非常可怕的后果。比如国际著名的拍卖行苏富比公司就曾经因此而宣布暂停对现当代中国传统字画的拍卖交易。也就是说，假文物的泛滥很可能会导致中国文物的价值和声誉整体被毁。所以，这实际上是一个全民族的文化道德底线。现在一些国际著名的拍卖公司都对现当代中国名家的字画抱有一种非常谨慎的态度，而不再像刚开始时用一种欧洲的买卖规则来看中国，这其实已经对中国文物在国际市场上的信誉产生了影响。

从制度上来讲，我们现在有文物保护部门，有商业质检部门，但却很难有文物监督部门。尽管这个意愿非常好，但是没有办法操作。如果要建立这样的机构，首先要认定哪些人有资格来鉴定，那么这些人一旦被认定了以后，又要有可行的办法来管理这些人，说到底还是道德底线的问题。如果他们守不住这条底线，那谁都没有办法。我们经常可以看到在一些集会或文物市场上，有一个鉴定家坐在那里给大家鉴定，然后发一个鉴定证书，盖一个章，再收五百块钱。这种情况还少吗？从近期来看，我们的文物市场确实不太乐观，因为我们恐怕还找不到一套切实合理有效的制度来规范它。

文物行业是最讲求真的一个行业，这个行业的造假让人们的诚信危机上升到了一个文化层面，这其实比造假本身的危害更大、更可怕。现在的拍卖完全就是一种赌博，是在撞运气，只要把它卖出去就完了，没有人对它负责。实际上，文物是一个民族的宝贵财富，我们首先应该尊重它。但现在我们完全把它当商品，跟马路上的商品没什么区别。如果是这样的话，为什么还叫它文物，直接叫它物就完了嘛！文物是物，但是跟别的物终究还有一点区别。区别在哪里？就在于它承载了很多文化含量，就在于它是我们的文化财产。希望大家都能把文物真的当文物看，心怀尊重，就跟我们这条道德底线是一样的。

现在，对艺术有着执著追求且实力雄厚的歌手是越来越少见了，因为许多歌手都凭着一种叫做假唱的方法成名获利。也许你喜欢了很久的一位歌手，就是五音不全、经过声音包装的。2009 年，文化部出台政策，正式向假唱开刀。

2008 年 8 月 8 日，北京奥运会开幕式上，一曲童声版《歌唱祖国》让红衣女孩林妙可一夜走红，成为了全中国最红的小朋友。但几个月之后，张艺谋却承认奥运会开幕式当日的《歌唱祖国》是由另一位叫杨沛宜的女孩事先录好的，林妙可只是在台上对口型。这一消息瞬间在社会上炸开了锅，人们纷纷指责张艺谋。大家认为这样的安排对杨沛宜不公平，同时也认为假唱欺骗了全世界的观众。

假唱，艺术的悲哀

这件事情在当时引起了很大的轰动，而且它的余波经久不息，到今天我们也依然在讨论这个话题。当初看奥运会开幕式的时候，林妙可带给我们的不仅仅是美妙的声音。我们之所以特别喜欢这个女孩子，是因为她整个人都带给我们一种很愉悦的感受。换言之，我们关注的不仅是她的声音，还有她的外貌，我们关注的是一个整体。只不过后来忽然说这个声音不是林妙可的，大家才特别回过头去关注她的声音。

奥运会是一个民族向世界展示的舞台，像这种拼接的情况应该尽量减少，这一点奥运会的总导演张艺谋先生肯定是知道的，但是他为什么最终还是选择了拼接呢？也许在我们民族的文化观念中，我们对完美有一种过于执著的追求。那么我们用假的方式去追求一种完美，这是后来引起很多批评的一个最重要的动因。但是在奥运会这样一种特殊的场合，这种为了完美而做的拼接跟我们通常所说的假唱可能还是有一点本质的区别的。因为林妙可参加的是由国家主办的非商业性的演出，所以或许不能算是假唱。

假唱就是假货，我们不要把这个事情想复杂。一个歌手进行商业演出是有承诺的，要承诺这些歌都是自己唱的，所以他每张门票要卖比如一千块钱。但是等大家进去以后，却发现根本不是他唱的，他只是在那里动动嘴唇，大家听到的都是他在录音棚里经过专业技术处理的声音，这就是假唱。其实在电视台工作的人也都了解，假唱的初衷也是为了追求更加完美的音响效果，让整个演出的效果更好。可问题是现在这种技术倒成了有些歌手不思进取的捷径，甚至有些歌手的经纪人会明确表示某某歌手今天嗓子不好，公然要求假唱。这就很过分了，是对观众的欺骗。嗓子不好完全可以不来，为什么还要来呢？如果不能满足观众的要求，不能满足电视节目的要求，就不要来。无论主办方出多高的出场费都不能来，因为歌手也要爱护自己的形象。但有时候可能已经签了合同，票也都售出去了，这个时候该怎么办呢？办法很简单，该赔就赔。这是一种商业道德和商业准则。如果因为某种原因不能兑现当初的承诺，那么歌手一定要向观众说明。如果观众想要退票，就要退给大家。当然，如果大家还是愿意与歌手共同度过这段时间，那是另外一回事。问题就在于他不予说明，那么承诺就变成了欺诈，而这个欺诈又会给他带来商业利益，这就很过分。

假唱败坏的其实不仅仅是一个演出市场，还有最为可贵的诚信。我们中国自古就是特别讲诚信的，全世界也都在讲诚信。当然，也不停地有人挑战诚信这个底线，这也是一个很普遍的现象。但是作为一个公众人物，对自己的要求应该稍微多一些，有的时候要勇于放弃。现在很多公众人物之所以会面临各种各样的困扰，其原因就在于他们什么都不愿意放弃。因为每个人的艺术生命都很短暂，他们希望在有限的几年里得到最多。但是他们忽略了很重要的一点，就是如果什么都不想放弃，什么都想得到，那么最终不得不放弃的可能就是诚信。世上没有不漏风的墙，这个事情总归会有人知道的。那么等他们发现了以后再去后悔，实际上是来不及的。对于这样的行为，实际上是没有后悔药的。

如果说歌手在演出当天确实很不舒服，所以导致其声音与观众的预期有一些差距，这是观众可以原谅的，也许观众还会抱有一种同情。有的时候，观众看到歌手在嗓子不好的情况下仍然很努力地唱歌，反倒会更加爱戴歌手。其实这也是彰显歌手或者艺术家人格魅力的时候。没有一个人能够保证自己永远不失误，失误不要紧，但要敢于承认。比如说男高音歌唱家多明戈就曾经失误，而他也为自己的失误向公众公开道歉。像很多老一辈的艺术家，他们的艺术生命为什么特别长，就是因为他们在观众的心中扎下的根太深了。比如在抗美援朝前线，很多老艺术家在冰天雪地里为志愿军歌唱，做慰问演出。那时没有很好的扩音设备，更不可能有今天这么好的后期制作，他们唱到嗓子完全发不出声音，但是依然在那里唱。这就是人格魅力。在那个时候，听众感受到的是一种更崇高的美。这种美要超越艺术，是一种人格的美。而就在那一刻，艺术魅力也许打了一个折扣，但是被打了折扣的艺术魅力，却因为人格魅力的彰显而得到了升华，所以大家会永远记住他们。哪怕到他们很衰老的时候，他们的嗓音不再像当年那样年轻的时候，他们在观众心目当中也永远是神圣和美丽的。相反，现在的很多流行歌手，他们的艺术生命特别短，有如昙花一现，或者像流星一样稍纵即逝。有人说是今天的竞争更激烈了，这是理由，没有错，但绝对不是全部的理由。

我们知道，现在的科技水平完全可以把一个五音不全的人包装成一个著名的歌手。因此也有人认为是科技改变了我们的艺术发展，或者说是科技帮助了我们的文化造假。这样说对科技是很不公平的。我们不能把自己犯下的错都算到自己发明的东西身上，这是人类的一种推诿。科技从来没有向人类承诺过只做好事，不做坏事。科技没有生命，它是由人来付诸实施的。不过现在这些新的科技，确实为我们包装出了不少歌手。这些科技包装出来的歌手不会跟观众说自己出的CD完全是自己本来的水准，没有经过任何后期制作，也就是他们不会对观众承诺。而假唱是有承诺的，所以这类问题跟假唱还是两回事。

假唱是一种不道德的行为，是一种人人都很厌恶的欺诈手段。这样的东西毫无疑问是应该予以打击的，也是应该杜绝的。其实对于假唱滋生的土壤，我们电视人也应该反思。除了假唱，还有假的掌声，假的欢呼声。我们说这是为观众负责，其实这往往是不负责。这就是整个社会的一个问题。社会有这个需求，或者说社会有这个土壤，才会长出这种很奇怪的花草。我们现在看录制节目的时候，经常会看到有个执行编导指挥大家鼓掌、做动作。这其实都是一种过度的修饰，或者说是一种过度的准备。但要在几年之内把这些东西从媒体中剔除掉，实际上也是不可能的。

说到假唱，其实只要是假的，它就是欺骗。文化造假因为不会直接损害到人们的身体等各方面的利益，所以往往被忽视。但是有的时候，这种隐性的伤害其实比那些物质的伤害可能会更加严重。文化领域当然不会对人的生命或身体状况造成当下的损害，但是他会对人类的心理或文化心态造成一种潜移默化的很深的伤害。而这种伤害一旦破裂的话，那是非常可怕的。这一点我们已经认识到了，所以才会有文化部的这样一些措施。

很多人说希望我们这次对假唱的打击不要成为假唱，我们拭目以待。实际上，这样的假唱也很难通过一两年的整顿就完全销声匿迹。但是最起码我们的文化主管部门已经表明了自己的立场和态度，这和它过去没有发出声音、没有发出一种指导性意见的态度相比，毫无疑问是值得我们欢迎的。所以不管这个假唱有什么样的理由，都应该是不被允许的。它不仅仅损害的是观众的利益，更加扭曲了艺术的发展，而且也玷污了艺术的崇高性。我们打开电视或走向舞台的时候，我们期待的其实是真诚，而不仅仅是完美。

这几年，不时有学术论文抄袭的事件被发现和披露。而一桩“史上最牛”的抄袭，更是引出了较大的关注和议论。被称为“史上最牛”抄袭的是东北某大学2007年的一篇硕士学位论文。论文题为“山东省FEEEP协调度研究”。而在这之前，南京某大学2006年就有一篇题为“江苏省FEEEP协调度研究”的论文。抄袭者只是把论文中的地名“江苏”改为了“山东”，把江苏的统计数据换成了山东的统计数据，其余基本用替换键整版复制。网友们惊呼：“见过抄袭的，但也不带这么抄袭的吧？！”

失信的论文

这个“史上最牛”的抄袭其实还不算是最牛的，还有比这厉害得多的抄袭。有位博士研究生通过了博士论文答辩，这篇博士论文还被评上了全国级的优秀博士论文。他所在系的系主任是一位非常负责任的领导，在办公室午休的时候，一般都要拿起毕业论文来翻阅一下。有一天，他顺手抽到了这位博士的论文，打开一看，忽然觉得特别熟悉。仔细一看，在整个论文的十章里，整整有八章就是这位系主任一部专著里的八章。这位系主任发现后就去找答辩委员会的各个老师，质问他们这个论文怎么会通过的。可答辩委员会的老师却说他们每个人都有专业，而系主任的这本专著又不是他们的专业，所以都没有拜读过。这姑且也就算了，可这篇论文怎么还会评上全国优秀博士论文呢？他们又说了，这论文不是主任的吗？难道主任的专著还不够全国优秀的毕业论文吗？

再说这位博士。毕业后，他就出去找工作了。由于他所毕业的那个系是一个非常冷门的系，所以他一时也很难找到工作。那么学校在发现他论文造假以后也要找他，通知他回学校说清楚这件事情。按照我们的学位纪律，像他这样的情况肯定要剥夺他的学位，这是无可争辩的。后来，学校在一家证券公司找到了他，而且他当时已经在公司里担任总裁助理的要职。学校首先打电话到证券公司，公司领导接到电话后当时就蒙了。因为在他们那里，他们的总裁助理是一位经济学博士。原来，这位博士发现自己的专业不好找工作，就花五十块钱到地摊上做了一个经济学博士的学位，然后去这家证券公司应聘，当上了总裁助理。

事情还没有结束。学校找到这位博士以后，当然按照规定剥夺了他的博士学位。而且这个学校是非常著名的高校，出于对用人单位负责任的态度，又给用人单位发了一封非常严肃、认真的通知。通知上说，这位博士用一种不正当的抄袭手段骗取了博士学位，现在他的博士学位已经被剥夺了，所以请用人单位慎重聘用这个人。没想到，这家公司给学校的回复却是，他们本来招进来的就是经济学博士，至于他那个冷门的博士学位，要剥夺就剥夺掉好了，而且他们只重能力，不重文凭，所以这事学校处理，他们依然重用。

现在这种抄袭的情况实际上相当严重，在中国这块土地上，大概没有一个大学敢说它能够杜绝抄袭的行为，这是一个非常可悲的事实。在我们的印象中，大学是多么神圣、多么圣洁的一个地方，和象牙塔一样。可就在这个地方，却出现了这种抄袭行为。说抄袭是好听的，其实就是偷窃。而且这种行为在学术界或高校里，出现的还不少。这样的现状让人愤怒，也让人替他们感到羞耻，但是在某种程度上，有时也是一种无奈。

现在的学生对知识产权极为不重视。他们用电脑检索，会把一整段拷下来，然后直接剪贴到他们的文章中。如此下来，使得他们的整篇论文连字体都不统一。论文一般都有注，注 1、注 2、注 3、注 4、注 5、注 6…… 排到下面。但有的论文却不是这样的，比如从注 19 开始，注 19、注 20、注 3、注 5……这种现象相当严重。这其实是不能容忍的事情，因为每个行业、每个领域都有它的底线，而这个底线是不能破的。如果连底线都能被突破的话，那还有什么学术可言？

现在我们处在一个很尴尬的境地。一方面，我们处在一个知识爆炸的时代，所以我们很难要求一个教授把他这个领域的论文都读一遍，这是不可能的。所以我们实际上很难判断一篇论文究竟是不是抄袭。在有限的阅读范围内，在有限的时间和生命内，任何人都不能把所有的资料读完，所以也就无从判断。这就给抄袭提供了一种巨大的可能性。第二个方面，用一句很难听的话说，在某种意义上，我们现在的有些制度和规定有“逼良为娼”的嫌疑。比如一个学生要取得某个学位，必须要在全国哪一等的杂志上发表几篇论文。再比如说某人要晋升职称，也必须要发表多少篇论文。也就是说，我们现在很看重数量，至于这个论文到底有多高的水准，到底是不是这个人写的，则不去审核，当然也没有办法审核。

有个人去评职称，那么首先他要向职称委员会展示他的科研成果。我们通常认为，这个人会拿着一个公文包，里面装着他的两本专著和几篇论文。可事实不是这样的。他拿的是一个邮局里用的帆布包，拖着一麻袋的成果去展示。以前，著作等身很难，一个学者一辈子也许就只有一两本书，但现在已经不稀奇了。现在包括出版界也有很多自费出版的，甚至是卖书号的。有些杂志就是收钱的，如果要在杂志上发表论文，那就要交版面费。所以说，整个社会的大环境实际上给抄袭提供了一种温床，或者说提供了一种可能性，而人的自律或者说学术道德又没有抵抗住外界的这种腐蚀和侵染，那么结果就是抄袭成风。就好像一个门槛，就算它再怎么高大，也经不起长年累月的践踏，更何况还有人不时用硫酸去腐蚀、放火去焚烧、用斧子去砍削。到最后，这个门槛就会不复存在了。

评职称关系到升职、加薪、分房等问题，换句话说，就是与个人利益密切相关。那么当看到某些人因为写了多少篇论文而不断加薪晋职时，就会有很多人气不过。因为按常理分析，这些人绝对不可能在这么短的时间内写出这么多论文来。所以结果显而易见，他们一定是抄的。可即使知道他们是抄的，我们也没有证据来指证他们。也就是说，我们拿这些人没有办法。在这种情况下，如果我们不多弄出些成果来，岂不是就吃亏了？于是在现在的竞争条件下，就出现了一种原来可能是星星之火，但现在恐怕已成燎原之势的抄袭狂潮。

很多人说，抄袭就像流感一样，不治就会变成 H1N1，也是要死人的。其实，抄袭不一定会死人，但是会把人变成活死人，就是把人的精神给抽掉。尤其像从事学术研究行业的，如果连最基本的精神都被抽掉了，那么跟死人还有什么区别？当然，你的人还是活的，也许还活得很风光，因为成果巨大，头上戴着很多光环，但是你活的已经不像一个人的样子了。这样的情况应该引起我们的高度重视。现在，每一所大学，特别著名的大学都在努力进行这方面的防范和处理。如果某个人的抄袭行为被确认了，那就可能被学校开除，或者看程度不同给予不同的处分，比如降低职务、剥夺其带研究生的权利或上课的权利等等。可纵然有这样的惩戒方式，也还是抵不住某些人内心的欲望和外在环境力量的巨大诱惑。这可能是制度层面的问题，也许不是我们喊几句口号、处理几个人就可以解决的问题。

我们应该有一种制度，而且这个制度不是一个，应该是一整套、一系列的制度。通过这种制度，我们要达到几个目的。第一，通过它消除抄袭的便利，就是让大家觉得没有必要抄袭。第二，要尽量减少抄袭的可能性。第三，对现在发表的成果要有鉴核、认定、判定这样一套程序。第四，对抄袭者，还是必须要下定决心清除出学术研究队伍的，不要因为一粒耗子屎坏了一锅汤。而且学术研究还不是一锅汤的问题。因为如果改变了学生的口味，而这种变了味的口味又被某些学生接受了，那么这样的学生如果将来也成为了老师，他们煮的汤就还是要放耗子屎的，否则他们会觉得这个汤的味道不对。所以，我们必须下大力气、用硬手段、用尽量完善的体制进行整治，最起码要让学术界的人都有这种意识。像复旦大学就很重视这方面的工作。学生入学后都会领到一个学生手册，写论文之前也都会有指导性的手册，其中都强调了抄袭是绝对不允许的行为。但是要让这种情况彻底消失，恐怕还需要很长的时间，现在恐怕还只能等待。

现在，有一套叫“学位论文学术不端行为检测系统”的反剽窃软件已经推出了。它能查出哪些东西是剽窃，但是它还是不能杜绝抄袭的行为。而且我们竟然沦落到要用一套软件来规范我们的论文著作，这其实是一件很可悲的事。这实际上已经是近乎无奈之举了，是不得已而为之。在现代学术界，应该说像这种“史上最牛”的抄袭依然是极少数的现象，大部分的学术从业人员还是自律的，是不会去做这种没有底线的事情的。实际上，我们与其去搞一个软件，还不如在学术界大力弘扬一种正气，告诉大家应该什么样，最好什么样，而对学术上的邪气，比如说像这种抄袭行为，则要加大打击力度。我们现在往往对这种行为是高高举起，轻轻放下。批评从重，教育从严，处理从轻，我们往往是这样。我们要治病救人，惩前毖后，其实，更应该高高举起，高高摔下。像这种软件，它能查出的其实都是最低级的剽窃。像一些比较高明的剽窃，比如剽窃别人的几个概念或剽窃别人的某种想法，在字句上又没有什么重复或者故意把字句给打乱，然后再重组一篇文章，那么这种软件可能就是检测不出来的。所以说，用这种方法是不宜的。

现在的学术界可能受到了社会上一些不好风气的污染，受到了人们渴望成功的欲望引诱。抄一篇硕士论文，可以帮助我们成功地获得硕士学位；抄一个评职称要用的论文，可以帮助我们顺利地晋升；等等。人的内心都有一种渴望，但是如果这个渴望没有底线的话，那就不再是一种对成功的渴望，而是一种非常肮脏的欲念。所以人有的时候还是要自律，这是解决这个问题的基本要素。如何自律呢？这就需要学术界的从业人员有一种对自己职业的热爱和尊重，这也是对自己的尊重。不管是教授还是研究员，既然我们选择了这条道路，就应该对这个职业有最起码的尊重。因为这毕竟是我们自己选择的，我们至少应该尊重自己的选择。只有在这方面大家形成一种共识，才能最大限度地减少抄袭的情况。

这几年，中国留学生在国外的处境不容乐观，因为他们的诚信受到了怀疑。其实在前些年，中国的留学生，特别是像北大、清华、复旦、交大等名牌大学出来的留学生，到国外都是很受尊重的。在那个时候，根本没有人会怀疑中国留学生的诚信。那么为什么现在会出现这种情况呢？因为某些中国留学生在留学期间有过伪造成绩单或伪造推荐信等行为。这样的事情只要有过一件，它的伤害就是巨大的。因为它会让外国人对中国留学生或者说对中国的学术纪律、学术管理能力和体制的能力怀有一种担忧和质疑。这样的事情越来越多，这种担忧和质疑到了很严重的程度，大家就会对中国留学生有一种负面的评价。

有人呼吁要建立抄袭学这样一门学科，研究抄袭史、建立抄袭批评学、比较学、统计学以及专门研究不同时代对抄袭的惩戒方法等。这个提议者还说，建立抄袭学是非常必要的，因为它对于提高人们对抄袭现象的认识和消除抄袭现象都有着不可忽视的意义。这其实近似于一个黑色幽默,最起码是一个灰色幽默。当然，研究抄袭现象也没有什么不可以，只是希望在这个抄袭学的领域里，不要再出现抄袭现象。可这是很难说的。所以说，这不过是一个笑话，用这样的方法也杜绝不了抄袭。

想要杜绝抄袭现象，恐怕还只能是一个系统工程。我们要让孩子从小就认识到诚信的重要性，让他们懂得尊重别人的劳动成果。现在的孩子都知道偷东西是违法的,那么我们就要让他们知道，偷人家的知识也是违法的，也是对人家的一种侵犯。在孩子的成长过程中，我们也要一步步地把学术纪律、学术抄手、职业荣誉感等有意识地灌输给他们,让他们知道自己该做什么,不该做什么。我们往往太过关注对孩子进行知识性的灌输，都在拼命地让孩子学各种各样的技能和知识，但是支撑这些技能和知识的学术伦理、学术道德和学术纪律，却很少有人告诉他们。很多人就是在这样一个环境下成长起来的。大家好像觉得偷一件衣服是违法的，但偷一个思想或偷一段文字却不算什么事。所以，现在的抄袭情况才变得比过去普遍得多。虽然依然是极少数情况，但是这个极少数情况已经够严重了，足够引起我们的警惕了。

《中国青年报》就高校引进“学位论文学术不端行为检测系统”一事对全国的一万两千多名公众进行过一次调查。调查结果显示，超过半数的人对此都表示悲哀。因为本该最纯净的学术领域，如今竟然还得用“测谎仪”来约束，这是对职业底线的突破。这已经不单单是一个学术领域的问题，而是一个道德缺失的问题了。

《中国青年报》社会调查中心的调查还显示，公众认为失去职业操守现象最严重的职业依次是医生、教师、法律工作者、公务员、新闻工作者、会计师、学者、社会工作者等；公众认为失去职业操守的现象最可怕的职业同样是医生（82.4%）、教师（64.6%）、法律工作者（59.4%）、公务员（46.5%）、新闻工作者（43.8%）、会计师（33.7%）、学者（21.5%）、社会工作者（13.3%）。

缺失的道德

道德是对别人的尊重，也是对自己的尊重。如果《中国青年报》的调查取样真有一万多人，真有半数以上的人认识到这样一个问题，那么这样的调查结果是可以让我们乐观的。因为我们已经基本形成了一个全民的共识，大部分民众都认为这是不对的，是没有道德的事情。假如调查结果是 80% 的人都认为这没有什么，那才是真正的可怕。而如果真到了那样一天，恐怕我们除了绝望就什么都没有了。可喜的是我们现在还是在全民共识的层面上，我们对这种情况都是非常鄙视的，都是不能接受的，甚至还认为应该追究和处理。也就是说，我们的这个大环境还没有彻底坏掉，我们这个民族的共识还依然在。那么在这样一个大背景下，我们才有可能去做工作，力求杜绝这样的情况。如果这个大背景没有了，那就彻底完了。

与第一个调查结果的相对乐观比起来，第二个调查结果就有些触目惊心了。《中国青年报》的调查历来都是比较慎重的，他们调查的程序和取样样本的代表性包括量都是比较充足的，所以这是非常可怕的。我们可以看到，医生、教师、法律工作者、新闻工作者等，这些职业在全球的绝大多数地区都被视做高尚职业，也被绝大多数青年人作为自己未来人生的重要选择。可为什么到了中国，这些职业在公众眼里却成了这么一个形象呢？在一个民族中，如果有两个职业出问题了，那么这个民族就要高度警觉。哪两个职业？医生和教师。而在这份调查报告里，医生和教师就在其中，而且还位列榜首。我们可以看到，医生的比例居然高达 82%，教师紧随其后，也有 64% 之多，还有法律工作者也高达 59%。这就足以说明，在大部分人的心目当中，这三个职业已经不再高尚。

对医生、对教师、对法律工作者，我们有一种期望。换句话说，这些人的道德底线要比别人高，职业操守要比别人稳，坚守的力度要比别人大。所以，出现了这样一个结果，实际上是给了我们一个闷棍。这些行业确实出现了各种各样的问题，但是恐怕很多人都没有想到会这样严重，在公众心目中会有那么高的比例。当然，这也是这几个行业被媒体高度关注的原因。这些行业的人登上媒体的机会、被媒体关注的机会相对都比较高，所以在这些行业里如果出了一件事情，它的爆炸性效应会大得多得多。我们还是相信这些行业里的绝大多数人是好的，但是这里的几粒耗子屎，或者说几十粒甚至几百粒耗子屎对这个职业造成的危害实在是太大了。我们过去经常讲要清理队伍、清理阶级，按照人的阶级属性去进行清理。当然，历史证明这是很可笑的，是不可取的。但是队伍还是要清理的，世界上没有一支队伍是永远不需要清理的。因为每一个职业对它的从业人员都有一个基本的要求，如果不能达到这个基本要求，那就不能再留在这个职业里。所以说，对于这样一份调查报告，我们真的应该花力气去进行深一步的探究，进行更大量的取样去调查一下。因为这个调查是非常重要、非常有价值的。

我们发现，取样的几个工种全部都是知识阶层，这是非常可怕的。如果这样的结果出现在改革开放以前，那不值得奇怪。因为那个时候大家都觉得知识越多越反动，书越读越蠢。大家对这些职业没有好感，有好感的是工人、农民和解放军战士。可是在今天，没有一个人会认为知识越多越反动，没有人再会用这种观念去看问题。在这二三十年的发展过程当中，这些行业的队伍在不断扩大，同时对专业技能的要求也在不断提高。比如现在的医学院培训要比过去严格得多，过去的赤脚医生在今天也已经看不到了。再比如对教师的要求也有很大的提高。过去只要高中毕业就可以教初中了，大专毕业已经是很高的学历了。但在今天，只有接受过师范教育，才能获得教师资格。这就是说，这些行业的门槛在提高，但实际上最多是专业技能的门槛在提高，那么职业操守、职业道德和职业荣誉感的门槛呢？恐怕是在降低吧！这就要引起我们的警惕了。因为如果不强调操守和纪律荣誉感，这些行业就要崩溃了。而如果这些行业崩溃了，那么后果是不可想象的。

我们希望相关的人员能进行更大规模、更有深度的调查，一定要把这些职业在公众心目当中的确切形象搞清楚。如果我们让一些问题或毛病延续下去，如果真到了积重难返的程度的话，那恐怕我们连哭都来不及了。所以，要先搞清楚状况，然后才能对症下药，清理队伍。

现在有一些代写论文和文章的网站，而且是明码标价。一篇一万字左右的本科毕业论文，只需要花费一千元左右。这其实也是一种抄袭行为。当然，这里面有一种买卖。但是我们应该知道，并不是所有的东西都是可以买卖的，世界上有很多东西是不能买卖的。在二十年前，大学里很少有这种情况，因为学生没有钱，而且也没有这种产品的供应者。为什么这几年特别厉害呢？这恐怕跟很多高校本身有关。当然不是说高校本身造成了这种情况，但最起码是高校的某些做法给这种购买论文的行为提供了市场。看看学校里五花八门的学习班，MBA、EMBA、高级总裁班、CEO 班、成功人士班等等。这些班的学费都是很高的。而这些班的学员通常都很忙，他们又能有多少时间来听课呢？恐怕就是为了拿一个学位吧！当然，也有些人确实是出于一种对学术和文化的热爱来学习的。但那些花了很高的学费就只为那一纸证书的人，他们不就是在买学位吗？既然学位都可以买，买一篇学术论文又算什么呢？所以有的时候，这还是一个整体性的问题。像这种买卖论文的事情，恐怕主要还不是学生在做，而是一些非正规或非正常体系内的学位班或高级班的学员在做。这是一个行业行为，如果到了商业行为的地步，那么买一篇论文跟买一个商品就没什么区别了。

现在社会上还有一种跟风现象，就是一个新的商品出来之后，马上就有很多类似的商品出现。这其实也是另外一种形式的抄袭。说穿了，这就是知识产权的问题。我们对知识产权确实是不大重视，各种侵权之事时有发生。这是一个大问题，如果我们再不高度重视，我们面对的后果恐怕会非常严重。现在有些规定确实有漏洞。比如我们的法律是打击盗版的，销售盗版书是违法的，但是违法不等于犯罪，违法的事也要有一定的量或者造成一定后果才能构成犯罪。盗版书为什么屡禁不绝？一方面确实有需求。因为现在的书都比较贵，所以价格低廉的盗版书就很受一些低收入者和学生的欢迎。另一方面，就是我们的法律打击力度不够。因为只有抓到价值达到一定数目的盗版书，才构成犯罪。而我们的法律显然把数目定得太大了，一个书贩恐怕要用一个卡车去拉才能够得上这个数目。所以，对那些推着平板车销售盗版书的人，我们就没有办法去处理。

现在的跟风，包括不断地翻版、克隆，其实都是对别人的知识产权毫不在意，这实际上是我们长久以来的一种心理。而且有了这种心理以后，我们就失去了创新的能力。因为创新和对知识产权的保护是密切相关的。如果没有对知识产权的保护，那还会有创新吗？当然，有些人完全是为了个人的兴趣和爱好而创新，但是绝大多数人都是想通过自己的创新得到一种合理、合法的回报。如果连这个都不能保证，那当然会挫伤别人创新的积极性。我们何必投入那么大的精力、物力和财力去搞什么研发，直接拷贝人家的不就完了。所以说，这是一系列的问题，而且不仅仅是学术界的问题。我们应该把它提到一个全民重视的高度。不能说有人抄袭了一篇论文，学校自己处理就完了。当然，学校必须在第一线处理，这是毫无疑问的，我们应该在学校设置第一道防线。但是像这样的教育，像这种意识的养成，实际上应该是全世界、全民族共同努力要做的事情。这是关乎到我们民族兴衰的大问题，关系到我们这个民族是不是有真正的未来。所以我们必须高度重视，绝不能容忍这样的情况再蔓延下去。实际上，对于这样的问题，我们现在都有一定程度的重视，但是这样的重视恐怕还远远不够。

教学方法探讨——“另类老师”受追捧

在我们的记忆中，“师者，所以传道授业解惑也”。在我们的文化里，也有很多与老师相关的诗句，比如“蜡炬成灰泪始干”等。如果要在教师之前加上一些定语，我们可能会说“特级教师”、“优秀教师”、“乡村教师”等等。可是现在却有这么一个词加在了教师之前，那就是“流氓”。而更让很多人弄不明白的是，“流氓教师”居然还是现在的学生推崇的对象。这到底是怎么回事儿？

在上海政法学院，“流氓教师”陈丽天把不少人认为比较枯燥的《刑法总论》课程讲到让学生兴致盎然、笑声不断，以至于他的经典“语录”在网上广为流传。

“我把手伸到你口袋里，当然是要偷你钱咯，难道是想伸进来捂捂手啊？”

“犯罪是一种人类返祖现象，每个人都是潜在的犯罪分子！”

“陈冠希的照片，不允许看，但是，我不看我怎么知道不能看啊？”

“所谓的犯罪，就是你搞别人，或者你被别人搞了！”

“强奸犯通常是比正常人多半对性染色体。”

据说，每到陈丽天讲课，总有不少学生早早来到课堂等待。更有学生将他的另类直白解读为“流氓”，像日剧《麻辣教师GTO》里的鬼冢英吉一样，所以才有了“流氓教师”的封号。

“流氓教师”还是“完美教师”

我们千万不要拿我们习惯的流氓去理解这个“流氓”，这里的“流氓”是打了双引号的，指的是一种另类的授课方式。至于为什么会有这样的称呼，可能是因为现在的语言变了。现在的大学生主要是90后，在这些孩子的脑海里，“流氓”的意义往往有一些另类。像可爱、突兀、奇怪、搞笑等概念，都被附加到了带引号的“流氓”里面。就像我们年轻人特别喜欢流氓兔，因为兔子给我们的感觉就是特别闪亮的，乖乖的，很可爱，但它又坏坏的，经常耍一些小聪明，所以又让人觉得特别亲切。虽然它叫流氓兔，可我们不会认为这个兔子是一个流氓。

当然，对于“流氓教师”这样的词，它里边居然还有褒义，有些人可能不大接受，比如像我一样出生在二十世纪六十年代的一代人，就很难接受。但是现在大学课堂里的主体都是一群90后的孩子们，我们应该努力站在他们的语境里去理解。这个词其实就是一个带有强烈的90后色彩的称谓，如此而已。而陈老师的语言其实就是非常切合我们现在90后的孩子的这种语境，可能他一句话出来，就消除了师生之间的那种隔膜感。

在我们的传统当中，老师的地位是非常高的。像过去每逢过年过节，尤其在孩子开始接受启蒙教育的时候，都要对着一个东西磕头。这个东西上面就写着“天地君亲师”五个字，也就是老师是排在第五位的，在天、地、皇帝、尊长之后。传统的老师给我们的印象都是神态庄严的。我们好像觉得老师都不苟言笑，而且还动不动就拿起一个板子把学生揍一顿。但事实却未必如此。据现在很多老一辈的学者回忆，他们小时候的老师也有很多是非常慈爱的，甚至还有很多是被孩子捉弄的。所以，老师的形象实际上一直是多姿多彩的，因为每一个老师都是一个活生生的个人，天下的老师不可能都一样。

鲁迅先生的老师章太炎先生是一位非常了不起的人物，那是一位真正的大师，学问非常大，与今天的大师不可等同而语。就是把今天所有的大师捆起来，也抵不了章太炎先生。他的性格非常刚烈。他曾经摇着一把扇子，底下挂着一个大勋章，跑到袁世凯的门口去大骂袁世凯。袁世凯把他软禁起来，并派了很多军警去监督他。当时因为不能公开说软禁章太炎先生，所以名义上这些军警都是去伺候老人家的。老人家也不客气，就让他们伺候。怎么伺候呢？就是每天向章太炎先生下跪磕头、请安。是不是有一些黑色幽默呢？在章太炎先生的课堂上，也不像我们想象的那样中规中矩。当年，钱学森先生的父亲钱玄同先生也是章太炎先生的弟子，他与鲁迅先生一起听章太炎先生的课。大家知道，钱玄同先生有一个外号叫“爬来爬去”。他在榻榻米上到处爬，边听课边爬，而章太炎先生也不怪他，仍然笑嘻嘻的，仍然在那里讲课。可见，老一辈教师本身就是多姿多彩的。

在现在的大学课堂里，我们面临的最大问题是如何让孩子愿意学习。这个问题听起来简单，但却恰恰是现在的大学教育所面临的最大问题。《论语》中就有这样的话，“好之者不如乐之者”。意思是要学一样东西，首先要让自己努力喜欢它。只有让孩子爱好它，他们才会认真学习，才会投入。但是更高的一个境界是什么呢？“乐之”，就是让孩子从这个课堂中或者从这个讲授中得到一种快乐，让孩子带着一种愉悦、轻松的心情去接受知识。作为教育者，老师们当然有自己的本位，比如上课不要说不相干的话，比如在《刑法》课上大谈炒股票，那总归是不大对的。但是就像陈老师一样，他依然是在讲《刑法》，但是通过讲述技巧和讲述方式让非常枯燥的《刑法》条文变得生动，让孩子们听得充满欢笑，如痴如醉，这样的授课方式就是成功的。

能够成为一名教师，我非常感谢命运对我的安排。当我上完一学期的课，跟同学们再见时，同学们自发地鼓起掌来，掌声持续几分钟。我非常感谢跟我度过一个学期的同学们，他们是我的学生，但是我更愿意把他们看成是共同学习的伙伴。我的讲课方式当然没有陈老师那么麻辣，我要向他学习，我也会努力站在同学们的角度来思考。在现在的大学课堂上，我们经常可以看到这样的现象，就是老师在前面讲，下面的同学有的在打电脑，有的在打瞌睡，有的干脆趴在桌子上。像这样的教授会有效果吗？老师就在台上自顾自地讲，完全不管学生是不是接受，是不是在听，这难道是一种负责任的教学态度吗？毫无疑问，这不是。我在讲课的时候，也会用一些无伤大雅的笑话，或者把这种比较枯燥的、比较高深的或者离今天的生活比较远的东西用一种跟孩子们的生活比较贴近的比喻来解释，以此来帮助孩子理解，这样的效果还是很好的。

有一个孩子问了我一个非常有意思的问题，他说佛教徒都吃蔬菜，难道蔬菜就没有生命吗？难道蔬菜不是生长出来的吗？为什么猪不可以吃，牛不可以吃，为什么青菜萝卜就可以吃了呢？像这样的问题，如果跟他讲非常抽象的道理，他是不会听的。所以我就告诉他：因为你拿着一把刀走向一头猪的时候，这头猪会逃掉；你捅猪一刀，猪会号叫，因为它疼。你去杀牛的时候也是这样。但是你如果拿着一把刀走向一个萝卜或一棵青菜，青菜和萝卜依然会笑嘻嘻地看着你。那么佛教徒的解释是牛和猪有心，而青菜和萝卜没心，所以青菜和萝卜是可以吃的。这样给孩子讲，他们也是哄堂大笑，但是我相信他们能理解，这就是我要的效果。而且孩子们从当中感到一种乐趣，那么他们就会去探讨更多的问题，慢慢把他们引进一个学术的殿堂。

我们总归要想办法让孩子愿意听，然后再去考虑听进去多少，接着才是他们听进去的部分能够往哪个学术领域去发展。如果孩子一上课就打瞌睡，一上课就想要逃掉，那对教育资源和整个教学的投入无疑都是一种浪费。我们要把一些比较高深的知识点嚼碎了，然后再喂给孩子吃。如果陈老师拿着一本《刑法》给学生读犯什么罪判几年到几年，那大家拿着《刑法》背不就完了，何必要听他的课。那么作为教授来讲，你的作用在哪里呢？因为进入大学以后，所有的孩子阅读汉语都是没有问题的。而《刑法》在书店里又都可以买到，何况还有很多教学辅导书，又何必到课堂上听老师去读呢？老师要做的是帮助孩子打开他们的视野，把自己的特色以及对这门学科的独特感受和经验传授给孩子，让他们看到在枯燥的条文背后还有那么多有趣的知识，由此一点可以引出很多无穷的联想。这毫无疑问是我们现在非常缺少的讲课方式。

凤凰网曾发起过一个调查。在调查中，有 53.1% 的人都投票选择了非常愿意接受这样的“流氓教师”，而在自己最欣赏的老师类型中，有 61.5% 的人都投票选择了才思敏捷和幽默风趣型。这就说明有很大一部分学生非常欢迎并且适应这样一种教课方式。事实上，“另类老师”的出现也是我们时代发展到今天的一种必然选择。但这样的调查结果实际上让人有些怀疑。如果把陈老师的一段授课视频挂在网上，让孩子们选择要不要这样的老师，那么结果肯定不止 53.1%。

像陈老师这样的老师，其实不应该叫“另类老师”，因为老师就应该是这样的，每个老师都应该努力成为这样的老师。难道那种把大家讲得昏昏欲睡的老师才是正常的老师吗？那样的老师才应该叫“另类老师”，而且那样的“另类老师”还挺多的。所以这其实是一种混乱。难道一位教师让学生在欢乐中度过一个半小时的两堂课是另类了，而一个老师把五十多个学生讲睡着三十个倒不另类了？那可真是很奇怪了。所以这也是值得我们教育界去反思的一个问题。

老师应该是这样的：老师对学生负有一种责任，老师应该不断地去探讨和研究以什么样的方式才最容易让知识进入孩子的脑海。从这一点来讲，陈老师并不另类。也不知道从什么时候开始，我们印象中的知识分子，尤其是大学老师往往是这样的：蓬头垢面，每天忙于学术研究，三天不洗脸，五个月不洗澡，上讲台穿了一件衬衣，还这边一堆酱油，那边一堆什么，扣子也扣倒了，脚上穿两只袜子，一只红的，一只绿的，而且其中一只还是有洞的。难道这样的老师是正常的吗？这样的老师才奇怪呢！老师登上讲台应该注意自己的仪表，应该体现出对学生的尊重，也是对自己职业的一份尊重。

陈老师是一位非常棒的老师，像他这样的老师才应该是正常态，但是我们现在好像已经习惯了那种非常枯燥的讲授，好像习惯了那种照本宣科。我们习惯拿着讲义，一本讲义读五年，连修改都不修改。我们习惯了那样的老师，好像认为那样的老师是负责任的，那样的讲授很严谨。很奇怪，讲课不都是希望有人听吗？

不然在家里对着墙壁讲好了。老师登上讲台，面对的是台下几十个甚至上百个孩子，是要把知识通过自己的语言传达给这些孩子。作为老师，必须对自己的学生负责。

有些人说陈老师说的某些话是有问题的，毕竟教师是一个特殊的身份，有些话不适合在讲台上说。老师在讲课的时候当然不能说脏话，不能用污言秽语来讲课，也不能无节制地使用方言，可是陈老师这么讲有什么问题？他有哪些语言是在课堂上不能用的？我们的课堂语言实际上相当贫乏，往往都是一个论调，孩子们听得累都累死了。尤其在下午打瞌睡的时候，再上这样的一堂课，恐怕除了催眠没有什么作用，难怪孩子们会睡觉。陈老师用的这些语言根本就没有错，只能说不算常规的课堂语言罢了。比如“每个人都是潜在的犯罪分子”这句话错了吗？再比如“所谓的犯罪就是你搞别人，或者你被别人搞了”。这句话有一点搞笑，甚至有一点直白，但是陈老师不会停留在这里的。他不会说犯罪就等于搞来搞去，他不会这么讲的。他一定是通过这个让大家精神为之一振，怎么搞来搞去又搞成犯罪了呢？他一定是这么讲下去的！

陈老师有一段话：“我们在座的孩子们，你们都已经过了这个犯了罪后免去刑事责任的年龄了。哎呀！曾经有一个大好的犯罪机会，放在我的面前我没有珍惜，如果让我再选择……”很多人一看这个话觉得特别雷人，这怎么是老师说的，其实这就是现在年轻人非常喜爱的《大话西游》当中的经典台词。而陈老师就是通过这样的讲述传达一个非常重要的知识点，就是我们对一个人的行为年龄是有规定的，比如在某一个年龄前的犯罪，我们一般不去追究他。而这个知识点，一定是他接着要扩展的。这样的讲授当然很好了。如果他一开始就说《中华人民共和国刑法》规定怎么样，孩子听起来有什么意思呢？所以，从我们看到的资料来说，他用的话没有超越课堂里允许的语言范畴。也就是说，他没有突破我们的课堂讲授所应该使用的教学语言的底线。他的语言只是带有他鲜明的个人色彩和鲜明的个人风格，至于他的课讲得好不好，看一看有多少学生去听他的课就知道了。

陈老师的课堂特别挤，很多学生为了听他的课，提前两个小时就去排队。而有些老师的课，往往刚开始的时候两百人，过了几天剩下一半，到期中的时候就剩下三十个人了。这其实是一种不好的现象，像陈老师这样的课堂现象才是非常好的现象。如果大学里都是这样一种现象，有一种知识的乐趣，有一种知识的欢笑，那该是多么美好啊！

有这样一位历史老师，他说拿破仑是个很爷们的人，说偷袭珍珠港就像蛤蟆吞恐龙；他把懦弱无能的大宋朝形容为最可爱的王朝，而骑兵打步兵就跟德国队踢中国队似的。他的教学视频点击率高达两千五百万，他主讲的《百家讲坛》创下了两年来最高的收视率。他的名字叫做袁腾飞，被称做“史上最牛”的历史老师。

2008 年，网络上出现了一系列幽默风趣的中学历史课视频片段。一位留着平头的年轻历史老师以一种与众不同的方式为学生讲述历史。“抖开一幅画卷，上面画了一个绝色美女，说我们皇上准备把这个美人献给单于。阏氏一看说，我肯定让单于退军，这美人你别送来了。得了，这美人我估计也是电脑合成的。”作为中学历史老师的袁腾飞由此迅速走红。他的上课视频仅仅三个月点击量就超过一千万，被网友们评为“史上最牛”的历史老师。

2009年7月，他首次登上《百家讲坛》，主讲《两宋风云》，创下该栏目两年来的最高收视率。而此后出版的《历史是个什么玩意儿》、《两宋风云》也成为了热销书籍。那这位袁老师讲课到底有多精彩呢？

“意大利是穷光蛋帝国主义。意大利军队是一支战无不败的军队。第二次世界大战当中，意大利军队的表现给凄惨的战争增加了一抹喜剧色彩。没有意大利，这世界战争史多无聊啊，多血腥啊！有了它多好玩啊！”“日本人是蛤蟆吞恐龙，这种感觉是吧！那么点个小东西，你居然跟美国打仗？”

“史上最牛”的历史老师

外界的很多朋友可能都不太知道，《百家讲坛》现场的观众并不是像有些朋友想的那样组织来的，而都是自愿报名来的。实际上，从《百家讲坛》开坛至今，有很多人几乎是每场必到，风雨无阻。自袁腾飞在《百家讲坛》开讲以来，一直都很受大家的欢迎，尤其受中学生的欢迎。只要是袁腾飞来，就会有很多中学生把摄影棚塞得满满的。但袁腾飞一来，又会让所有的导演和导播很担心。担心什么呢？担心现场过多的笑声会给后期的剪辑带来麻烦。

一般情况下，《百家讲坛》的录像要录四十五分钟到五十分钟，然后要进行一些后期制作再播出。我们往往会觉得时间长，因为有些课题是很难讲的，是很枯燥的。但是听袁腾飞讲，就会觉得时间过得太快。因为听他的课基本上就是欢笑当中的一种享受，这对每一个人来讲都是一种非常难得的体验。

袁腾飞之所以深受大家的喜爱，其实不仅仅是因为他幽默的讲解风格。当然，如果少了袁腾飞式的幽默，他的演讲也不会那么精彩。我们知道，讲课实际上是一门技术，而且这门技术还很难传授。教学当中有各种各样的教学法，但是教学法却培养不出和这位教学法的创立者同样优秀的老师。所以说，老师必须有个人魅力，讲述也必须有个人风格。而袁腾飞就拥有自己非常独特的风格。

从本质上来讲，袁腾飞的这种讲授完全符合中国传统的教学要求。我们的传统中有这么一句话，叫“知之者不如好之者，好之者不如乐之者”。了解一件事情不如爱好它，爱好它还不如因学习它而感到快乐。而实际上，将这句话倒过来就应该是最理想的教育程序。先让学生“乐之”，让学生感到快乐，感到好玩，并想要跟着去玩；接着让学生“好之”，由乐进入好，让它变成一种终生的喜好；最后到“知之”，让学生对这门学科充分地了解，变成一个专家。如果我们的老师都能像袁腾飞这样讲课的话，那么快乐学习就不会仅仅是口号，也不会仅仅是梦想，而是每一个孩子都会面临的事实，是每一个孩子都会面临的一场享受或者说课堂盛宴。这是一个非常值得追求的境界。

有人说袁腾飞的段子功夫是丝毫不输给郭德纲的。所以有人评价说袁腾飞是历史教师当中相声说得最好的，也是相声界中历史说得最好的。这样的评价其实不太妥当。袁腾飞会不会说相声我们不太清楚，但是他课讲得很好却是公认的事实。在一般人的脑海里，老师的形象都应该是神态庄严、不苟言笑的。尤其是历史老师，更是照本宣科。一旦一个老师的讲课方式非常幽默，非常灵动，让课堂上充满了欢笑，我们就会觉得他把课堂和讲授都娱乐化了。而一旦有这个误解，我们就会把这些“快乐”的教师等同于某一些演艺界的明星。就像把课堂和郭德纲的“德云社”

挂起了钩，实际上这两者之间还是不一样的，其整个的考量和讲授的思路是完全不一样的。所以说，我们不能去进行这样的类比。郭德纲是一位非常优秀的相声演员，袁腾飞是一位非常优秀的历史老师，他们都给自己的听众带来了无比的快乐。而在这种快乐当中，郭德纲的观众可以消除疲劳，可以增长一点人生阅历，对事态万象有一种独特的、很诙谐的体谅；袁腾飞的听众就快乐地听课，快乐地学习，快乐地参加高考，快乐地进入大学，快乐地把专业当成一生的喜好而不仅仅当成一种职业。

历史给人的感觉就是很厚重、很有底蕴，而且是很严肃、很严谨的。但是袁腾飞的这种授课方式又是很幽默的，这就让人觉得其间有一种很强的反差。而实际上，历史学和历史教育是两回事，二者不能完全等同。而且就历史本身而言，它也未必就是枯燥乏味的。恰恰相反，历史本身是最丰富多彩的。什么是历史？人类已经发生的所有故事就叫历史。它有情节，有挫折，有成功，有失败，有梦想，有现实，有计谋……从这个角度来讲，历史的讲授就应该是精彩纷呈的。如果把历史讲得非常枯燥，那么讲授者或许该反思一下，比如自己对历史的面象是不是没有足够的认识，是不是只看到了历史的一个面象，而这个面象是浮在表面的，看上去很单调。那些已经离我们远去一两千年的事情，似乎都应该放到博物馆里，但是我们别忘了，历史曾经是活着的，我们的今天就是明天的历史。

在袁腾飞身上，我们看到了很多颠覆。首先，他的个人形象就跟我们普通印象当中的那些历史老师不太一样，因为他太年轻了。其次，他讲课的方式以及那种诙谐的表达方式也不太一样。此外，他对很多历史观的判断还是带有很多他个人的颠覆性的论断的。这就引发了一个问题，就是他讲授的历史到底是客观严谨的历史还是袁腾飞眼中的历史论断。事实上，没有任何一个人文科学的从业人员能够摆脱得了自己的主观因素。我们都在努力接近客观，但是又怎么可能完全实现呢？袁腾飞那些非常具有颠覆性的观念，恰恰就是有争论的，并没有统一的意见。

我们大家都认为宋朝很弱，连皇帝都被抓走了，连皇宫里的东西都被席卷北上了，哪里还有那么弱的王朝？但是袁腾飞却说它是最可爱的王朝。季羡林先生的老师陈寅恪先生就曾经讲过，天水一朝（宋朝）的文化是中华民族的瑰宝，而且中华民族的未来是不是辉煌在某些程度上就要看天水一朝的文化能不能重新复兴。我们能说陈先生的说法没有权威性吗？所以这里是有些争论的。也许宋朝在军事方面很弱，但是它在文化方面是非常灿烂的，在民间生活方面也是丰富多彩的，《清明上河图》就是个例子。宋徽宗本身也是非常有才华的艺术家，我们到上海博物馆还可以看到他的画集。所以说，袁腾飞这么讲也不一定是颠覆，只是与我们的思维定式不符罢了。我们往往认为通过教科书学来的常识都是无可争议的，历史就是这样，历史人物就应该是这个样子的。而袁腾飞却告诉我们，我们所掌握的常识并不是全部的知识，也许外面还有一些知识可以去考虑。

袁腾飞的语言真是太有特点了。我们可以随便举两个例子，比如说“哎呀！我们中国的古人很聪明。我们中国古人对自然的认识早就有一定的基础。我们很早就知道长城外边的土地是不适合农耕的，是只适合放牧的。当年是‘天苍苍，野茫茫，风吹草低见牛羊’，现在情况有点改变，现在是风吹只能看见黄鼠狼”。他有几层意思，第一是提醒我们大家环境在历史当中变化；第二是提醒我们大家今天还面临着某种环境的危机。再比如说“什么港台的烂电视剧里边，什么大太子、二太子、三太子……扯淡。

太子只能有一个。那么多太子麻烦了，那皇上怎么做啊？你看张丰毅跟许晴演的那个垃圾《孝庄皇后》，那个多铎戴个大耳环，一看就要吐。你见过清朝皇帝挂耳环的吗？你以为是歌星啊？！说我这一路到中原来得了不少宝贝，然后拿出来一看，全是唐三彩。开玩笑，谁把这玩意儿摆家里”。这样的话实际上有助于学生的记忆。因为我们的记忆都是有连带性的，记一件事情往往记住某一个场景，而袁腾飞恰恰给学生们提供了很多记忆的支点。在一般人看来，记忆是很痛苦的，因为要死记硬背，但是袁腾飞却能让我们快乐、轻松地记住。因为人很难忘记由衷的欢笑。这是袁腾飞身上非常闪光的亮点。

对于“史上最牛”的历史老师这个称号，袁腾飞自己也有所回应。他说自己不是学者，也不是历史学家，还是踏踏实实地想做一名老师。那么作为一名老师，袁腾飞的成功之处又在哪里呢？

在网友对袁腾飞数以万计的评论中，被重复最多的是“当年我要是遇上这样的历史老师就好了”，甚至有超级粉丝表示愿意为袁老师再参加一次高考。这些热烈的回应，无疑是身为一名教师最大的荣耀。

袁腾飞，北京市历史高级教师，海淀区历史学科带头人，高中历史新课标教材（人教版）编写者之一。曾参与北京市高考历史命题工作，从教十余年，常年担任高三把关教师。

“勃列日涅夫的头衔翻译成汉语，汉语是最简单的语言了，还有五行呢！五行，无产阶级革命家，然后什么军事家，最后还有个人民艺术家。真是匪夷所思啊！这哥们儿怎么是个人民艺术家？你看勃列日涅夫一出席就挂着那勋章，勋章应该挂哪儿的？这儿啊！左胸吧！你看勃列日涅夫那勋章能当避弹衣使。”

“光绪就是被袁世凯出卖了，这‘戊戌变法’才失败。大家都知道。然后给他囚禁在瀛台，待了这么多年。光绪整天在瀛台练射箭，那箭靶子上画一大王八，写着‘袁世凯’。”

袁腾飞是一位真正的教师，是一个好的中学老师。中国人有一个非常要命的概念，就是我们很容易把某一件事情当做自己的职业。比如说教师是职业，主持人是职业，这对吗？当然是对的。那么我们应该追求什么？追求职业精神和职业化。但是我们突然发现，我们缺乏的又是职业精神，或者叫敬业精神。为什么会出现这种情况呢？因为仅仅把职业看成职业是远远不够的，还要把职业当做事业，这样才会有职业精神。不然的话，职业就会成为养家糊口的一个手段，靠它挣钱去尽我们作为家庭成员的责任。如果只把它作为一种职业而不把它当成事业，那么我们的心态就是应付，完成任务就可以了。如果把它当成事业，那么我们就要不停地追求，不断完善我们的职业技能和丰富我们的职业知识。而袁腾飞恰恰就是把教师当做职业也当做事业的这么一个人。

我们知道，历史课并不是主课，有的老师可能一本讲义就讲了二十年。如果袁腾飞没有把教师当做自己的事业，他又何必去管学生笑不笑，只要讲完就好了。我们也经常可以看到很多老师自顾自地站在讲台上照本宣科，而台下的学生听不听好像与他们没有关系。等到下课铃声一响，他们马上夹起讲义走人。谁还去管学生需要什么呢？是，他们也履行了职责，可是效果呢？他们在浪费自己的生命，也在浪费孩子们的生命。从袁老师的这种讲课的激情当中，我们不难看出，他不仅把学的快乐带给大家，同时他自己也找到了一种快乐和享受。只有把职业和事业融合在一起，才会感受到一种享受，因为是心甘情愿在追求。

很多孩子都说愿意为了袁老师重新参加一次高考，这是袁腾飞得到的最高赞扬。因为高考是一种什么体验，谁还愿意去吃二遍苦？可就是有很多孩子愿意为了袁老师再受一次罪，足见孩子们对袁老师的喜爱与崇敬。实际上，也就是因为有像袁腾飞老师这样的一些老师的努力，所以这几年我们确实看到了一些可喜的变化。比如在高考志愿中报历史系的多了，而且考分高的开始多了。这就是好老师的作用。他可以把你的兴趣激发出来，让你认识到获得知识的手段主要是学习，而学习应该是快乐的，也可以是快乐的。这个快乐不是遥不可及的，在课堂里就会有。现在袁腾飞上课还会担心学生睡觉吗？还会担心学生跷课吗？恐怕要换大教室了！袁腾飞已经达到了一个教师理应达到的境界，那就是寓教于乐，把教育放到快乐当中。

现在的很多教师都应该向袁腾飞学习，包括很多大学教授也是如此。当然，袁腾飞的专业知识可能不如某些大学教授，因为他一直不在某一个专业的领域里进行窄而深的研究，那也不是他的职责。但是作为一名教师，让学生心甘情愿地坐在课堂里，让学生感受到学习是快乐的，这才是至关重要的。如果在我们的一生当中能够碰到一两个影响自己一生的老师，那真的会让我们受益终身。袁腾飞在他的新书的后记当中也写到，每次高三的孩子毕业的时候，他都会给他们在黑板上写上一段话，这段话是宋朝的礼学家张载说的："读书人为天地立心，为生民立命，为王圣继绝学，为万世开太平。"这已经超越了所有专业的要求，是有知识的人、受过教育的人都应该有的一个理想。你可以学理科，也可以学文科，学什么专业都没关系，但是你要永远服务于人类，永远有一颗服务的心。

教育的最后目的是什么？很多人认为是找一份好工作，有一份好收入，过上人上人的日子，开比别人好的车，住比别人好的房子。这当然也有它的合理性。因为知识就是力量，知识可以改变命运，可以帮我们实现自己最大的价值。但这显然不是全部。教育真正的最后目的是服务，服务于社会，服务于人类。而怎么服务，不仅是要为当下服务，还要为未来服务。这就是“为万世开太平”，要努力使这个世间经过多少代无穷无尽的岁月以后依然是一个和平的、富足的、进步的、文明的社会。这是我们接受教育的理由，也是接受了教育以后的责任。短短一段话，充分反映出袁腾飞是一位极其优秀的历史老师，而且已经超越了某种专业的限制。这段话可能很多孩子不理解，但是总有一天他们会理解的。而一个老师的价值就在这一刻体现无余。

一个民族拥有这样的老师越多，这个民族的核心竞争力就越大，这个民族的软实力就越强。这是关系到整个民族未来的头等重要的大事。那么，一个优秀的教师应该具有什么样的素质呢？这个问题可能有很多个答案。但是不管答案的结果是什么，有一点是共同的，那就是一个优秀的教师必须从内心深处理解什么是寓教于乐，必须让学生感到快乐，让自己感到快乐，让教育这个特殊的劳动过程产生一种美。

其实，早在2003年的时候，网上也有一个非常火爆的教师，那就是新东方的外语老师罗永浩。当时他在课堂的“罗氏语录”以及授课风格，和之后的陈丽天、袁腾飞非常相似。

罗永浩，人称老罗。自称因为无法适应教育制度而高中辍学，后来因为想移民国外上了外语学校。如今，罗永浩创办了一所英语培训学校，当上了校长，还曾被多家媒体报道，并两次当选某大网站“年度风云人物”。

“彪悍的人生不需要解释！”

“人生总有几次踩到大便的时候。”

“好了，笑话讲完了，刚才趴着的同学可以继续睡了。”

“GRE是什么？就是让中国人体验美国人愚蠢程度的考试。”

“你数学不好，还可以去当英国首相嘛（丘吉尔），不行也可以去当作家嘛（李敖），还可以去英国作诗嘛（徐志摩），当然以上的都需要签证。那不行，你可以在国内当作家嘛（钱锺书），最次你也可以当个老师嘛（罗永浩），如果你连课都讲不了，那你就去当个校长吧。”

“另类老师”是在向传统挑战吗

这位罗老师跟陈丽天、袁腾飞可以说是异曲同工，随着时代的发展，这样的老师应该会越来越多。他们会更加大胆地在课堂上发挥自己的个性，而这样的授课方式，就现在看来也是有利无害的。实际上我们的孩子也好，包括我们的教育界也好，都在呼吁出现这种讲课讲得非常好的老师。但现在的大学有这样一个问题，就是一个人要从讲师升副教授，从副教授升教授，看的是他在哪个等级的刊物上发表了多少文章。我们不要忘了，教师的第一本分就是要把课讲好。发表论文当然是可以的，也可以对人类作出贡献，但是却不能作为评判大学教师的唯一标准。而实际上，我们关注的就是论文，至于一个老师课上得好不好，是不是能够留住学生，是不是能够激发同学们的学习兴趣，是不是让孩子们在欢笑当中学习，则没有人关注。这是非常不健康的现象。

一个老师和一个研究院的研究员是有区别的。比如我们社科院的研究员或者科学院的研究员，他们没有教课任务，所以我们当然不能去考核他们的教学效果。但是作为一个大学的授课老师，实际上是要考量教学效果的。而在这一方面，像陈老师他们实际上都是标杆性的人物。当然他们的语言也许有的同学会觉得过分，有的同行甚至觉得不对，简直是离经叛道，但是且慢，我们更多地应该听一听课堂当中孩子们的反映，看看孩子们是不是喜欢陈老师的课。现在我们已经看到了，肯定是大多数的孩子喜欢他的课。所以像这样的老师，我们希望随着时代的进步或者随着高等教育的发展会越来越多。

如果有在国外留学的经历，我们就会发现，很多国外的教师上课时都是很随意的，特别是美国的教授。有的时候，他就坐在讲台上讲课，甚至把脚蹬在第一排的课桌上讲。以前，我们也有这么一些老师。在1949年以前，有的大学老师比如正讲着唐宋诗词，忽然看见窗外有一只小鸟在树枝上叫了一声，那么这个老师就会突然把书一合，然后让同学们一起到草地上去上课。这有什么不好？他也许正好在讲春天的景色，或者正好在讲大自然的种种声音，那么在大自然上课有什么不好呢？这是违反课堂纪律吗？如何把教师的教学方式或者说他的课堂语言和每一位教师的独特风格结合起来，我们应该有一种重新的认识和重视。

其实，讲台就是老师的一个舞台。可能我们现在审视这个舞台的眼光跟以前不一样了，以前可能只有一个标准，但是现在的学生也越来越有个性、越来越有思想了，他们需要那些有思想、有个性的老师。可为什么有些人认为“另类老师”是在挑战传统呢？这是因为我们对师道尊严的理解过于片面了。那么，我们该如何理解呢？应该理解成老师这个职业是非常尊严的，老师所传授的知识也是非常尊严的，但并没有规定这个老师要不苟言笑，要整天板着一张脸，说一些大家听着都觉得很枯燥的话。师道尊严并不是强调每一个老师都像铁板一样，全中国几百万教师就只有一种语言、一种风格或一种脸部表情。这样的规定简直是滑天下之大稽，根本就没有。

我们必须有一种教育理念，就是对受教育者要尊重。我们要站在接受教育者的角度，多替他们考虑。我们应该多考虑他们喜欢什么样的讲课方式，什么样的讲课方式最适合他们或者什么样的课堂语言他们更容易接受。我们不能仅仅站在讲台上考虑，要坐到学生当中去考虑。因为教育的本意是使人类的知识延续下去，等于说老师把自己从前辈那里得到的知识再交付给后来者，那么主体就是受教育者。因为老师也是受教育者过来的，这是人类知识传递的一环，而这样的一环一环套下来，后一环才应该是我们教育最需要关注的一点。我们总是站在教育者的立场上，我们必须师道尊严，我们必须怎么样，完全不顾接受教育者的心理需要，也不去考虑他们的时代特色，这样的教育根本就谈不上教育。

我们的社会需要能够把知识传授给学生的老师，需要能够让学生以一种快乐的心态接受知识的老师，需要让学生知道学习是一种快乐的老师。学习不是一种痛苦，也不是一种负担，而是一种快乐。如果一个人的一生能够在不断的学习当中往前走的话，他实际上是在积累越来越多的快乐。这个境界是很高的，是很难做到的。我们需要的就是有越来越多的能够达到这个境界，能够跟学生一起走向快乐的知识殿堂或者说一起通过知识感受快乐、感受幸福的老师。这样的老师是民族的财富。一个民族拥有这样的老师越多，这个民族的未来就越光明，这个民族的文化软实力建设就会越来越有希望。

从陈丽天、袁腾飞和老罗身上，我们读到了当代青年人身上那种特立独行，读到了一种智慧和光芒。另外一点非常重要的就是，这些老师的出现，其实也给我们现在的教育界提出了一个新的、值得去反思的问题，那就是今天我们该怎么样当教师。

谈汉字改革——让汉字安静一下

近年来，汉字的使用出现了一个前所未有的现象，那就是，很多人完全按照自己的喜好，或者说出于自己的理由，去改变对汉字的应用，从而出现了很多令人诧异的情况，也引发了很多的争议。我们不由得要问，究竟是出于什么样的原因，使得提出类似想法的人越来越多呢？

90后的可爱创造

现今的汉字的确出现了很多的异化怪现象。这里面有两种情况：一种情况是很可爱的，主要是一些90后的孩子，从他们的角度，也不知道出于什么样的理由，按照他们的需求或者品味对汉字进行了重新组合，发明出一串新的汉字；另一种情况就比较严肃了，比如有些人比较正式地提出要改掉某几个汉字，并且在社会上或者在今后的出版中都要改掉，这就要牵扯到巨大的社会成本。所以说，这两种情况是完全不同的。

有人对这些90后孩子的“新语言”进行了总结，归纳为几种情况。第一种情况是古字新用。这些汉字早就有了，但是已经退出了我们的日常使用。孩子们把它们重新用起来，但是赋予了新的意思。比如囧(音 jiǒng)，本意是光明，由于字形里的“八”和“口”与人难过时的眉眼及嘴形相近，于是被孩子们赋予了郁闷、无奈、悲伤等新的含义。再比如:圡（音 tǔ），觉得自己很土而惭愧流汗；火炎焱燚，四个字必须连在一起用，表示越来越红火，不能单用；槑（音 méi），双倍的呆，呆到极点，形容人很傻很天真；嘦（音 jiào），“只要”的快速连读，也是这个词的意思；嫑（音 biáo），“不要”的快速连读，也是这个词的意思；玊（音 sù），表示有瑕疵的玉；㗊（音 jiào），四张嘴同时叫，表示大声叫；等等。

第二种情况是汉字异化。网络时代，汉字出现了种种异化，有的根据字音把两字合成一字，有的则用同音、近音字代替，还有的把汉字进行了拆分。比如：酱紫，意为“这样子”；粉，很的意思；偶，我的意思；银，同“人”；稀饭，喜欢的意思；走召，就是超；弓虽，就是强；田力，就是男；十八子，就是李；等等。此外，还有汉字字母化、用数字代替汉字、用符号代替汉字等情况。

这些汉字在 90 后的年轻朋友群体里应用很广泛，他们彼此之间都能够理解，丝毫没有障碍。但是，在别人看起来，那就要一头雾水了。我就遇见过类似的情况。一次，我跟一个朋友一起吃饭，当时他的女儿也在场。小女孩话很多，不停地问弟弟（我的孩子）的情况。我就问她为什么一直问弟弟，她说了一句：“我很萌小正太。”当时我就蒙了，完全听不懂。一问才知道，“萌”就是喜欢的意思，“小正太”则是小男孩的意思，而且是那种胖嘟嘟的小男孩。回去后跟我的孩子说，孩子说我太“奥特曼”了。我当时还挺高兴，以为孩子在夸我。可谁知道，“奥特曼”其实是“out man”的意思，孩子是在笑我太落伍了。

90 后孩子的这些语言，实际上已经形成了一套系统，他们彼此之间可以畅通无阻地交流，不会产生误解。这种汉字的异化是非常可爱的，是不需要我们多虑的。有些人担心这种异化会影响汉字的传承，这种担心其实是没有必要的。因为这些孩子并不要求他们的语言印在报纸上，也不用它写作文，它只不过是这些孩子玩的一个小小的智力游戏，是他们在自娱自乐。这些汉字是不需要安静的，尤其是那些被我们遗忘了很久的汉字，因为它们已经安静得太久了。

2010年伊始，有那么一位朋友，也开始琢磨汉字了。他是一位律师，可能是出于职业的敏感吧，他注意到有十六个汉字带有歧视女性的倾向，应该予以改造。这就在网络和其他媒体上引起了一场大讨论。

叶律师的“歧视说”

上海某律师事务所律师叶满天曾发过一则题为“十六汉字之错:既不尊重女性,又误导儿童人生观”的帖子,引起热议。他认为，娱、耍、婪、嫉、妒、嫌、佞、妄、妖、奴、妓、娼、奸、姘、婊、嫖这十六个汉字对女性有歧视，建议改造。

“(这些汉字）均具有一定贬义，儿童在学习的过程中，普通人在书写或阅读的过程中，从视觉上觉得这十六个字与女性性别有根本的联系，无形中降低了对女性的评价。”叶满天由此建议改造这些字。

他举例说，“嫖”字，《现代汉语词典》解释为“玩弄娼妓的堕落行为”，形声字，部首“女”为形，“票”为声旁。他说，恶劣行为实施主体为男人，怎么把污水泼在女人身上？将“女”人和钞“票”放一起为“嫖”，这要给文字的使用者传达什么信息？

他建议，“嫖”更改为“彳不”，从字面就可以看出是两个人做了社会不允许、不认可的事，相信每一个看到这个字的人都会受到一次无形的教育。叶满天同时认为，“奸”字应改为“犭行”，可以向所有人表明这是一种兽行，“我相信更改这个字可以减少20%的强奸犯罪”。

这位律师的看法，用现在流行的话来讲，真是有点雷人了。有“女”就叫歧视？女子为“好”，少女为“妙”，均是赞美的。同时我们也可以反问：“男”字是在田里出力，是不是也是歧视男性呢？对于这样的看法，赞成的意见是不会多的。当然，关注和讨论自己的母语是一件好事，但要动辄改字，那就不太现实了。因为改字要涉及所有出版商和出版物，成本是无法估量的。而且在信息化时代，许多文字在电脑里已经固化，一旦改了，很可能引起微软等公司抗议从而带来官司。

从事语言文字研究二十多年的上海市教育科学研究院研究员张弘认为，中国语言文字传承至今，确能反映出一定的传统文化，如封建社会男尊女卑，对妻子称“贱内”、“拙荆”、“糟糠”等，可见一斑。此外，先男后女的词语排序，也反映了当时重男轻女的观念，例如我们习惯说“父母”、“夫妻”、“男女”，倒过来说就会觉得别扭。对叶律师“汉字性别歧视”的说法，张弘认为有点牵强：据统计，《辞海》中有“女”旁的汉字共有二百五十七个，奸、娼、妓、婊等带贬义的有三十五个，好、妙等带褒义的有四十七个。所以，要考证当时造字含义，还得从古文字起源研究起，不能这样简单定论。

对于汉字，我们最好还是多一点敬畏之心，传承重于改变，特别是不能轻言变动。我们最好还是让汉字安静一下吧！

政协委员潘庆林曾在两会上提出建议：全国用十年的时间，分批废除简体汉字，恢复使用繁体字。这个说法出来以后，马上就引起了争论。巧的是，就在此前不久，季羡林先生也曾就中国文化提出过一些观点，其中就提到了繁体字。有些人不禁要将这两件事联系在一起，甚至认为潘委员的建议是受了季羡林先生观点的影响。

简繁体之争

这两件事情是有区别的。潘委员的提案是建议分批废除简体字，恢复繁体字；而季先生的意见主要涉及的是关于传统文化层面的问题，他从来没有说过要取消简体字、恢复繁体字。

我们现在谈论一个文化话题的时候，都比较勇于发表自己的意见，但是却有些欠缺对别人的倾听。我们最好先弄懂季老的话的真正意思。实际上，季老的意见是非常平和的，没有任何一种极端的色彩。比如，他说“我们阅读古文，最好直接读繁体字，不要读简体字”，这是完全没有错的。而且在我们现行的教育当中，我们也始终没有说，读古文提倡用简体字读。我们的中学课堂里还是在讲一些繁体字的内容。这个道理其实很简单。比如我们读莎士比亚，是读英文原作呢，还是读一个译本呢？答案显而易见。我们应该尽量原汁原味地去体会古人的心思，去体会古人遗留给我们的一些财富，这是不该有什么争议的。

至于季老说“汉字的简化和拼音化”是一种不尽如人意的、走向歧途的现象，也是有他的道理的。简化汉字是我们国家的法令，但是有些简化确实是有问题的。比如“愛”，现在简化以后，当中这个“心”被拿掉了，看起来就好像还不如看到繁体字：一下就知道，爱必须是从心灵深处感情的流露。实际上，我们还有第二批简化字，后来还有新的简化字，是被终止了的。有些简化是很吓人的。曾经有一段，展览的“展”被简化成一个“尸”字下面加一横，这个字在展览什么呢？所以当然被废止了。至于拼音化，问题就更大了。因为汉语拼音的一个标音方式对应的不是一个字，而是很多字。赵元任先生就曾经写过一篇《石室诗士食狮史》，从中可以看出汉语拼音化可能会带来的一种很滑稽、很无奈，而且哭笑不得的结果。石头的石，室就是房间，石头的房间里有一位写诗歌的诗人，他喜欢吃狮子，如果用汉语拼音写出来，就是“ShiShi……”。所以说，拼音化确实是有问题的。

季老的每一点意见都是值得我们深思的。他并没有说我们一定要非此即彼，他是尊重我们现有的简体字的，所以也不会提倡用繁体字去代替简体字。他只是希望我们多做一些，比如在我们习惯了用白话译文来读古籍的情况下，是不是也能试着用繁体字来读一读。他只是希望我们在有简体字的同时，不要忽略了繁体字，甚至还应该加强繁体字的应用和学习；在有汉语拼音的同时，不要忘了汉语的本质不是拼音文字，而是一个有着象形表意、有着约束传统的文字。他只是要告诉我们，在阅读古文的白话精义的时候，应该时刻提醒自己，尽量回去接触古。这样的意见，我觉得是没有任何问题的，而且也是值得我们高度重视的。

提到繁体字和简体字，著名书法家启功先生的态度也是非常值得我们尊敬和重视的。我们知道，北京有很多立交桥，每一座桥建成以后，都会请在北京乃至北京以外的全国著名的书法家来题写桥的名字，当然也请到了启功先生。当时共有几十个人在桥上题字，除了启功先生以外，其他的人写的都是繁体字。看到启功先生的简体字，大家就很奇怪，于是问启功先生：“为什么别人都写繁体字，你却写简体字呢？”启功先生说：“因为立交桥是公众建筑，它不是一个书法作品的展示，所以我选择写简体字。”事实上，当启功先生进行书法创作的时候，当他来写作关于古诗词音律、古汉语著作的时候，依然是用繁体字的。所以说，简体字和繁体字是可以两全其美、并存共融的，而不是说要用繁体字消灭简体字，当然也不能用简体字完全消灭繁体字。

2009年8月12日，教育部就刚刚研制出的《通用规范汉字表》(征求意见稿)面向社会公开征求意见。其中，不仅恢复了五十一个异体字，而且还准备对四十四个汉字“动刀整形”，调整其写法。比如：“琴”字左上角的“王”字，最后一笔由横变为了提；“唇”字的“厂”字头，由半包围结构调整成了上下结构；“亲”字底下的“竖钩”改为“竖”；等等。教育部这一举措，引发了媒体和大众的热烈评论。在赞成和反对的两派意见中，批评的声音占据了主流。

汉字整形惹人忧

这个意见颁布以后，在社会上引起的反响，可以用四个字来形容：前两个字叫“惊人”，后两个字叫“一致”，为什么这么说呢？第一，汉字是我们每天都要使用的，大家一定会全身心投入地关注。这样一个好像是比较高端的层面的小小的变动，似乎不会引起多大的反应，但实际上却出现了“惊人”的反应。第二，进入网络时代以后，我们已经很少看见大家对某一件事情的反应会有百分之九十几的人反对。我们看到，网站在设置时应该说是用心良苦的。在每一个问卷后面，都是分三栏投票的，即支持、反对、无所谓。把支持放在前面，可能是想避嫌，让大家不要以为网站在诱导大家一开始就进行反对，而是要大家首先考虑支持，第二才考虑反对，第三再考虑无所谓。所以说，出现百分之九十几的反对率这种惊人的一致，反应是相当激烈的。

这份“征求意见稿”改的这四十四个汉字，多少都会导致一点混乱。比如“杀”，把下面的一点改成了捺，那么“亲”要不要改呢？是不是所有的这样一点都要改成捺？这就会导致大家的混乱。我觉得，提议这样改的人，最起码欠缺三方面的知识。第一，他可能不写毛笔字，或者可能连钢笔字也不写。因为他不知道我们写汉字是有一个“笔收”的要求的，就是每一笔最后要想办法收一下。比如“亲”字，如果没有这样一个折勾的话，这个“笔收”就反映不出来，可能会一笔直就划下去了，这就很难保持一种协调。所以我们的汉字在这里有一个左提，毛笔写到这儿收一收、顿一顿，比较有韵味。第二，这次的汉字改革比较强调从美化汉字的角度来进行改革，这当然是好事，也符合所有人的意愿，但美的基本原则是什么？照应、匀称、平衡，也就是所谓的黄金比例原则。这个字为什么一定要左勾，而不往右勾一下呢？因为从书法上来讲，左边的笔轻（撇都是比较轻的），而右边的笔重，所以往左勾一下，正好可以呼应一下，这样的字就很匀称。第三方面，他还不理解汉字的历史。这个是简化字，原来“亲”字旁边是有一个“见”字的，因为“见”字在右边还有一点，所以它必须有个左边的钩来做呼应。仅从这个字的角度，我们就不难找出很多不改比改好的理由。

我们再看看这个“琴”字，改动后，上面第一个“王”字最下面的一横被改成了一提，这纯粹也是没事找事，也是违背原则的。这样斜斜的一道上去美观吗？本来“琴”在上端很稳的，而下端是一个稍微有一点动态的“今”字，这样看上去又平稳又动态，整体感很好，呼应感也很好。为什么要改？道理在哪里？改了之后本来很平稳的上端不是也不平稳了吗？所以大家都提出了质疑。为什么要进行这次改革？它依据的标准又是什么？

汉字整形是有几个原则的。第一，宋体字要楷化，就是把我们看到的比较方正的宋体字进行楷书化。这是可以理解的。因为楷书化比较灵动，比较近手写体。第二，字形结构和笔势尽量服从横写的需要。这也是有道理的。因为原来的汉字是直行的，现在改成横行了，那么把有些笔顺稍微理一理也是在情理之中的。第三，折笔尽量改成直笔。当然，这种改动会让有些字变得很奇怪，比如“亲”字，但是确实是有这个要求的。为什么要改成直笔呢？书写方便吗？恐怕不是。这是很简单的道理。举两个例子。启功先生是一位非常了不起的书法家，他的字写得当然非常好，而且他的字有一个特点：横平竖直。别以为这样的字很好写，拿个毛笔试试，你能写到启先生这样平和直吗？这就是功底。画坛响当当的大家齐白石先生，有一次去看另一位大家的一幅画，看过后，他一言不发，当别人问他画得怎么样时，他说：“哎呀，他的竖画得比我直！”所以说，这个直是很难的，将折笔改成直笔实际上是违背了便利的原则。

在指导实践的过程中，显示出来的初步结果是：这次改的四十四个汉字，根本没有让大家觉得美观，也没有让大家觉得便利，更没有让大家觉出对汉字的尊重，这才是问题的关键之所在。

孔乙己曾经说过，茴香豆的“茴”字有四种写法。孔乙己是人们的笑料，但是有人也会就此产生一种担忧，就是这次汉字整形会不会让我们的身边出现越来越多的孔乙己。孔乙已其实是一个可怜、可悲、可爱而又可敬的人物，是一个连秀才都没有考取过的老童生。可以肯定的是，我们的社会是不会再出现孔乙已了，但汉字整形所带来的严重混乱也是无需怀疑的。

对于这次汉字整形，大家的意见其实也比较集中，认为这是纯粹的没事找事、瞎折腾。汉字是我们的文化瑰宝，或者说是文化的成果。现在社会上有很多伪文化，流行了一阵，一两年就消失了，没有什么成果留下来，只留下一些笑料。汉字不同，汉字是不折不扣的文化成果。对待这样的文化成果，我们一定要充分尊重，不要瞎折腾。

相关资料显示，整个《规范通用汉字表》是经过专家全盘考虑，且反复研究了八年的成果。也就是说，用八年的时间研究出了四十四个字的改变。这就不免让人产生怀疑，就这四十四个字，需要用八年的时间吗？这八年都在干什么？也许是大家都非常慎重，这当然是值得尊敬的，但是请别忘了，任何一项社会工作和社会工程都是有社会成本的，那么成本由谁来承担？而且说经过专家通盘考虑，那么都有哪些专家，为什么不公布名单？除此之外，恐怕大家还有很多批评意见是在质疑某个行政部门的效能和对社会的责任感，以及对社会成本的戒慎戒惧的把握。

这次汉字整形之所以能引起人们如此的关注，不仅因为汉字是一种负载信息的书面符号，更重要的是，它还是我们悠久历史文化的重要见证和传承载体，在中国历史上的每一次汉字改革都对当世和后来产生了重大而深远的影响。

中国汉字古今传承，历史悠久，作为承载华夏文明几千年最基本的载体，几千年来，汉字经历了多次演变的历程，而说起汉字字形的演化，可能还要从远古时的仓颉造字说起。

中国古代集中把汉字归功于仓颉的创造。传说仓颉是黄帝的史官，他生下来就有四只眼睛。仓颉仰观日月星辰，俯察鸟兽蹄迹，于是创造了文字。传说仓颉造出文字后，天雨粟，鬼夜哭。文字的发明创造使人类走出了蒙昧，迎来了文明的曙光，所以后人对仓颉十分敬重。在他的家乡陕西白水建造了仓颉庙，为他塑像，并把传说是他所写的字迹刻碑保存起来，奉若神明。仓颉造字固然只是传说，然而根据现代学者的研究，原始社会晚期的岩画符号、陶器刻画符号以及八卦符号，都被认为与汉字的起源有联系。

汉字的历史沿革

我们首先得强调一点，就是仓颉这个人在历史中到底是不是真实存在的。

仓颉后来其实是被神化的，说他有一段时间眼睛比别人多，所以看得比别人更仔细，于是受到鸟兽足迹的启发，创造出了汉字。这只是个神话传说，是没有历史依据的。从历史上看，汉字是一步步演化而来的。以前认为甲骨文是最早的文字，但是现在没人这么看了，因为甲骨文已经相当完善了，单字量很大，可以写很长的一篇文章了。所以在此之前，一定还有更原始的文字。在上海发现的古代陶罐上，就有两个连在一起的符号，这在中国尚属首例。如果说上面只有一个符号，你可以认为是图案，但是如果两个图案放在一起呢？而且旁边又没有图案，那就很有可能是最原始的文字了。这个文字我们叫它陶文。所以说，汉字在甲骨文以前就已经出现了，而且已经有相当长的一段历史了。

我们知道，汉字已经经历了三次变革：第一次是从甲骨文、金文到小篆，第二次是从小篆到隶楷，第三次是从繁体字到简体字。当然，这三次变革的情况是不一样的。第一次变革是秦国统一六国时，也就是在公元前221年，我们叫“书同文”。当时每个诸侯国都有自己的文字，比如楚国有楚国的文字，赵国有赵国的文字，等等，而这些文字之间又彼此不认识。那么秦始皇统一六国以后，他就要把这些文字全部统一到秦国的文字上来。起初，李斯总结出了篆体字，但是篆体字在实际使用当中的时间是很短的，因为很快就出现了隶书。隶书把六国文字统一成秦国的文字，这是有皇帝的诏令的，是由行政命令强制推行的。

每个朝代有每个朝代流行的字。我们知道，颜体字、柳体字、欧体字、九成宫等都是曾经很流行的字，但随着朝代的更迭，流行的字体也在不断变化着。比如明代的时候比较流行赵孟頫的字，但是到了清朝，又开始流行其他的字体（如馆阁体）。为什么会流行馆阁体呢？因为要参加科举，要给阅卷大臣留下一个好的印象，所以必须把字写得很好。老实说，那些阅卷大臣都是亲王或官高权重的大臣，谁有空逐一细看考卷上写的是什么呢？反正考到这一步了，水平总是有的，文笔都不会差，那就看字吧！什么样的字算好字呢？首先要写得端正，墨要黑，而且写出来的字要比较丰韵，好像很有富态的样子。这样，馆阁体就流行起来了。当然，它整个字体还是楷体字。所以说，每个时代有每个时代的过程，但是整个演变的过程就是“篆、隶、楷”这样一种自然的演变。

另外一次由政府命令推行的文字变革发生在二十世纪五十年代。因为1949年万象更新，人民政府当然也非常重视文化的工作，于是马上成立了国家语委（语言文字工作委员会），集中了当时全中国最好的专家，共同探讨对文字的改革。我们现在用的简化字，就是那个时候定的。这些简化字虽然也有很多问题，但它的功劳也是不可磨灭的。当时的简化字并不是政府想怎么规定就怎么规定的，而是要根据历史上已经出现过的简化字来研究它的规律，考虑它为什么会演化、为什么会简化，然后再考虑我们日常手写当中的一种自然而然的简化，从而规定了简化字。这种规定，有行政命令的推广，是硬性的，但在硬性背后，也有非常柔软的考虑——对汉字非常尊重、非常人性化的考虑。所以，简化字一推出，大家都很信服，都是接受的，没有太大的反对意见。

可以这样说，从秦朝开始到现在的两千多年里，由政府颁布政令来推行某种字体实际上只有两次：一次是秦始皇，一次是1949年以后我们的中央政府。如果说这个“征求意见稿”最终获得通过的话，那当然也是一件很大的事情，但其产生的影响却不可能与前两次等同而论了。当然，这种假设基本是不可能发生的。因为改动的这四十四个汉字是要经过国务院审批的，而我们的政府是高度重视民意的，其所倡导的执政理念就是以人为本，那么只要到全国网站去看看，看看那百分之九十多的反对率，怎么还能通过呢？所以说，还是不要折腾了。

胡适曾经说过这么一句话：“我们研究语言的历史曾经发现过一条通则，那就是在语言文字的沿革史上，往往小百姓是革新家，而学者文人是顽固党。”胡适先生的这句话是针对传统中国来讲的。在传统中国，小百姓往往都没有受过很好的教育——传统中国的识字率一直是很低的，一直到二十世纪的上半叶，中国的识字率还不到百分之十。也就是说，传统中国有很多老百姓是不识字的，很多人连自己名字都不会写，那么它有什么革新不革新呢？而学者文人由于受过良好的教育，对传统非常尊重、非常执著，因此就会显示出对汉字的顽固。今天，时代进步了，我们的普及教育取得了很大的成就，今天的老百姓不能跟传统中国的老百姓比，今天的学者文人也不能和传统中国的学者文人比，因为对汉字的尊敬和理解就已经不同了。此外，今天的学者和文人实际上是老百姓的一员，而不是高于老百姓的，更不可能置于老百姓之外。我们所做的一切，必须为整个民族大家庭来考虑。所以说，胡适先生的这句话不能完全搬到今天来用。

从现在小百姓对文字的顽固当中，我们也能够看出大家对文字的尊重和喜爱，所以对文字的改革真的要慎之又慎。那么从甲骨文、金文到小篆，再到后来的隶、碑、楷、行、草，从过去的繁体字到新中国成立后的简体字，汉字字形的每一次变化和改革，都是为了满足和适应社会发展的需要。如果不能满足也无法适应，那还是不要折腾了，让文字安静一下吧！

很多人可能对河南的安阳并不是很了解，但实际上，那是一个很有故事的地方。那里是商朝的首都，也是甲骨文之乡；那里是周易诞生的地方，也是瓦岗寨起义的地方；那里是岳飞的故乡，也是红旗渠精神的发源地；那里还是中国第一座文字博物馆的诞生地。

2009年11月16日，中国首座以文字为主题的国家级博物馆、国家“十一五”期间重大文化工程——中国文字博物馆在甲骨文的发祥地河南安阳开馆。博物馆收藏文物四千一百二十三件、辅助展品一千零五十八件，其中一级文物三百零五件。这个博物馆的藏品不仅涉及甲骨文、金文、简牍帛书、汉字发展史、汉字书法史、少数民族文字等多个方面，更反映了中国文字发展史的基本脉络，被誉为“一部让世人领略中华文明的景观式文字大典”。

中国文字博物馆位于河南省安阳市人民大道东段北侧。项目总占地一百四十三亩，总建筑面积三万四千五百平方米，总投资五万三千七百五十一万元，建设内容包括主体馆、广场、字坊、仓颉馆、科普馆、研究中心、文化交流中心等。其中，主体馆地上四层，地下一层，高度二十六米，是一组具有现代建筑风格和殷商宫廷风韵的后现代派建筑群。

我们应该有一个文字博物馆

对于中华民族来讲，语言和文字是应该分开的。因为对于中国文化，特别是汉族文化而言，汉字有着特别重要的意义。为什么这么说呢？第一，汉字的历史非常悠久。第二，它维护了我们这个民族的统一和团结，这始终是我们文化的主流价值。这是最重要的原因。我们知道，欧洲的文字基本都是语音文字，各个国家之间因为语音不同，讲的话也不同，拼出来的字也不同，所以就很容易分裂。其实如果仔细看，欧洲人长得都差不多，他们之间的区别也不见得有北方和南方这么大，但是他们分开了，而南方和北方没有。像我们上海人就很难听懂闽南话，也很难听懂广东话，但是我们的文字基本是一样的。同样的文字让中国人可以畅通无阻地交流，接受同一种教育，传承一样的历史观念或者说历史价值。所以，我们这个民族应该有这样一个文字博物馆。

安阳做了一件非常好的事情，而且这件事情功德无量，将来对列祖列宗也是非常好的交代，因为列祖列宗发明的文字一直传承下来，到我们这代手上，我们更加珍惜。那么对于子孙后代来讲，那当然也是一件有功德的事情，因为孩子们将来也可以通过这个博物馆，看到我们的文字是怎么一步步演变下来的。

汉字的演变过程，有着太多的文化内涵。不过把这些文字的历史用博物馆的形式表现出来，会起到什么样的效果，这样的博物馆对我们这个民族文化传承又会产生怎样的影响呢？

博物馆之所以选择建在安阳，是有道理的。因为河南是中华文明的主要发源地之一，非常重要。历史上，河南在中国的政治、军事、经济、文化上始终占有非常重要的地位。在河南的辖区内，起码有二十个朝代建过都。安阳是中国八大古都之一，西安、洛阳也是。安阳的历史非常悠久，是古代都城殷墟的所在地，也就是商代的都城所在地，这已经得到了甲骨文和考古的证实。它是甲骨文的一个集中发现地，而且是中国历史上最早有文献科考的地方。在那里，有非常好的考古发掘遗址和大量的出土资料。那里出土的甲骨文有的是一坑一坑的，有的是一块一块的，成片的就更多了。我们知道，甲骨文标志着中国的汉字文化体系在当时已经基本成立了。而安阳遗址出土了大量的甲骨文，当然就代表着汉字已经进入一个比较成熟的阶段。所以说，如果要建一个文字博物馆，不选在安阳，又选在哪里呢？当然，我们也可以在上海办一个文字博物馆，但是你看不到它的出土地，只能通过VCR来看，或者通过图像来看，而在安阳则就近就可以看，非常直观。所以这是一个非常服众的地方，应该毫无争议。

文字博物馆对公众是免费开放的。当然，作为一个国立的博物馆，这也是一条必走的道路。我们知道，博物馆要非常注重普及性，非常注重群众性，非常注重教育性。它强调要贴近群众，贴近生活，贴近教育。它的宗旨就是这个。那么它建好以后，如果要收门票的话，实际上会影响它核心功能的发挥。它应该张开双臂欢迎大家，而不要设置一个门票的门槛，这样也许会把一些人拦在外面。我想，安阳政府也好，河南政府也好，他们应该已经意识到这个文化软实力给地方带来的利益了。这种利益不能从眼前去考虑，而必须是长期地培育和养护，使它能够在一个比较长的时期内发挥它的巨大作用。

我们有多少人知道安阳是八大古都之一？有多少人知道安阳是中国文化成熟的标志，是甲骨文的发现地和最重要的一个发源地？有多少人知道殷墟在安阳有大量的考古遗迹？有多少人知道中国现代考古成熟和建立的标志地在安阳？有多少人知道在安阳还出土过黑人的骨头、遗骸？恐怕知道的不多。但是有一个文字博物馆在那里，对提高安阳的文化地位和社会知名度，是有非常大的好处的。这种致力于文化事业，致力于为公众提供亲近文化的场地和平台的场馆，以这样的努力，就让大家非常清楚地认知到这个城市的一种特殊关怀，对这个城市人文精神的关怀，对这个城市文化建设的关怀，那么我们当然就会对这个城市有一种亲近感。所以说，这在本质上是为安阳做了一件非常好的事情，而不收门票显然是一个非常聪明和了不起的举措。此外，从实际操作层面来看，我们也好理解。如果门票设得太低，那无异于杯水车薪，无济于事；如果收得高，那就跟三贴近、三服务的原则完全冲突了。

文字博物馆的建立是非常有意义的。就当代中国来讲，它至少会提醒我们珍爱汉字。现在很多人都知道，我们非常爱护我们的传统文化，非常珍惜我们的传统文化，我们对自己传统文化的感情越来越深。而传统文化最最重要的一个传承的载体就是汉字，所以我们首先要珍爱汉字。

我们发现，现在的孩子是越来越不会写字了。因为大家现在都用电脑打字。有的时候我在用粉笔写板书时也会突然愣一下，忘了这个字该怎么写。可见我们和汉字是越来越疏远了。这一点我们一定要警惕。对于小孩子来讲，从小就要了解一些汉字发展的知识，了解一下汉字是怎么变过来的，努力把字写得好一点。另外，全社会也要去爱护汉字。我们现在对汉字的演变发展过程都不太了解，对汉字有的时候很随意，有时由于不了解繁体和简体之间的关系，在马路上经常出笑话。比如某某理发店，有大量错别字。我们知道“发”是简体字，它是从两个繁体的“发”合并简化为一个“发”的。“发展”的“发”和“头发”的“发”今天是一个字,但过去不是一个字。还有像“皇后歌舞厅”,这个“后”也不对。“后面”的“后”、“皇后”的“后”也是由两个繁体字简化过来的，我们经常会用错。

还有一个现象很让人担忧，就是乱改乱用，特别是在广告中，大量地乱用成语或者改掉一个字，弄得很多孩子认为这个字是对的。这种成语其实是一种小聪明的展示，把成语用谐音给改掉了。还有比如汉字整容的问题，这个现在已经停止了。我觉得非常好，这就是从善如流，尊重大家的意见。对几十个汉字动手术，那几乎 90% 的人是认为不对的，认为不应该，认为不必要的。但是为什么会觉得可以对汉字动手术呢？就是因为对汉字的发展过程不太了解。如果在当初动手的时候，知道汉字的发展演变过程，你拿毛笔把改以前的那个字和改以后的字各写一遍试试，哪个比较顺，哪个比较有道理，哪个符合结构和美学的原则，你就不会去动了。所以我们爱护汉字，首先要做到对汉字有所了解，要亲近汉字，要走进汉字的发展历史当中，看到它演变的过程，我们就会知道，今天我们写的简化字是怎么来的。很简单的道理，比如我想了解我的父亲，我最好先了解我的爷爷，多了解一点，这样的话我可以理解得更深一点、更亲切一点。我想这就是这个博物馆的开放对当代中国文化的一个最重要的意义所在。

文字是历史文明传承的载体和见证。相信中国文字博物馆的开放，将会对中国的文字和文化，对文明的传承和保护、研究和发扬产生深远的影响。如果有机会的话，不妨也到甲骨文的故乡去领略一下中国文字的美丽。

图书在版编目（CIP）数据

文中有话 / 钱文忠著. —上海：上海三联书店，2013.5
ISBN 978-7-5426-4147-2
Ⅰ. ①文... Ⅱ. ①钱... Ⅲ. ①时事评论 - 中国 - 文集
Ⅳ. ① D609.9-53

中国版本图书馆 CIP 数据核字（2013）第 057311 号

文中有话

著　　者 / 钱文忠
责任编辑 / 陈启甸　王倩怡
特约编辑 / 刘　佳
装帧设计 / 蒋宏工作室 2013
监　　制 / 任中伟
出版发行 / 上海三联书店
（201199）中国上海市都市路 4855 号 2 座 10 楼
http://www.sjpc.1932.com
邮购电话 / 021-24175971
印　　刷 / 三河市华润印刷有限公司
版　　次 / 2013 年 5 月第 1 版
印　　次 / 2013 年 5 月第 1 次印刷
开　　本 / 640×960　1/16
字　　数 / 338 千字
印　　张 / 28.75

ISBN 978-7-5426-4147-2/I · 693

定　价：39.80元